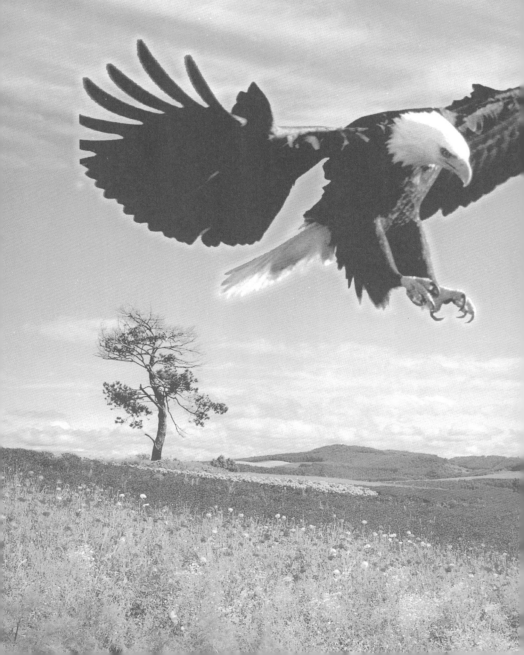

大展好書　好書大展
品嘗好書　冠群可期

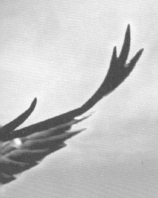

大展好書　好書大展
品嘗好書　冠群可期

象棋輕鬆學
15

五八炮

對屏風馬短局殺

黃杰雄　編著

品冠文化出版社

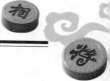

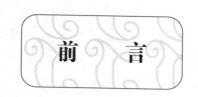

前　言

　　《中國象棋短局殺法系列》按「中炮對屏風馬」「中炮對反宮馬」「中炮對三步虎」「中炮對半途列包」「順炮類」「過宮炮類」「仕角炮」「仙人指路類」「飛相局類」「進偶對進卒」「對兵局」「對兵進偶局」等十二大分類佈局構成，從每年全國象棋甲級聯賽、個人賽、團體賽、冠軍賽、精英賽、公開賽、邀請賽、對抗賽、擂臺賽、友誼賽等各種杯賽中精選出100餘盤精妙殺法短局，全面展現出我國當今棋壇新人輩出、棋藝高超、活動頻繁、殺法精彩的瞬間。

　　五八炮（也叫中炮過河炮）對屏風馬是中國象棋古老局式之一，20世紀50年代第二、第三屆全國大賽中使用率較高，是「五八炮」的鼎盛時期。以後由於中炮進七兵過河俥對屏風馬、順手包，反宮偶和半途列炮佈局的先後崛起，使用頻率逐漸降低。但經過了半個多世紀的沉寂後，近期它又以嶄新姿態突然展現在當今棋壇上。

　　胡榮華一步飛炮過河震動了整個比賽大廳，李來群一招騎河俥出擊使觀眾看得目瞪口呆。紅方佈陣特點是：左炮過河，可平三路殺卒壓馬直窺底象，又可徑平七路克制黑右馬撲出，戰術靈活、穩健多變，對屏風馬威脅很大，後防的弱點也同時存在，容易受到對手反擊。而黑方佈局

特點是：陣型嚴謹、反彈力較強、易反客爲主、施威解困、蓄勢待發，一旦應對得當，會斗換星移、峰迴路轉。老式五八炮最先多跳左邊傌，被黑方進邊卒後不易發揮作用。在20世紀60年代特級大師胡榮華把五八炮邊傌改爲正傌，強化了紅方中心區域的攻防力量，使五八炮在80年代起不斷煥發出勃勃生機，雙方積極進取，攻守較量的功力往往表現爲剛柔兼施、迂迴挺進、綿裡藏針，各攻一面、巧運各子、疾如流星，有時竟然在不起眼的一、二手於無聲處後的演變，即可收到運籌帷幄、水到渠成的效果。

　　本書分別以2010年～2013年爲主的全國和海內外各種大賽中精選出100餘盤精彩短局，按一、五八炮對屏風馬互進七兵卒，二、五八炮對屏風馬互進三兵卒，三、五八炮對屏風馬轉紅方進先鋒傌，四、五八炮對屏風馬轉黑方應兩頭蛇等不同章節，結合筆者多年的實戰經驗和研究心得，以開門見山、攻殺精妙、耐人尋味、令人心醉爲實戰特色，力爭選材精、點得準、評到位、有新意。

　　透過每局中附圖的簡述，突出介紹雙方不同的攻防戰略和攻雜變化，着重點準每局的利弊與得失，使讀者能全方位的欣賞到特級大師和大師們的精湛棋藝和創新精神，充分地讓每位初學者能從中領悟到各種開局要領，中老年人能熟練掌握中殘局的各種攻殺技巧，讓名將與高手也可研究、搜集、珍藏，讓各類讀者回味無窮、從中受益，是本書作者的初衷。

黃杰雄　於上海

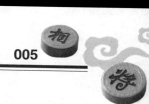

目　錄

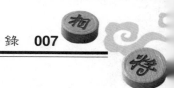

二、五八炮對屏風馬互進三兵卒 ……………… 215

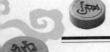

三、五八炮對屏風馬轉紅方進先鋒馬 …………… 353

一、五八炮對屏風馬
互進七兵卒

第1局　（上海）謝靖　先勝　（山東)卜鳳波

轉五八炮過河俥挺中兵對屏風馬右橫車中士渡7卒

1. 炮二平五　馬8進7　　2. 傌二進三　車9平8
3. 俥一平二　卒7進1　　4. 俥二進六　馬2進3
5. 兵七進一　…………

這是2013年11月13日全國象棋個人錦標賽男子甲組第9輪謝靖與卜鳳波之間的一場刀光劍影、扣人心弦的精彩激戰。23歲、190公分高的上海小將謝靖，在2013年全國象棋個人賽中以6勝5和積17分力挫群雄、榮登冠軍寶座，成為我國目前最年輕的第17位全國冠軍。雙方以中炮過河俥對屏風馬互進七兵卒拉開戰幕。紅方要獲冠軍，此戰必須爭勝，故特別引人注目。

筆者曾改走炮八平六成五六炮陣勢，卒3進1，（另有馬7進6和車1平2兩路變化，結果前者為雙方大致成和，後者為紅多子大優。）傌八進九，包2進1，俥二退二，包8平9，俥二進五，馬7退8，俥九平八，車1平2，俥八進四，象3進5，兵三進一，卒7進1，俥八平三，士4進5，兵九進一，車2平4，仕

四進五，以下黑方有兩變：

①包9平6，演變下去，紅有攻勢，結果紅勝。

②車4進4，變化下去，紅方稍優，結果雙方戰和。

5.………… 馬7進6 6.傌八進七 …………

急進左正傌，著法穩正，易持先手。如俥二退二，（另有俥二平四、炮五進四、炮八進三3路變化結果：前者為各有千秋，中者為紅方稍好，後者為紅雖多兵，但黑子靈活，明顯佔優。）包2退1，炮八平七，（若傌八進七，包2平7，俥二平四，包7進5！相三進一，馬6退7，傌七進八，士4進5，演變下去，雙方陣形穩固、局勢平穩，但黑反多卒略好。）象3進5，兵七進一，象5進3，俥二平四，包8進2，傌八進九，象7進5，俥九平八，包2平6，俥四平二，馬6進7，傌九進七，包6平8，俥二平四，士4進5，變化下去，黑淨多雙卒，紅子位較好，雙方各有千秋。

6.………… 車1進1

高右橫車，伺機佔肋道出擊。如卒7進1，（若象7進5？兵五進一，卒7進1，俥二平四，馬6進7，兵五進一，以下黑有包2進1和卒5進1兩路變化，結果均為紅優的走法；又若象3進5，炮八平九，車1平2，俥九平八，以下黑方有包2進4、士4進5、卒7進1和包2進6四種變化，結果前者為紅有先手攻勢，容易發展，中一者為紅有攻勢較優，中二者為紅多兵佔優，後者為紅沉著應對佔優的不同著法。）俥二平四，馬6進8，兵三進一，馬8進7，炮五進四，馬3進5，俥四平五，包2平5，炮八平三，變化下去，紅多雙兵佔優。

7.兵五進一！ …………

急挺中兵，意從中路突破！一改以往多走炮八平九，卒7進

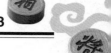

1，俥二平四，卒7進1，俥四退一，卒7進1！俥九平八，包2退1，演變下去，雙方在對搶先手過程中，黑方略先的走法，旨在出奇制勝。

　　7.…………　　卒7進1　　8.俥二平四　…………

　　平俥捉馬，明智之舉。如貪走俥二退一？馬6進7，兵五進一，車1平8，兵五進一，士6進5，演變下去，黑方具有包8平7、包2進1、馬7進5後再走卒7進1和馬3進5等多種反擊手段而佔先。

　　8.…………　　卒7進1

　　挺7卒殺兵、棄肋馬邀兌，果斷及時、有力機警之招！如馬6進7？兵五進一！包8平5，兵五進一！包5退1，俥三進五！變化下去，形成了紅強渡中兵、中炮盤頭俥、過河右肋俥聯手的兇猛攻勢而大優。

　　9.兵五進一　…………

　　繼續強渡中兵，嚴控中路攻勢而不殺馬，是步按既定方針的兇悍犀利之變！一改筆者在網戰中曾走過的俥四退一！卒7進1，俥九進一，車1平7，俥九平二！包8進4，俥四退二！車7平8，兵五進一，士6進5，兵五進一！變化下去，紅攻勢漸長，擴大而獲勝的走法，意在出奇制勝。

　　9.…………　　卒7進1

　　挺7卒砍俥邀兌，屬改進後的流行走法。在2005年世界象棋大師賽第3輪孫勇征與許銀川之戰中曾走包8平5反架順包來阻擊紅方兇狠的中路攻勢，紅方接走俥三退五，馬6進8，兵五進一，馬3進5，俥四平五，包5退1，俥五平三，包2平5，俥三退三，馬8退6，俥三平六，車1平2，俥九平八，車8進3，炮八平九，車2進8，俥七退八，車8平4，俥六平四，馬6進4，

俥四平六，馬4退6，俥六平四，馬6進4，結果雙方不變作和。

　　10.兵五進一　　士4進5　　　11.俥四退一　　車1平4

　　12.仕六進五　　車4進7

　　黑右肋車進佔紅下二路、硬塞左相腰，兇悍犀利。如要穩健些，則可走車4進5先佔據紅兵行線，控制住紅左俥出路後，再伺機反擊，演變下去，黑方也足可與紅方抗衡。

　　13.傌七進五　　卒7進1　　　14.炮八平六(圖1)　　包8進7???

　　在雙方對攻，紅平左炮關車，成五六炮防守陣勢後，黑方馬上沉左底包發難，是步過急進攻的敗著！導致黑方由此陷入被動而難以自拔。如圖1所示，黑應先平左包亮車，徑走包8平9！以下紅如俥九平八？卒7進1！以上黑方有卒7平6和車8進8及包9進4的兇著，強於實戰，黑勢不錯；又如紅改走相三進一？車8進8！下伏卒7平6！三子挖中仕的兇招，優於實戰，黑方足可抗衡。

　　15.俥九平八　　包2進6

　　16.炮五平三！　…………

　　紅方抓住戰機，在黑方先用右肋車直插紅九宮心臟和沉左包嚴重威脅紅帥生命安全的激烈對攻中，及時巧卸中炮，意欲儘快不惜代價地將黑右肋車驅出紅方九宮，以減輕己方宮城防守壓力，是步攻不忘守的好棋！紅方由此確立勝勢。如急走兵五進一??車8進6！傌五進三，馬3進5，傌三進四，車8平7！兵五

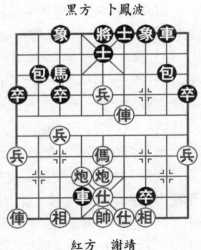

黑方　卜鳳波

紅方　謝靖

圖1

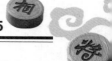

進一，士6進5，傌四進五，象3進5，傌四進三，馬5進4！變化下去，黑反搶攻在先，大佔優勢。

以下殺法是：車4平3，傌五進六，馬3進5，傌六進四！士5進6，炮三進四！馬5退4，炮六平五！車8進8，（若走卒7平6，傌四退四，車3進1，傌八平七，包2平6，傌七進三！雙方殺去卒、相，又兌傌車後，紅反有後續攻勢，佔優。）傌四平五，士6進5，傌五平三，象7進5，炮三退五！馬4進5，炮三平七！車8平5，帥五平六，車5平3，傌三平五，車3平6，傌五進一！包2平5，傌五平七，將5平6，帥六平五，包5平3，傌七平六，車6進1，帥五進一，至此，紅雖殘去雙仕，但淨多傌兵，且兵種齊全，完勝黑方。

此局雙方開戰就平炮躍馬、劍拔弩張，你爭我奪、互不相讓。步入中局後，雙方對攻日趨激烈，紅方搶渡中兵從中路突破，黑挺7卒殺傌直通九宮，形成了各攻一面、疾如流星的壯觀場面。當紅方在第14回合走炮八平六關黑右肋車、擊左側視右後，黑方馬上走包8進7沉底發威，誤入紅方巧設的陷阱而一蹶不振。紅方抓住機遇，出左傌、卸中炮、傌臥槽、雙炮齊鳴、打馬又鎮中、殺卒再抽車、砍馬且掃卒，一場短兵相接、扣人心弦的搏殺，最終被紅方化險為夷，以淨多子多兵而入局。

第2局　（上海）孫勇征　先勝　（北京）蔣川

轉五八炮右橫傌渡中兵盤頭傌對屏風馬左中象過河包

1.炮二平五　　馬8進7　　2.傌二進三　　車9平8

3.兵七進一　　卒7進1　　4.傌八進七　　馬2進3

5.傌一進一　　…………

這是2013年5月9日全國象甲聯賽第3輪孫勇征與蔣川之間的一場龍虎激戰。雙方以中炮右橫俥對屏風馬左直車互進七兵卒拉開戰幕。此佈局從20世紀60年代初就常在全國大賽上出現。近年來各種棋手不斷推陳出新，使該佈局陣勢類型逐日增加、變化日趨完善。如俥一平二，包8進4，兵五進一，包2進4，俥九進一，包2平3，相七進九，車1平2，俥九平六，車2進6，以下紅方有兩變：

① 在2005年全國象棋團體賽上周小平與葛維蒲之戰中曾走俥六進六，結果紅方主動而最終獲勝；

② 在2010年元旦延安「聯通杯」象棋邀請賽上周小平與劉強之戰中改走兵三進一，包3平6，結果黑方佔優而獲勝；而同樣在2009年「九城置業杯」象棋年終總決賽上趙鑫鑫與李少庚之戰中也改走兵三進一，但黑方接走卒7進1去兵??結果紅方大優而獲勝。

5.………… 象7進5

黑速補左中象固防中路是應對紅橫俥七路傌的流行陣法之一，比起先補右中象來，先補左中象可使自己右翼得以鞏固，而左翼卻更顯靈活，更便於對紅右翼展開集中反擊；其缺點是黑右車不易出擊。如改走象3進5和士4進5，其兩種變化請參閱本書第三章五八炮對屏風馬轉紅方進先鋒傌中的「廣西黃仕清先負北京王天一」之戰。

6.兵五進一 …………

紅方不落俗套，現急挺中兵，欲從中路突破，使雙方形成一種較為少見的攻防陣勢。如傌七進六，卒3進1，以下紅方有俥一平七、兵七進一、傌六進七的三路變化結果：前者為雙方各有利弊、中者為雙方均勢、後者為雙方各有千秋的不同走法；又如

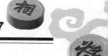

俥一平六，以下黑方有車1進1和馬7進6兩種變化結果：

前者為雙方對峙、後者雙方機會均等的不同下法；再如在2010年第四屆「楊官璘杯」全國象棋公開賽男子專業組第7輪呂欽與蔣川之戰中曾走俥一平四！車1進1，〔若士6進5，以下紅方有5種走法：（1）傌七進六，結果黑反略先；（2）炮八平九，結果雙方均勢；（3）炮八進二，結果雙方平穩；（4）兵五進一，結果黑反滿意；（5）俥四進三？結果黑多卒佔優。〕炮八平九，包2退1，（若包2進4？兵五進一，以下黑有兩變：〈甲〉馬7進8，俥九平八，包2平3，變化下去，雙方兩分局面；〈乙〉車1平4，俥四進二，包2平4，炮五平六，變化下去，紅優。）俥九平八，包2平7，傌七進六，馬7進8，傌六進五，馬8進7，傌五進七，包8平3，俥四進五，包3進3，俥四平七，包3平7，俥八進一，前包進2，炮九平三，馬7進5，炮三進六，車1平7，相七進五，至此，雙方子力對等、四俥車對壘，結果雙方戰和。

6.…………　馬7進8

進左外肋馬追殺紅三兵，不給紅右橫俥追黑馬機會。

筆者在網戰曾走過士6進5，傌七進五，包2進4，（若包8進4？兵五進一！包2進2，俥一平四，車8進3，兵五平四！變化下去，黑中路受攻而告負。）兵三進一，卒7進1，傌五進三，包2平7，相三進一，（若後傌進五，馬7進6，以下紅方有俥一平二和兵五進一兩路變化，結果均為黑方佔先的不同走法。）車1平2，炮八平七，車2進4，俥九進一，車2平7，俥九平六，包7平8，後傌進五，前包進3，相一退三，車8平6，俥六平四，車6進8，俥一平四，車7平6，俥四進四，馬7進6，雙方子力對等、平分秋色，結果雙方奕和。

7.兵五進一　馬8進7　　8.傌三進五　…………

右傌進中，成中炮盤頭傌渡中兵邀兌陣勢，著法兇悍有力。筆者曾應俥一平四??接走士6進5！（若卒5進1？傌七進五，士5進6，俥九進一，車8平6，俥四進八！將5平6，雙方兌俥車後，黑左翼底線空虛，紅反佔先。）俥四進二，包8平7，兵五平六，（若傌七進六，卒5進1，傌六進七，卒5進1，炮八進二，車8平6，演變下去，雙方局勢相對緩和。）馬7退8！（若車1進1？俥九進一，車1平4，俥九平六，車8平6，俥四進六，士5退6，傌三進五，紅方以中炮盤頭傌反擊，易走、略優。）傌三退一！（既避黑7卒鋒芒，又留有紅俥四平二等續著，機警又靈活！若要強攻改走傌七進五??卒7進1，俥四進二，卒7進1！傌三退五，包2進2，兵六進一，卒3進1，俥四平七，馬8進6！變化下去，黑方反撲甚兇而大優。）卒7進1，俥九進一，馬8進6，俥九平六，包7平6，（若車8進4？炮五進二，變化下去，紅可滿意。）俥四平二，卒7平8，俥二平三，車8進4，兵六進一，卒3進1，兵六平七，卒3進1！兵七進一，包6平3！傌七進五，卒3進1！

變化下去，黑方棄馬奪勢，形成紅方多子、黑多3個卒且有雙卒已渡河參戰的雙方激戰陣勢，結果黑勝。

8.…………　包8進4？

左包過河直接窺打紅盤頭中傌，過急！導致黑右正馬脫根後會留下隱患的。宜卒5進1！炮五進三，士6進5，炮八進一，包8平7，俥一平三，馬7退8，傌三進四，馬3進5，傌三進一，（若俥三平四??馬8進7！俥四進一，包7進7，仕四進五，包7平9！演變下去，黑車馬包三子歸邊將形成強大攻勢。）馬5退3，傌五進四，包7平6，俥三平七，包2退1，演變下去，紅多

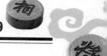

兵又有中炮佔優，但黑可抗衡，要優於實戰。

9.傌五進六！ 卒5進1

紅進中傌騎河追馬，緊湊爭先之著。如兵五進一？包8平5，傌七進五，馬7進5，相七進五，馬3進5，變化下去，雖雙方均勢，但黑多卒略好。

黑棄馬吃中兵，無奈。如包8退4？傌六進七，（若兵五進一？馬3進5，炮八進四，卒3進1，兵七進一，士6進5，兵七進一，馬5進3！變化下去，黑有反擊機會；又若俥一平三？馬7進5！炮八平五，包8平7！炮五平三，包7平9，傌六進七，包9平3，兵五進一，卒3進1！變化下去，黑勢不弱，可以抗衡。）包8平3，兵五進一！士6進5，俥一平三，馬7進5，炮八平五，車1平2，俥九平八，包2進2，仕六進五，兵五平六，車8平7，兵六平七！包3進3，傌七進五！

紅有中炮盤頭傌過河兵攻勢，也佔優。

10.傌六進七 車1進1 11.俥一平三 卒7進1

12.後傌進八 …………

進後傌窺打黑右包的走法，也可炮八平九，下伏俥九平八出動左直俥後，紅方仍較易保持多子進攻態勢。

12.………… 車1平3 13.傌八進七（圖2） 卒5進1？？？

渡中卒出擊過急，不易掌握局面，反易被紅方爭先奪勢、反客為主、保持先手。如圖2所示，應先選擇速換中炮，改走馬7進5為上策，以下紅如續走相七進五，車8進4，炮八平七，包8平3，俥三進三，車3進1！傌七退八，包2退2，俥三退一，車3平2，傌八進九，包3平2，炮七平八，前包平5，俥三平五，車2進5！傌九進七，車2退5！傌七進八，車2退2，變化下去，紅雖多兵，但和勢甚濃。

14.炮八平七　　包2進4

15.後傌退五　　包2平5

16.仕六進五　　車3平7

17.傌七退六　　馬7進5

18.傌五進六　　車7平4

19.相七進五　　車4進1

20.傌六進四　　車4進6

21.俥三進三　　包8進3

22.俥九進一！　…………

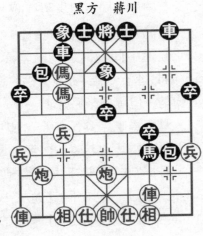

黑方　蔣川

紅方　孫勇征

圖2

高左橫俥，棄俥叫殺，精妙絕倫！如黑貪走車4平1？？？傌四進六，將5進1，俥三進四！紅反捷足先登擒將入局。

22.…………　　車4退3？？

退肋車騎河保中卒，隨手敗筆！導致紅雙俥傌破城入局。同樣退車防守，宜車4退7！以下紅如接走俥三平五，車8進6，炮七進七，士4進5，傌四退三，包5進2！俥五平四，將5平4！帥五進一，車4進8！炮七平四！包8退1！傌三退四！包8平1，傌四進二，士5退6，俥四進五，將4進1，傌二進四，車4退6，變化下去，紅雖多兵多仕相，但黑可抵抗、戰線不短，好於實戰。

以下殺法是：傌四進三！將5進1，俥九平八！將5平6，傌三退一！車8進2，俥三進四，將6進1，俥三退二，將6退1，俥八進七，士6進5，俥三平四，車8平6，傌一退三，將6退1，傌三進二！紅方俥傌冷著，傌到成功、藉雙俥之威、抽車入局，紅勝。

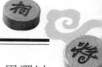

　　此局雙方開戰伊始就從中路爭奪，紅用中炮棄中兵、黑還以屏風馬左中象後，不慎在第8回合走包8進4使右馬脫根後留下了不可逆轉的隱患。步入中局後，黑方先在第13回合走卒5進1渡中卒過急反丟先手，又在第22回合走車4退3護中卒敗筆後，被紅方抓住戰機，進傌叫將、亮出左俥、傌退邊陲、右俥請將、左俥關將、右俥也關將、回傌叫將、進傌叫將又抽車後而完勝黑方。是盤紅方在得勢佔優後，運子不饒人，藉傌之威，雙俥左右夾擊，捨小就大、借殺圍擊、不急不躁、不溫不火、有膽有識，可謂可圈可點、傌到成功之佳作。

第3局　（江蘇）王斌　先勝　（廣西）黨斐

轉五八炮挺中兵左橫俥邊相對屏風馬雙包過河互進七兵卒

　　1.炮二平五　馬8進7　　2.傌二進三　卒7進1
　　3.俥一平二　車9平8　　4.兵七進一　馬2進3
　　5.傌八進七　包2進4　　6.兵五進一　包8進4

　　這是2013年5月10日全國象甲聯賽第4輪王斌與黨斐之間的一場殊死格鬥。雙方以中炮七路傌挺中兵對屏風馬雙包過河互進七兵卒拉開戰幕。紅急進中兵，旨在從中路突破，是當今棋壇的主流變例之一。如改走兵三進一、傌七進六、傌七進八的不同攻守變化，以下幾章均會有介紹。如俥二進四，以下黑有兩變：

　　①包2平7？相三進一，包8平9，俥二平四，車1平2，俥九平八，車2進4，兵七進一，車2平3，傌七進六，象7進5，炮八平七，車8進8，仕四進五，馬7進8，俥八進二，士6進5，俥八進三！變化下去，紅雖少雙兵，但子位很活，佔優。

　　②包8平9，俥二進五，（若走俥二平四，象3進5，兵五進

一，士4進5，俥四退一，包2退2，演變下去，雙方兩分局面。）馬7退8，傌七進六，包2平7，相三進一，馬8進7，俥九平八，象3進5，炮八平七，士4進5，傌六進七，馬7進8，變化下去，雙方子力對等，局勢平穩。

黑左包也過河封俥，形成「擔子包」陣勢反擊，屬改進後當今棋壇的流行變例之一。筆者在網戰上曾走過象7進5！俥二進六，車1進1，炮八平九，車1平4，俥九平八，車4進5，傌七進八，車4平3，傌八進九，包8平9，俥二進三，馬7退8，傌九進七，包9平3，炮五進四，士6進5，相七進五，馬8進7，炮五退一，車3平7，仕六進五，包3進3！變化下去，雙方子力對等，局勢平穩，結果戰和。

7.俥九進一　包2平3

平右包壓紅左傌窺底相，屬改進後流行下法。網戰中常走象3進5，俥九平六，（若俥九平四，士4進5，兵三進一，包8平3，俥二進九，馬7退8，兵三進一，車1平4，相七進九，車4進6，兵三平四，馬8進7，兵五進一！演變下去，雙方在對攻中互有顧忌。）以下黑方有士4進5、馬7進8、馬7進6的三路變化，結果均為紅方佔優。

8.相七進九　車1平2　　9.俥九平六 …………

左橫俥速佔左肋道，意欲伺機進士角欺馬反擊，穩正。如俥九平四？包3平5！炮五平六，（若仕四進五？？？車2進7！傌七進五，包8平5！俥二進九，馬7退8，傌三進五，車2退1，傌五退三，車2平7，俥四進一，象3進5，相三進一，車7平1，相九退七，車1平7，下伏卒7進1先手棋，黑淨多雙卒反先。）車2進6，兵三進一，包8平7，俥二進九，包7進3！帥五進一，馬7退8，傌三進五，車2平5，炮六平五，俥五退一，炮八

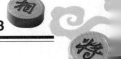

進二，車5退1，兵三進一，象7進5，兵三進一，車5平7！黑反多象易走。

9.‥‥‥‥‥　包3平6

右包佔左肋道發威，既可走包6進1串打，又可避免紅方進三兵的先手，可謂「守中有攻」，是黑方近年來情有獨鍾的流行變例。如車2進6，以下紅有兩變：

① 在1994年全國象棋團體賽上陳啟明與呂欽之戰中曾走俥六進六，象7進5，俥六平七，士6進5，仕四進五，包8退1，兵三進一，包8平5，俥二進九，馬7退8，傌三進五，卒7進1，炮五進二，車2進1，炮五平六，卒7平6，雙方對攻，結果紅勝；在2005年全國象棋團體上周小平與葛維蒲之戰中將卒7平6改為包3平4，紅接走炮六進四！車2平3，俥七平五，車3平8，俥五退一，卒7平6，傌五進四，車8退5，炮六平八，車8平2，炮八平九，車2平6，傌四進二！車6平7，仕五退四，變化下去，黑雖多過河卒參戰，但紅多邊相，但大子靈活，下伏炮九進一後，俥五進二挖中士凶招，紅優，結果紅勝。

② 在2011年全國象甲聯賽上李群與蔣川之戰中改走兵三進一，卒7進1，〔在2010年元月延安「聯通杯」象棋邀請賽上周小平與劉強之戰中曾走包3平6，兵三進一，包6進1，傌三進四，包8平7！（對以往包8平6、包8平5、包8退1實戰效果不佳之改進。）結果黑方反優而獲勝。〕俥六進二，包8進2，（一改以往包8退2？兵五進一，士6進5，傌三進五，包3平5，俥六平五，車2平5，傌七進五，變化下去，紅方略先的走法。）仕六進五，象3進5，炮八退二，卒7進1，俥六平三，（若傌三退一？卒7進1，炮八平七，卒7平8，仕五進四，馬7進6！變化下去，黑反易走。）包8平7，俥三平二，車8進6，

俥二進三，包3平7，炮八平七，士4進5，傌七進六！雙方對攻、互有顧忌，結果雙方弈和，在2009年「九城置業杯」象棋年終總決賽上趙鑫鑫與李少庚之戰中，李少庚接走前包平6，相三進一，包6平7，相一退三，前包平6，相三進一，車2平3，傌六進七，包6平7，相一退三，馬7進6，兵五進一，馬6進5，傌七進九！紅優，結果紅勝。

　　10.俥六進六 …………

　　伸左肋俥直插黑士角捉雙馬，屬改進後的流行下法。如渡中兵直攻中路走兵五進一，以下黑有兩變：

　　①士4進5，傌三進五，以下黑有兩變：（甲）在2007年全國象甲聯賽上黃海林與趙國榮之戰中曾走車2進6??結果紅反較優而完勝黑方；（乙）在2007年全國象甲聯賽上蔣川與于幼華之戰中改走包6退1！兵三進一，卒5進1，變化結果，紅攻勢被瓦解，黑方反奪主動而獲勝。

　　②在2008年第28屆「五羊杯」象棋冠軍邀請賽上趙鑫鑫與陶漢明之戰中改走士6進5，傌三進五，車2進6，傌五進六，包8退2，以下紅方有兩變：（甲）兵五平四，包8平6，結果雙方大體均勢而戰和；（乙）筆者在網戰改走仕六進五，包8平5，俥二進九，馬7退8，傌六進七，車2進1，帥五平六，車2平3，炮五進四！將5平6，俥六進四！車3平2，俥六進五！車2進2，帥六進一，馬8進7，炮五平三，包6退4，傌七退五！變化下去，雙方在子力對等中對搏，紅優，結果紅勝。

　　10.………… 　象3進5

　　飛右中象鞏固中防，以逸待勞，穩正。紅如接走俥六平七？包6進1！先棄後取，黑可追回一子，反先。如先走包6進1，傌七進六，包6平2，傌六進五，馬7進5，炮五進四，車8進3，

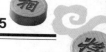

炮五退一，將5進1，俥六平七，車2進6，傌三退五，雙方對攻激烈，紅多中兵稍好。

11.兵五進一　卒5進1

挺卒吃兵，不留後患，機警而緊湊。另有兩變：

① 在2010年全國象棋個人賽上王斌與陳富杰之戰中改走車2進2，兵五進一，（最近筆者在網戰上改走仕四進五??卒5進1！俥六退二，包6退5，炮八進二，包6平5，兵三進一，卒7進1，炮八平三，車2進4，傌三進五，包8進1，相九退七，卒5進1！炮三退一，包8平3！俥二進九，車2平5！俥二退六，馬7進5！黑左車兌雙傌後，下伏包3退1追炮和馬5進7捉俥的先手棋而大佔優勢，結果黑勝。）馬7進5，傌三進五，士6進5，炮五進四，包6退4，俥六退一，變化下去，雙方兌子後均勢，結果戰和。

② 在2005年全國象棋等級賽上王斌與黃竹風之戰中曾走包6退4??結果黑雙車被陷，紅方獲勝。

12.俥六平七　包6進1　　13.傌七進八！…………

棄左傌送左炮，乃是紅方深思熟慮的經典之招！

13.…………　包6平2　　14.傌八進七　車2進6

右車佔兵行線出擊，穩正，如士6進5??炮五進五，象7進5，傌七進五！變化下去，紅反棄子有攻勢佔優。

15.傌七進五！…………

獻傌踩中象發威，正著。如傌七退五?士6進5，俥七退一，車2平5！俥二進三，車5進1，相三進五，車8進6，傌三進五，車8平7，後傌進六，車7平2！變化下去，黑多象、子力活、兵種全而反優。

15.…………　象7進5　　16.俥七平五　士4進5

17.俥五退二　包2平7　　18.俥二進三！　車8進6

19.俥五平八　士5進6　　20.俥八退二　　卒7進1

21.俥八進六　將5進1　　22.俥八退三！　…………

俥退卒林線，準備鎮中路出擊，屬改進後的流行新變。在2009年全國象甲聯賽上王斌與王天一之戰中曾走兵三進一？車8平7，俥八退四，包7退2，俥八平五，將5平6，演變下去，雙方對攻、互有顧忌，結果黑方多子入局。

22.…………　車8平7　　23.俥八平五！　…………

俥鎮中叫將，改進後正著。在此後的快棋決戰中，孫逸陽與黨斐又非常湊巧地走到了相同盤面，當時孫逸陽改走俥八平三？車7平3！俥三退二，包7平1！俥三平五（敗招！宜俥三進三！殺馬反擊後，紅可抵抗。）將5平4，炮五平六，包1進2！帥五進一，士6退5，俥五平六，士5進4，炮六進五，車3平5！帥五平六，將4平5，黑將鎮中發難，多子後大佔優勢，結果黑勝！黨斐大師能在這麼短時間內克服此佈局失利的陰影，以利再戰而獲勝，真令人敬佩！

23.…………　將5平4　　24.炮五平六（圖3）　士6進5？？？？

補底中士，敗著！導致紅俥叫抽渡7卒後完勝黑方。同樣補中士，如圖3所示，宜士6退5！俥五平六，士5進4，俥六退二，包7平1！俥六平三，車7平4，仕六進五，馬7進5！俥三進二，馬5進4，俥三平六，包1進1，炮六進二，包1平4，兵七進一，包4退3！相三進五，變化下去，黑仍多子、紅多兵相，局勢趨向平穩，優於實戰。

以下殺法是：俥五平六！士5進4，俥六退二，包7平1，俥六平三，車7平4，仕六進五，馬7進6，兵七進一，將4退1，（若將4平5？俥三平五，將5平6，炮六平四，車4平3，俥五進

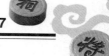

一，車3進3，仕五退六，車3退2，炮四退一，包1進2，帥五進一，包1退1，帥五退一，變化下去，紅得馬後也佔優勢。）俥三平四，馬6退8，俥四平二，馬8進6，俥二進五，將4進1，俥二退六！車4退1，俥二平四，馬6退8，（若馬6退4？兵七進一，馬4進3，俥四平七！將4平5，炮六平七！馬3退1，兵七進一！兵臨城下，直逼九宮，紅也佔優。）俥四進一，車4進1，兵七進一，將4平5，俥

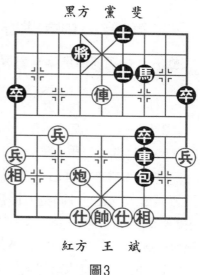

四平五，將5平6，炮六平四！馬8進6，俥五進一，車4平3，兵七平六，車3進3，仕五退六，包1進2，帥五進一，車3退1，帥五進一，包1退2，俥五平四，包1平6，兵六進一！車3退1，帥五退一，車3退1，帥五平四！御駕親征，驅包催殺！以下黑如續走包6退1，兵六平五！俥兵殺士，一氣呵成！紅勝。

　　此局雙方開戰就三炮鳴響、爭奪激烈；步入中局，雙方更是兌子爭先、不留後患。畢竟紅方沉穩老到，先在第24回合走炮五平六卸中炮窺將後，黑方卻憑感覺走棋，隨手走士6進5錯補中士後，方寸大亂，被紅方抓住戰機，俥叫將殺卒、補中仕固防、俥捉馬叫將、俥驅車渡兵、俥炮同叫將、小兵逼九宮、俥殺左棄包、帥追殺肋包、俥兵來破城。是盤紅方的俥炮兵殘局走得出神入化、令人心曠神怡，果斷抓住黑方進退中士的細小失誤而精心運子、逐步擴優入局之佳作。

第4局 （中國）洪智 先勝 （北京）王天一

轉五八炮過河俥挺中兵對屏風馬7路馬右橫車互進七兵卒

1.炮二平五 馬8進7 2.俥二進三 卒7進1

3.俥一平二 車9平8 4.俥二進六 馬2進3

5.兵七進一 馬7進6

這是2013年5月31日「淮陰·韓信杯」國際名人象棋賽上洪智與王天一在前4局雙方慢棋、快棋均弈和後的第5局附加賽中的一場龍虎之戰。這一盤棋是紅方用6分鐘包干對黑方用5分鐘包干，勝者奪冠、和棋黑勝，由抽籤定先後手：洪智先對王天一之戰由中炮過河俥對屏風馬7路馬互進七兵卒拉開戰幕。黑先左馬盤河出擊，屬改進後流行變例。在20世紀90年代末，筆者曾應對過黑方徑走車1進1？俥八進七，（也可改走炮八平七，象7進5，以下紅有兵七進一、俥八進九、俥二平三的三路變化，結果：前者為紅控制局面臻於妙境、中者為雙方平穩、後者為形成雙方對峙的不同著法。）車1平4，炮八平九，（也可俥九進一！結果紅方移步換形後也持先手而獲勝。）包2進4，俥九平八，包2平7，（若包2平3？兵五進一，象7進5，俥二平三，車4進5，兵三進一！演變下去，紅先。）相三進一，包8平9，俥二進三，馬7退8，兵五進一，車4進5，兵五進一，士6進5，兵五平四，（若俥七進五？卒5進1，炮五進三，包9平5，炮九平五，將5平6，俥五進四，車4平6！變化下去，黑可滿意、紅無便宜。）象7進5，俥八進六，車4平6，俥八平七，車6退2，俥七進五！車6平2，炮九平七！變化下去，黑雖多中卒，但紅子位靈活，仍持先手，結果紅多子擒將。

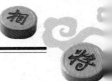

6.傌八進七　車1進1

在「和棋即為黑勝」的比賽情況下，黑方依然高右橫車對攻，是突破常規飛左右象的變著，在面對當今棋壇較為流行的、對攻性極強的中包橫車左馬盤河佈局陣勢，充分展現出黑方王天一特級大師在關鍵之戰中穩定的心理素質和極強的自信心！

7.兵五進一　…………

急挺中兵，欲從中路進攻，屬典型的經過改進後的直攻型走法。另有5變：

① 在2009年全國象甲聯賽上，宋國強與鄭一泓之戰中曾走炮八平九，結果雙方各有千秋而戰和；

② 在2009年全國象棋團體賽上尤穎欽與陳麗淳之戰中改走了炮八進三，結果雙方均勢而戰和；

③ 在2006年第三屆全國體育大會象棋賽上柳大華與孫浩宇之戰中曾走過炮八進四，結果紅反多兵而獲勝；

④ 在2009年第六屆「威凱杯」全國象棋一級棋士賽上劉奕達與么毅之戰中曾走過俥九進一？結果雙方兌俥車後黑反得相較好而獲勝；

⑤ 俥二平四，馬6進7，以紅有兩變：（甲）在2010年全國象棋個人賽上孫勇征與王天一之戰中曾走炮八進一，馬7進5，（在2009年「九城置業杯」象棋總決賽上湖北柳大華與四川鄭一泓之戰中曾走過卒7進1，結果黑方可戰而最終弈和。）結果黑方佔優而獲勝；（乙）在2009年全國象棋個人賽黃竹風與黃學謙之戰中曾走過傌七進六，車8進1，（筆者在網戰上曾應對黑走象7進5？炮八平六，卒7進1，俥九平八，馬7進5，相七進五，卒7進1，俥八進七，卒7進1，俥四平二，車8進1，炮六平三，包8平6，俥二平四，士6進5，俥四平一，變化下去，紅

多邊兵且子力靈活而佔優，結果紅勝。）傌六進五，馬7進5，相七進五，包2進1，傌五進七，包2平6，結果雙方均勢而戰和。

　　7.…………　　卒7進1　　　8.傌二平四 …………

　　平右肋傌捉馬，屬改進後流行下法。在2013年新疆棋協杯全國象棋團體賽上李旭升對潘振波之戰中改走傌二退一？馬6進7，（另有兩變：①在2009年首屆「振達・韓信杯」象棋國際名人賽上日本所司和晴與中國洪智之戰中曾走馬6退7！結果黑方佔優而獲勝；②在2005年全國象棋團體賽上張婷婷與金海英之戰中曾走過卒7進1，結果雙方對攻中黑勢反先而獲勝。）兵五進一，車1平7，傌三進五，（在2004年全國象棋個人賽上蔣家賓與路耿之戰中曾走過兵五進一？結果黑方稍先而獲勝。）卒7平6，傌二退一，卒5進1，傌五進六，象7進5，炮五平三，馬7退5，傌六進七，車7進6，傌二進三，馬5進6，炮八平四，車8進2，仕六進五，包2退1，變化下去，黑有雙車、淨多雙卒，大佔優勢而獲勝。

　　8.…………　　卒7進1

　　黑方果斷直衝7卒，試圖兌傌過卒，屬流行的對攻走法。如馬6進7，〔筆者曾應對過馬6進8？傌三進五！卒7進1，兵五進一，卒5進1，炮五進三，馬8進6，傌四退二，包8平7，傌七進六，（亦可傌七退五！車8進7，炮八平五，變化下去，在雙方對攻中，紅也勝定。）包7進7，仕四進五，車8進9，傌九進一，車1平8，炮八平五！演變下去，紅雖少兵殘相，但中路傌雙炮和兩肋道傌傌，已形成了五大子壓境勝勢，結果紅勝。〕兵五進一，以下黑有兩變：①在2006年第三屆全國體育大會象棋賽上有一局棋改走車1平7，兵五進一，士6進5，兵五平六，

（筆者曾改走過俥三進五！車8進1，兵五平六，車7平6，俥四進二，車8平6，兵六平七！紅俥炮嚴控中路，又多兵追殺右馬，大佔優勢，結果多子入局。）象7進5，俥三進五，包8進7，俥九進一，包2進1，俥九平三，車8進8，俥三平二，馬7進8，俥四退五，馬8退7，俥四平六，卒7平6，兵六平七，卒6平5，俥五退三，包8退7，俥六平二，包8平6，俥二進八！士5退6，炮五平四，包6平7，俥二退七！演變下去，紅必得子佔優而多子獲勝；②在2007年中國隊訪問越南隊象棋對抗賽上越南黃仲勝與中國鄭一泓之戰中改走包8平5，結果黑方主動後走漏，紅反獲勝。

9.兵五進一　…………

強渡中兵、捉馬窺卒，按既定方案出擊，穩正。如俥四退一，卒7進1，兵五進一，車1平4，兵五平六，包8平5，炮八平九，包2進2，俥四退二，車4進3，炮五進五，象7進5，炮九平三，車8平7，俥四退一，車4進2！演變下去，黑子靈活、多卒反先。

9.………　　卒7進1

進7卒吃俥，是既定方案的續著。如包8平5，紅方有3變：

① 在2005年12月世界象棋大師賽上孫勇征和許銀川之戰中曾走俥三退五，結果雙方不變作和。

② 在2007年12月第13屆亞洲象棋個人賽上香港陳振傑與印尼余仲明之戰中改走俥四退一！結果紅多子、黑有攻勢、互有顧忌，最終紅勝。

③ 2013年1月29日筆者在網戰中改走兵五進一，馬3進5！（下伏包5退1的反牽制手段！）炮五進五，（若俥三退五？馬6進8，俥四平五，包5退1，炮五進六，車1平5，俥五進二，士6

進5，俥七進六，包2平5，俥五進七，馬8進6，俥六退四，卒7平6，俥七進六，車8進7！紅炮難逃、黑勢反先。）象7進5，俥四退一，卒7進1，炮八平三，包2退1，炮三平五，包2平5，俥九進一，馬5進7，炮五進六，士6進5，俥九平三，車8平6，俥四進四，將5平6，俥三進三，車1平2，變化下去，子力對等、和勢甚濃，結果戰和。

　　10.兵五進一　士4進5　　11.俥四退一　車1平4

　　12.炮八平九　…………

　　由於是超快棋決賽，紅方搶先變招，平左邊炮，以冷僻著法，意在打對手一個措手不及，一改以往5種走法，欲出奇制勝：① 在2012年第5屆「楊官璘杯」全國象棋公開賽上申鵬與洪智之戰中改走仕六進五，包8進7？（宜車4進5過河較好。）兵五平六，（在2006年第3屆「楊官璘杯」全國象棋公開賽上黎德志與盧軍之戰中改走俥四平三！包2平1，炮五進二！馬3進5，炮八平三，包1平5，炮三進七，車8平7，炮五進三，士5進6，俥三進四！紅方多子大優，結果紅勝。）象7進5，兵六平七，包8平9，炮五進二，車8進5，相七進五，車8平5，前兵進一，包2退2，俥九平六，車4平2，演變下去，雙方對攻激烈，結果黑勝；

　　② 在2013年浙江省象甲聯賽湖州王雲湧與台州溫嶺趙鑫鑫之戰中改走兵五平四，包8平5，仕六進五，車8進6，兵四進一，包5進1，〔在2005年全國象棋一級棋士賽上孫浩宇與余四海之戰中曾走車8平3！兵四平五，包2平5，俥七退六，卒7進1，俥九平八，（宜俥四平五兌包，保持多子之利。）車3平2，俥六進七，車2平3，俥七退六，車3平2，兵七進一，（若俥六進七，車2平3，雙方不變作和。）車4進7，兵七進一，馬3進

5，炮五進五，象7進5，俥四平五，馬5進3，紅多子受困、黑方主動，結果黑勝。〕炮八進四，車8平3，炮八平五，馬3進5，俥四平五，車3進1，俥五進一，包2進5，變化下去，紅方易走，結果雙方下和；

　　③在2006年全國象棋團體賽上王偉與黎德志之戰中曾走過俥九進一，車4進5??宜包2進1！兵五平四，包8平5，傌七進五，（若俥四平五？馬3進5，俥五進一，包2平5，炮五進五，象7進5，兵四平五，車8進3，兵五進一，車8平5，仕六進五，車5退1，炮八平三，車4進5，變化下去，紅多相，黑有雙車略優。）馬3進5，傌五進六，馬5進4，傌六進五，象7進5，俥九平六，車4退1，俥四退一，馬4進5，俥六進八，將5平4，相三進五，雙方子力對等，均勢。〔俥九平四，包8平6，前俥進二！包2平6，俥四進六！馬3退4，炮八進七！車8進4，俥四平七，卒7平6，俥七進二！卒6平5，俥七退三，馬4進3，（若馬4進5??俥七進三！士5退4，俥七退四！抽車後紅勝勢。）俥七進一！將5平4，相七進五，紅多雙兵相勝勢；

　　④在2006年全國縣區級象棋賽上義烏郭子軍與太原周小平之戰中曾走傌七進五，車4進5，傌五退三，（在2008年全國象甲聯賽上萬春林與謝卓淼之戰中改走傌五進六！馬3進5，炮八平三，象7進5，俥四平五，車8平7，炮五進四，車7進7，相七進五，卒1進1，雙方均勢，結果戰和。）馬3進5，俥四平五？（宜俥四進一！包2進1，傌三進四，車4平6，傌四進六，車6退3，傌六進四，包8平6，炮八平九，車8進6，俥九平八！包2進3，炮九進四！下伏有炮九平五打馬和炮九進三叫將先手棋，紅優。）馬5退3？（宜馬5退7！）傌三進四，車4平6，傌四進六，象7進5，俥五平二，馬3進5，炮八進四，卒3進

1，傌六進四，卒3進1，仕六進五！下伏傌二平五！追馬、從中路突破的先手棋，結果紅勝；

⑤在2014年1月31日年初一網戰中筆者嘗試走兵七進一！馬3進5，傌四平五，包2進1，炮五進四，包8平5，相七進五，車4進2，傌七進六，車8進3，炮八平三，車4平5，傌五進一，包2平5，傌六進五，車8平5，仕六進五，卒7進1，傌九平七，雙方均勢，結果戰和。

　　12.………　　車4進5　　13.傌九平八　將5平4！

出將避開紅中炮糾纏，完全出乎紅方意料，經驗豐富的黑方將對局變化引向於雙方都較為陌生的局面。

　　14.仕六進五??　………

補左中仕固防，易遭被動。宜兵七進一！卒3進1，傌四平七，象7進5，傌七進一，包8平7，相三進一，包2進4，仕六進五，變化下去，在雙方對攻中，紅方在雙方子力對等的情況下，仍有傌七進八捉車進攻、傌七平六兌車爭先和炮五平六叫將出擊等反擊機會，優於實戰。

　　14.………　　　包8平7　　15.相三進一　車8進8

　　16.炮五平六??　………

卸中炮叫將，劣著！導致陣型鬆散、陷入被動。宜相一進三攔包為妥！以下黑如接走車8退3，炮五平六，將4平5，相七進五！卒7進1，炮九退一，變化下去，紅反陣型牢固工整，下伏有炮九平七直窺黑方3路馬卒象的先手棋，足可對抗，遠遠好於實戰。

　　16.………　　　將4平5(圖4)　　7.炮九退一???　………

退左邊炮打車，敗著！導致方寸大亂、弱點暴露而一蹶不振。如圖4所示，宜相一進三！車4平3，炮九退一，卒7進1，

俥八進二，包2進4，兵一進
一，變化下去，紅方伏有炮九平
七！再兵七進一攻擊黑方3路線
的先手棋，優於實戰，紅足可抗
衡，且勝負一時難料。

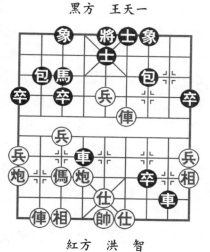

黑方　王天一

紅方　洪　智

圖4

17.……………　卒7平6！

18.相一進三　　車8退3

19.俥四平三??　…………

黑方不失時機，棄卒反擊、
退左車捉相，大佔優勢。

紅平右俥保相，劣著！造成
局勢迅速惡化、自毀長城。同樣
動俥，宜俥四退三！車8平7，
炮六平五，車7平3，仕五進六！變化下去，黑雖仍佔優，但紅
尚可支撐，好於實戰。

以下殺法是：馬3進5，俥三進一，包2平5，俥三平五，車
8平7！帥五平六，包5進6！（反應敏捷、棋風兇狠的棄中包炸
仕，一舉入局，凶招。）仕四進五，包7平4！帥六平五，車7
進4，仕五退四，車4進1！黑方棄馬踩中兵、雙包齊鳴、雙車出
擊，沉底殺炮、一氣呵成！以下紅如接走俥八進一？包4平5！
以下紅如接走俥五平四？卒4平5！黑速勝；又如紅改走相七進
五？車4平5！傌七退五，（若帥五平六??車7平6！帥六進一，
車6退1，帥六退一，車5平4，俥八平六，車4進1！藉中包肋
卒之威，「霸王車」擒帥入局。）卒6進1！炮九退一，車5進
1，帥五平六，車5平8，炮九平七，卒6進1，炮七平四，車7平
6，俥五退六，車6退1，下伏車2進1殺著，黑勝。

此局雙方開戰黑躍7路馬、紅衝中兵攻。步入中局後，紅在第12回合走炮八平九，一改以往5種應法，旨在出奇制勝，但效果不穩定。以後在第14回合走仕六進五遭被動，在第16回合走炮五平六陷入困境，在第17回合走炮九退一，方寸大亂，在第19回合走俥四平三自亂陣腳後，被黑方抓住戰機，馬踩兵追俥、鎮中包棄馬、車殺相逼帥、棄中包炸仕、平肋包拴帥、沉左車叫殺、車殺炮入局。是盤黑方用盤馬彎弓、各攻一面、棄馬為餌、大舉合圍、深入腹地、滴水不漏，令紅方疲於應付、慌不擇路，最終潰不成軍，敗走麥城之佳局。

第5局　（河北）申鵬　先勝　（開灤）劉明

轉五八炮過河俥盤頭傌渡中兵對屏風馬平包兌俥右中士

1.炮二平五	馬8進7	2.傌二進三	車9平8
3.俥一平二	馬2進3	4.兵七進一	卒7進1
5.俥二進六	包8平9		

　　這是2013年8月15日全國象甲聯賽第17輪申鵬與劉明之間一盤最佳之戰。雙方以中炮過河俥對屏風馬左直車互進七兵卒開戰。黑現平包兌俥，旨在亮出左直車邀兌，以儘快削弱紅右直俥攻勢後伺機反擊。如包2進4，以下紅有兩變：

　　①兵五進一，以下黑有象3進5和象7進5兩種變化結果，前者為紅多兵佔有攻勢，後者為紅各子配合默契、子位優越、攻擊力較強的不同走法；

　　②兵三進一，卒7進1，俥二平三，包8進4，以下紅有俥三退二和俥三進一兩路變化結果，前者為紅多子勝勢，後者為紅方略優的不同下法，又如馬7進6，傌八進七，象3進5，炮八進

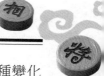

一，以下黑方有卒7進1、包2進1、包2退1、士4進5四種變化結果：前者為紅有先機、中一者為紅多子和黑多卒有攻勢互有利弊、中二者為紅勢稍好、後者為紅多子穩持先手的不同著法。

6.俥二平三　包9退1

紅平俥避兌俥保留複雜變化，老練。如俥二進三？馬7退8，傌八進七，馬8進7，傌七進六，象3進5，俥九進一，卒3進1，雙方兌俥車後，變化趨於簡單、雙方均難有作為。

黑先退左邊包，伺機包9平7打俥爭先。如車8進2，以下紅有炮八平七、兵五進一、傌八進七3種變化結果：前者為勢均力敵的對抗局面，中者為紅持先手攻勢，後者為雙方機會均等的不同下法；又如士4進5？炮八平七，包9退1，（若車8進5？炮七退一！車8平3？炮五平七，車3平2，前炮進五！紅反得子大優。）兵七進一，包9平7，俥三平四，車8進8，傌八進九，包2進4，炮五平六，變化下去，紅多過河兵佔先。

7.兵五進一　…………

紅急進中兵，意在先機發動、刺穴攻心、控制要點，屬急攻型佈局。但如紅方兩翼配合不夠準確及時，易為對方所乘，而勝負往往繫於一著之優劣。如炮八平六，以下黑方有士4進5、車1進1、車8進5、車1平2四種變化結果：前者為紅棄還一子後略優，中一者為紅殺象多兵佔優，中二者為雙方勢均力敵，後者為黑方柔運潛行，取得較有利局面的不同走法；又如炮八平七，以下黑有包9平7和馬3退5兩路變化結果，前者為雙方各有千秋、後者為紅多兵佔優的不同走法；再如傌八進九，以下黑有士4進5、車8進8、車8進4、車8進5、車1進2共五路變化結果：前者為紅必得子大優，中一者為紅勢稍好，中二者為紅反略優，中三者為雙方大體均勢，後者為紅略佔攻勢的不同走法。

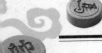

7.………… 士4進5

補右中士固防，穩健。如包9平7？俥三平四，包7平5，傌三進五，包2平1，傌八進七，車1平2，炮八進二，卒5進1，兵三進一，車8進4，俥九平八，車2進4，兵五進一！變化下去，紅多中兵又有攻勢，穩持先手。

8.兵五進一　包9平7

紅渡中兵反擊，欲從中路突破，屬改進後著法。如炮八平七？包9平7，俥三平四，馬7進8，俥四退三，（若兵七進一？卒7進1，俥四平三，馬8退7！俥三平四，卒7進1，兵七退一，馬3退4！演變下去，黑勢如願反先。）車8進2，俥九進一，（若傌八進九？車1平2，俥九平八，包2進6！演變下去，紅難以掌控局面，黑先。）車1平2，以下紅方有兵五進一、俥九平二兩路變化結果：前者為黑雙卒過河、雙馬又靈活掌控盤面大優，後者為黑多子多卒佔先的不同弈法。

黑平左包打俥，好棋！一改以往曾走過卒7進1？兵五進一，馬7進5，傌三進五，包2進1，傌八進七，象3進5，炮八平九，車1平2，俥九平八，卒3進1，俥三退二，車8進4，演變下去，紅子活躍、多兵略優的走法，欲要反先。

9.俥三平四　卒7進1

渡7卒反擊，屬改進後並已形成共識的流行變例。另有兩變：

①象3進5？傌三進五，卒5進1，炮五進三，車1平4，（若車8進5？炮八平五，車1平4，傌八進七，車4進6，俥四平七，馬7進5，俥九平八，包2進4，傌五進四，車8平5，傌四進五！傌踩中象捉包，紅有攻勢，大優。）炮八平四，車4進6，傌八進七，車8進5，（若馬3進5？？俥九平八，包2退1，炮四

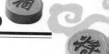

進一，車4退4，炮四進六，車8進5，炮四退一！變化下去，紅反大優。）俥九平八，包2退1，（若包2進4？炮四進一，包2平5，炮四平六，車8平5，炮五進三，士6進5，炮六退二！紅俥炮兌黑車後反先。）兵三進一，卒7進1，炮四進一，車4退6，傌五進四！包7平6，傌四退二！紅得車大優；

　　②卒5進1，以下紅方有3變：（甲）俥四平七，馬3退4，傌三進五，包2平5，傌八進七，（若傌五進六？包5進5，相七進五，馬4進5！黑反滿意。）車1平2，仕六進五，卒5進1，炮五進二，卒7平6，炮八進二，變化下去，雙方互纏，黑多子佔優；（乙）傌三進五，象3進5，〔若卒5進1？炮五進二，象3進5，炮八平四，（若炮八平五，車1平4，傌八進七，車4進6，俥四平七，馬7進5，黑方易走，略優。）車8進5，炮四進二，（若炮四平五？車1平4，傌八進七，車4進6，俥九平八，包2進4，傌五進三，卒7進1，前炮平二，卒7平8，傌七進八，馬7進8，俥四平三，馬8退9，俥三平四，包7進8，仕四進五，車4平7，帥五平四，將5平4，傌八進七！變化下去，紅雖殘相，但雙俥傌炮靈活，且有攻勢，反先。）車8進1，炮四進五，車1進1，炮四退二，變化下去，紅炮追馬仍優。〕傌五進六，馬3退4，傌八進七，卒7進1！渡7卒，形成雙方對攻之勢；

　　③筆者最近於網戰上應對傌八進七？象3進5，炮八平九，卒5進1，俥九平八，包2退1，俥八進七，馬3退4，變化下去，黑多卒又有「擔子包」，足可抵抗，結果雙方大量兌子後戰和。

　　10.傌三進五　…………

　　搶出右盤頭傌，勢屬必然之招。如兵三進一？象3進5，兵

五平四，車8進6，兵四平三，卒3進1，兵七進一，車8平3，炮八平六，車3退2，（若貪車3進3??炮六平七！關住黑車後，紅大優。）俥四進二，（若貪前兵進一?馬3進4！追殺紅肋俥，使紅勢功虧一簣。）包2退1，炮六進六，馬7進6，俥四平三，馬6進4！以下伏有馬4進5再走車1平4追回失子的棋後，足可與紅方抗衡。

10.………… 卒7進1

渡卒殺兵，穩正，屬改進後流行著法。在2009年象甲聯賽上申鵬與李雪松之戰中曾走卒7平6?俥四退二，卒5進1，炮五進三，馬3進5，〔若象3進5，炮八平五，（若炮八平四?馬7進5，俥四平三，包2退1，俥八進七，車1平4，俥九平八，卒3進1，演變下去，黑可從容應付。）車1平4，俥八進七，包2進4，（若車4進6?俥四平六！以下黑有車4平2和車4平3兩路變化，結果均為紅優。）俥九平八，（若俥四進三！以下黑有馬3進5、車4進6、馬7進8三種變化結果：前者為紅得象略先、中者為紅得士佔優、後者為紅反較優的不同下法。）車4進6，俥五進三，包7進4，兵三進一，車8進4，俥四平五，包2平9，前炮平三！象5進7，兵三進一，車8進3，俥八進七，馬7進5，炮五進四，馬3進5，俥七進六！紅方大優，有望得子入局。〕俥四進四，包2退1，俥四退二，象3進5，（若車8進4?炮八平五，象3進5，俥八進七，演變下去，紅多兵易走，反先。）炮八平三，馬7進8，（若車8進4?炮五進二，象7進5，炮三進五，馬5進4，俥八進七，馬4進3，俥五退七，車8平7，炮三平二，車7進2，相七進五，車7平3，炮二退五！演變下去，紅得象反優。）俥四平五，馬8進6，俥五進四，（若俥五平四，馬6進4，俥九進一，馬4退5，變化下去，雙方均勢；

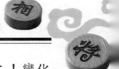

又若炮五平四！馬6進7，傌五退三，包7進6，俥九進二！變化下去，紅方多兵且兵種齊全，佔優。）包7進6，俥九進二，馬6進4，俥九平六！馬4退5，俥五退一，包7平8，俥五平八！紅多兵佔優。

11.傌五進六　車8進8　　12.傌八進七　象3進5

補右中象固防，穩正。如卒7平6？炮五平三，卒6平7，俥四進二，包7平8，（若卒7進1？俥四平三，卒7進1，傌六進七，紅反多子佔優。）傌六進七，包2退1，俥四平二，包2平8，炮三進五，車8退6，（若卒5進1？炮八進七，象3進5，俥九平八，變化下去，紅大子靈活，有多子攻勢，大優。）炮八進五，卒5進1，俥九平八，卒5進1，俥八進三，演變下去，黑多雙過河卒，紅方多子易走。

13.傌六進七　…………

進傌踩馬，先得實惠，老練！如傌七進八，以下黑方有卒7平6和包2進5兩種變化，結果前者為黑方勝勢、後者為紅反佔優的不同下法；又如傌七退五，以下黑方有車1平3和包2退1兩路變化，結果前者為紅勢稍好、後者為紅強取黑單士後呈勝勢的不同走法。

13.…………　車1平3　　14.前傌退五　卒7平8

退前傌踏中卒邀兌，穩正。如傌七進五？士6進5，兵五進一，馬7進5，俥四平五，包7進8，仕四進五，車3平4，俥五平四，車4進6，兵七進一，車8進1！變化下去，紅雖多子，但黑車包在紅右翼底線有較強攻勢而大優。

黑平卒，下伏左包窺打底相，正著。也可馬7進8！俥四平三，馬8進6，俥三進二，馬6進4，仕四進五，馬4進3，帥五平四，馬3進1！俥三退五，包2平4，黑方滿意。

15.仕四進五　　　包7進8　　16.炮八退一　車8進1

17.俥九進二（圖5）　包2進4？？？

　　進右包過河出擊，敗著！導致紅方一俥換雙後黑方陷入困境。如圖5所示，在2005年全國象棋個人賽上洪智與許銀川之戰中曾走過馬7進8，俥四退五，包2進4，俥四平二，車8平9，俥二平一，車9平8，俥一平二，車8平9，雙方不變作和。現黑方堅持這樣走下去，是否認為根據現行棋規應由黑方變著，改走包2平4，兵五平六，馬7進5，俥四平五，包7平4，仕五退四，前包平6，帥五進一，包6退2，俥九平八，包6平3，兵六進一，變化下去，雙方對攻激烈，黑勢優於實戰。

　　以下殺法是：俥四退三，包7退3，仕五退四，包7平9，俥四平八！包9平2，傌五進三！車3平4，（若包2平7？炮八平三，車3平2，傌三退四，演變下去，紅反多子佔優。）俥九平八，包2平7，傌三退四，（也可炮八平三！車8平7，俥八退一，車4進7，兵五平六，包7平5，炮三平五！演變下去，紅俥雙傌雙中炮大佔優勢。）車4進8，（若包7進3？帥五進一！變化下去，黑無後續手段，紅反大優。）傌四退三，卒8平7，兵五進一，卒7平6，兵五進一，象7進5，俥八進七，車4退8，俥八平六！將5平4，傌七進六，卒6進1，炮五平六，將4平5，傌六進七，卒6進1，仕六

黑方　劉　明

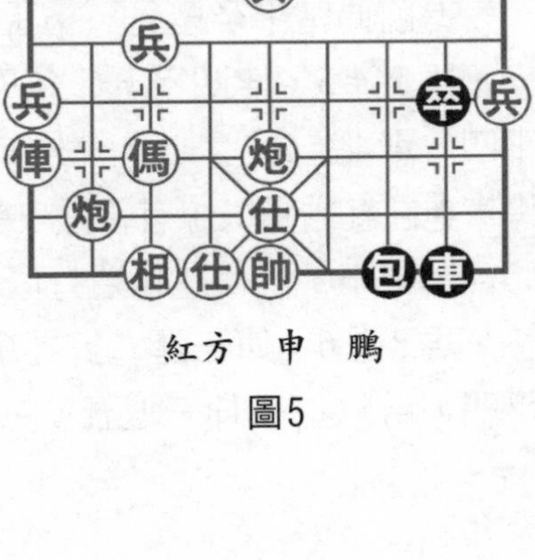

紅方　申　鵬

圖5

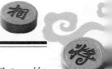

進五，卒6平5，帥五進一，士5進4，帥五退一，車8退1，炮八平五！士6進5，傌七進五，車8平6，炮五進二，將5平6，仕四進五，車6退2，傌五退六，車6退2，兵七進一！卒9進1，炮六平四，車6平5，炮五平四，將6平5，後炮平五，將5平6，炮四退二，卒9進1，傌六進五！傌到成功！

以下如車5退2？仕五進四，以下黑若接走士5進6，則炮四平五！黑車被殲，紅勝；又若黑改走將6平5，炮四平五！黑車被殺，紅也勝。又如黑改走將6平5？傌五進三，以下黑若將5平6，則炮五平四！疊炮殺，紅勝；又若黑改走將5平4，則炮五平六！車5平4，兵七平六，紅兵殺車後勝定。

此局雙方開戰就遇到平包兌傌，紅方果斷平傌保持複雜變化。步入中局後，紅渡中兵、黑過7卒，各攻一面、疾如流星，兵來將擋、廝殺激烈、搏擊風浪、抓人眼球。當紅方在第17回合高左橫傌出擊後，黑接走包2進4，敗筆！導致紅傌換雙後黑陷困境。紅方抓住戰機，退炮打車、一傌換雙、回傌兌包、中兵砍象、沉傌邀兌、傌炮叫將、躍傌踩車、左炮鎮中、傌踏中象、強渡七兵、平炮叫將、後炮鎮中、傌進中路，傌到成功！

是盤經典的「中炮過河傌急進中兵對屏風馬平包兌傌互進七兵卒」開局的對攻精彩激烈的大類型定式，需雙方賽前做「家庭作業」，在廣度、深度方面作充分準備是格外重要的，而紅方勝在對此佈局精深研究的罕見佳作。

第6局　（遼寧）范思遠　先勝　（湖北）黨斐

轉五八炮過河傌卸中炮對屏風馬平包兌傌右中士渡7卒

1.炮二平五　馬8進7　　2.傌二進三　車9平8

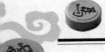

3.俥一平二　　卒7進1

這是2013年10月13日辛集「國際皮革城杯」象棋公開賽第8輪范思遠與黨斐之間的一場精彩搏殺。此時黑方硬挺7卒，刻意避開了紅方中炮急進三兵的佈局套路，意在出奇制勝。

4.俥二進六　　馬2進3　　　5.兵七進一　　包8進9

6.俥二平三　　包9退1　　　7.傌八進七　　士4進5

至此，雙方走成「五八炮過河俥對屏風馬平包兌俥互進七兵卒」陣勢。現黑先補右中士固防，屬改進後流行變著。如車1進1，以下紅有兩變：

①如要求穩，走傌七進六？車1平4，炮八進二，卒3進1，炮五平六，車4平6，俥三退一，象3進1，炮八進二，車6進4，傌六進七，包9平3！變化下去，雙方在對攻中黑方滿意、易反先；

②兵五進一！包9平7，（若車9平4？兵五進一，士6進5，兵五進一！演變下去，紅從中路突破有攻勢；又如士4進5？變化下去，則易顯後手。）俥三平四，包7平5，兵五進一，卒5進1，（若包5進3？傌七進五，包5進3，相七進五，車1平4，炮八平七，車4進5，兵七進一，包2進4，傌五進六，馬3退5，俥四進一！下伏有俥四平六的強手棋，且紅傌炮兵直逼黑方右翼薄弱底線而佔優。）俥四平七，馬3進5，傌七進六！馬5退4，俥七進三！卒5進1，傌六進七！以下不管黑方是否兌傌，紅已得象佔優。

8.炮五平六　…………

卸中炮出擊，較為少見的走法，意在將局面引向較為陌生而不易掌控的對決領域，旨在以出奇制勝來打對方一個措手不及。在2007年全國象棋個人賽上也是范思遠與黨斐之戰中曾走過炮

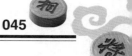

八平九，車1平2，俥九平八，包9平7，俥三平四，馬7進8，
（若卒7進1？兵三進一，馬7進8，俥四平三，馬8退9，炮五進
四，象3進5，俥三平四，馬3進5，俥四平五！紅雙俥雙傌活
躍、淨多雙兵佔優。）傌三退五，（另有炮五進四，結果為雙方
互有顧忌，俥四平三，結果為在雙方對搶先手中黑方滿意，傌七
進六，結果為紅多兵殘相、黑兵種全，各有利弊，炮九進四，結
果為雙方勢均力敵、各有千秋，俥八進六，結果為雙方對攻，俥
四進二，結果為紅方佔優等6種不同走法。）卒7進1，俥四進
二，（若俥四退一，以下黑有卒7進1和包7進5兩種變化結果，
前者為黑勢不差、後者為紅方先手的不同下法。）包7進5，
（若包2退1？俥四退六，象3進5，俥八進七，車2平3，兵三進
一，馬8進9，相三進一，變化下去，紅方較優。）俥八進六，
馬8進6，炮五平三，（若傌七進六？象3進5，以下紅有兩變：
①俥四退三？車8進8，炮五平六，車8退2，相七進五，包7平
9，傌五進三，馬6進7，炮六平三，包9平5，演變下去，黑多
卒佔優；②俥八平七？包2退1，俥四退三，車2平4，傌五進
七，包2進5，變化下去，黑反有較多反擊手段，佔優。）車8
進2，（若車8進8？炮九退一，車8平6，炮三進二，馬6退4，
炮九平四，馬4退2，相七進五，包2退1，俥四退二，包7進
2，炮四進二，象3進5，傌七進六，車2平4，兵五進一，車4進
4，傌五進七，紅略先；又若包2平1？俥八平七，馬6進7，炮九
平三，車2進2，炮三進二，變化下去，紅多兵、子位靈活佔
優。）炮三進二，車8平6，俥四退一，包2平6，俥八進三，馬
3退2，炮九進四，象3進5，雙方均勢，結果戰和。

　　又如俥九進一，包9平7，俥三平四，以下黑方有兩種變
化：

① 馬7進8，俥九平六，以下黑有象3進5和卒7進1兩路變化結果，前者為雙方大量兌子後和勢甚濃、後者為紅反較有攻勢的不同走法；

② 象3進5，俥九平六，包2退1，兵五進一，車8進5，（若包2平3，以下紅有傌三進五和傌七進八兩種變化結果，前者有紅過河兵參戰佔優、後者為雙方對攻的不同下法。）以下紅有傌三進五、兵三進一、相三進一、炮八進二4路變化結果：前者為黑多卒佔優，中一者為雙方對攻，中二者為黑方略優，後者為黑勢不差，易走的不同著法。

　　8.………… 　　包9平7　　9.俥三平四　馬7進8

　　10.炮八平九　　卒7進1

渡7卒、馬捉俥、尋求對攻，可獲物質優勢，正著。如象3進5，俥四退二，車1平4，傌七進六，變化下去，紅優；又如包7進5，相三進五！卒7進1，俥四平一，象3進5，俥九平八，包2進4，兵五進一，車1平2，相五進三，變化下去，紅多邊兵，略優。

　　11.俥四平三　　馬8退7　　12.俥三平四　卒7進1

　　13.傌三退五！　…………

右傌退窩心，佳著！有快速集結兵力，意給黑方右翼增加潛在壓力，為中傌伺機大顯威風埋下伏筆。

　　13.…………　　車1平2

亮右直車出擊，著法積極。也可包2退1，俥九平八，象3進5，俥八進七，車1平3！變化下去，紅雖雙俥出動，但黑有下二線「攞子包」、中路士象防守穩固，黑方陣型嚴謹，雙方會另有一番攻防變化。

　　14.俥九平八　　象7進5

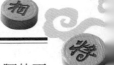

先補左中象，老練，可避免紅俥四進二既捉包又塞象腰的兩步惡手，變化下去，黑方易走。

15.俥八進六　包2平1??

平右包兌俥過早，不利於穩固黑方陣營。宜車8進4先穩守河口為妥，以下紅如接走俥八平七，包2進4！（以下紅如續走俥七進一???則包2平3！必得俥大優。）黑勢優於實戰。

16.俥八平七　車2進2　　17.兵七進一　車8進4

18.傌五進六!　…………

紅方抓住戰機，平俥殺卒、渡兵出擊，現窩心傌果斷躍出，大顯神威，既護七路過河兵，又使紅傌炮嚴守將門，是步上一手兵七進一的續著。

18.…………　　　　包1退1　　19.傌七進八　包1平3

20.炮九平八（圖6）…………

紅雙傌連環後，黑先平包打俥窺兵，紅方不甘示弱，平左炮互相捉車，明智之舉！如改走俥七平六，馬7進6！炮九平八，包7進8！仕四進五，馬6退4，炮八進五，馬4退2，炮六平七，包7平9！變化下去，黑反多子多象得勢、叫抽成勝勢。

20.…………　　包3進2???

飛包炸俥，貪吃敗著！對自己存在的危險估計不足。如圖6所示，宜車2平1！俥七平八，象5進3，相七進五，象3退5，

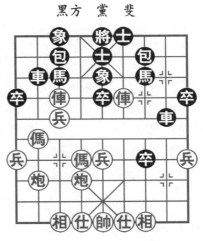

黑方　黨斐

紅方　范思遠

圖6

下伏有卒1進1的先手棋，黑可抗衡，優於實戰。

　　21.兵七進一！　車2平1　　　22.俥四進二！　包7退1

　　23.傌八進六！　馬3退4??

　　紅方不失時機，挺兵殺包、肋俥追包、躍傌騎河，意欲直赴臥槽催殺，令黑方防不勝防、顧此失彼、難逃一劫。現退右馬於右底士角，又一致命敗筆！導致自毀長城、無法自拔。

　　宜車1平2！後傌進八，車8進4，炮八進五，車4平2，兵七進一，車2進1，炮六進六，黑車換雙後，雖紅仍多子佔優，但黑可周旋，好於實戰。

　　24.前傌進八！

　　傌奔臥槽，一舉擊中黑方死穴，必得車入局。以下黑如接走車1平2?炮八進五！馬4進3，炮八進二，以下不管黑方走馬3退2還是走象3進1，紅都走傌八進七絕殺，紅勝。又如改走馬4進3或走士5進4，則傌八進七！也絕殺，紅勝。

　　此局雙方開戰就輕車熟路、頗具功力、做過功課、鋒芒逼人，一場龍虎激戰在所難免。

　　紅在第8回合走炮五平六卸中炮後，黑馬上渡7卒、馬捉俥、尋對攻、得實惠，得勢不讓人。但好景不長，當雙方步入中局後，黑方在第15回合走包2平1，過急而不易穩固陣營。雙方進入第20回合，紅雙傌連環後又平左炮互相捉俥車後，黑接走包3進2揮包貪俥，敗著，在第23回合走馬3退4，被紅前傌進八一劍封喉、克敵制勝。

　　是盤短兵相接、刀光劍影、捨小取大、把握宏觀、注重細節，導致黑方方寸大亂、自毀長城、顧此失彼、難逃滅頂之災。

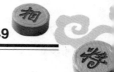

第7局　（湖南）連澤特　先負　（廣西）黨斐

轉五八炮打中兵過河俥對屏風馬7路馬右橫車左中包中士

1.炮二平五　馬8進7　　2.傌二進三　卒7進1

3.俥一平二　車9平8　　4.俥二進六　馬2進3

5.兵七進一　馬7進6　　6.傌八進七　…………

這是2013年5月15全國象甲聯賽第6輪連澤特與黨斐之間的一場精彩廝殺。雙方以中炮過河俥對屏風馬7路馬互進七兵卒拉開戰幕。紅先進左正傌，穩正，旨在儘快開出左翼主力。如俥二退二，包2退1，以下紅有炮八平七和傌八進七兩種變化結果，前者為各有千秋、後者為雙方平穩的不同走法；又如俥二平四，馬6進7，炮八進一，馬7進5，相七進五，象3進5，傌八進七，包2進1，以下紅有傌七進六和俥四平二兩路變化結果，前者為各有千秋、後者為對搶先手的不同弈法；再如炮五進四，馬3進5，俥二平五，象3進5，傌八進七，包8平7，以下紅有相七進五、俥九進一和炮八進三3種變化結果：前者為紅方略先，中者為黑方反先，後者為黑方佔優的不同走法；還如炮八進三，卒7進1，炮五進四，馬3進5，俥二平五，包2平5，炮八平五，士4進5，以下紅有兵三進一和俥五平四兩路變化結果，前者為紅雖多兵，但兵種不全，黑子靈活佔優，後者為黑勢滿意的不同下法。

　　6.…………　　車1進1

高右橫車出擊，屬改進後流行變例。以往多先走象3進5，以下紅有5變：①兵五進一，卒7進1，俥二平四，以下黑有馬6進7、馬6進8和卒7進1三種變化結果，前者為雙方均勢，中者

為紅方佔優，後者為紅殘仕相後主力活躍而局面較好的不同走法；②炮八進二，以下包2進1和卒7進1兩種變化結果，前者為雙方平穩、後者為紅得子佔優的不同著法；③俥九進一，以下黑有士4進5和卒7進1兩路變化結果，前者為紅方略先、後者為紅得子佔優的不同下法；④炮八進一，以下黑有卒7進1、包2進1、包2退1、士4進5四種變化結果：前者為紅有先機成勢，中一者為紅多子，黑多過河卒並有攻勢，各有千秋，中二者為紅勢稍好，後者為紅化解黑棄子攻勢後多子佔先的不同弈法；⑤炮八平九，車1平2，俥九平八，以下黑有包2進4、士4進5、卒7進1、包2進6四路變化結果：前者為紅先手攻勢易發展，中一者為紅攻勢較優，中二者為紅多兵佔優，後者為紅反佔優的不同走法。

　　7.炮八進三　　卒7進1　　　8.炮五進四！　馬3進5

　　9.俥二平五　　包8平5　　　10.炮八平五　　士6進5

　　11.俥五平四！…………

　　平中俥於肋道捉馬，是才溢大師2013年5月10日全國象甲聯賽上拋出的最新佈局飛刀！（詳見下局賽況。）以往多走炮五進二，象3進5，兵三進一，車8進7，傌七退五，馬6進4，俥五退二，車1平4，俥九進二，車8退3！俥九平八，包2平1，俥八平六，車8平4，變化下去，雙方對峙。

　　11.…………　　車8進4　　　12.仕四進五！…………

　　補右中仕固防是連澤特大師於2013年5月15日全國象甲聯賽第6輪祭出的最新佈局飛刀！但易遭到黑方強烈反擊。如仕六進五，則可參閱「才溢先勝程進超之戰」。

　　12.…………　　馬6進8　　　13.兵五進一！　包2進1

　　紅進中兵護炮，果斷棄右傌，是既定謀略！

黑進右包打俥，明智之舉。如馬8進7？俥九平八，包2平3，兵三進一！演變下去，紅雖少子，但淨多雙兵有攻勢。

14.俥四進二　…………

肋俥直插象腰避捉，正著。如貪俥四平七？卒7平6，俥七平三，象7進9，俥三平五，包5進2，兵五進一，馬8進7，俥五平八，車1平4，俥八平四，車4進5，俥四退二，車4平7，兵五進一，車8進5，仕五退四，車8平7，仕六進五，後車平3，俥四退二，馬7進9！變化下去，黑雖少雙卒，但多象、子位靈活有攻勢，反先。

14.…………　　卒7進1！

挺7卒吃兵，老練。如馬8進7？俥九平八，包2退2，俥四退二，包2平3，相七進五，卒3進1，傌七進六，卒3進1，傌六進七，卒7平6，俥八進九，象3進1，俥四平三，車8退4，俥三平六，包3退1，傌七進九，車1進1，俥八平七，將5平6，炮五進三，將6進1，俥七平六！變化下去，紅棄傌殺雙士象後，反有攻勢佔優。

15.俥四平三　　將5平6　　16.俥三進一　　將6進1

17.俥三退六　…………

退象位俥殺卒，無奈。如在2013年7月3日全國象甲聯賽上金波與黨斐之戰又有新的改進，走傌三進五？包5進3！俥三退五，車8平5，俥三平二，車1進1，俥二平四，車1平6，俥四進三，士5進6，俥九平八，卒7平6，俥八進六，卒6平5，俥八平七，卒5平4，相三進五，車5平6，俥七退一，車6退1，俥七平五，車6進2，俥五平二，士6退5，俥二退五，卒4平3，傌七退八，象3進5，兵九進一，車6進1，兵七進一，象5進3，傌八進九，卒3進1，傌九進八，卒3進1，傌八進九，象3退

5，傌九退八，卒3平4，傌八進七，卒4進1！帥五平六，車6平
4，帥六平五，車4平3，相七進九，車3退3！黑得子大優，結
果也是黑勝。

17.…………　　　包5進3

18.相七進五　　　馬8進7(圖7)

19.炮五平三???　…………

卸中炮打馬，敗著！錯失戰機，導致頹勢難挽。如圖7所
示，應兌子爭先，尋覓戰機改走俥三退一為上策，以下黑如續走
車8平6！傌七進五，車6平5，俥九平八，車1平2，俥三平
四，士5進6，俥八進三！變化下去，黑雖多子佔優，但紅多中
相，有潛在攻勢，優於實戰，雙方在以下這場亂戰中勝負難測。

19.…………　馬7進9　　20.俥九平八　車1進1！

21.傌七進五　…………

黑方抓住戰機，馬入邊陲避
殺，現又大膽棄包、高右橫車出
擊，是步繼續擴優爭先的好棋！
黑方由此步入佳境。

紅左傌進中作墊著，實屬無
奈。如俥八進六？車1平6！傌
七進五，車8進2！俥三進一，
車8平5！下伏有車5進1，後再
走車6進7雙車連續伏殺凶招，
黑反勝勢。

21.…………　車1平6

22.俥八進五　馬9退8

23.炮三平六　…………

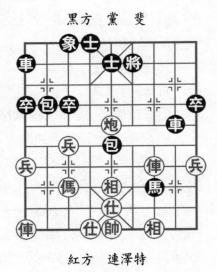

黑方　黨斐

紅方　連澤特

圖7

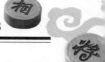

平象台炮於左肋道回防，慌不擇路，實屬無奈，如炮三平七??車6進6，仕五進四，馬8進7，仕六進五，車8進7！俥三進二，車6進1！帥五平四，包5平6！藉車之威，用棄車「引蛇出洞」，平包一劍封喉入局，黑勝。

以下殺法是：車8平4！俥八進一，車4平7，俥三進二，馬8退7，仕五進四，馬7進8！黑方不失時機，果斷換包兌俥簡化局勢，現馬赴臥槽、馬到成功，黑多子勝勢。以下紅如接走仕六進五??則馬8進7，以下紅如續走帥五平六?則車6平4黑勝；又如改走帥五平四?則包5平6！黑也速勝。又如紅改走帥五進一?車6進5，帥五平六，車6退1，俥八退三，包5平7！下伏有包7進1炸俥凶招，黑多馬包，也必勝。

此局雙方開戰拼搶激烈，步入中局後紅方在第12回合拋出仕四進五最新佈局飛刀後卻遭到黑方挺卒殺兵、包炸中兵、馬踩俥邀兌的頑強抵禦，在第18回合走炮五平三卸中炮打馬而錯失戰機、自亂陣腳後，被黑方抓住戰機，兌俥炮、馬臥槽，多子勝。是盤卸中俥平肋道捉馬，看似攻勢凌厲，實則容易遭到黑棋的強力反擊，一著不慎，滿盤皆輸。

第8局　（山東）才溢　先勝　（湖南）程進超

轉五八炮打中卒過河俥對屏風馬7路馬右橫車左中包中士

1.炮二平五	馬8進7	2.傌二進三	卒7進1
3.俥一平二	車9平8	4.俥二進六	馬2進3
5.兵七進一	馬7進6	6.傌八進七	車1進1
7.炮八進三	卒7進1！	8.炮五進四！	馬3進5
9.俥二平五	包8平5	10.炮八平五	士6進5

11.俥五平四 …………

這是2013年5月10日全國象甲聯賽第4輪才溢與程進超之間的一場龍虎之戰。雙方以中炮過河俥炮打中卒對屏風馬7路馬右橫車左中包中士互進七兵卒拉開戰幕後，紅卸中俥於右肋道欺馬，是紅方才溢大師拋出的最新佈局！直插黑方左翼薄弱之處，實戰效果不錯。

11.………… 車8進4　　12.仕六進五 …………

黑伸左直車巡河護馬，穩正。也可卒7進1！俥四退一，卒7進1，仕六進五，象7進9，俥九平八，包2平3，相七進五，車1平4，演變下去，紅雖有中炮、兵種全，但黑雙車靈活，又有過河卒參戰，局面滿意、好走。

紅現補左中仕固防，穩健，不給黑方從紅右翼底線尋找到突破口的機會。如仕四進五，則參閱「連澤特先負黨斐之戰」，易遭到黑方的強力反擊，實戰效果並不理想。

12.………… 馬6進5

馬踩中兵、邀兌中炮，過急。在2013年7月31日第15輪全國象甲聯賽上金波與王斌之戰中又有了新改進，走馬6進8，兵五進一，包2進1，俥四退三，馬8進7，俥九平八，包5進1，俥八進五，車1平4，相七進五，馬7進9，相三進一，卒1進1，兵三進一，包2平1，俥四平三，車8進3，兵三進一！車8平7，俥八退二！象7進5，俥三退一，馬9退7，俥八平三，包5進2，俥三退一，車4進6，俥三進二，車4平3，俥三平五，車3退1，俥五平二！將5平6，俥二平四，將6平5，相一退三，變化下去，紅方小優。

13.傌三進五　車8平5　　14.傌五進三　包2進1

15.傌三進五 …………

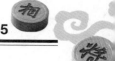

雙方兌子後，現中傌踩中車邀兌，老練之著。如俥四平七，車5平3，俥七平五，車3退1，俥五退一，車3進2，傌七進五，包5進4，俥五退二，車1平3，相七進五，前車退2，演變下去，紅方多兵、黑子靈活，各有千秋，局勢平淡。

　　15.…………　　包2平6　　16.相七進五　　車1平3

　　17.俥九平六　　包6進5

左肋道包直插相腰，旨在於紅下二路炮窺中相，伺機出擊，使雙方步入對攻之勢。如卒3進1，俥六進六！包6退3，帥五平六，卒9進1，兵七進一，車3進3，傌五退七，包5平3，後傌進五，包3進3，傌五進七，卒1進1，俥六平九，包6進4，兵九進一，卒1進1，俥九退二，象3進5，兵三進一，演變下去，紅雖多兵易走，但雙方局勢平淡，和勢甚濃。

　　18.俥六進六　　卒3進1　　19.俥六平四　　包6平7

　　20.傌七進六　　車3平2

平車棄卒，試圖沉車叫帥、讓7路包右移出擊後形成「天地包」立體型攻勢。如卒3進1，傌六進七，卒3進1，兵三進一，變化下去，紅反略好，但雙方攻勢不足，局面平穩，易下和。

　　21.兵七進一　　車2進8！　　22.仕五退六　　包7平1

　　23.俥四平三　　包1進1！

紅渡七兵吃卒、黑沉車叫帥，紅落中仕護帥、黑左包右移，紅平俥捉象要叫將、黑沉包車後要叫抽，雙方攻勢如潮、互不相讓、勢均力敵、旗鼓相當，使對攻步入空前激烈、進入對拼高潮。

　　24.傌六進七　　象7進9　　25.俥三平二　　包5平7

　　26.俥二進三　　包7退2　　27.傌五進三　　士5退6

　　28.傌七退五　　士4進5　　29.傌三進一(圖8)　包7進2????

紅方不失時機，沉俥叫將、雙傌馳騁、鎮中又殺邊象，大有驅包殺將、「炸平盧山」之勢。

黑現包7進2，敗著！如圖8所示，同樣進包，宜包7進4為上策，以下紅如接走傌一進三，將5平4，以下紅有兩變：①俥二退三，車2退6，相五退七，車2平8，傌三退二，包7平3，演變下去，紅雖多兵多相，但雙方戰線甚長，一時勝負難測，好於實戰；②傌五進七？車2退

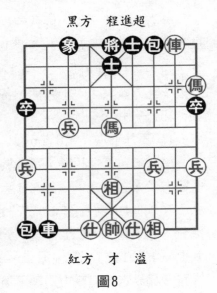

黑方　程進超

紅方　才　溢

圖8

5，仕六進五，（若相五退七？？包7進5，仕四進五，包7退8！下伏車2平3窺打傌和底相的凶著，黑方得子後大佔優勢。）車2平3！仕五進六，（若俥二退三？車3進5，仕五退六，車3退6，仕六進五，車3進6，仕五退六，車3平4！帥五進一，車4退1！帥五退一，包7平2！俥二平八，包2進5！黑速勝。）車3退1！下伏有車3平7追殺紅傌凶著，黑反得子大優。

以下殺法是：俥二退四，包7平5，傌一進三，將5平4，傌三退五，象3進5，傌五進七，將4平5，俥二平五，車2退5，（若先走象5退3？兵三進一！渡兵參戰後，變化下去，紅有雙過河兵助戰，也佔先手。）相五退七，車2平3，俥五平七，象5進3，兵三進一，包1平2，傌七進八！（窺卒瞄象必得其一而為勝勢。）包2退7，傌八退六，將5平4，傌六退七！包2平9，兵三進一，包9進4，兵三平二！卒1進1，傌七進八，包9退

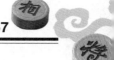

2！（棄包兌兵，試圖謀和。）帥五進一，（機警而老練！若兵二平一??卒9進1！變化下去，紅兵兌雙士後，紅傌難勝黑卒，易和）士5進4，兵二進一！包9平2，傌八退九，卒9進1，兵九進一！至此，形成了紅傌雙高兵仕相全對黑包高卒雙士的必勝局面，黑方只能拱手請降而敗走麥城了。

此局雙方開戰就炮聲四起、棄馬殺炮、互不相讓。紅在第11回合祭出俥五平四後，黑果斷兌車爭先、包塞相腰窺打中相，又棄卒沉車、車包沉底叫帥而形成「天地包」立體型攻勢。但好景不長，步入中局拼殺到第29回合，在紅沉俥叫將、雙傌鎮中又殺邊象後，黑走包7進2??錯失戰機，被紅方退傌兌包、棄兵兌車、衝兵進傌、回傌叫將抽象、渡三兵管邊卒、退傌踩殺邊卒，最終形成紅傌雙高兵仕相全必勝黑包高卒雙士局面。

是盤紅用最新佈局戰術，穩紮穩打、絲絲入扣、節節推進、步步為營、連連進逼、著著緊扣，雖然小優勢贏棋難，但安全性卻很高，最終雙兵出擊、傌到成功！

第9局　（柳林）高海軍　先勝　（離石）任文斌

輪五八炮過河俥單提傌對屏風馬平包兌俥升左直車騎河

1.炮二平五	馬8進7	2.傌二進三	卒7進1
3.俥一平二	車9平8	4.兵七進一	馬2進3
5.俥二進六	包8平9	6.俥二平三	包9退1
7.傌八進九	…………		

這是2013年10月3日呂梁市「永寧建設杯」象棋大師爭霸賽第5輪高海軍與任文斌之間的一盤精彩的冠亞軍決賽。雙方以中炮過河俥單提傌對屏風馬平包兌俥互進七兵卒拉開戰幕。紅方

在雙方互挺七兵卒、黑方又平包兌俥後，選擇舊式的左馬屯邊、相對較為冷僻的邊馬變例，是由於紅方具有小先手、欲出其不意，老譜翻新再度使用，對黑是個考驗。紅方另有兵五進一、傌八進七、炮八平六、炮八平七等各具繁複變化的走法，以下均會有介紹或演示。

　　7.………　　車8進5

　　黑升左直車騎河欺兵出擊，一改另四種著法，也要一決雌雄、一爭高下：①車1進2變化結果，紅略佔攻勢；②車8進4變化結果，紅反略優；③車8進8，以下紅有：兵五進一、仕四進五、炮八平七3路變化結果：前者為紅勢稍好、中者為雙方均勢、後者為雙方機會均等的不同走法；④士4進5，炮八平七，包9平7，俥三平四，象3進5，（若象7進5？俥九平八，車1平2，俥八進六，變化下去紅優。）俥九平八，車1平2，以下紅有俥八進六和兵七進一兩種變化結果，前者為紅必得子佔優，後者為各有千秋的不同走法。

　　8.兵五進一　　馬3退5

　　右正馬退窩心防守，屬老式走法。一般多走包9平7，（若士4進5？？炮八平七，包9平7，俥三平四，卒7進1，俥九平八，車1平2，兵三進一，車8平7，兵七進一！在對攻中，紅渡七兵後已穩佔先手。）俥三平四，包7平5，炮八平七，以下黑有車8平5和包5進4兩種變化結果，前者為雙方大體均勢，後者為紅反略先的不同下法。

　　9.炮八進四　　包2平5

　　右包鎮中，轉成半途列包陣式，一改以往包9平7，（又若卒3進1？兵七進一，包9平7，俥三平二，車8平5，炮八退五！下伏炮八平五雙炮鎮中和七路兵渡河參戰的先手棋。）炮八平

五，象3進5，俥三平四，車8平5，前炮平六，包2進5，俥四
進二，包2平7，炮六退五！下伏有炮六平五打死中車和俥四平
三追回一子兩步先手棋，紅反大優的走法，意欲出奇制勝。

　　10.傌九進七　　　包9平7　　11.俥三平四　馬5進3

　　12.兵七進一　…………

　　棄七兵，旨在平八路炮壓黑右馬出擊，屬尋求變化的走法。
筆者在網戰中曾走過俥九進一，卒7進1，俥九平四，卒7平6，
兵三進一，車8平7，後俥進三，車7平6！傌三進四，車1平
2，俥四進一，車2進3，俥四平三，車2進3，俥三進一，車2平
3，俥三進一，包5進3，仕四進五，士4進5，俥三退三，車3平
5，俥三平一，包5進3，相七進五，車5退2，兵一進一，卒3進
1，兵七進一，車5平3，傌四進五，馬3進5，俥一平五，卒1進
1，演變下去，紅雖多兵相，但黑方仍有謀和機會。

　　12.…………　卒3進1　　13.炮八平七　卒3進1

　　14.傌七進九　包7平4?

　　包平右肋過急，易遭被動。宜車1平2，（若包5進3?仕六
進五，象3進5，傌九進八，車1平2，傌八退七，變化下去，紅
方易走，佔先。）傌九進七，士4進5，俥四進二，車8退4，炮
七退二，馬3進4！下伏車2進4捉傌的先手棋，黑可滿意，優於
實戰。

　　15.俥四平三　馬7退9?

　　逃左馬避捉，軟著！易遭被動。宜車8退3保馬為上策，以
下紅如接走俥九平八，車1平2，俥八進九，馬3退2，傌九進
八，馬2進1，炮七平九，卒3平4！炮九平五，士4進5，兵五
進一！變化下去，紅雖多兵佔先，但黑可抗衡，優於實戰。

　　16.傌九進八　車1平2

17.傌八退七　車8平5　　18.相七進九　車5平4

19.仕六進五　包5進5　　20.相三進五（圖9）　象7進5？？？

　　雙方互殘兵卒、硬兌中炮包後，紅補右中相選擇正確，但黑補左中象固防，敗著！導致由此陷入被動後方寸大亂。如圖9所示，宜包4平5！相九退七，象3進5，傌三進五，車2進4，變化下去，不給右傌盤頭後進四路騎河和俥三退一殺卒騎河的反擊機會，黑可抗衡，優於實戰。

　　以下殺法是：傌三進五！車4進1，傌五進四！象5進3，俥三退一！（進中傌騎河，退右俥掃卒騎河，優勢逐步擴大。）包4平5，相九退七，包5平2，俥九平八，包2進3，俥三進三！包2平6，俥八進九，馬3退2，俥三平一！車4退3，炮七進二，士4進5，俥一退二，象3進1，（黑費盡周折兌俥換傌簡化局勢後，仍少卒落後，難以自拔。）炮七平八，車4平2，炮八平九，（可先俥一平四爭先試探一下，變化結果可能要優於實戰。）馬2進3，炮九進一，包6平4，傌七退五！（左傌右調，圍魏救趙佳著。）包4退2，傌五進四，將5平4？（出將被動，不如馬3進4！盤河出擊後可以一拼。）傌四進三，包4進4，仕五退六？（宜俥一進一！更含蓄有力。）包4平5？？？（敗筆！宜車2進3殺兵求和為妥，以下紅如接走傌三退五，馬3進5，俥一平五，車2平1：以下紅如

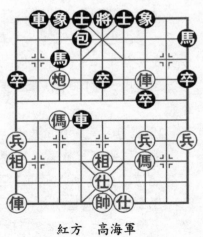

黑方　任文斌

紅方　高海軍

圖9

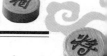

炮九退三，則包4平9，兵三進一，包9進3，相五退三，車1平7，相七進五，象1退3，俥五平六，將4平5，炮九進三，象3進5，仕六進五，包9退7，帥五平六，士5進4，變化下去，紅雖多兵，但無法參戰而雙方和勢甚濃，優於實戰；又如紅改走俥五平六，將4平5，俥六平九，車1退3，炮九退三，包4平9！形成紅炮高兵仕相全難勝黑包士象全的正和局面。）仕四進五，車2平4，帥五平四，包5平2，兵三進一，包2退3，帥四平五？（宜俥一進一！下伏俥三退四先手棋。）包2平3？（宜車4進3變化下去，不會再陷困境。）俥一進三，將4進1，俥一退二，車4進5，相七進九，卒5進1，俥一退一！（也可俥三進四踩底士兌馬爭先。）包3平4，炮九平五！士5進6，俥三進四！將4退1，俥四退二！包4平5，俥一進三！包5平2，炮五平二！形成了紅俥俥炮三子歸邊後從黑左翼底線擒將殺勢，以下黑如接走將4平5？俥二退四！將5進1，（若將5平6？？則炮二退八！抽車後紅勝。）俥四進三，將5平4，俥一退一，將4進1，俥一退一，將4退1，俥一平七！紅得子後，成左右夾殺，必勝，下伏炮二退二再俥三退四後成俥俥炮絕殺之勢，紅勝；又如黑改走將4進1？俥二進四！將4進1，（若將4平5？？？俥一退一！妙殺紅勝。）俥一退二！馬3退4，炮二平六！下伏炮打車、俥砍士凶招，紅也必勝。高海軍力克群雄，獲得冠軍後榮膺「呂梁市象棋特級大師稱號」。

　　此局雙方開戰不久互進七兵卒後，當紅走過河俥單提俥後黑應平包兌俥、伸左直車騎河反擊，一改以往流行過的四種變化，意欲出奇制勝。以後雙方爭奪激烈、互不相讓。步入中局後，黑方首先在第14回合走包7平4陷入被動，第15回合走馬7退9又入困境，在第20回合走象7進5造成方寸大亂，被紅方抓住戰

機，掃卒、兌車、換馬，炮鎮中、傌踩士、俥沉底、炮平二路，成俥傌炮殺勢而入局。是盤雙方拼殺激烈、運子輕車熟路，紅方把握宏觀、黑卻急功近利，紅方不急不躁、黑卻我行我素，紅方左右夾擊、黑方顧此失彼，最終紅方全線發力、勢大力沉、厚積薄發、笑到最後。

第10局　（鎮江）范越　先勝　（安徽）孟苒

轉五八炮過河俥七路傌對屏風馬右中象高右包渡3卒

1.炮二平五	馬8進7	2.傌二進三	卒7進1
3.兵七進一	象3進5	4.傌八進七	馬2進3
5.俥一平二	車9平8	6.俥二進六	包2進1
7.俥二平三	…………		

這是2013年8月2日全國象棋少年錦標賽首輪范越與孟苒之間一盤短兵相接、扣人心弦的龍虎激戰。范越剛奪得2013年男子乙組的新科狀元，顯示出一定實力和功底。雙方一開戰就劍拔弩張、大打出手，以中炮過河俥對屏風馬右中象高右包互進七兵卒拉開戰幕，好在范越沉著冷靜、不急不躁、穩住佈局陣腳，頂住心理壓力，敢打敢拼、有勇有謀，為以後奪冠打響了第一炮、鋪好了首塊基石。紅現平右俥壓馬發威，顯示出紅方一貫喜攻好殺的潑辣棋風，臨場這麼做，馬上就會給黑方形成一定壓力；但同時對於紅方左翼也同樣存在著較大的拼殺風險，故為利弊參半。筆者在網戰曾走過俥九進一！卒3進1，俥二退二，包8進2，兵三進一，包2進1！俥九平六，車1平3，炮八退一！（另有傌三進四和兵五進一兩路變化結果，均為紅子靈活易走、略佔優勢的不同走法。）卒3進1，兵三進一，卒3進1，兵三平二，

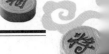

卒3進1，俥二平七！馬3退5，（兌俥正著，可保住過河卒。如車8進4？俥七退二，包2平3，炮八平七，馬3進2，炮七進四，車8平3，俥七進三，車3進4，傌三進四！雙方大量兌子後，紅多相、兵種全而易走，佔先。）俥七進五，馬5退3，傌三進四，馬7進8，傌四進六！（保持變化！如傌四進二？車8進4，炮五進四，士6進5，演變下去，黑兵種全，又有過河卒參戰，可以滿意。）士6進5，炮五進四，車8進3，傌六進七！將5平6，炮五進二！車8平3，俥六進八！將6進1，俥六退四！象5進3，俥六進三！車3退1，炮五退三，將6退1，炮五平八！變化下去，紅多雙仕佔優，結果紅勝。

　　7.………… 　馬3退5　　8.傌七進六　卒3進1

　　9.傌六進七　卒3進1　　10.炮八平九　…………

　　平左邊炮，準備亮左直俥出擊，以形成「五九炮過河俥棄七兵對屏風馬高右包渡3卒」較為冷僻佈局陣式，在重要大賽中並不多見，意欲出奇制勝。在網戰中的常見走法是炮八平七成「五七炮陣式」，以下黑接走包2進3，兵三進一，卒7進1，俥三退二，卒3進1，炮七退一，包8退1，俥三平七，包8平7，俥七退一！包2退4，傌七進六！包7平4！俥九平八！演變下去，紅棄子後有攻勢，結果紅也勝。

　　10.………… 　車1平3　　11.炮九進四?　…………

　　炮炸邊卒，發威過急、有些冒險！雖勇氣可嘉，但走法不太成熟，宜炮五平七！卒3進1，俥九平八，（若傌七進八？？？象5進3！下伏紅俥炮分別在黑包卒口中，紅必丟子，黑反大優。）卒3進1，俥八進六，雙方兌子後，局勢較為緩和，紅方易走，不會吃虧，優於實戰。

　　11.………… 　包2進3　　12.傌七進六　包2退3

13.傌六退七　包2進3　　14.傌七進六　包2退3

15.傌六退七　包2進3　　16.傌七進六　包8進6?

以上數回合，黑連續進、退包均屬「長捉」，必須變著。但現急進左包塞相腰，於紅下二線發難，會直接導致局面更加混亂而在臨場更難以把握、不易掌控。穩健走法，宜徑走包8退1！傌六退五，包2平7！俥三平二，包7進3！仕四進五，卒7進1！變化下去，黑有雙過河卒又淨多象，略先。

17.兵三進一　包2退3　　18.俥三進一！…………

棄俥殺馬，石破天驚，敢打敢拼、攪混局面，我行我素、攻其不備。儘管紅方計畫不太嚴密，但在臨場的緊張氣氛情況下，給黑方造成的心理壓力卻是巨大的。如傌六退七?包2進4，炮五平七，車3平1，俥九平八，包2平7！炮七平九，包8平7！前炮平五！車1平3！變化下去，雙方對捉傌（馬）、炮（包）和俥（車），雖勢必要形成一場混戰，鹿死誰手，一時很難預料，但紅難掌控，局勢不會樂觀。

18.…………　馬5進7

19.傌六退四　將5進1

20.炮九平五（圖10）　將5平6???

黑在紅棄俥殺馬、得紅俥後，心中大喜，被勝利沖昏了頭腦，慌不擇路、忙中出錯地使主將逃錯了方向，敗筆！由此只好事與願違地吞下了難以吐出的苦果而坐以待斃。如圖10所示，宜將5平4！俥九平八，車3進3，前炮平八，車3平6！變化下去，紅攻勢被化解後，黑勢反先，強於實戰。

以下殺法是：後炮平四！將6進1，傌三進四，馬7進6，傌四進六，馬6進4，炮五平四，馬4進6，前炮進三！（藉黑將選向失誤，紅用傌雙炮趁勢謀子，精明之舉。）包2平6，前炮平

二？（過急，劣著！宜傌六進四！車8進7，俥九進二，車3進1，傌四進六，馬6退8，傌六退五，將6退1，傌五退四，車8平6，俥九平四，將6退1，傌四進二，將6平5，兵三進一，象5進7，傌二進一，象7退5，兵七進一，車3進3，傌一進三！士4進5，俥四進六，車3退3，相七進五，變化下去，紅多仕多3個高兵，勝定。）包6進4，俥九進一，包8退5？（錯失先機！宜包8退4！俥九平四，卒7進1，俥

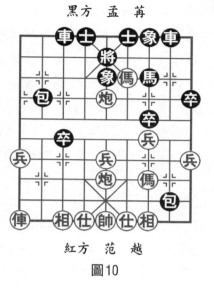

四進一，卒7進1！變化下去，下伏包8平6打車反先，黑勢佔優。）俥九平四，卒7進1，俥四進一，卒7進1，傌六進四，車3進3，傌四退三，象5進7，傌三進五，車3平5，傌五退七！（紅四度運傌於黑陣營來回穿梭，猶如趙雲在曹軍陣營中七進七出卻毫髮未損，眞是可圈可點。）包8平6，俥四平二，卒7平8，俥二平三，包6平7，俥三平四，卒8平7，炮二退八？（過穩，宜先炮二平六！包7平6，俥四平二！以後紅炮再回家防禦也非難題。）包7平6，俥四平六，馬6進7，帥五進一，士4進5，炮二進五，包6進2，（宜包6進3！炮二退四，包6平9！變化下去，可與紅方形成對攻之勢，使雙方局勢各有所長。）炮二退四，將6退1，炮二平四，包6平8？？？（敗筆！逃包使局勢惡化。宜改走馬7退6！帥五退一，包6進2，俥六平四，將6退1，仕六進五，將6平5，俥四平六，象7退5！演變下去，雙方

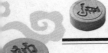
將形成紅伸偶3個高兵仕相全對黑車馬雙高卒單缺士的局面，以後雙方的對頭兵卒的生存將會成為本局格鬥的焦點：如果黑殺去紅邊兵，則形成紅伸雙兵仕相全對黑車馬雙卒單缺士，黑謀和有望的殘棋；如果紅吃掉黑邊卒，則將形成紅伸偶3個兵仕相全對黑車馬卒單缺士，紅取勝不難的殘局。）炮四退一！將6退1，俥六平二，包8進1？？（宜包8退2。）俥二退一！紅抓住戰機，俥炮聯手，巧獲一子，奠定勝局。黑含笑推枰認負。

此局雙方開戰在第6回合紅右直俥過河後，黑走包2進1窺伏打俥挑起事端。步入中局後，黑方連續進包屬「長捉」必須變招走包8進6，否則導致局面混亂而失控，在第20回合棄馬得俥後沖昏頭腦，黑將走錯方向，當將5平6吞下了苦果後，又被紅方抓住機會，平炮棄偶、進炮打士、平炮殺車、揮俥砍包、躍偶踩卒，最終俥炮聯手、得子入局。此盤刀光劍影、劍拔弩張，利用棋規、逼黑變招、穩紮穩打、注重細節，應勢而動，順勢而為，乘虛而入，頗見功力，最終以風捲殘雲之勢，多子擒將。

第11局 （上海）謝靖 先勝 （廣東）呂欽

轉五八炮過河俥渡中兵對屏風馬平包兌俥右中士象過河車

1.炮二平五	馬8進7	2.傌二進三	車9平8
3.俥一平二	馬2進3	4.兵七進一	卒7進1
5.俥二進六	包8平9	6.俥二平三	包9退1
7.兵五進一	……………		

這是2012年9月25日「溫嶺‧長嶼硐天杯」第2屆全國象棋國手賽第3輪謝靖與呂欽之間的一盤精彩對局。雙方以中炮過河俥挺中兵對屏風馬平包兌俥互進七兵卒這類偏向進攻又能牢固防

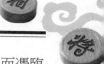

守的佈局變化拉開戰幕，目的是要避開功力的全面較量，而憑臨場發揮取勝。紅衝中兵是中炮過河俥對屏風馬平包兌俥佈陣中典型的直攻中路走法。早在20世紀60年代就開始流行，經過半個多世紀的提煉、篩選和改進，現已發展成使用頻率甚高的一種攻堅防固、變化繁複的佈陣體系。此佈局雙方對攻激烈：紅方進攻速度快而猛，意在先機發動、刺穴攻心、控制要點，但兩翼配合不夠及時準確、易為對方所乘，勝負往往在於一著之優劣之間；黑方則以柔中帶剛、剛柔相濟、搏擊風浪、反彈激烈展開角逐，往往有一劍封喉、一氣呵成之感。總之，雙方在對搏過程中都有很多反擊機會和不少創新機遇，故要求棋手對佈局研究精深、運子精準，否則在對殺激戰中稍有不慎，就很難翻身、難以自拔，這對雙方均是個很大的考驗，定要高度重視，不可懈怠。

　　7.………… 士4進5

　　補右中士固防，屬流行變例之一。亦可馬3退5，（若包9平7？俥三平四，包7平5，傌三進五，包2平1，傌八進七，車1平2，炮八進二，卒5進1，兵三進一，車8進4，俥九平八，車2進4，兵五進一！渡兵殺卒，從中路進擊，變化下去，多兵得勢、已穩持先手。）炮八進四，卒3進1，兵七進一，包9平7，炮五進四，馬7進5，俥三平五，演變下去，互有顧忌，也將形成對攻局面，優劣難斷。

　　　8.兵五進一　　包9平7　　　9.俥三平四　　卒7進1

　　10.兵三進一　　…………

　　挺兵殺卒，成「兩頭蛇」陣勢，屬當今棋壇流行變例之一。如傌三進五，卒7進1，傌五進六，以下黑有兩種變化：①車8進8，以下紅有傌六進七、炮五退一、傌八進七3種變化結果：前者為黑雖少卒但可抗衡、中者為紅多子佔優、後者為黑反佔攻

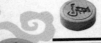

勢的不同走法；②馬3退4，兵五進一，馬7進8，兵五平六，包
2平5，仕四進五，車1平2，（若馬8退6？？？則傌六進四！紅
勝。）兵六進一！以下黑有馬8退6、車2進7、車2進4、車2進
2、車2進1共五種變化結果：前者為紅得子佔攻勢、中一者為紅
勝、中二者為紅多子佔優、中三者為紅多子佔有攻勢、後者為紅
多子佔先的不同下法。

10.………… 象3進5

先補右中象固防是20世紀80年代初期出現的一路防禦戰
術。在2012年11月29日國弈大典之決戰名山巔峰對決象棋賽上
許銀川與孫勇征之戰中改走卒5進1，結果雙方大戰135回合
後，紅勝。

11.兵五平四 …………

卸中兵佔右肋道是當今棋壇的主流戰術。紅方不惜耗費數
步，準備以疊兵來掩護三路線弱點，這是唯一可行的戰術。如傌
八進七？則馬7進8，變化下去呈反先之勢；又如兵五平六，
（若兵三進一，雙方將有繁複變化，不易掌控。）車8進6，兵
六進一，車1平4，兵六平七，包7進4，相三進一，馬7進8，
演變下去，黑也反先。

11.………… 車8進6 12.兵四平三 卒3進1

「疊兵」反擊是20世紀80年代風行的主流戰術。

黑挺3卒邀兌，是流行了30多年的經典反擊戰術！

13.兵七進一 車8平3

左過河車右移捉兵窺打底相，穩正。在網戰曾出現過象5進
3，筆者接走傌四進二！包2退1，傌四退一，象3退5，傌四平
三，馬3進4，相七進九，車1平3，傌八進六，車3進7，仕六
進五，車3進1，傌九平六，包2平4，傌三退一！（是2000年網

站賽中的改進變招。1999年的走法是炮八進七？車8平2，炮八平九，車3平4，俥六進一，包4進7，俥三進一，包4平1，變化下去：黑方前有三子歸邊之勢、後有穩固防守工事，紅反會難免一敗。）馬4進6？（宜車8平7！待俥三平五殺卒後再揮包7進4炸兵，以後雙方仍有複雜變化。）傌六進五，馬6退7，前兵進一，演變下去，紅方子力協調、易掌控中場，紅俥兌雙馬後多過河兵佔優，結果紅勝。

14.前兵進一　…………

衝三路前兵肋馬，是2012年網戰出現過的新招！記得在1982年出現過炮八平六？車3退2，俥四進二，包2退1，炮六進六，馬7進6，演變下去，黑勢易走，結果黑勝；在1999年第10屆「銀荔杯」象棋冠軍賽上改走炮八平七，車1平4，俥四進二，車4進8！俥四平三，車4平2，俥九進二，包2進7，炮五平四，車3退2，仕四進五，馬3進4！俥三退一，馬4進5！相三進五，馬5進7！追回失子後，黑方四個大子大軍壓境反先，結果黑方多子入局。

在2014年1月網戰中紅走炮八平七，筆者改應包2進1！俥四進二，包2退2，俥四退二，車3退2！炮七進五，車3退2，雙方均勢，以後雙方大量兌子成和。

14.…………　馬7退9!

馬退邊陲、讓左包窺打傌兵相，是呂拋出的最新探索型佈局飛刀！在2012年9月19日第5屆「楊官璘杯」全國象棋公開賽專業組裡謝靖與趙鑫鑫之戰中曾走車3進3！炮八平七，車1平4，仕四進五，馬3進2，兵七平八，包2進7，炮七平六，車4進6，炮五進一，卒5進1，俥四進二，包7進2，相三進五，車4平1！相五退七，車1進3，炮五進四，士5進4，傌三進四，包7平

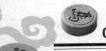

3，俥四平七，車1退4，演變下去，雙方對搏、變化繁複，但最終戰和。

15.炮八平六　車3進3

沉車殺底相，積極而穩正。如包7進4？（若車3退2？俥八進七，左正俥出擊，變化下去，紅勢開朗、易走。）俥九進二，包7進4，仕四進五，車3退2，俥九平七，車3進3，俥八進七，包2退1，俥七進六！變化下去，紅雖殘相，但各子靈活，且有過河兵參戰，佔優。

16.炮六平七(圖11)　　馬3進2？？？

現跳右外肋馬，敗著！令局面由此落入下風而一蹶不振。如圖11所示，宜車1平4！仕四進五，車4進5，俥四退二，車4進1，俥四平八，包2進7！炮七平六，包7進4，俥九平八，車3平2，俥八退四，車4平7，兵七進一，馬3退4，變化下去，紅雖有雙兵過河制黑雙馬，但殘中相，且右翼底線俥相受攻，黑已反先易走，可以滿意，優於實戰。

17.兵七平八　車1平4

18.仕四進五　車3平2

平車殺俥，明智，如包2進7？炮七平六，車4進6，炮五進一，車4平2，俥四進二！變化下去，紅必得子反先。

19.俥九進二　包2退1

退右包穩健，以防紅俥四進二凶招。如包7進4，俥三進

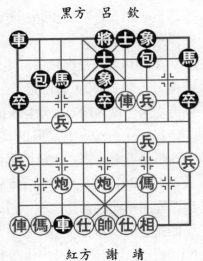

黑方 呂 欽

紅方 謝 靖

圖11

五，包7平8，炮五進四，車2退5，傌五進三，車4進6，炮七進六，包2退1，變化下去，紅多兵殘相，互有顧忌。

20.傌四平五　車2退5　　21.炮五進一　…………

雙方互掃兵卒後，紅進中炮，伺機撲中相後確立起簡明的空間優勢。至此，黑雖多中象，但左邊馬處境尷尬，局面已落下風。

21.…………　包7進4　　22.相三進五　包7進1？

同樣進左包壓傌，不如包7退1於象台伺機出擊更為靈活多變：以下紅如傌五平九，包7平5！以下紅如傌三進四？則車4進5；又如改走相五退三？車4進7，變化下去，黑優。又如紅改走炮五進二？車4進6，傌三進五，包2進2！演變下去，紅七兵難逃，黑反滿意。以上的變均優於實戰。

23.傌五平四！　車4進4　　24.炮七平六　車4平7？

紅方不失時機，卸中傌佔右肋緊塞象腰、攻守兼備，現又平炮於仕角，讓出左邊傌出路。也可以徑走炮七進七！進攻線路也同樣明確。

黑同樣平車，宜車4平3封鎖左橫車出路較為頑強。

以下殺法是：傌九平七！車2平5，傌七平八，包2進3，（若車5平2，傌八進三，車7平2，傌四平九！紅優。）傌四平九！（順手牽羊的好棋。）包2平4，（若包2進2？相五退七，包2平4，傌九平六，包4平2，炮六平五，車5平4，傌六平八，包2平3，前傌平七，包3平2，前炮進五，士6進5，傌八進一！至此，紅七、八路傌同時沉底叫將伏殺，紅方完勝。）傌八進七！包4退4，傌九平六，包4平3，炮六進三！（進左仕角炮打車，一劍封喉、一招制勝，絕妙！）包7退3，（炸兵打傌無奈，若車5進1？傌六進二！包3平4，炮六進四，士5退4，傌

八平六絕殺，紅勝。）炮六平三！包7進4，俥六進二！紅平炮打車，現進肋俥塞象腰逼殺，一氣呵成！

以下黑如續走包3平4?炮五平六！車5平7，炮六進六！馬9進7，炮六平四，士5退4，俥八平六！紅方連續棄俥雙炮兵後，雙俥成殺，紅勝。

此局雙方一開戰就平包兌俥、爭先奪勢。步入中局後，紅用「疊兵」反擊，黑在第14回合拋出馬7退9退邊陲的最新探索型佈局後，好景不長，在第16回合馬3進2，由此方寸大亂，第22回合走包7進1陷入困境，第24回合走車4平7放紅左橫俥反擊，導致自毀長城，被紅方抓住機會，左俥捉包、右俥掃卒、沉俥叫將、邊俥佔肋、肋炮打車、俥塞象腰，卸中炮於肋道、揮炮炸底包入局。此盤雙方拼殺精彩激烈，黑拋最新飛刀，尚需改進完善，紅方全線發力，一劍封喉！

第12局　（河南）李曉暉　先負　（上海）葛超然

轉五八炮過河俥渡中兵對屏風馬7路馬右橫車渡7卒

1.炮二平五	馬8進7	2.傌二進三	車9平8
3.俥一平二	馬2進3	4.兵七進一	卒7進1
5.俥二進六	馬7進6	6.傌八進七	車1進1
7.兵五進一	…………		

這是2012年10月14日全國象棋個人賽第5輪李曉暉與葛超然之間的一場精彩廝殺。雙方以中炮過河俥挺中兵對屏風馬7路馬右橫車互進七兵卒拉開戰幕。紅急衝中兵突破中路，意欲起用盤頭傌，屬急攻型的老式攻法，是20世紀90年代興起的主流攻擊戰術之一，以後臨場對決運用不為多見。而如今又老譜翻新、

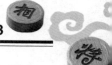

大膽創新，必定會情有獨鍾、厚積薄發。如改走炮八平九變化，請參閱「謝靖先勝卜鳳波之戰」。

　　7.………… 　卒7進1　　8.俥二平四 …………

　　右俥佔右肋捉7路馬，是一步久經戰火考驗後的經典戰術好棋！如俥二退一？馬6進7，兵五進一，車1平7，傌三進五，卒7平6，俥二退一，卒6平5！演變下去，黑勢不虧、反彈力較強，滿意、好走。

　　8.………… 　卒7進1

　　衝卒棄馬，直逼紅右傌出擊，屬當今棋壇流行變例之一。在2011年6月4日「重慶棋友會所慶端午暨第十屆象棋棋王賽」上羅幫鵬與李成之之戰中曾走馬6進7！兵五進一，包8平5，兵五進一，包5退1，炮五進六，車1平5！傌七進五，馬3進5，仕六進五，馬5進6，傌五進三，馬6進7，俥四退三，前馬進6！炮八平五？（敗著！宜俥四退三，車5進7，帥五平六，車5退3，炮八平五，車5平4，帥六平五，馬7進5，相七進五，車4平7！變化下去，紅雖可周旋，但黑多包、紅又殘去雙仕，也要告負。）馬6退5，相七進五，車8進9！俥四平三，車5進6！俥三退二，包2平5！黑必抽紅俥後獲勝。

　　9.兵五進一　卒7進1　　10.兵五進一 …………

　　挺中兵邀兌，易保持先手攻勢。如兵五平四？包8平5，傌七進六，車8進5，傌六進七，車8平3，傌七進五，象7進5，炮八平三，包2進1，俥四進一，車1平7，黑優。

　　10.………… 　士4進5　　11.俥四退一　車1平4

　　12.兵七進一！…………

　　渡七兵邀兌，試圖強行奪卒後，讓七兵從肋道出擊。這是李大師在2012年全國象棋個人賽上祭出的最新探索型佈局飛刀！

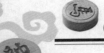

一改以往傌七進五窺打7路卒和爭奪中路優勢的走法，意欲出奇制勝。

　　12.………… 馬3進5　　13.俥四進一 …………

進肋俥追殺中馬，屬急進型攻法，實戰效果可以滿意。

　　13.………… 包8平7(圖12)

　　14.俥四平五??? …………

平俥貪馬，急於求勝，敗筆！由此留下嚴重後患而自亂陣腳。如圖12所示，宜相三進一！卒7平6，俥四平五！卒6平5，炮八平五，卒3進1，俥九平八，包2平5，炮五進五，象7進5，俥五進一，車8進2，俥八進七，車4進6，俥五平三，車8平7，俥八平三，車4平3，俥三平七，象3進5，俥七平五，車3退1，變化下去，黑多3路卒，紅多雙相，和勢已定，遠遠優於實戰。

　　14. ………… 包 7 進 7

　　15.仕四進五　包7平4！

包炸右仕、再棄一包，於無聲處響驚雷！黑由此步入佳境。

　　16.傌七退六 …………

退傌踩包，明智。如俥五平二？包2平5！俥二進三，包4平1！相七進九，將5平4，帥五平四，車4進8，帥四進一，卒7進1，帥四進一，車4退3，炮五平六，車4平6，帥四平五，包1平5，仕五退四，車6平5，帥五平四，車5平3，兵七平六，將4平

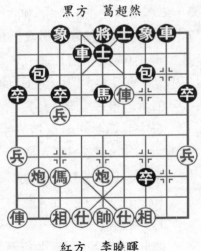

黑方　葛超然

紅方　李曉暉

圖12

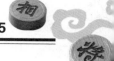

5，帥四平五，士5退4，帥五退一，車3進1！炮六退一，車3平2！炮六平三，前包平1，變化下去，黑多子大優。

　　16.…………　車8進9　　17.仕五退四　車4進7！

　　伸左直車叫帥、進右肋車點穴！一劍封喉，紅勢崩潰。

　　18.俥五平七！　…………

　　平俥叫將、殺卒催殺，使兩軍陣前的格鬥搏殺步入高潮，實屬無奈。如炮八平三？車4平6，俥五平三，包2平5！炮五平四，象7進9，炮三退二，車8退5，傌六進七，車8平5，帥五平六，車6進1，帥六進一，車6退1，帥六退一，車6退1，相七進五，車5平3，俥三平六，車3進3！炮三平五，車6進2！俥九平七，車6平5，帥六進一，車3進2！相五進三，車3平4！絕殺，紅勝。

　　以下殺法是：包2平5，俥七平五，將5平4！（御駕親征反殺，黑已奠定勝勢。）兵七平六，車4平6，炮八平六，包5平4，兵六平五，將4平5！黑將鎮中，一錘定音！以下紅如接走炮五平四？車6進1，帥五進一，車6平5，帥五平六（或帥五平四），車8退1！黑勝。

　　此局雙方開戰就進入紅衝中兵、黑渡7卒，爭奪空間、互不相讓；進入中局拼殺後，紅首先在第12回合走兵七進一邀兌，拋出最新探索型佈局飛刀！但紅到第14回合卻走了俥四平五貪兵求勝，留下無法根除的後患而自亂陣營、難以自拔。黑方不失時機，包炸相仕、左車叫帥、右車點穴、右包鎮中、出將助殺、回將鎮中、雙車殺仕、一舉破城。

　　此盤黑方在爭奪中把握大局、不急不躁、步步為營、有膽有識、厚積薄發。紅拋佈局「飛刀」付出昂貴代價。重演此陣須謹慎為好！

第13局 （哈爾濱）郝繼超 先負 （內蒙古）宿少峰

轉五八炮過河俥渡中兵對屏風馬7路馬右橫車強渡7卒

1.炮二平五	馬8進7	2.傌二進三	車9平8
3.俥一平二	馬2進3	4.兵七進一	卒7進1
5.俥二進六	馬7進6	6.傌八進七	車1進1
7.兵五進一	卒7進1	8.俥二平四	卒7進1
9.兵五進一	卒7進1	10.兵五進一	士4進5
11.俥四退一	車1平4	12.兵七進一	馬3進5

13.俥四平五！…………

這是2013年1月2日內蒙烏海市「弘業國際棋豐煤業杯」象棋邀請賽第3輪郝繼超與宿少峰之間的一場龍虎大戰。雙方以中炮過河俥挺中兵對屏風馬7路馬右橫車中士互進七兵卒拉開戰幕。當黑右正馬踏中兵邀兌後，紅速鎮中俥追殺黑中馬挑起事端，步入激戰。這是郝大師拋出的最新改進型佈局飛刀！但實戰效果不太理想。

13.………… 包8平7　14.炮五進四　包2平5

紅炮打中馬後，黑果斷還架半途列包，針鋒相對、針尖對麥芒，雙方爭奪異常激烈、精妙絕倫，令人大飽眼福。如將5平4，俥五平三，象7進5，俥三退三！殺去過河卒後，紅反多子得勢，大佔優勢。

15.相三進五　卒7平6　16.俥五平三　車4進2

17.俥三進二　…………

進俥殺包、棄中炮邀兌，穩正。如炮五退三，車8進9，仕六進五，卒6進1，相七進九，車4進5！炮八退二，包7平8，

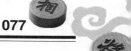

俥九進一，卒6平5，炮五退二，車4退1，俥三平六，車4平3！帥五平六，士5進4，相五退三，士6進5，炮五退一，車3平2，俥九平三，象7進9，兵七進一，演變下去，紅雖多過河兵略優，但以後雙方爭奪將會更加精彩、更複雜多變，紅方不易掌控，直至獲勝。

17.…………　　車4平5　　18.仕六進五　卒6進1

19.俥三退七　車8進6　　20.炮八進七　象3進1??

硬揚邊象，劣著！錯失先機。宜士5退4！兵七平六，車8平3，俥九進二，包5進5！相七進五，車5進4！兵六平五，車5退3，炮八平六，將5平4，俥三進二，將4平5，俥九退一，卒6進1！帥五平四，車3平9！變化下去，紅雖多子，但黑淨多雙卒雙象有攻勢。

21.俥九平八　　　車5平4(圖13)

22.兵七進一???　…………

挺七兵殺卒欺車，敗招！導致局勢逆轉、自毀長城。如圖13所示，宜炮八退五！車8平3，炮八平五，車3進1，俥三進六！車4進5，俥八進九，車4退8，俥八平六！將5平4，兵七進一！卒9進1，俥三平六！包5平4，兵九進一，下伏有炮五平六打炮得士和兵七平八殺去邊卒兩步先手棋，紅方略先，優於實戰。

22.…………　　車4平3

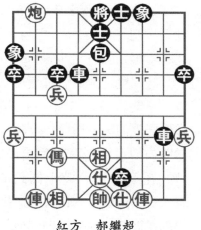

黑方　宿少峰

紅方　郝繼超

圖13

23.傌七進六?? …………

左傌盤河、捉車發威，過於強勢，反陷困境。宜俥八進二，車8平3，炮八退五，前車進1！俥八平七，車3進4，炮八平五！透過兌俥後黑雖追回一子，但紅炮鎮中後尚無大礙。

23.………… 車3進5

伸右車捉俥不如徑走車3平7！俥三平一，（若俥三進六???卒6平5！以下紅如接走帥五平六？則車8平4，黑勝；又如改走仕四進五？車8進3！也是黑勝。）車8平7！黑也勝定。

24.傌六進五 車8進2?

左車進紅下二線不如平右肋車，走車3平4！俥八進二，車8進2，仕五進六，（若仕五進四??將5平4！仕四進五，卒6平5，仕四退五，車8平5，帥五平四，車4進1！黑勝。）包5進5！傌五退四，卒6平5！悶殺，黑勝。

以下殺法是：仕五進六，車8退5，炮八平九，將5平4，仕四進五，車8平5！俥三進三，車5平2！平車殺俥，黑勝定。以下紅如俥八平九??卒6平5！以下紅如接走仕六退五？車3平5，帥五平四，車2平6！黑勝；又如紅改走帥五平六？卒5進1！黑也勝；再如帥五平四？車2平6！亦是黑速勝。

此局雙方開戰就紅渡中兵、黑渡7卒地展開了空間優勢的爭奪。當雙方進入中局，紅在第13回合祭出俥四平五的最新改進型佈局飛刀後，黑雙包齊鳴、巧兌中炮、平卒佔肋、不甘示弱。當雙方博殺進到第22回合時紅走兵七進一殺卒追車導致局勢逆轉，在第23回合時走傌七進六再陷困境，被黑方順勢揮動雙車、殺兵出擊、砍傌奪勢、出將避抽、平車欺俥，借卒挖中仕、雙車包擒帥。此盤紅拋出最新佈局飛刀，雖出師未捷，但其攻擊力不可小覷，只要紅應對準確，對黑仍有一定威脅；黑方不畏新

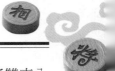

招，大膽衝卒棄子，搶先奪勢，最終藉包卒之威，取得了雙車入局的精彩局面。

第14局　（靖邊）蘇世雄　先負　（川口）陳延生

轉五八炮過河俥高左橫俥對屏風馬7路馬左中象渡7卒

1.炮二平五　馬8進7　　2.傌二進三　車9平8
3.俥一平二　卒7進1　　4.俥二進六　馬2進3
5.兵七進一　馬7進6　　6.傌八進七　象7進5

這是2012年9月24日延長油田公司第3屆職工運動會象棋個人賽第11輪蘇世雄與陳延生之間的一盤精彩對決。雙方以中炮過河俥對屏風馬7路馬左中象互進七兵卒拉開戰幕。

黑方以屏風馬左馬盤河飛左中象來應對紅中炮過河俥，是同補右中象時悄然興起的一種佈局陣式，曾盛行於20世紀60年代，因飛左中象可避開紅選擇高左炮的攻法來另闢蹊徑、尋求新的對抗方案。而與補右中象對比之下，補左中象雖黑右翼鞏固，但右車出動遲緩，易導致全盤落後，令黑方舊譜翻新、必有其道，旨在以新突破來出奇制勝。如象3進5，（當今棋壇流行車1進1以加速黑反擊步伐，請參閱本書「謝靖先勝卜鳳波之戰」。）炮八平九，包2退1，以下紅有俥二平四、炮五平四、炮五進四和俥九進一4路變化結果：前三者均為紅優、後者為雙方不變作和的不同攻守走法。

7.俥九進一　…………

高左橫俥，伺機右移出擊。如兵五進一，（若先俥二平四，馬6進7，以下紅有傌七進六和炮五平六兩種變化，結果前者為雙方大體均勢、後者為紅方易走的不同下法。）卒7進1，俥二

平四，馬6進7，俥三進五，包8進5，兵五進一，包2進1，以下紅有4變：①兵五進一，結果紅方易走；②俥五進六，結果紅多仕稍先；③俥四退三，結果雙方兌俥車後均勢；④筆者在網戰中曾應過俥四退四，馬7進8，（若包8平5？以下紅有兩變：〈甲〉相七進五！兌中包紅補左中相反擊後紅優；〈乙〉炮八平五，馬7進5，相七進五，卒5進1，俥五進六，馬3退1！變化下去，黑可抗衡。）俥四平三，卒7進1，俥三退一，包8平3，俥九進一！包3退1，（若卒7平6？？俥五退七，馬8退7，俥九平六，演變下去，紅佔優勢。）俥三平二，車8進8，俥九平二，卒7平6，俥五進六！包3平5，仕四進五，卒3進1，俥六進七！包2平3，俥二平四！卒3進1！相七進九，車1進2，俥七退五，卒3進1，俥四進二！卒3平4，俥五進三！士4進5，俥三退一，變化下去，紅多子多中兵大佔優勢，結果紅勝。

7.………… 卒7進1 8.俥二退一 …………

退右直俥逼左盤河馬回歸原位。紅方另有俥二平四，馬6進7，俥四平二，車1進1，俥九平六，以下不管黑走車1平8或走車8進1，變化下去，均為雙方互纏、各有顧忌的不同走法，可作參考。

8.………… 馬6退7(圖14)

9.俥二退二??? …………

退右俥避捉而保兵，敗著！作繭自縛，導致丟先失勢。如圖14所示，宜俥二進一！卒7進1，俥三退一，車1進1，俥二平三，包8平5，俥三進一！包8平3，俥三退四！掃除過河卒後，雙方子力對等，雙方均勢，足可一戰，優劣難斷，勝負難測，優於實戰。

9.………… 包2進4！

10. 俥二進三　　卒7進1

11. 俥二平三　　卒7進1

12. 俥三進一　　卒7平6

13. 俥九平二　　包8進2

14. 炮五退一　　包2平3

15. 相七進九　　卒6進1

黑方　陳延生

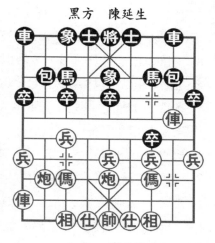

紅方　蘇世雄

圖14

黑方不失時機，雙包齊鳴、兌俥衝卒、卒臨城下、擴先佔優、著法緊湊，耐人尋味。繼之又獻卒欺炮，取勢為上，為以後殘仕破相、直插九宮、攻營拔寨，奠定勝機。

16. 炮五進一　……………

逃中炮明智。如俥二平四？包8進5！下伏有包8平9和包3平9後黑車雙包三子歸邊的先手棋，黑仍持先手。

16. ……………　卒6進1　　17. 帥五平四　　車1平2

18. 俥二進三　士6進5　　19. 帥四平五　　包3平9

20. 炮八進二　車2進4　　21. 仕六進五　　卒9進1??？

挺左邊卒，空著，差點兒丟勢告負。宜包9進3！仕五退四，（若俥二退四??包8平3！俥二平一，包3進3！兵七進一，車2進1！變化下去，黑反多子佔優。）車8平6，俥二退四，包8進3，俥三退五，包8平5，俥三平五，（若相三進五???車6進9！抽去紅底俥後黑速勝。）車2平6，仕四進五，前車平9！俥五平二，車6平7！仕五退四，包9平7，仕四進五，車9平6，下伏有將5平6先手棋，黑方先手，優於實戰。

以下殺法是：炮五平一，包9平6，相三進五，車8平6，兵

七進一，車2平3，炮八平七，包8平7，炮一平四，包6平9，
炮四平一，包9平7，俥二平三，前包平6，炮一平四，車6平
8，前俥退一，包6平9，後俥退四，卒9進1，傌七進六，車3平
4，傌六退四，包9平5！（棄馬炸兵、兇狠潑辣、膽識俱全、蓄
勢攻殺！）炮七進三！車8進8，炮四退二？（宜炮四平二較為
頑強。）車8平6，前俥平四，包7平6，俥四進二，士5退6，
炮七平八，士4進5，炮八進二，象3進1，炮八退九，車6退
2！炮四進五，車6進2！肋車果斷殺傌兌炮，現車窺中仕，藉包
伏殺，一氣呵成！以下紅如續走炮四進四，車6平5！帥五平
四，車4進5！藉中包之威，雙車擒帥。陳延生蟬聯延長油田象
棋賽個人冠軍。

　　此局雙方開戰就舊譜翻新，黑首先補左中象、紅接走高左橫
俥、黑渡7卒脅傌、紅退右俥逼馬。不料當黑左馬回歸原位後，
紅在第9回合走俥二退二自作自受、速入下風，在第21回合黑走
卒9進1空著，差點丟勢落敗。最後，黑方還是反客為主，雙包
齊鳴、棄馬攻殺、炸中兵、站象台、車窺中仕、車捉傌炮、左包
佔肋、殺傌兌炮、伸車捉中仕、趁中包之威、雙車入局。

　　是盤老譜新翻可借鑒，卒臨城下，擴先佔優，空挺邊卒，差
點落敗，只有把握宏觀、注重細節、精準打擊，才能百戰不殆的
典型雙車包妙殺佳作。

第15局　（湖北）洪智　先勝　（廣東）呂欽

轉五八炮過河俥挺中兵盤頭傌對屏風馬平包兌俥渡7卒

1.炮二平五　馬8進7　　2.傌二進三　車9平8

3.俥一平二　馬2進3　　4.兵七進一　卒7進1

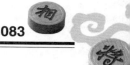

5.俥二進六　　包8平9　　6.俥二平三　　包9退1

7.兵五進一　　士4進5　　8.兵五進一　　包9平7

9.俥三平四　　卒7進1　　10.傌三進五　　車8進8

這是2012年12月16日首屆「碧桂園杯」全國象棋冠軍邀請賽第2輪洪智與呂欽之間的一場精彩對決。雙方以中炮過河俥急進中兵盤頭傌對屏風馬平包兌俥右中士互進七兵卒拉開戰幕。

在本次比賽首輪孫勇征與趙國榮之戰時，紅方曾用此佈局衝擊對方，而洪智在第2輪也大膽效仿「孫大聖」以此佈陣來力拼呂欽。青年棋手、特級大師們的佈局策略和創新精神讓人敬佩，令人回味，積極進取的拼搏精神值得讚許和弘揚，此戰結果讓我們拭目以待。

黑伸左直車於紅右翼下二線，屬改進後流行變例。在本次大賽首輪孫勇征與趙國榮之戰中曾走卒7進1，傌五進六，馬3退4，兵五進一，馬7進8，俥四退四，包7進8！仕四進五，馬8進9，兵五平六，馬4進5，俥四平二，車8進7，炮八平二，包2進4！俥九進二，包2平6，炮五進二，馬9進8，相七進五，包7平9，兵六進一！車1平2？（宜包6進3！相五退三，包6退5，相三進五，卒7進1！在對攻變化中，黑反易走，優於實戰。）傌六進四，車2進9，傌四進三，包6退5，兵六平五，象3進5，炮二進六，包9平4，相五退七，包4退8，炮五平三，象5進7，（若士5進4？炮三進五，將5進1，俥九平五！紅有攻勢。）仕五退六，馬8退9，俥九平五！車2退8？（敗筆！宜馬9退7殺傌後，黑勢反優。）炮二進一！包4進5，傌三退四，馬9退7，傌四進六！將5平4，（若車2平4？？俥五進六，將5平4，俥五進一！悶殺，紅速勝。）傌六進八！包6平2，俥五進六！紅逼黑車換雙後，雖黑子數量上不虧，但子力分散，難抵紅俥炮聯手

後的猛烈攻勢而敗北。

11.兵五進一　卒7進1　　12.兵五平六　象3進5

13.仕四進五　…………

補右中仕固防，穩正。如傌八進七，卒7平6，俥四退三，包7進8，仕四進五，變化下去，雙方有可能還原成實戰著法，仍為紅方稍好。

13.…………　車8進1　　14.傌八進七　卒7平6

棄卒，欲包窺打底相，屬黑方常見反擊手段之一，也可馬7進8！俥四平三，馬8退9，俥三退三，包7進8！俥九進一，車1平4！下伏有包7平4打左底仕和車4進3兩步反先棋，黑優。

15.俥四退三　包7進8　　16.俥九進一　車1平4

17.炮八進四　包2退1　　18.炮五平六　包2平4

19.炮六平三　包4平3！

平肋包護卒，讓出車路，是一步伺機反擊的好棋！如貪走包4進8？？仕五退六！以下黑如接走包7平4，則帥五進一，車8退1，俥四退二！邀兌，紅雖殘雙仕，但多子佔優；又如黑方改走包7退1，俥四退三！包7進1，俥四進一，包7平4，帥五進一！變化下去，紅雖殘雙仕，但陣型穩固，老帥由紅雙俥雙傌炮相六大子守護，仍多子佔先。

20.相七進五　包7平4　　21.仕五退四　包4退3

22.俥四進三　馬7進8　　23.俥四平二　車8退3？

左車退兵行線窺傌兵，劣著！錯失戰機，由此陷入被動。宜包4平9！俥九平一，車8退3，傌五進三，包9平1！黑包炸底仕後，又連掃雙兵佔優，以下紅如貪走傌七進九？？車8平1，俥一平八，（若貪俥二退一？？則車1進3！叫帥抽俥後，黑多車大優。）馬8進6！必得中相反先，遠遠強於實戰。

24.俥九平八！…………

亮出左橫俥，刁鑽犀利！逼黑方被動應付，下伏有炮八進三沉底叫將凶招！

24.…………　包3平2　　25.俥八平四　馬8進9

26.俥二退三　包4平8　　27.炮三平二？　…………

平右炮攔包，緩著！不利於擴先奪勢。宜徑走兵六平七！馬3退1，炮八平一！包8進3，炮三退二，連掃雙卒後，下伏炮一進三和炮一平九打邊卒兩步先手棋，紅穩持先手，強於實戰。

27.…………　馬3退1

「回馬金槍」，以不被看好的弱右馬伺機兌紅強八路炮，是步必然要選擇的使自己擺脫右翼長期陷入困境的好棋！

28.兵六平七　馬1進2　　29.前兵平八　包8退4？？

退左包攔兵過軟，不如徑走車4進3！兵八進一，包2平4，俥四平一，馬9進8！馬入「虎穴」、似危實安，優於實戰。

30.俥四進五　卒9進1

31.俥四平一（圖15）　象5進7？？？

揚中象讓出子位，誤認為有反擊機會，其實是出現誤算、自毀棋型，導致方寸大亂，是本局敗著！如圖15所示，宜馬9進8！仕四進五，車4進6，俥一平二，包8平6！炮二進一，車4進2，炮二退一，變化下去，仍互相糾纏，黑不被動，可以周旋，好於實戰。

以下殺法是：俥一退一！馬9進8，俥一平三！（佳著，平俥掃象、力掃千鈞、得勢發威、漸入佳境。若仕四進五？？包8平5！紅中相難逃，不易掌控局面，反給黑方有反擊機會而佔優。）馬8退6，帥五進一，車4進3，俥三退三，馬6退5，俥三進五！包8進1，炮二平三，包8平7，兵八平七，車4平6，

儰五進三！進儰捉車，必得子勝
定。以下黑如續走車6平3，俥
三退一，車3平7，（若車3退
1？俥三平七！必得車後紅速
勝。）炮三進四！紅多子多兵必
勝。

　　此局雙方開戰就明爭暗鬥、
互不相讓、爭奪激烈。步入中局
後，黑雙包齊鳴、車馬聯手，一
時局面不錯。但好景不長，到了
第23回合時，黑走車8退3陷入
被動，當紅在第27回合走炮三
平二攔包走出軟招後，黑方竟然

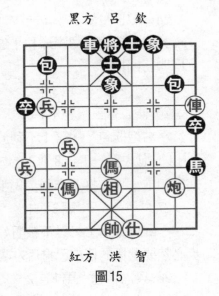

黑方　呂　欽

紅方　洪　智
圖15

在第31回合揚中象5進7，令人大跌眼鏡、再度錯失互纏機會
後，被紅方反客為主、俥掃卒象、俥趕肋馬、進俥追包、平炮窺
象、橫兵欺車、傌跳相台、捉車打包，最終殺包兌車、多子多兵
擒將。是盤黑方敢於在第10回合改走車8進8後，雙包齊鳴、車
馬聯手，局勢不錯後連走劣招、軟手，到了第31回合竟然揚高
象而自毀長城，應吸取「一步失算、江河日下」慘痛教訓！

第16局　（中國）蔣川　先負　（中國）趙鑫鑫

轉五八炮挺中兵左橫俥邊相對屏風馬雙包過河右直車過河

　　1.炮二平五　　馬8進7　　2.傌二進三　　車9平8

　　3.兵七進一　　卒7進1　　4.傌八進七　　馬2進3

　　5.俥一平二　　包2進4

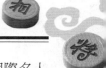

　　這是2012年5月21日第4屆「淮陰‧韓信杯」象棋國際名人賽A組第3輪兩位中國象棋特級大師蔣川與趙鑫鑫之間的一場殊死之戰。雙方以中炮右直俥對屏風馬右包過河互進七兵卒開戰。黑先進右包過河，旨在先發制人、首先發威，如象3進5，俥二進六，包8平9，俥二平三，車8進2，俥九進一，包9退1，俥九平四，包9平7，俥三平四，士4進5，兵五進一，馬7進8，演變下去，互相牽制有顧忌。

　　6.兵五進一　…………

　　急進中兵，意欲從中路突破。如兵三進一，卒7進1，俥二進六，象7進5，傌七進六，卒7進1！兵七進一！變化下去，雙方對攻，優劣難斷。

　　6.…………　包8進4　　7.俥九進一　…………

　　以高左橫俥準備佔肋道出擊，是對付黑進屏風馬雙包過河的流行走法之一。筆者曾走過兵五進一！士4進5，兵五平六，包2平3，（若象3進5？仕六進五，包2平3，俥九平八，車1平4，傌三進五！演變下去，紅有過河兵易走，結果紅勝。）兵七進一，卒3進1，兵六平七，車1平2，兵七進一！馬3退4，炮八進四，馬4進5，炮五進五！象3進5，俥九平八，紅有過河兵封住黑右車，略先，結果雙方戰和。

　　7.…………　包2平3　　8.相七進九　車1平2

　　9.俥九平六　　包3平6

　　面對下著紅有俥六進六同時捉黑雙馬的凶著，黑右包搶佔左肋道，是步早有準備的好棋！如象3進5？兵三進一！車2進6，兵三進一！以下黑如接走象5進7？？俥六進六！馬7退5，兵五進一！卒5進1，傌三進五，卒5進1，炮五進二！象7退5，炮八退二，馬3退1，俥六進一，馬1進2，炮八進六，車2退3，

俥五進三！卒3進1，俥三進五！車2平6，兵七進一！至此，紅俥塞象腰、俥炮鎮中隨時叫殺，七路兵過河、四子壓境，幾乎成勝勢！

10.俥六進六　包6進1

至此，雙方走成「中炮七路俥左橫俥對屏風馬雙包過河互進七兵卒」的佈局，將會導致雙方形成對攻非常精彩激烈的複雜局面。因此，對雙方每一步著法的準確性要求很嚴格。

黑現進肋包串打俥炮，積極對攻之著。如選相對穩健的象3進5走法，可參閱本書「王斌先勝黨斐」之戰。

11.俥七進六！…………

躍俥棄炮，穩正。如走最經典的兵五進一，包6平3！兵五進一，士4進5，俥六平七，馬7進6，變化下去，將形成十分複雜的格鬥局面，但從大量實戰結果看，黑勝率較高；在網戰中紅曾走過俥六平七？

筆者應象3進5！炮八進五，包6平3！俥三退五，包8平5！俥二進九，馬7退8，變化下去，紅中路受控、左翼俥炮受制、黑淨多中卒大優，結果黑多子多卒多象獲勝。

11.…………　　包6平2

平包轟炮窺打右俥，明智之舉。在2000年全國象棋個人賽上欒楓與謝靖之戰中曾走過車2進7？？俥六平三，車2退1，俥三平七！包6平1，炮五進四，包1進2，帥五進一，車2進2，帥五進一，將5進1，俥六進七，包1平3，俥七進五，將5平6，俥五進六！將6平5，俥六退五，將5平6，俥五退三，將6平5，俥七平四，將5平4，俥四進一，士6進5，前俥進二！車8進1，俥四平二！包8平1，炮五平七！包3退6，後俥進六！以下黑如接走包3退1，後俥平六，包3平4，兵五進一！車2退4，

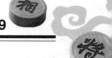

兵五平六！象7進5，俥六平九！包4平1，兵七進一！車2進3，帥五退一，前包平4，兵六進一！車2退5，俥二進一，車2平3，兵七進一！車3退1，兵六進一！以下黑如續走士5進4？？則俥二退一叫將抽車紅勝；又如改走將4進1？兵七進一！車3進1，俥九平六！抽炮擒將，也是紅勝。

　　12.傌六進五　　馬7進5　　　13.炮五進四　　車8進3

　　14.炮五退一　　將5進1！

　　紅透過兌馬、炮搶中路後，黑現上將棄馬，明智之舉！行棋次序絕不能弄錯。如貪走車2進6？？俥六平五？士6進5，俥五平二，車8平5，前俥平七！包2進2，相九退七，象3進5，俥二進三！演變下去，紅反得子多中兵搶佔中路，大優。

　　15.俥六平七　　…………

　　俥砍右馬追平子力後，紅雖有空頭中炮，但子力前後脫節，一時難以形成對黑有威脅；而黑雖將位不安，但雙車雙包佔位靈活，很有反彈潛力，這也是黑足可抗衡的關鍵所在。

　　筆者曾走過仕四進五，（若俥二進一，雙方攻防繁複，以後介紹；在2010年8月第5屆「后肖杯」象棋精英大賽上謝靖與徐天紅之戰中曾走傌三進五？包2退2，仕四進五，包2平5！演變下去，黑足可抗衡，結果黑勝。）包8進1，俥六平七！車2進6，相九退七，車2平7，傌三退四，車7退1，俥七平八，包2平3，俥八平三，車7平5，俥三退二，包3平2，相三進五，將5退1，炮五平八，象7進5，俥三退二，士6進5，演變下去，局面平穩、雙方大體均勢，結果戰和。

　　15.…………　　車2進6　　　16.傌三退五？？　…………

　　面對黑方咄咄逼人的攻勢，紅右傌退窩心，兵行險著，易遭被動。宜俥二進一，（在2006年全國象甲聯賽上金松與許銀川

之戰中曾走仕四進五??包8進1,俥七進一,將5退1,相九退七,車2平7,傌三退四,車7退1,俥七退一,將5進1,變化下去,黑將多卒後足可一戰,結果黑勝。)包2進2,相九退七,車8平4,仕四進五,車2平7,相三進五,車4進2,俥七進一,將5退1,俥七退二!車4平5,俥七平五,士6進5,俥五平八!車5退1,俥八退六!雙方兌炮包後,局面平穩,基本均勢,紅可抗衡,優於實戰,勝負難料。

16.………… 包8進2(圖16)

伸左包壓到下二路,意欲封死紅右俥,並暗藏隱蔽的攻擊手段,是趙鑫鑫特級大師拋出的最新佈局飛刀!

在2007年6月全國象甲聯賽金松與梁軍之戰中曾走過包8退1?俥七進一,將5退1,俥七退一,將5進1,俥二進二!包2進2,相九退七,卒7進1,傌五進七,車2退2,兵七進一!車2平3,傌七退八!車8平4,俥七進一!將5退1,俥二平四!車3進5,傌八進七!下伏俥四進五殺招,紅多子勝;筆者在網戰中也曾走過車2平7,俥二進二,包2進2,相九退七,車8平6!俥七進一,將5進1,俥七平二,將5平6!傌五進三,車6進3!變化下去,在雙方互纏、互有顧忌中,黑方易走,結果黑多卒巧勝。

17.俥七進二?? …………

俥砍底象,疏於防守,對自

黑方 趙鑫鑫

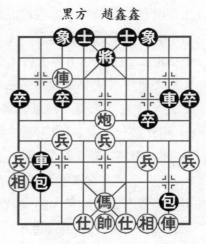

紅方 蔣 川

圖16

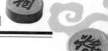

己存在危險估計不足，敗筆！又浪費一步棋！如圖16所示，宜傌五退七！（也可相九退七先避一手後伺機出擊，因黑左翼車包被拴鏈，要輕易脫身並非容易，這對紅方較為有利，演變下去，優於實戰。）包2進2，仕四進五，車2進1，相三進五，以下黑有兩變：

（一）車2進1？傌二平四！包8進1，傌四進七！以下黑有三變：

①車8平4？帥五平四，包8退8，傌四進一！將5退1，傌七平五，士4進5，傌四進一！紅速勝；②包8平9？帥五平四，車8進6，帥四進一，車8退1，帥四退一，車2平5，傌四平五！將5平4，傌七進一！紅也勝；③車8進5？帥五平四！車2平5，傌四平五，將5平4，傌七平六！也必勝。

（二）包8退4，傌二進五，車8進1，炮五平二，車2平5，傌七平八，包2平1，傌八退二，以下黑如接走車5退2？則傌八平五！硬兌傌後，紅多子多兵，勝勢；又如改走車5平1，則傌八平三，（若傌八退五？？包1平3！傌八平七，車1平8！追回紅炮後，紅多中兵、黑多雙象，足可抗衡，優於實戰。）車1平3，傌三進三，將5退1，傌三進一，車3進2，帥五平四，車3退4，帥四進一，車3平5，炮二進四！變化下去，雙方大子兵卒對等，黑雖多底象，但紅有攻勢略優，優於實戰，勝負難斷。

17.………… 包2進2　　18.相九退七 …………

退左邊相抵抗，無奈。如傌五退七？車8進2，仕四進五，車8平5！（若車2平7？？傌七平六！車8平5，傌六平八，包2平1，傌八退九！車5退1，傌八平九，車5平2，相三進五，包8退2，傌七進六，車7平4，傌九平七，演變下去，雖黑多卒、大子靈活佔優，但紅多仕相尚可一戰，優於實戰。）傌二進一，車

5退1！俥二平三，車2平6！相三進五，車5進3！俥七退一，將
5進1，俥七平六，將5平6！黑方御駕親征，出將助殺，令紅方
顧此失彼、慌不擇路：以下紅如接走俥三退一？車6進2！俥六
退七，包2退5，俥六進四，卒7進1，俥六退三，車5退3，兵
七進一，包2進5，俥六退一，士4進5，俥六平八，包2平1，
俥八退一，包1退3，俥八進三，包1退1，俥八進一，包1進
1，俥八退一，包1退1，傌七進六，（根據棋規，紅須變著。）
車6退1，傌六進七，車5進1，俥八平七，車6平1，俥三平
四，將6平5，俥四進一，車1平7！傌七退九，（若俥四退
一？？？包1進4！俥七退三，車5進3！紅勝。）包1平2！以下紅
如接走俥七平八，車7退1！俥八退一，車7平1！得子勝定；又
如紅改走傌九退八？？車7平2，俥七退二，包2進3！黑也得子
成勝勢。

　　18.…………　　車8平4！　　19.傌五進七　…………

　　黑右包叫帥，平右肋車棄包催殺，大佔優勢。紅卸窩心傌捉
包護仕，無奈。如傌五進六？車4進3！仕四進五，車2平3，俥
二進一，車3進3，仕五進六，車3退4，仕六進五，車3平5，
俥七平八，車5退1！俥八退九，車4進1！俥二平三，車4平
1！必殺邊兵後，黑淨多雙卒勝定。

　　19.…………　　包8平3！　　20.傌七進六　…………

　　黑不失時機，左包右移凶著，下伏窺捉七兵後同時打俥和底
相叫殺，精妙絕倫！紅頹勢難挽。

　　紅見黑已利刃出鞘、步步追殺、犀利無比、著著致命，只好
棄傌還生，實屬無奈！如仕四進五，（若俥二進八？？將5退1，
俥七退一，車4進6，帥五進一，車4平5，帥五平六，車2平
4！絕殺黑勝。）包3退3！傌七進六，包3平5！仕五進六，車2

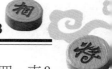

平5，相三進五，車5進1！仕六退五，車5平8，仕五退四，車8進2！變化下去，黑多子多卒必勝。

　　20.………　　車4進2　　21.仕四進五　車2平7！

　　此刻如由紅先走，即可捷足先登作殺。故在對攻局勢下，就這一步之差，勝負結果完全對易。而現黑搶佔先機，先下手為強，勝勢已成。

　　22.相三進五　………

　　補右中相固防，明智之舉，如俥七平八？車4平5，俥八退九，車5退1！變化下去，黑多子多卒也勝定。

　　22.………　　車7平4！

　　平車於右肋道，藉底包之威。連發雙肋車伏殺，精巧勝著、殺得精準！趙特大高超的棋藝和勇者的風範，展示得淋漓盡致、令人叫絕！

　　23.俥七平八　後車平5！

　　車殺中兵兌炮，黑方多子多卒完勝。

　　此局雙方開戰就炮聲響起：紅挺中兵從中路突破、黑進雙包過河封車固防，爭奪異常精彩而激烈。步入中局後，紅炮炸中卒、黑雙車齊發，雙方爭奪日趨白熱化，拼搶非常兇猛而逼人。在第16回合紅方面對黑咄咄攻勢壓人，走傌三退五退窩心險著，在第17回合又走俥七進二貪殺底象，令人大跌眼鏡！自食苦果後，被黑方抓住機會，沉右包叫帥、左車右移叫殺、左包右移伏抽、右車左移佔勢，最終殺兵兌炮、多子多卒入局。

　　是盤黑用「飛刀」有力，紅誤中「飛刀」失利，運子欠細，上演了一場大意失荊州的速敗悲劇；而黑方賽前做足「功課」，運子緊湊、棄子有謀、殺子逼人、兌子爭先、拼子精巧，展示了特級大師高超技藝和勇者風範！

第17局　（山東）孟辰　先負　（北京）蔣川

轉五八炮過河俥挺中兵盤頭馬對屏風馬
7路馬左中象右橫車

1.炮二平五　馬8進7　　2.俥二進三　車9平8

3.俥一平二　卒7進1　　4.俥二進六　馬2進3

5.兵七進一　馬7進6

　　這是2012年6月6日全國象甲聯賽第7輪孟辰與蔣川之間的一盤精彩搏殺。雙方以中炮過河俥對屏風馬7路馬互進七兵卒開戰。棋壇「一哥」的黑方一開局就不假思索地選擇了左馬盤河這路老式的相對激烈有序的佈陣，顯然在賽前已做足「功課」，有了充分的戰鬥準備。在筆者多年的實戰生涯中，黑方此下法，進攻性強、變化繁複，是攻擊型棋手愛用的常見套路。從陣型特點的兩分法來看：黑左馬盤河出擊後，雖伏有卒7進1的反擊手段，有巧藉以擺脫黑左翼車包受牽的可能，但黑中卒只有一馬在看守，相對中防力量較弱而易遭到紅方隨時的攻擊，故賽前精心準備很有必要，也相當重要。如包8平9形成「平包兌俥」套路著法，可參閱本書的「申鵬勝劉明」「范思遠勝黨斐」「高海軍勝任文斌」「謝靖勝呂欽」「洪智勝呂欽」之戰。

　　6.俥八進七　象7進5

　　先補左中象鞏固中路，在歷年各種大賽中不多見，幾乎都認為此變不利於黑方反先。現黑方卻反其道而行之，可能是對此路變化有了更為深刻的鑽研和探索，讓我們拭目以待。如車1進1可參閱本書「才溢勝程進超」「李曉暉負葛超然」「赫繼超負宿少峰」「蘇世雄負陳延生」之戰；又如象3進5可參閱本書「連

澤特負陳延生」之戰。筆者在網戰中曾經走過卒7進1，俥二退一，卒7進1，傌三退五，馬6退7，俥二平三，包8退1，俥三退二，車1進1，俥三平二，車1平4，傌五進三，演變下去，雙方互尋戰機，結果戰和。

　　7.兵五進一　…………

　　衝中兵，直逼黑薄弱中路，屬紅方常攻套路，積極穩正。網戰中有俥二退二！包2退1！俥九進一，卒7進1，俥二平三，包8平7，傌七進六，馬6進4，俥三進三，包2平6，俥九平六，馬4進5，相三進五，車1平2，炮八平七，車2進7，俥六平七，包6平1，炮七進四，包1進5，兵七進一，卒9進1，俥七進一，車2退1，俥七平六，士4進5，俥六進二！不給黑右卒過河助戰，紅反多過河兵佔優。

　　7.…………　卒7進1　　8.俥二平四　馬6進7

　　躍馬踩兵窺中炮，穩正有力。筆者曾應過卒7進1，俥四退一！卒7進1，兵五進一，包8平7，相三進一，卒5進1，俥四平五，士6進5，傌七進五，包2平1，炮八平三！車1平2，俥九進一，車2進9，俥九平四！車2平3，傌五進四！車8進2，俥五退二，車3平2，傌四進六！車2退8，俥五平三！馬3進5，俥四進五！車2平4，（若馬5進4？？炮五進二！變化下去，黑馬無後續攻擊手段，相反，黑方中路更趨空虛而易敗北。）俥四平五！紅得子後，下伏有俥五平一掠邊卒殺招，結果紅方完勝。

　　8.傌三進五　…………

　　至此，雙方形成「五八炮過河俥盤頭傌對屏風馬7路馬左中象渡7卒」一個「十字路口」的佈局陣式，網戰曾流行過兵五進一！卒5進1，傌三進五，卒5進1，傌五進三！包8平7，俥四

退三，車8進5，炮五平三，卒5平6，俥四進一，馬3進5，俥四退一，車1進1，俥九進一，馬7退9，相三進一，包7進5，炮八平三，馬9退8，俥四進三！馬8進7，相一進三，包2進1，俥九平八，馬5進4，俥八進五，馬4進3，炮三平五！士6進5，（若士4進5？俥八平七！掃卒叫殺，紅多兵、成「霸王俥」，大優。）俥四平一！也掠邊卒催殺，成多兵爭勝局面。

9.…………　包8進7!

黑抓住紅進右盤頭傌出擊機會，果斷速沉左底炮，嚴控紅右翼薄弱底線，似顆重型「定時炸彈」，隨時都有可能爆炸。黑由此反先。如貪走包8進5？兵五進一，包8平3，兵五進一！以下黑有三變：①包3進1？俥九進一，包3平8，兵五進一！包2平5，炮五進五，象3進5，傌五進六！車1平3，傌六進五！紅傌兌雙象後，棄子有攻勢；②炮3平4？傌五進六！馬7退5，兵五進一，包2平5，傌六進五！象3進5，仕六進五！包4退6，俥四進一！士4進5，俥四平五！俥砍中象後，必可追回一馬，且多雙相易走，仍優；③包3退1？？傌五進六！馬7退5，兵五進一！包2平5，傌六退七！包5進5，傌七進五！包5平3，俥四退四，卒7平6，俥四進二！包3平8，炮八平五！士4進5，兵七進一！車8進3，傌五進四！將5平4，（若馬3進5？傌四進三！將5平4，俥四進一，車8平7，俥四平六！馬5退4，傌三退五！車7平5，傌五退七！車1進1，俥九平八！下伏有俥八進九！必得子叫殺的凶著，紅勝。）俥四平六，士5進4，俥六進三！將4平5，傌四進三！將5進1，傌三退二！得車後紅也勝。

10.俥九進一　…………

高左橫俥，意在支援右翼薄弱環節。如急走兵五進一？？包8平9，以下紅有兩變：①炮八進二？車8進9！炮八平三，馬7進

6，傌五退三，馬6退4，帥五進一，車8退1，俥四退五，車8平6，帥五平四，車1進1！紅帥位不安，須儘快調整應對，黑方反先；②兵五進一，車8進9！炮八退一，包9平7！帥五進一，包2進1，兵五平六，士4進5，炮五平三，馬7退5！俥四退一，包2平4，相七進五，車1平2，俥九平八，卒7進1！炮三退一，馬5退7，相五退三，馬7進6！帥五進一，馬6進7！俥四退四，馬7退6！變化下去，黑子佔位靈活，多過河卒和象，大佔優勢。

　　10.…………　　包8平9　　11.俥九平三　車8進9

　　12.兵五進一　　包9平7！

平包炸底相叫帥，屬改進後的強攻走法。以往多走包2進1，兵五進一，馬7進5，炮八平五，士4進5，傌七退五，車8退3，前傌進六，包2平5，俥三進三，車1進2，俥三平五，包5進4，俥五退二，車8平4，俥五平一，車4退2，俥一退二，卒3進1，俥四平七，將5平4，傌五進七，車4進3，俥一進二，車4平9，相三進一，卒3進1，俥七退二，局面平穩，基本成和。

　　13.帥五進一　　車1進1(圖17)

　　14.兵五進一???　…………

由於車1進1屬改進後走法，故紅現衝中兵過於逞強，敗著！錯失對攻機會，導致最終落敗。如圖17所示，宜傌五進六！車1平8，炮五平三，前車退1，俥四退五！前車平7，俥四平三，包7平9，炮三進二，卒5進1，傌六進七！馬7退5，炮三進二，馬5退7，後傌進六，車8進5，傌七退五！形成雙方激烈搏殺的對攻局面，紅雖殘相少兵，但優於實戰，尚有機會。同時，也可逕走傌五進三的另一路變化，黑如接走馬7進5，炮八平五，包2進6，兵五進一，士4進5，（若貪包2平7??兵五進一！紅中兵連殺士象後，又棄俥後有強大攻勢，勝定。）兵五進

一！象3進5，帥五平四！將5平4，俥四平六，車1平4，俥六進二！將4進1，俥三進二，雙方對攻中，了力基本相等，各有顧忌，紅勢尚有機會，優於實戰，勝負一時難斷。

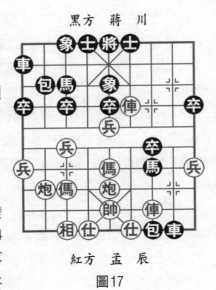

黑方　蔣　川

紅方　孟　辰

圖17

14.………… 車1平8

15.兵五進一？ 包2平5！

由於上述雙方拼搏激烈、變化複雜，一時優劣難斷，但第14回合紅挺中兵錯失機會後，現再衝兵殺中象劣著，紅攻勢就此終結。仍宜傌五進四搶佔先機，雖變化激烈、繁複，但雙方仍有對搏攻殺機會。由於篇幅所限，讀者可自己研究。

黑不失時機，反架右中包殺兵邀兌，由此步入佳境。

16.炮五進五 前車退1！ 17.俥三平二？ …………

黑不吃中炮而快速退前車邀兌，著法犀利有力，以雷霆萬鈞之勢對右翼施加壓力；而紅卻兌車，壞著，導致局勢惡化，宜炮八退一！前車平7，炮八平三，車8進7，炮五退二！車8平7，傌五退四，包7平8，傌七進六！雙方對攻激烈，雖變化複雜，但紅仍有機會，優於實戰，一時不會落敗。

17.………… 車8進7 18.傌五退四 象3進5

雙方兌子後，黑四子歸邊壓境，紅面對黑車馬包聯手進攻，防守已很困難，有些無能為力，面臨丟子危險。

19.傌七進五 士4進5 20.炮八平五 包7平9

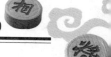

　　黑胸有成竹、藝高人膽大，毅然果斷棄中象、底包平邊路，大膽展開反攻。穩健走法宜先走馬3退4護中象後可穩持先手。

　　21.炮五進五　　士5進6　　　22.炮五退二　　包9退1

　　23.帥五退一　　包9平6！

　　黑膽識過人、計算精準，算準大膽殺紅肋傌後有驚無險。恐怕只有蔣川特級大師在關鍵時刻才有這膽量來選擇這種兇險無比的難度極高的變著！令人大飽眼福、拍案叫絕！

　　24.傌四平五　　將5平4　　　25.傌五平六？　…………

　　同樣運傌，此刻紅有傌五進一驅馬著法，能透過給黑方造成壓力的手段來攪亂局勢，一旦局面混亂，紅方仍有機會出擊。

　　25.…………　　將4平5　　　26.傌五進四？　…………

　　進中傌騎河出擊，又一敗筆！再次錯失戰機。宜走傌五進三較為頑強，黑如接走車8退4，炮五退二，包6平9，傌三進五！士6進5，傌五退四！士5退4，傌六平五，將5平6，傌五進一，以下雙方變化繁複，局面優勢仍不明朗，勝負一時更難測定，但紅方卻優於實戰，可以一搏。

　　26.…………　　車8退4！

　　退車巡河，精妙之極！看似送入紅炮口，實是黑車已巧妙牽制紅傌傌炮，使其無法作殺！黑方這步「天外飛仙」的犀利殺法，也許也是紅未發現的「妙手」。其實黑方也潛伏著「危險」！

　　27.傌六平五　　將5平4　　　28.傌四進五　　士6進5

　　29.傌五平六　　將4平5　　　30.傌六退一？？　卒7平6！

　　紅退傌，軟著！可傌五退四，士5進4，傌六平五，士4退5，炮五平二，馬3進5，兌傌後，紅雖少子，但可周旋。黑卻著法強硬，始終能構思獨特地利用主將牽制著紅方中路，不給紅任

何反撲機會。

31. 傌五退七 　將5平6

黑出將鞏固了後防，紅已無任何反撲機會而準備請降了。

32. 俥六退二 　車8平7！

現黑平車保馬後，下伏有包6平9三子歸邊攻勢，至此，黑已多子得勢不讓人，紅方只好認負。

此局雙方開戰伊始就由挺兵卒、進俥（車）、躍傌（馬）、飛相（象）來爭奪空間優勢。當紅方在第9回合處於中炮過河俥對屏風馬左中象渡7卒的「十字路口」佈陣時，選擇了傌三進五盤頭傌陣勢，被黑方速沉炮、車後炸底相反擊；在第13回合黑高右橫車出擊後，紅又在第14回合走兵五進一錯失對攻良機而陷入困境。此後在第15回合走兵五進一、第17回合走俥三平二、第25回合走俥五平六和第26回合走傌五進四等先後4次錯失對攻機會而被黑方抓住機遇，退車獻紅炮口，將牽制紅中路，最終平車護馬、伏有包6平9攻勢而多子擒帥。

此盤賽前要做足「功課」，臨場佈局要有新意，中局格鬥要穩健細膩，審時度勢來把握戰機、掌握局面，把握宏觀，注重細節，如一著不慎要毫不氣餒，尋覓戰機要軟纏硬磨，一旦捕捉成功要驍勇善戰，最終方可克敵制勝。

第18局 （北京）王天一　先負　（湖北）洪智

轉五八炮過河俥渡中兵對屏風馬7路馬右橫車渡7卒

1. 炮二平五	馬8進7	2. 傌二進三	車9平8
3. 俥一平二	卒7進1	4. 俥二進六	馬2進3
5. 兵七進一	馬7進6	6. 傌八進七	車1進1

7.兵五進一　卒7進1　　8.俥二平四　卒7進1

9.兵五進一　…………

這是2012年7月15日首屆「武工杯」大武漢職工象棋邀請賽第8輪王天一與洪智之間的一場讓人大飽眼福的重頭戲。本次大賽前7輪：洪智5勝2和積6分領跑，孫勇征積5.5分，緊隨其後的王天一和許國義都積5分。積分列前者只有在關鍵時刻能頂住不輸，才能有望進入最後衝刺、步入決賽。雙方以中炮過河俥渡中兵對屏風馬7路馬右橫車渡7卒拉開戰幕。在黑渡7卒壓住紅右俥的關鍵時刻，紅卻急進中兵、脅馬頂卒，意從中路突破，意欲志在必得，不給黑方提前奪冠機會。筆者曾走過俥四退一！卒7進1，俥九進一，車1平7，俥九平二，包8進4，俥四退二！車7平8，兵五進一！士6進5，兵五進一！變化下去，黑7卒被管，紅中兵可發威、中路有攻勢佔優，結果紅多子入局。

9.…………　卒7進1　10.兵五進一　士4進5

11.俥四退一　車1平4　　12.仕六進五　…………

至此，雙方形成「五八炮過河俥渡中兵對屏風馬7路馬右橫車渡7卒互進順士（仕）」陣勢中經典而又複雜的一個局面。由於紅方積分落後黑方1大分，現補左中仕固防、以相對冷僻的這路變化，策略上還是欲與對手火拼。如兵七進一，可參閱本書「郝繼超負宿少峰之戰」和「李曉暉負葛超然之戰」；如改走炮八平九、傌七進五、俥九進一、兵五平四等四路變化可參閱本書「洪智勝王天一之戰」。

12.…………　包8進7!(圖18)

進左炮直插紅右翼薄弱底線，好棋！一改車4進7（可參閱本書「謝靖勝卜鳳波之戰」）直塞紅左相腰著法，旨在出奇制勝。

13.兵五平四???? ．．．．．．．．．．．．．

卸中兵佔右肋道，敗著！錯失對攻互纏機會後一蹶不振。同樣卸中兵防守，如圖18所示，宜兵五平六！以下黑如接走象7進5，兵六平七，包8平9，炮五進二，車8進5，相七進五，（若前兵進一??車8平5！前兵平八，車5平3，以下紅有兩變：①炮八平三，車3進2！炮三平六，車4進5！下有肋車鎮中和殺邊兵的先手棋，黑可抗衡；②

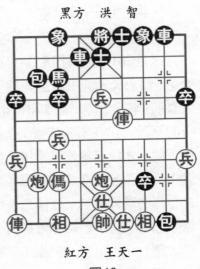

傌七進五，車3平5，以下紅如接走傌五退七，則卒7進1！黑大膽棄子搶攻反先；又如紅改走傌五退三，則車4進6！下伏有將5平4殺機，黑勢反優，上述兩路變化均優於實戰。）車8平5！前兵進一！包2退2，俥九平六！車4平2，炮八進七，車2退1，俥六進二，卒7進1，前兵進一，車5平8，前兵平六！卒7進1！俥四平五！車8退3，俥五平六！象3進1，相五退三！車8進7，相三進五！變化下去，雖雙方互相牽制，各有機會，但紅方優於實戰，可以抗衡，勝負一時難斷。

13.．．．．．．．．．．　象7進5　　14.傌七進五　卒7進1

15.炮八平六　車4進5！　　16.傌五進三　卒7平6！

黑方抓住戰機，補左中象固防、衝7卒脅相、車捉中傌出擊，現再卒臨城下，準備大開殺機破城，下伏有車4平7窺傌打底相、一舉能打開紅方陣營缺口的凶著，至此，黑方步入佳境。

17.俥九平八　…………

亮出左直俥捉包，實屬無奈，如俥四退四？？車4平7！帥五平六，〔若傌三進五？？馬3進5，帥五平六，包2平4，炮六平八，車8進5！以下紅如俥九平八？車8平4！帥六平五，車7進3，俥四平二，車4平6！黑必得俥大優；又如改走帥六進一？？？車7平4！仕五進六？（若炮五平六？則車4平1抽紅俥後勝定；又若炮八平六？？車4進1！帥六進一，車8平4！妙殺黑勝。）車4平6！抽俥後黑勝勢。〕車7進3，帥六進一，車7退4！俥九平八，包2平1，俥八進七，車7平5，俥四進一，馬3退4，變化下去，黑多子多象大優。

以下殺法是：卒6平5！帥五進一，車4進1，俥八進七，車8進8，俥四退四，車8退2，炮五平二，將5平4！俥八退六，車4退2，相七進五，車8平4！俥四進一，前車平7，炮二退一，包8平9，炮二平一，卒3進1！兵七進一，象5進3，帥五退一，車4進4，帥五進一，馬3進4，炮一平二，象3退5，俥八平七，馬4進3，炮二進八，象5退7，俥四退一，車7平4！傌三退二，包9退1！棄包叫殺，一氣呵成！以下紅如俥四平一？車4進2，俥七平六，車4退1！帥五退一，車4平9！黑棄包得俥後，成車馬聯手殺勢，黑勝。至此，黑方洪智提前一輪獲得本屆比賽冠軍。

此局雙方剛開戰就演繹了互渡兵卒大戰。步入中局後，由於紅方落後黑方1大分，故策略上定下要與黑方火拼。當紅方在第12回合走仕六進五這路冷僻變化後，黑果斷沉左包出擊，一改以往流行的車4進7直塞紅左相腰走法，令紅方一下摸不著頭腦。可見臨場應變與賽前準備是密不可分的，賽前做足「功課」是相當重要的。紅方無奈在第13回合誤走兵五平四而一蹶不

振。黑方抓住機會，果斷補象、衝卒、進車、平卒，大開殺機，以後藉底包之威，卒挖中仕、車殺肋炮、雙車聯手、兌卒沉車、進馬攔俥、雙車同肋、棄邊包叫殺，最終黑車包兌紅雙俥入局。

此盤一旦疏忽戰前準備，難免在臨場會事與願違或潰不成軍，如優柔寡斷或捉摸不定也難以成事；只有精心準備，臨場定心，不掉以輕心，不自亂陣腳，才能運籌帷幄，笑到最後。

第19局 （廣東）時鳳蘭 先負 （雲南）黨國蕾

轉五八炮挺中兵左橫俥邊相對屏風馬雙包過河右直車過河

1.炮二平五	馬8進7	2.兵七進一	卒7進1
3.傌二進三	馬2進3	4.傌八進七	包2進4
5.俥一平二	車9平8	6.兵五進一	包8進4

這是2012年10月17日在全國象棋個人賽女子組第8輪時鳳蘭與黨國蕾之間的一場精彩的巾幗之戰。雙方以中炮右直俥進中兵對屏風馬雙包過河左直車互進七兵卒拉開戰幕，可見雙方戰意十足，因她倆在前7輪賽後同積9分，落後排名首位的唐丹3分，落後排名第3的玉思源1分，在尚有3輪的形勢下，每輪結果都關係到自己最終能否挺進前6名，故一場抓人眼球的激戰就迫在眉睫了。

7.俥九進一	包2平3	8.相七進九	車1平2
9.俥九平六	車2進6		

紅左橫俥佔左肋後，黑伸右直車過河，這是20世紀80年代最早由廣東棋手在全國象棋個人賽上出現的。今老譜翻新定在賽前做過功課，必有其創新研究成果，讓我們拭目以待。當今棋壇流行包3平6，（可參閱本書「王斌勝黨斐」和「蔣川員趙鑫

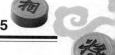

鑫」之戰。）相對於伸右直車過河來講，顯得更能攻守兼備：包6進1可直攻紅左正傌、包6退4又可隨時策應自己右翼。筆者在網戰上也應過包3平6，兵五進一！士4進5，傌三進五，車2進6，傌五進六，包8退2，仕六進五，包8平5，俥二進九，馬7退8，傌六進七！馬8進7，（若貪走車2進1？帥五平六，車2平3，炮五進四！士5進4，俥六進六！將5進1，俥六退五！將5平6，俥六平七！紅得車大優。）炮八退二，包6進1？（宜象3進5！）炮五進二，包6平1，炮八平九，紅多子較優，結果紅勝。

10.兵三進一　…………

棄三兵，迅速打破了黑車雙包搶佔了兵行線後的封鎖，是一種變化繁複、不易掌握的套路走法，充分展現出紅方的求勝慾望。如要穩健可徑走俥六進六！象7進5，俥六平七，士6進5，仕四進五，包8退1，兵三進一，包8平5，俥二進九，馬7退8，傌三進五，卒7進1，炮五進二，車2進1，炮五平六，包3平4，炮六進四，車2平3，俥七平五，車3平8，俥五退一，卒7平6，傌五進四！變化下去，紅大子靈活，有主動攻勢佔優。而實戰中紅棄三兵後準備揮俥捉雙，雖穩健不夠靈活，但也有其可圈可點之處，其效率不會比俥六進六低多少。

10.…………　卒7進1　　11.俥六進二　包8進2

伸包壓俥屬流行走法。也可包8退2，穩健而靈活，以下紅如相三進一，包8平7，變化下去，黑方易走。

12.仕六進五　卒7進1！

棄卒引俥，旨在兌俥爭先，是創新之變！在2011年6月全國象甲聯賽上李群與蔣川之戰中曾走象3進5，炮八退二，卒7進1，俥六平三，包8平7，俥三平二，車8進6，俥二進三，包3平7，炮八平七，士4進5，傌七進六，車2平1，（新招！在本次

聯賽上趙鑫鑫與李少庚之戰中曾走前包平6，相三進一，車2平3，傌六進七，結果紅方主動而獲勝。）兵七進一，車1退1，傌六進八，馬3退2，兵七進一，車1進2，傌三退一，馬7進6，兵五進一，卒5進1，傌八進六，車1退1，俥二進二，車1平3，雙方對搶先手、爭奪激烈，結果戰和。

13.俥六平三　包8平7　　14.俥三平二　車8進6

15.俥二進三　包3平7　　16.炮八退二　…………

炮退底線，旨在儘快解除黑車對紅左翼子力的束縛。

16.…………　車2平3　　17.傌七退六　象3進5

18.炮八平七　馬7進6　　19.兵七進一　…………

紅棄七兵，直接威脅黑3路線子力，新變！在2010年10月全國象棋個人賽上楊伊與黨國蕾之戰中曾走炮五平七！前包平6，相三進一，車3平1，傌六進五，包6退2，俥二進二，包7退2？（宜車1進1殺相佔先。）傌三進二，馬6退4，傌二退四，車1平6，傌五進六，車6平4，傌六進七，馬4進5，演變下去，雙方對攻，互爭先手，以後黑走漏而紅獲勝。

19.…………　馬6進4　　20.兵七進一　馬3退2

馬退2路過軟，宜馬3退5！炮五平八，馬5進7，兵七平六，車3平2，炮八平六，車2平1，變化下去，黑方易走。

21.兵七平六　　馬2進4（圖19）

22.炮五平七？？？　…………

卸中炮打車，敗著！錯失戰機，陷入被動。如圖19所示，宜改走炮五平八！雖只有一路之差，但這對以後紅勢發展將起到決定性作用。以下黑如續走後馬進2，兵六平五！車3平1，相九進七，馬4退5，兵五進一！馬5進7，俥二進二，下伏有炮八平五攻中路先手棋，紅反易走；又如黑改走前馬4進2，傌六進

五！車3平4，傌五退三！馬2退
3，相九進七，馬3進5，前傌退
一！（紅雙傌護二路俥後，黑7
路包不敢進3炸底相抽俥。）馬
5退4，傌三進五！變化下去，
紅右翼解困，多子反先，遠遠強
於實戰。

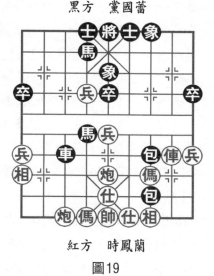

黑方　黨國蕾

紅方　時鳳蘭

圖19

22.…………	車3平2		
23.兵六進一	後馬進2		
24.兵六平七	馬2進3		
25.後炮進五	象5進3		
26.炮七平六	象3退5		
27.兵九進一	車2平3		
28.兵七平六	前包平8	29.相三進五	包8平7
30.相五退三	車3平5	31.相九進七	車5退1！
32.兵六進一	士4進5	33.傌三退一	車5進1
34.俥二進一？？	…………		

黑方不失機會，棄馬兌炮、車掃中兵後，黑方先手擴大。紅
急於要擺脫困境，現伸俥欺馬，劣著！反被利用陷入困境。宜傌
一進三！馬4進6，炮六平四，車5平4，傌六進五！馬6退7，
俥二退二！紅全力防守後，黑無好的進攻招法，黑雖多中卒，但
雙方互纏，紅可一戰，優於實戰。

以下殺法是：馬4進6！俥二平四，前包平6，炮六平四，車
5平4，俥四平三，包6平7，俥三平四，後包退2！俥四進一？
（壞棋！加速敗北，宜傌六進五較頑強。）前包平6！兵六平
五？（貪中士最後敗筆！宜俥四平八！包7平5，傌六進五，車4

退5，偶一進二！以後必要時可速兌車後抗衡，雙方戰線漫長，優於實戰，勝負難料。）士6進5，傌六進五，（不給黑馬6進4叫帥抽傌機會。）車4平2，兵一進一，馬6退8，俥四平六，馬8進7！炮四進四，象7進9，仕五進四，包6平8，炮四平三，（無奈，如傌一進二???包7進5！帥五進一，車2進2！傌五退七，車2平3！帥五進一，車3退1，俥六退三，馬7進6！炮六退六，包7退2，仕四退五，包7平4！黑多車必勝。）馬7進9！俥六退四，包7平5！傌五進四，車2進3！俥六退一，包8平5！傌四退五，前包平1，傌五退七，車2退1，傌七進六，馬9退8！回馬叫殺，馬到成功！以下紅如接走俥六進二，包5平4！平包打死紅俥入局，因紅如接走俥六平八邀兌，則馬8進7！紅帥上不來又出不去；又如改走傌六進四，棄傌捉包，則馬8進7！也絕殺，黑完勝。

　　最終黨國蕾特級大師獲得本屆大賽第四名，時鳳蘭大師名列第八。

　　此局雙方開戰就炮聲響起，紅在第10回合走兵三進一，風險性大，宜改走俥六進六捉馬有可能掌控局勢。黑方不失時機，伸包頂俥、棄卒引俥、左車過河、雙包齊鳴、補右中象、雙馬馳騁步入中局。然而，紅方急於求成地在第22回合走炮五平七打車，錯失戰機；在第34回合走俥二進一捉馬後一蹶不振。黑方抓住戰機，馬赴臥槽、前包打俥、車追肋兵、雙包齊鳴、馬踏邊傌、雙包叫帥、沉車叫帥、馬到成功，打死紅俥入局。

　　此盤不是短局但勝過短局，黑方抓住紅方弱點，先後在第12回合棄卒引俥、反客為主、各攻一面、乘虛而入、順勢而為、絲絲入扣，可圈可點！

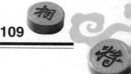

第20局 （浦東）葛維蒲　先勝　（甘肅）梁軍

轉五八炮挺中兵左橫俥邊相對屏風馬雙包過河右直車過河

1.炮二平五	馬8進7	2.俥二進三	車9平8
3.俥一平二	馬2進3	4.兵七進一	卒7進1
5.傌八進七	包2進4	6.兵五進一	包8進4
7.俥九進一	包2平3	8.相七進九	車1平2
9.俥九平六	車2進6		

這是2010年4月27日全國象棋團體賽第6輪葛維蒲與梁軍之間一場精彩格鬥。雙方以中炮進中兵高左橫俥邊相對屏風馬雙包過河右直車過河互進七兵卒開戰。針對紅高左橫俥邊相，黑飛雙包過河後又伸右直車過河，力爭主動、取勢爭先。在2014年元旦的網戰上，筆者又應過黑走包3平6，俥六進六！包6進1，傌七進六，包6平2，傌六進五，馬7進5，炮五進四！車8進3，炮五退一，將5進1，仕四進五！（另有俥六平七和傌三進五兩路變化結果：前者為雙方互纏、後者為黑足可抗衡的不同走法，前幾局已有過簡述。）包8進1，俥六平七！車2進6，相九退七，車2平7，傌三退四，車7退1，俥七平八，包2平3，俥八平三，車7平5，俥三退二，包3平2，相三進五，將5退1，炮五平八！象7進5，俥三退二，士6進5，炮八進四！變化下去，子力基本相等、局勢平穩，最終雙方大量兌子成和。

10.俥六進六　…………

進肋俥捉雙馬這路變化較為激烈。如要儘快打破黑方封鎖，棄三兵可改走兵三進一，以下黑有兩變：①卒7進1？俥六進二，包8退2，相三進一，包8平7，俥二進九，馬7退8，傌三

退二，象3進5，炮八退二，卒7平6，仕六進五，卒6平5，炮八平七，馬8進7，俥六平七！車2進2，變化下去，在紅多子、黑多卒且子位靈活的互纏局勢下，紅仍佔先；②包3平6，兵三進一，包6進1，傌三進四，包8平6！俥二進九，馬7退8，傌四進五，馬3進5，炮五進四！車2進1！傌七退五，變化下去，黑多子、紅有空心中炮、淨多雙兵有攻勢，反而棄子佔優。

10.………… 象7進5　　11.俥六平七　士6進5

補左中士，穩正老練。如包3平5？仕四進五，車2進1，傌七進五，車2退1，兵三進一，馬7進6，傌五退七，卒7進1，炮五進四，士6進5，兵五進一，馬6退7，傌三進五，卒7平6，相三進五，變化下去，紅子靈活佔優。

12.仕六進五！　…………

補左中仕，成雙方互進逆中士（仕）固防，是紅方的創新之變，也是紅步入佳境的先兆。以往網戰中多補右中仕，走仕四進五，包8退1，兵三進一，包8平5，俥二進九，馬7退8，傌三進五，卒5進1，兵三進一，包3平1，炮五進二，卒5進1，傌五退六！馬8進6，俥七退一！演變下去，紅多子佔優，且伏有紅俥掃雙邊卒的先手棋。

12.………… 包8退1？

退左包騎河，空著！由於紅已補左中仕後，黑再退左包顯得很生硬，已無必要。宜馬7進6！俥七進一，卒3進1，兵九進一，車8進4！變化下去，黑子位靈活易走，比實戰效果要好得多。

13.兵三進一　　卒7進1　　14.傌三進二　　車8進5

15.俥二進四！　卒7平8　　16.俥七進一　　包3平8？

紅方抓住機遇，果斷兌子後，黑雖多過河卒，但紅已多子，

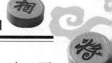

優勢明顯。黑現平包於8路不如徑走包3平1！俥七退二，包1平9，俥七平九，包9進3！演變下去，黑有沉底包攻勢，為以後伺機聯手車馬卒出擊奠定良機，強於實戰。

　　17.炮五平二　　包8平1　　　　　　18.俥七退二　　包1平9

　　19.兵五進一（圖20）…………

　　果斷棄中兵來打通卒林線，以儘快而充分地發揮紅卒林俥的攻殺作用，由此，紅方步入明顯的多子佳境。

　　19.…………　　包9進3？？？

　　沉左底包，敗著！錯失戰機，陷入被動而告負。如圖20所示，宜車2平3！仕五進六，卒5進1，俥七平三，卒8進1！炮二平四，車3平7！俥三退三，包9平7！雙方兌俥車後步入無俥車棋戰，紅多子、黑淨多三個高卒，雖互有顧忌，但黑可抗衡，強於實戰，勝負難料。

　　20.仕五退六？…………

　　退中仕固防，穩健有餘，但不如殺中卒更為積極有力，宜兵五進一！車2平3，仕五進四，馬7進5，俥七平五，卒8進1，炮二平三，卒8進1，俥五退三！車3平5，傌七進五，卒8平7，炮八平三！變化下去，紅淨多兩子必勝。

　　20.…………　　卒8進1

　　21.炮二平四　　車2平3

　　22.傌七退五　　車3平5

　　23.相九退七　　車5退2

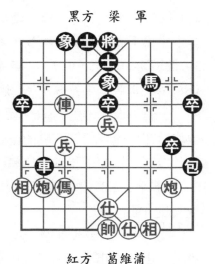

黑方　梁　軍

紅方　葛維蒲

圖20

24.俥七平九　車5進2??

中車進兵行線，敗筆！再次錯失戰機。宜卒8平7！俥九退三，馬7進6，俥九平六，車5進1，炮八平六，卒9進1，俥六進二，卒5進1，俥六退二，卒9進1！變化下去，紅雖多子，但黑淨多雙過河卒，也即將形成一定攻勢，黑可一戰，強於實戰。

25.俥九平六　車5平2　　26.炮八平七　包9退5

先退左邊包巡河，是步明智的等著。如貪車2平3？俥六退三！包9退3，俥六平七，包9平3，炮七平八，包3平5，傌五進七！包5退1，炮八進二，卒5進1，炮八進一，馬7進5，炮六進四！馬5退3，兵七進一，馬3進1，炮八進一！馬1退2，炮八平六，馬2進4，兵七進一，馬4退2，傌七進八！黑馬被鎖住後，雖有空心中包也無濟於事，仍紅持先手。

以下殺法是：傌五進六！包9進2，傌六進七，馬7進6，俥六平五！車2平5，（邀兌中車無奈，如貪象5進3？俥五平一！馬6進5，兵七進一，士5退6，炮七進七！士4進5，炮七退二！變化下去，紅反有攻勢，多雙相必勝。）炮七平五，象5進3，俥五平一！馬6退7，（無奈，如馬6退5??俥一進三，士5退6，炮四平三！卒8平7，俥一退六！白殺邊包，紅多子完勝。）俥一進三，馬7退6，兵七進一！象3進5，炮五退一！退中炮旨在打死車，以下黑如續走象5進3？炮四平五！車5進1，相七進五！紅多子勝；又如黑改走車5退2??炮四平五，車5平3，（若車5進3，相七進五，紅多子必勝。）後炮進六！雙中疊炮叫殺，紅也勝。

此局雙方開戰後炮聲四起，黑車雙包過河封鎖，紅左肋車追殺黑右馬後挑起事端。步入中局後，紅搶先在第12回合走了補左中仕新招，黑卻走包8退1隨手空著，令人大跌眼鏡，導致失

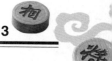

勢被動，以後在第16回合走包3平8又錯失良機，在第19回合竟走包9進3，錯失了抗衡機會。在第24回合再走了車5進2入兵行線敗招，錯失最後良機而被紅方抓住戰機，俥佔左肋、左炮窺象、中傌出擊、俥掠中卒、棄傌鎮中炮、俥掃卒叫殺、沉俥拴底馬、挺兵殺高象，最終巧退中炮拴車，一氣呵成！

　　此盤紅方拋出補左中仕佈局探索型飛刀，黑方連出漏招、錯失三次戰機後，被紅方一鼓作氣、一舉制勝！

第21局　（湖北）洪智　先勝　（黑龍江）陶漢明

轉五八炮過河俥渡中兵對屏風馬7路馬右橫車中士渡7卒

　　1.炮二平五　馬8進7　　2.傌二進三　車9平8
　　3.俥一平二　卒7進1　　4.俥二進六　馬2進3
　　5.兵七進一　馬7進6　　6.傌八進七　車1進1

　　這是2012年6月15日第4屆「句容·茅山杯」全國象棋冠軍邀請賽第一階段首輪洪智與陶漢明之間的一盤精彩對決。雙方以中炮過河俥對屏風馬左馬盤河互進七兵卒佈陣後，黑高抬右橫車，旨在加快出動右翼主力，屬攻擊性極強的走法，已成為近年來後手方採用較多的一種策略手段。如象3進5這路老式著法，紅有俥九進一、俥二平四、炮八平九、炮八進一、兵五進一等多路走法，前面已有過介紹。

　　7.兵五進一　…………

　　急進中兵，是針對黑中路空虛所採取主攻中路的有力手段之一。如俥二平四驅馬，則可參閱本書「洪智先勝王天一之戰」；又如炮八進三騎河，則可參閱本書「才溢先勝程進超之戰」。

　　7.…………　卒7進1　8.俥二平四　卒7進1

挺卒殺兵肋傌是當今棋壇的絕對主流戰術。如馬6進7或走馬6進8冷門戰術，可參閱「洪智先勝王天一之戰」。

　　9.兵五進一　　卒7進1　　10.兵五進一　　士4進5

　　11.傌四退一　　車1平4　　12.兵五平四　　…………

卸渡河中兵，形成複雜多變的中局形勢。紅此時除傌七進五，車4進5變化下去，總是黑方勝率特高而十分少見外，其他如傌九進一、炮八平九、兵七進一、仕六進五等各路弈法均有複雜爭鬥，本書前面均有介紹。

　　12.…………　　包8平5　　13.仕六進五　　車8進6

　　14.兵四進一　　包5進1

高抬中包，保留子力變化，著法頑強。如車8平3，傌七退六，包5進4，炮八平三，象7進9，傌九平八，包2進4，將5平4！相七進九，車3平4，傌六進七！變化下去，紅勢不弱，足可一戰。

　　15.炮八進四　　車8平3

平車壓傌，邀兌爭先。如卒3進1？傌四平七，（若兵七進一？卒7平6！黑反易走。）車4進1，傌七進一，包5進1，炮五進一，演變下去，紅反多過河兵有利、易走。

　　16.炮八平五　　馬3進5　　17.傌九進二！　　…………

雙方兌中炮包後，紅高左橫傌護左傌，是洪特大祭出的最新探索型佈局飛刀，以往流行傌四平五追回中傌屬穩健著法，現這把「飛刀」效果怎樣，讓我們拭目以待吧！

　　17.…………　　象7進5　　18.傌四平五　　…………

黑棄左中象，果斷有力！體現陶特大算度深遠的奇特構思、冠軍風範，令人歎為觀止、擊節稱快。

紅鎮中傌壓馬，明智之舉。如兵四平五？？馬5進4！傌四平

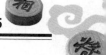

八，（若兵五進一??將5進1，俥四平五，將5平6，以下黑反有兌子攻勢，反先。）包2平3，炮五進二，（若俥八平三，車4進2！變化下去，紅反難以掌控局勢，在對攻中黑反對攻機會較多、易走。）馬4進3！炮五平二，車3平8！演變下去，黑反彈力強，多子多卒在對殺中稍佔先機。

18.………… 　包2進7??

沉右包叫帥，準備棄車搏殺，屬破釜沉舟下法，把握不大。宜先車4進7！俥五進一，包2進7，仕五退六，（若俥七退八???車3進3，仕五退六，車3平4！黑速勝。）車3進1，俥九平七，車4進1，帥五進一，將5平4，炮五平六，（若相七進九?車4退1，帥五退一，卒7進1！黑車包卒聯手後有很大攻勢，大優。）車4平5，〔若卒7平6，俥五平六，將4平5，相七進九，車4平6，炮六退一，包2退1，俥七退一，卒6進1，帥五進一，車6平7！俥六平四，車7平5，炮四平五，卒6平5，（若包2平5??俥四退五！包5平4，俥四平五，車5平4，俥七平六殺包後紅勝定。）俥七平八！紅反多俥勝定。〕，帥五平六，車5退6！追回一車後，黑反佔優，優於實戰。

19.仕五退六　車3進1!?

棄車砍馬、英雄虎膽！雙方由此展開了一場驚心動魄而又令人眼花繚亂的攻殺大戰！黑真的有殺棋嗎?讓我們拭目以待、繼續觀賞！

20.俥九平七　車4進8　　21.帥五進一　馬5進7!

22.俥五退二　…………

黑棄車砍馬殺底仕叫帥後，現又馬站象台、飛馬搶攻，氣勢宏大！

紅俥退兵行線回守，明智。如貪俥五平三??將5平4！炮五

平六，象5進7！得俥後黑大優。

22.………… 　　將5平4　　23.相七進九　卒7平6

24.炮五平六?　…………

逃卸中炮不易擴展優勢，不如棄中炮改走兵四平五較為掌控局面，以下黑如接走車4退1，帥五退一，卒6平5，俥七平五，車4進1，帥五進一，象3進5，前俥平八！將4平5，俥八退一，以後可伺機逼黑兌車，紅方前景看好。

24.………… 　　車4平6　　25.兵四平五!　…………

兵臨九宮，殺中象搏殺，誘惑很大、求勝慾望強。不過紅低估了黑方的反擊能力。如炮六退一?包2退1，炮六進五，卒6進1！帥五平六，馬7進6！俥五平四，卒6平5！帥六平五，車6退3！炮六平九，車6平1，炮九平一，士5進6，（若車1平9，炮一平五，車1平5，俥七平五，車5進1，相三進五，士5進6，雙方戰和。）變化下去和勢甚濃。

25.………… 　　卒6進1　　26.帥五平六　包2平7

針對紅方如此強硬的進攻態勢，黑已無退路，只能硬比速度。

27.兵五平六　　將4平5　　28.炮六進一　包7退1!

29.帥六進一　　車6平8!

看似紅俥炮可扼守兵行一線的局面，被黑底車平8路線突然閃出後，竟然是殺機四伏、岌岌可危、大難當頭、厄運難逃。

30.兵六進一!(圖21)　…………

兵臨城下、暗藏殺機，穩健有力！另有三變是守不住的：①俥五退一??馬7進6！炮六平五，士5進4，俥七退二，包7退7！俥五平四，（若帥六退一??車8退4！黑四子攻帥，勝定。）包7平4，帥六平五，車8退3！俥四退一，馬6進8！俥

七進三，馬8進6！先殺俥，再
活捉紅中炮後，黑方完勝；②相
九退七???車8退2！俥五退一，
馬7進5！炮六平五，車8退5，
俥五平三，車8平4！帥六平
五，車4進4，帥五平四，車4平
5，帥四退一，馬5進7！帥四退
一，包7平8！俥三平二，士5退
4！黑車馬包聯手有攻勢；③俥
七進一???車8退2，俥五退一，
馬7進5，炮六平五，車8退5！
俥五平三，（若兵六平七???車

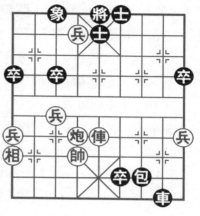

8進7，俥七退三，車8退6，俥
五平三，車8平4，帥六平五，將5平4！俥七進二，馬5進3，
炮五平六，車4進3！下伏車4進1絕殺，勝。）車8平4，帥六
平五，將5平4！炮五平六，車4平5，俥七平八，馬5進7，帥
五平四，（若帥五平六???則車5進5，黑速勝。）車5進5，帥
四退一，車5平7！帥四退一，（若帥四平五???車7平5，帥五
平六，馬7進6成馬後包殺，黑勝。）包7平9，帥四平五，（若
帥四進一，車7平5，帥四退一，馬7進8，也是黑勝。）車7平
5，以下紅如接走帥五平六???則馬7進6殺；又如改走帥五平
四???則馬7進8也絕殺，黑勝。

　　30.………… 車8退2???

　　退車叫帥，敗著！錯失勝機，導致速敗。如圖21所示，宜
馬7進6！催殺，紅只能走炮六平四，（若俥五平四???則車8退
2速勝。）車8平4，帥六平五，車4平5，帥五平四，車5退3！

炮四退二，士5進6！炮四退一，包7退7！帥四退一，包7平6，俥七平四，車5進2！悶殺，黑勝。

31.俥五退一　車8退2

「過了這個村，就沒那個店了。」現退車騎河，無奈。另有兩變，黑亦厄運難逃：①包7退1！帥六退一，馬7進6，炮六平八，包7進1，帥六退一，車8進2，俥五退二，包7進1，（若車8平5？帥六平五！紅勝定。）帥六進一，卒6平5，俥五進一！馬6進5，帥六平五，車8退3，（若包7退8？俥七平六！包7平4，炮八進六！以下黑如接走象3進1，俥六進六殺包，多子勝勢；又如誤走包4退1???俥六進七，紅勝。）象3進1，俥七平六！車8平5，帥五平六，（若俥六平五??包7平5，俥五進一，包5退3！紅雖多過河兵，但戰線很長，勝負一時難斷。）士5進4，（若士5進6???兵六平七！包7退7，俥六進七，將5進1，炮八退一，將5進1，俥六退二紅勝）俥六進五！包7退7，兵七平六，包7平8，俥六進二，將5進1，炮八退一，將5進1，俥六平五，士6進5，俥五退一，將5平6，俥五退五！殺士得車後紅勝；②車8退1??炮六平五，士5退4，（若士5進4???炮五平八！士6進5，炮八進七，象3進1，俥五進六！士4退5，兵六進一，紅勝。）炮五平三，士6進5，兵六進一！將5平6，俥五進六！馬7退6，俥七進一，車8進1，俥五退六！以下不管黑方是否兌車，紅雙車炮兵穩能破城擒將，紅勝定。

32.俥七平八　車8平4???

平車捉炮，最後敗招！宜馬7進6鎖定勝局。以下紅如炮六平五??則車8平4！殺，黑勝；又如紅改走俥五進一???車8進2！也絕殺，黑完勝。

33.俥五進一　車4退4　　34.俥八進七！　…………

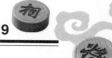

在生死關頭的對攻情況下，走漏一步後頹勢難挽。紅沉俥追象，由守轉攻，一氣呵成、鎖定勝局。

34.…………　車4退1　　35.帥六平五　包7平8

平包無奈，如包7進1??俥五進二，馬7進8，炮六平五，馬8退6，帥五平四，馬6進7，俥五平六，士5進4，炮五平二，馬7退8，帥四退一，紅也多子勝定。

36.俥五平三！

卸中俥捉馬，黑見子力被牽制死，大勢已去，起座認負。

此局雙方開戰就互渡中兵、7卒，爭搶激烈。步入中局後，紅先在第18回合鎮中俥壓馬後，黑走包2進7棄車搏殺把握不大，在第19回合索性車3進1獻車殺偶拉開了驚心動魄、你死我活的攻殺大戰。當紅在第30回合兵臨城下時，黑竟然走車8退2叫帥，錯失勝機，到了第32回合更是走了車8平4捉肋炮，令人大跌眼鏡，「煮熟了的鴨子」讓它飛走了，錯失最後勝機而被紅方進中俥護炮、沉左俥追象、帥鎮中解栓、卸中俥追馬，硬逼黑方含笑告負。此盤佈局互渡兵卒、搶佔先機，中局雙方搏殺眼花繚亂、氣震山河，但黑方在生死關頭，尚欠火候，兩次失誤，錯失勝機，上演了「捉放曹」的悲劇，令人遺憾，給人教訓！

第22局　（河北）申鵬　先負　（湖北）洪智

轉五八炮過河俥渡中兵對屏風馬7路馬右橫車互進順士

1.炮二平五　馬8進7　　2.傌二進三　車9平8

3.俥一平二　卒7進1　　4.俥二進六　馬2進3

5.兵七進一　馬7進6　　6.傌八進七　車1進1

這是2012年9月18日第5屆「楊官璘杯」全國象棋公開賽專

業男子組第3輪申鵬與洪智之間的一場生死搏鬥。雙方以中炮過河俥對屏風馬7路馬右橫車互進七兵卒拉開戰幕。黑高右橫車是當今棋壇的主流變招之一，特點是強調大子出動速度，配合盤河馬迅速發動反擊，從大量實戰效果看，黑方勝率不錯。洪特大偏愛左馬盤河起右橫車這路走法，因對攻激烈，很符合他的棋藝風格。而紅方申鵬大師，大有「明知山有虎，偏向虎山行」的氣勢，肯定是做過功課，有備而來。在2012年全國象棋個人賽上孫勇征與劉殿中之戰中改走象3進5，炮八平九，車1平2，俥九平八，卒7進1，俥二退一，馬6退7，俥二進一，卒7進1，傌三退五，包8平9，俥二平三，車8進2，傌七進六，包9退1，炮九進四，變化下去，雙方對攻，結果紅勝。

　　7.兵五進一　…………

　　申鵬大師棋風剛猛，算度精準，挺中兵這路兇悍著法正符合其棋風特點。在2012年11月「國弈大典」之決戰名山巔峰對決象棋系列賽上蔣川與洪智之戰中改走穩健的俥二平四，馬6進7，傌七進六，車8進1，炮五平四，士4進5，炮八平六，象3進5，俥九平八，包2退2，俥四平二，演變下去，紅大子佔位靈活，已穩持先手，結果紅勝。

7.…………	卒7進1	8.俥二平四	卒7進1
9.兵五進一	卒7進1	10.兵五進一	士4進5

　　11.俥四退一　…………

　　至此，雙方形成「五八炮過河俥渡中兵對屏風馬左馬盤河起右橫車中士渡7卒殺傌」最經典的一個佈局圖形，局面繁複、變化多端、難以掌控。此時紅也有俥九進一、傌七退五、炮八平九、兵五平六和仕六進五等均有複雜變化的走法，本書均有介紹。

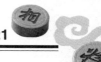

11.………… 車1平4　　12.仕六進五　…………

先補左中仕固防，穩正。另有三變：①在2012年第4屆「句容‧茅山杯」全國象棋冠軍邀請賽上孫勇征和蔣川之戰中曾走兵五平四，包8平5，仕六進五，車8進6，兵四進一，車8平3，兵四平五，包2平5，俥九進二，卒7平6，演變下去，雙方均勢，結果戰和；②俥九進一，包2進1，兵五平四，包8平5，傌七進五，車8進6，炮五進五，象7進5，傌五進六，車8平4！黑棄子搶攻，略先；③筆者在網戰中曾應過傌七進五，卒7進1！俥四平二，車4進5，傌五進六，馬3進5！炮八進四，卒3進1，炮八平六，車4平7，傌六退四，卒7平6！傌四進五，車7進3！仕六進五，（*若傌五進四？？包2平5！以下不管紅接走仕六進五，或炮六平五，或炮五平二，黑均走車7平6殺，黑勝。*）象7進5，在雙方對攻中，黑已卒臨城下佔優，結果黑勝。

12.…………　包8進7　　13.兵五平六　象7進5

14.兵六平七　包8平9　　15.炮五進二　車8進5

16.相七進五　…………

補左中相固防，穩健。如前兵進一？車8平5，前兵平八，車5平3，傌七進五，（*若炮八平三？車3進2，炮三平六，車4進5！變化下去，黑有攻勢、足可抗衡。*）車3平5，傌五退七，（*若傌五退三？車4進6！捉雙後必得子大優。*）卒7進1！黑棄子後有攻勢。

16.…………　車8平5　　17.前兵進一　包2退2！

黑棄馬殺中炮後，現退包，佳著！為右肋車反擊留出空間，並可伺機強兌紅左炮。

18.俥九平六　車4平2

以上雙方輕車熟路，大鬥流行佈局，實現了雙方賽前準備的

佈局方案。至此，雙方仍是對攻之勢。

　　19.炮八進七　車2退1　　20.傌六進二　卒7進1

　　21.前兵進一　車5平8　　22.前兵平六　…………

　　現已形成紅方雙傌傌兵對黑方雙車包卒的對攻局面。從兵種上來分析：紅左傌在後方，主要起防守作用；黑左包沉底是「長兵器」，現有攻勢，明顯要好些。但從現狀看：紅兵臨城下，已深入腹地，輔以雙傌助戰，對黑將有極強的威脅力。至此，雙方勝負難測。

　　22.…………　卒7進1!(圖22)

　　卒破底相，潛伏殺機，勢在必行。此刻雙方比拼的不僅是速度，更是心態！應該說，誰的心態平和，誰的勝率會高些。

　　23.傌四進三????　…………

　　右肋傌塞象腰，點下二線，旨在形成「二鬼拍門」之勢，似凶實拙，敗著！錯失戰機，反給黑反撲機會後而一蹶不振。如圖22所示，宜傌四平五！車8退3，傌五平六！象3進1，相五退三，車8進7，相三進五，車8退3，相五退三，車8平7，帥五平六，車7進3，兵六進一！車2平4，前傌進四，士5退4，傌六進七！將5進1，帥六進一！變化下去，紅雖殘雙相，但多兵多仕，局勢不差、優於實戰，勝負難料。

　　23.…………　象3進1??

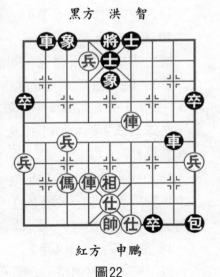

黑方　洪　智

紅方　申鵬

圖22

揚右邊象，劣著！錯失勝機。宜車2進6欲殺機四伏，可捷足先登，以下紅有兩變：①兵六平五??士6進5，俥六進六，士5進4，俥六退一，（若相五退三？車8進4！形成黑雙車包抽子殺勢。）卒7平6！帥五平四，車8進4！帥四進一，車2平7！俥四進一，（若傌七進五？車7進2，帥四進一，車8退2，傌五退三，車8平7！黑搶先擒帥。）將5進1，俥六進二，車7進2，帥四進一，車8退2！黑捷足先登獲勝。②相五退三??車8進4！俥四平三，包9平7！俥三退八，車8平7！黑棄包炸相得俥後，也多子勝定。

24.兵六平五　　士6進5　　25.俥六進六　　士5退6

26.俥六退一　　象1進3　　27.兵七進一　　象5進3

28.俥六退一　　士6進5

補左中士固守穩正。如車2進2?俥六平九，士6進5，俥九平三！卒7平6，帥五平四，車8進4，帥四進一，車8退9，俥三平七，象3退5，俥七進二，士5退4，俥四平二！車8平7，俥七平三，車7進1，俥二平三！雙方兌俥車後，紅多兵佔優。

29.俥四平三??　　…………

平俥捉卒，劣著！錯失先機。宜相五退三！車2進2，（若車8平7?俥六平五。車2進1，仕五進六！紅殺中士兌車後反優。）俥六平三，車8退5，傌七進五！紅中傌出擊後在雙方對攻中易走、反先，優於實戰，勝負一時難斷。

29.…………　　卒7平6　　30.帥五平四　　車8進4

31.帥四進一　　車8退9　　32.俥六平五　　車8平6

33.仕五進四　　車2進8　　34.傌七退五　　車2退7

35.相五退七　　車2平4　　36.傌五進六！　車6平8

37.俥三退五??　　…………

右車退兵行線，壞棋！在雙方刺刀見紅的肉搏拼殺已到了白熱化程度，黑雙車在紅方猛烈攻勢下連連退守的情況下，千萬不要忘記，黑方也暗藏著令人意想不到的反撲手段，使當前局面撲朔迷離、局勢混亂不清，令雙方都難以掌控。此刻，雙方用時已所剩無幾，要在短短的幾十秒時間裡作出準確選擇，應該說是有難度的。此時紅退俥主動放棄進攻陣地，導致攻守之勢頓時逆轉，令人遺憾！宜改走仕四退五！（若帥四平五??車4進5！殺俥後黑反多子，大優。）包9平5，（若走車8平6，俥六退四！變化下去，在雙方互相牽制情況下，黑雙車不好動，仍紅方主動、易走。）俥五平二，車8平6，俥六退四，下伏帥四退一捉中炮和俥二平一或俥二平九殺雙卒的先手棋，均優於實戰，紅佔據主動，勝負難測。

　　37.………… 車4進1！

　　抬一步右肋車於士角，老練之招！伺機巧退邊象掩護，儘快解放雙車，難得的機會不能錯過，黑由此展開反撲。

　　38.俥五平九　象3退1　　39.帥四平五?? …………

　　帥鎮中路，敗筆！再失戰機。宜俥九平三連成直線「霸王俥」後，在防守之餘還有反擊機會，以下黑如接走車8進8，帥四退一，車4平3，俥六退八！車3平8，以下紅有兩變：①前俥進三，士5退6，後俥平五，將5平4，變化下去，紅方不成殺，黑反勝定；②後俥退二！前車進1，帥四進一，演變下去，雙方對搏、均有機會，鹿死誰手、尚難定論，但紅方要優於實戰。

　　39.………… 車4平3??

　　平右車捉相、試圖催殺，漏著！同樣動車，應當機立斷逕走車8進8！帥五退一，車4平5！相七進五，車5進5！帥五平六，士5退6，仕四退五，車8進1，帥六進一，包9退1！俥三

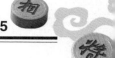

退二，車8平3！（棄邊包、左車右移、伏殺凶招。）俥三平
一，車5平1！俥九平五，士6進5，傌六退八，車1平2！以下
形成黑雙車交錯殺，勝勢。

40.傌六進八?? …………

進左外盤河傌，最後敗招，導致速敗。宜俥三退二！車3平
5，帥五平四，車5進4，傌六進八，包9平4，俥九平六！車5平
2，帥四平五！演變下去，不管以下黑方是否兌子，紅尚可在下
風形勢下頑強周旋，優於實戰，一時不會落敗。

40.………… 車8進8！ 41.帥五進一 包9退2

黑方抓住戰機，伸左車叫帥、退左邊包叫殺，以下紅如接走
俥三退一??車8進1！帥五退一，（若俥三平一??車3平5，帥
五平六，車8平4！黑速勝。）車3進6，帥五進一，車8平5！
帥五平六，車3進1！以下紅如接走傌八退七？則車3退2，帥六
退一，車3進1！帥六進一，車3進1，帥六退一，車3平4！黑
勝；又如紅改走帥六退一？車3平4！黑勝。又如紅方徑走仕四
退五？車8退1，仕五退四，車3平5！帥五平六，車8平6，帥六
退一，士5退6！俥九平六，（若俥三退二??車3平4！黑速
勝。）車5進6！帥六退一，車6進2！也絕殺，黑勝。

此局雙方開戰就互渡兵卒爭先奪勢、蓄勢待發。步入中局
後，紅在第12回合一改以往俥九進一、傌七進五和兵五平四3路
走法而補左中仕固防，佔得先機；而黑方也趁勢沉左底包、補左
中象、伸左騎河車、棄馬殺中炮、兌右炮來厚積薄發。就在雙方
短兵相接、驚險奧妙的刀光劍影搏殺中，黑在第22回合突發冷
箭，卒殺底相挑起事端，而紅在第23回合走俥四進三錯失戰
機，黑方錯上加錯接走象3進1？首次錯失勝機，令人遺憾！以
後紅方在第29回合走俥四平三、第37回合走俥三退五、第39回

合走帥四平五，3次錯失對攻機會，深陷被動。然而黑方卻被勝利一時沖昏頭腦，在第39回合走車4平3捉相，第2次錯失勝機，令人難過！但最終還是紅方在所剩無幾的時間裡在第40回合走傌六進八，錯失最後頑強周旋機會而敗北。

此盤佈局要先做功課、不打無準備之仗；步入中局定要把握先機來掌控局面：在優勢下要未雨綢繆、見縫插針、有勇有謀、妙手制敵、一氣呵成！在對峙局勢下要審時度勢、先發制人、有膽有識、捨小取大、剛柔相濟、抽絲剝繭！在劣勢下要引敵上鉤、聲東擊西、攻其不備、苦盡甘來，方可笑到最後。

第23局 （北京）靳玉硯 先負 （青島）張蘭天

轉五八炮過河伸渡中兵對屏風馬7路馬右橫車中士渡7卒

1.炮二平五　　馬8進7　　2.傌二進三　　車9平8

3.俥一平二　　馬2進3　　4.兵七進一　　卒7進1

5.俥二進六　　馬7進6

這是2011年10月20日全國象棋個人賽男子組第6輪靳玉硯與張蘭天之間的一場殊死格鬥。前五輪兩人同以2勝2和1負積6分的成績均處於第3集團軍中。此輪誰獲勝，誰就有望邁進第2集團軍，故雙方爭奪異常激烈，讓我們拭目以待。雙方以中炮過河俥對屏風馬左馬盤河互進七兵卒拉開戰幕。黑左馬盤河旨在擺脫紅右直俥對左翼車包騷擾和拴鏈，必要時可兌傌或兌兵卒後固守。如象3進5，（易造成最直接的後果便是左正馬失根，前人一般多不願去涉入此領域。）俥二平三，馬3退5，（若包2進4？兵五進一，士4進5，傌八進七，演變下去，要還原成棄傌局後，反而紅優。）傌八進七，（若炮八進四或走炮八平六，黑均

可走卒3進1！然後開通象位車，打開反擊局面，這也正是馬3退5後暗藏著的好處和優勢。）包2進1，傌七進六，（若俥三平四？？？卒3進1，俥四退二，卒3進1，俥四平七，車1平3，俥七進五，馬5退3！變化下去，紅左翼子力一點未動，步數方損嚴重而使黑方大優。）卒3進1，傌六進七，卒3進1，以下紅有兩變：①炮八平九，包2進3，兵三進一，車1平3，炮九平七，車3進2，以下紅有俥九平八和傌三進四兩路變化結果，前者為黑優、後者為雙方針鋒相對，輪攻墨守、達成均勢的不同下法；②炮八平七，包2進3，兵三進一，卒3進1，炮七退一，（若俥九平八？以下黑有車1平2和卒7進1兩種雙方另有不同攻守變化，但黑勢不弱的走法。）卒7進1，俥三退二，包8退1，以下紅有俥三平七和俥三平二兩種變化結果，前者為黑伏有包7平6或包7平8的反擊手段而較易走，後者為黑方佔優的不同下法。

　　6.傌八進七　　車1進1

　　　至此，雙方形成五八炮過河俥七路傌對屏風馬左馬盤河高右橫車互進七兵卒陣式，黑方的左馬盤河右橫車在網戰上曾一度是紅方談虎色變的厲害變招，勝率曾是一邊地倒向黑方、十分風靡和紅火，然而近幾年卻又似銷聲匿跡，蟄伏了起來。現黑方起右橫車積極對攻，旨在把局勢引向激烈搏殺的場面，往往為後手爭勝的常用手段。如要刻意選擇求穩的象3進5下法，可參閱本書「連澤特先負黨斐之戰」第6回合的變例。由於黑方當時積分靠後，只能力爭闖進全國個人賽前12名，才有可能晉升為中國象棋大師。所以黑方大膽選擇了此路對攻異常激烈的下法，結果好嗎？讓我們拭目以待。

　　7.兵五進一　…………

　　　急進中兵，旨從中路突破，對黑方施加壓力。筆者曾應過俥

二平四？馬6進7！傌七進六，（若炮八進一，以下黑有兩變：馬7進5和卒7進1變化，結果前者為紅優、後者為紅先易走的不同下法。）車8進1，（連成「霸王車」反擊，是對以往馬7進5、卒7進1、象7進5等弈法的改進，準備邀兌爭先。）傌六進五，馬7進5，相七進五，（若相三進五？？馬3進5，俥四平五，車1平5，俥五平七，包8進5！變化下去，黑反有攻勢。）包2進1，傌五進七，包2平6，傌七進九，車8平1！（兌子後，黑車明、包快，極富有攻擊潛能。）俥九進一，包8平7，變化下去，紅兵種全，黑子位靈活、有反彈力佔優，結果黑方妙殺入局。

    7.………… 卒7進1　　8.俥二平四 …………

平右肋俥捉馬，穩正。如俥二退一？？馬6進7，兵五進一，車1平7！兵五進一，士6進5，傌七進六，卒7平6，俥二進一，車8進1！黑雙車抱團取暖、形成兇狠的「霸王車」後要大開殺戒，反彈強勁、兇猛而大佔優勢。

    8.………… 卒7進1　　9.兵五進一！ 卒7進1

紅先衝中兵突破，是步克制黑左盤河馬發威的要著。

黑不顧一切，大膽棄馬和中卒而一意孤行殺右傌反擊，緊湊有力，兇著！如包8平5？？兵五進一，馬3進5，俥四平五，包5退1，仕四進五！包2平5，俥五平四，車8進4，傌三退一！演變下去，紅反多子易走。

    10.兵五進一　 士4進5　　11.俥四退一　 車1平4

此時雙方各自均保留著一個過河兵卒：黑方出子迅速，已取得了反先之勢；而紅方局勢險惡，難以掌控局面而陷入被動。

    12.兵七進一　 馬3進5

    13.俥四進一　 包8平7(圖23)

14.俥四平五??? …………

　　平俥貪中馬，敗著！誤以為可叫將抽車，對中路可形成攻勢，估計得過於樂觀。如圖23所示，宜相三進一！卒7平6，俥四平五，卒6平5，炮八平五，卒3進1，俥九平八，車4進1，仕六進五！象7進5，俥五平七，將5平4，俥七平三，包7平6，俥八進四，變化下去，雙方對峙，各有顧忌，但紅方優於實戰、足可抗衡。

　　以下殺法是：包7進7！仕四進五，包7平4！傌七退六，車8進9，仕五退四，車4進7！炮五進二，（若俥五平二??包2平5！俥二平五，包5進5！俥五退四，車4平6！俥五進六，士6進5，炮八進七，象3進1，傌六進五，士5進4，帥五平六，車6平5！傌五退七，車8平6，傌七退五，車6平5！盡棄俥傌炮仕來頑強抵抗，但最終被黑雙車藉將之威擒帥。）卒7平6，炮八退一，將5平4，兵七平六，車4平6！傌六進五，卒6平5！炮八平六，車6平4！紅方平兵、棄傌、獻炮後也頹勢難挽，以下紅如續走炮五平六？車4退3，俥五退四，車4退1，相七進九，車4平6！俥九平六，包2平4，下伏車8平6！帥五進一，後車進4！雙車擒帥凶著，至此，黑方完勝。此戰黑勝，為張蘭天最終獲得第12名，晉升象棋大師奠定基礎。

　　此局雙方開戰黑方就用拿手

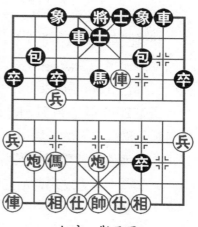

黑方　張蘭天

紅方　靳玉硯

圖23

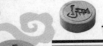

的左馬盤河高右橫車反擊，令此戰大有劍拔弩張、利刃出鞘之感和志在必得之意。紅渡中兵，旨從中路突破，黑渡7卒直殺紅右傌逼宮。當雙方殺得難解難分之時，黑方棄中馬、平左包窺相，突發冷箭，而紅方卻視而不見、我行我素，按既定方針砍殺中馬、貪子搏殺，令黑方暗中大喜、正中下懷地抓住戰機，沉包轟相炸仕、雙車叫帥逼宮、平卒卒臨城下、出將御駕親征、平車卒砍傌殺炮，最終紅棄炮兵揚相，也無法挽回黑雙車全線發力、摧城擒帥、而紅方敗走麥城的結局。

此盤黑方佈局先發制人，審時度勢，不急不躁，注重細節，有膽有識，絲絲入扣，一氣呵成；而紅方運子一味求速，反而誤事，貪子進攻，僥倖出擊，功敗垂成，難逃滅頂之災。

第24局 （河北）陳翀 先負 （河北）王瑞祥

轉五八炮過河傌渡中兵盤頭馬對屏風馬
7路馬右橫車渡7卒

1.炮二平五	馬8進7	2.傌二進三	車9平8
3.傌一平二	卒7進1	4.傌二進六	馬2進3
5.兵七進一	馬7進6	6.傌八進七	車1進1

這是2011年10月21日全國象棋個人賽第7輪河北兩位小將陳翀與王瑞祥之間的一場引人入勝的精彩的「德比之戰」。雙方以中炮過河傌七路馬對屏風馬7路馬高右橫車互進七兵卒佈陣。近年來網戰上黑方左馬盤河先起右橫車的流行走法被採用的越來越多，本屆大賽也不例外。另有兩路主要變化：①在2010年第4屆「楊官璘杯」全國象棋公開賽專業組徐超與陶漢明之戰曾走象3進5，結果黑方滿意，但最終黑方走漏而被逼和；②在2005年

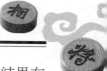

全國象棋個人賽上邢毅與肖革聯之戰中曾走過卒7進1？結果在對攻中紅反機會較多而獲勝。

7.兵五進一　　卒7進1

紅急衝中兵，意欲從中路突破。另有俥二退二、俥九進一、俥二平四、炮八進四等多種不同選擇，變化均很繁複，前面分別有過詳細介紹。

黑渡7卒捉俥頂兵，勢在必行，是步反擊力很強的走法，本書前面介紹過的象7進5和馬6進7走法都不及其變化激烈。

8.俥二平四　…………

平俥捉馬穩正。如俥二退一？馬6進7，兵五進一，車1平7，兵五進一，士6進5，傌三進五，卒7平6，俥二退一，卒6平5！以下紅有兩變：①炮五進二？馬7退5，俥二平五，車7進8！俥五平二，馬3進5！下伏有包2平5成中包盤頭馬的先手棋，黑優；②俥二平三？車7進4，傌五進三，包8進7！傌三進四，車8進1，炮八進二，包2進1，傌四退五，馬7退5，炮八平五，包2平5，後炮進四，馬3進5，相七進五，象7進5，俥九平八，車8進6！傌七進五，馬5進6！變化下去，雖子力相等，但黑佔優。

8.…………　　卒7進1　　9.兵五進一！…………

強渡中兵，捉馬脅卒出擊，進攻要著！如傌三進五？馬6進5，傌七進五，包8平5！以下黑伏有多種攻擊手段佔優；又如傌三退五？馬6進4！以下紅如接走炮八進二？馬4進5，相七進五，包8進7！下伏有車8進7和車1平4，雙車可有先後出擊的先手棋，黑方易走；又如紅改走傌七進六？包2進3，傌五進七，包2平4，傌七進六，車1平4，炮八進二，包8進7！炮五平六，（若兵五進一，車4平7！以下有卒7進1棄子反擊的先手

棋，黑方易走。）車4平7！以下有卒7進1後黑雙車包卒聯手反擊的先手棋，黑有反先之勢。

　　9.…………　卒7進1　　10.兵五進一　士4進5

　　11.俥四退一　車1平4

　　至此，雙方演變成了「五八炮過河俥佔右肋道捉馬渡過中兵殺中卒對左盤河馬被殺右橫俥中士渡7卒殺右正俥」這個佈局的經典局面，孰優孰劣，一時難以定論，讓我們拭目以待。

　　12.傌七進五　…………

　　左傌進中脅卒，成中炮盤頭傌佈陣出擊，穩正。另有3變作參考：①在2011年第8屆「威凱杯」冠軍賽暨一級棋士象棋賽上趙力與朱曉虎之戰中曾走仕六進五？車4進7！傌七進五，卒7進1，俥四平二，卒7進1，兵五平六，卒7平6！帥五平四，車4退2，兵六平七，車4平5，前兵進一，包2進1，俥二退二，車5退2，前兵進一，象7進5，前兵進一，車5平6！帥四平五，車8平7！俥二退三，變化下去，黑優，結果黑勝；②在2011年全國象甲聯賽上陳卓與程鳴之戰中改走兵五平四，包8平5！仕六進五，車8進6，兵四進一，車8平3，兵四進五，包2平5，俥九進二，車4進7，炮八進五，車4平3，炮八平五，象7進5，傌七退九，前車平2！變化下去，紅左底相難逃，黑方足可抗衡，結果雙方戰和；③筆者在2014年春節網戰中應對過紅走俥九進一？包2進1，兵五平四，包8平5！傌七進五，車8進6，炮五進五，象7進5，傌五進六，車8平4！傌六進八！前車進3！帥五進一，將5平4！演變下去，黑雖少子，但有攻勢，結果黑勝。

　　12.…………　卒7進1　　13.傌五進六？？　…………

　　躍中傌騎河、攔車捉馬過急，壞著！宜俥四平六！（若俥四平二？卒7平6！仕六進五，車4進7！兵五平四，象7進5，演變

下去，黑車卒在下二路對九宮威脅很大，令紅方甚有顧忌。）車
4進3，傌五進六，馬3進5！俥九進一，卒7進1！俥九平二，卒
7平6！帥五平四，象7進5，俥二進五，馬5進4，炮五進二，車
8平7，俥二平七！車7進9，帥四進一，將5平4，俥七平六，包
2平4，傌六進八！馬4進3，炮五平六！馬3退4，俥六退二！演
變下去，雖黑仍多士象易走，但紅兵種全、子位靈活，大大強於
實戰，足可與黑方抗衡，且勝負一時難定。

13.…………	馬3進5	14.俥四平五	車4進2
15.炮八進四	包2平5	16.炮八平六	包5進2
17.炮五進四！	象7進5(圖24)		
18.俥九進二???	…………		

雙方兌俥車後，紅方棄兵得中馬後已多子佔先！然而，紅被
多子佔優沖昏了頭腦，竟走高左橫俥出擊，敗著！導致由此一蹶
不振。而黑藉中包低卒之威，連續揮包進車殺中仕、一氣呵成！

如圖24所示，宜炮五平二！包8
平7，炮六平九！包7進1，炮九
平三，車8進3，傌六進八，車8
平7！俥九進一！變化下去，紅
棄還一子後，尚可周旋，優於實
戰。

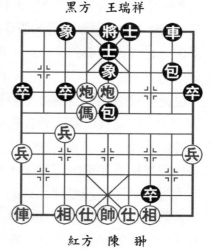

黑方　王瑞祥

18.…………	包8進3！	
19.帥五進一	包8進3！	
20.帥五退一	車8進6	

黑方抓住戰機，連續進包叫
殺，鋒芒逼人、緊湊有力！令紅
方措手不及、難逃滅頂之災！然

紅方　陳　玨

圖24

而，現伸左直車過河、下伏鎮中路叫殺，有些隨手，不太可取。宜車8進5！俥九平六，包8退2！傌六退七，車8平3！俥六進三，包5進1！以下紅如接走帥五進一？包8進2！帥五退一，車3進1！追回失子後，形成車卒「天地包」四子聯手殺勢，黑勝定；又如紅改走傌七進五？車3平5，相七進五，車5退2！追回失子後，也形成黑車包多雙卒殺勢，黑也勝勢。

21.炮六平一?? …………

平肋炮貪邊卒，劣著！導致速敗。宜俥九平六！車8平5，仕六進五，車5進2！帥五平六，車5平3，相七進九，車3平2，俥六平七！變化下去，雖黑仍先手，但紅可周旋、尚有機會，一時不至於速敗。

21.…………　車8平5　　22.仕六進五　車5進2！

23.帥五平六　車5平4！

黑方抓住機遇，鎮中車殺中仕，現車平右肋叫帥抽傌必勝！以下紅如接走帥六平五，將5平4！傌六進七，將4進1，炮一進二，士5進6，傌七進五，將5進1，傌五進七，象5退3，炮一平六，將4退1，炮五平六，車4退5！下還是伏有車4進6殺著，黑方完勝。

此局雙方開戰就挑起了互渡兵卒大戰，你爭我奪、互不相讓。步入中局後，紅方首先在第12回合走傌七進五成中炮盤頭傌陣勢出擊，一改以往仕六進五、兵五平四和俥九進一3路走法，旨在出奇制勝。但好景不長，紅就接在第13回合急走傌五進六，忽視了平俥邀兌黑右肋車而陷入困境。以後又在第18回合走俥九進二、在第21回合走炮六平一貪邊卒，兩度走成大錯而被黑方抓住機會，鎮中車殺仕叫帥、平肋車叫帥抽傌，此後不管紅如何棄傌送雙炮頑強抵禦，還是無法挽回被黑車卒協助「天

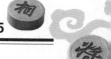

地包」攻營拔寨、破關擒帥。此盤雙方開局運籌帷幄，中局伊始拼殺激烈：紅用中炮盤頭傌新招，用意不錯，但急功近利、必方寸自亂，一味求速、反難成事；黑巧用左翼車包是將計就計，右包鎮中是順勢而為，在生死關頭沉著冷靜，不溫不火，把握細節，應勢而動，棄馬攻殺，氣吞山河，最終妙藉「天地包」之威和小卒配合，揮車殺完紅傌雙炮後一舉制勝。

第25局　（上海）孫勇征　先勝　（上海）萬春林

轉五八炮過河俥渡中兵盤頭馬對屏風馬平包兌俥左外肋馬

　　1.炮二平五　馬8進7　　2.傌二進三　車9平8
　　3.俥一平二　卒7進1　　4.俥二進六　馬2進3
　　5.兵七進一　包8平9　　6.俥二平三　包9退1
　　7.兵五進一　…………

這是2011年10月16日全國象棋個人賽第2輪上海兩位棋手孫勇征與萬春林同室操戈的一場「德比之戰」。根據筆者經驗：大賽中的隊友相遇，棋最難下！因雙方知己知彼，很多賽前準備好可一致對外的佈局武器在此時失效；鬥中殘局，雙方又知根知底，誰的「罩門」在哪，閉著眼就知曉；而兩人的棋風又有許多相似之處：佈局全面、中殘局糾纏而細膩、基本功紮實而深厚，故賽前不少人都認為雙方此戰肯定是盤「細棋」，可結果卻出人意料！雙方以中炮過河俥對屏風馬平包兌俥互進七兵卒拉開戰幕。紅現急衝兵的強攻變例是這一體系中最為激烈的選擇，意欲避開黑方之長處，深得兵法要領。佈局到此，大家的感覺就是紅方的求戰慾望很強，馬上就要出手了。

　　7.…………　包9平7　　8.俥三平四　馬7進8

進左外肋馬，一改以往士4進5和包7平5此套很完整的佈局體系，旨在使紅方三路傌兵相直接暴露在黑方火力之下，想出其不意吧！但黑中路過於單薄、易遭紅方反擊，故這步最新佈局「飛刀」的探索性研究成果成立與否，尚待以後大量實戰的檢驗。如士4進5，可參閱本書「洪智勝呂欽之戰」。

9.兵五進一！ ⋯⋯⋯⋯

先衝中兵，強行突破中路，積極兇悍！另有兩變作參考：①在2010年第4屆「楊官璘杯」全國象棋公開賽上專業組徐超與汪洋之戰中曾走傌四進二？卒7進1，兵五進一，馬8進7，傌四退五，士4進5，傌八進七，卒5進1！傌七進五，象3進5，傌五進六，車1平3！炮八平七，車8進3，傌九平八，車8平4，傌三進五，卒5進1！炮五進二，車4進1！炮五平三，車4進2，炮三進三，馬7退8！炮三平七，車3進2！傌八進五，卒3進1！變化下去，紅傌傌被拴，黑多卒佔優，結果黑勝；②筆者在2013年10月網戰中曾改走傌八進七，卒7進1，傌四進二，包7進1，兵五進一！卒7進1，兵五進一！士4進5，傌三退五，車1進1，炮八進四！變化下去，在雙方激烈對攻中紅略優而獲勝。

9.⋯⋯⋯⋯　包7平5　　10.傌八進七　卒7進1

11.傌四退一　馬8進6　　12.傌三進五！⋯⋯⋯⋯

右傌進中，成中炮盤頭傌陣勢來頑強護中兵，穩正有力！在2011年JJ象棋頂級英雄大會上湖北業餘高手陳東東與申鵬之戰曾走過仕六進五，馬6進4，傌九進一，包2進2，傌四進一，馬4進2，炮五平八，卒7進1，傌三進五，包5進3，相七進五，車1進1，傌九平六，車8進2，炮八進一，車1平7，傌五進六，車7平4，傌七進五，卒3進1！以下雙方大量兌子成和。

12.⋯⋯⋯⋯　馬6進4

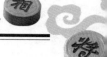

鎮左中包、渡7卒壓兵、連續躍馬，著法緊湊而穩正連貫。另有兩變：①包2進2？俥四進二！包5進1，俥九進一，士4進5，俥四退一，卒5進1，傌五進三！卒5進1，仕六進五，車8進6，炮八進二，車8平7，炮五進五！象3進5，炮八平五！下伏傌三進二臥槽後易形成俥傌炮攻勢，紅優；②包5進3？炮五進三，（若仕六進五，馬6進4，俥九進一，包2進2，俥四進一，馬4進2，炮五平八，卒7進1，黑多雙卒佔優。）卒5進1，俥九進一，馬3進5，傌五進三，包2平5，俥四退一！卒5進1，俥四進二！馬5進4，仕四進五，馬4進3，俥九平七，車8進9，俥七進一！車8平7，俥四退六，卒5平6，俥七平五，車7平6，帥五平四，卒6平7，俥五平四！士4進5，炮八平五！將5平4，兵三進一！車1平2，俥四進四，車2進6，俥四平六，將4平5，（若包5平4？炮五平六！變化下去，紅兌炮後必得士佔優。）俥六平七！象3進1，俥七平九！車2退4，（若車2平6？炮五平四，包5平6，帥四平五，包6進5，仕五進四，車6退4，俥九平一！車6進5，兵九進一，演變下去，紅雖殘仕缺相，但淨多4個高兵，必勝。）俥九平一！變化下去，紅也淨多4個高兵，完勝。

13.俥九進一　包5進3

飛包炸中兵邀兌，明智之舉。如馬4進2？俥九平四！象7進9，仕四進五，包5進3，傌五進三，馬2退3，傌三進五！前馬退5，前俥平五！士4進5，俥五平八！車1平2，俥八進一！變化下去，紅雖少中兵，但大子佔位靈活，明顯佔優。

14.炮八進一！　車8進2

紅左炮進兵行線，令黑肋馬陷入困境。棋諺道「車前馬後，孤馬深入易出危險」是有深刻含義的。

黑高左橫車，準備生根後平4路策應肋傌，顯然想把當前局勢導向複雜局面。如包2進2，炮五進三，馬4退5，傌五進六，卒7進1，俥九平三，卒7平6，相三進五，雙方互相牽制後，黑多雙卒佔先，但局勢相對來說要平穩些。

15.俥九平六　　車8平4　　16.炮八進三！　卒3進1

紅炮射入卒林，好棋！攻擊點——黑中卒，被選得太準了！令此刻的黑方感到非常難受。黑兌3卒，實屬無奈。如包5進3？？相三進五，車1進1，俥四平六！車4進2，傌五進六，馬4退6，傌六進七！車1平3，前傌退五！馬6進5，傌七進六，馬5退7，傌六進四！卒7平6，俥六進六，馬7退6，俥六平八！卒3進1，兵七進一，車3進3，仕四進五！車3平5，傌五進三！捉邊卒又邀兌馬，以下不管黑方是否兌馬，紅都多子佔優。

17.兵七進一　　　　馬4退3
18.炮五進三　　　　卒5進1
19.俥四平五（圖25）　象3進5？？？

雙炮兌去中包後，黑方並不佔優。其實只要棋戰沒有結束，任何情況均可能發生，故凡某個階段或局部無論得失多大，都不能動搖整盤棋的鬥志和軍心。只要冷靜對待、沉得住氣，局勢都可能會險象環生或死裡逃生，反客為主或反敗為勝，此刻如何平和心態，體現出良好的心理素質是非常非常重要的。而在實戰中，黑卻茫然地隨手補了右中象，即象3進5？？？導致速敗。如圖25所示，宜象7進5！以下紅有兩變：①炮八平六？象3進1，兵三進一，車1進1，炮六平五，士4進5，俥六進六，包2平4！傌五進七，車1平2！相三進五，車2進5，炮五平七，後馬退4，俥五退二，車2退4！前傌進五，包4進2，炮七平二，馬3進2！炮二進三，象5退7，傌五進六，車2平4！俥五平八，變

化下去，紅雖多兵，但黑可抵抗；②俥六進六??包2平4，傌五進七，包4進4，後傌退九，（若後傌進六，包4平3！兵三進一，車1平2！炮八平七，士4進5，變化下去，紅雖多兵佔先，但黑可一戰，反優於實戰。）士6進5，炮八平六，前馬退2！兵三進一，卒1進1，傌七進八，車1進1！傌九進八，車1平4！炮六平七，包4平1！後傌進九，包1進3！仕四進五，車4進2！變化下去，雖互相糾纏，紅多兵佔先，但黑可抵抗，優於實戰。

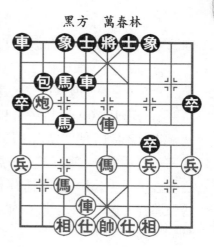

黑方　萬春林

紅方　孫勇征

圖25

20.炮八平六！　前馬進2

紅方抓住戰機，平炮蓋車，精華巧手！大有四兩撥千斤之力！一舉突破黑方防線，一劍封喉、一步定了乾坤！

黑進前馬臥槽，實屬無奈，只此一路，別無他法，此刻黑方才恍然大悟，意識到自己飛右象是犯了方向性的大錯，已後悔莫及了。如第19回合徑走象7進5！炮八平六，象3進1，傌五進三，車1進1！炮六平五，士4進5，變化下去，雖仍紅優，但黑可抗衡，好於實戰。

21.傌五進三　車1進1　　22.傌三進四　車4退1

23.傌七進五?　…………

紅方不失時機，雙傌馳騁、直逼九宮！其實紅此招左傌進中不如改走俥五退二來得更有殺勁，以下試演黑方三路應法：

①馬2進3？炮六退二，前馬進1，俥六平九！車4平6，傌四退三，車6進4，俥九退一！演變下去，紅多子多兵必勝；

②馬2退3？俥五平七！包2進1，俥七進二！包2平6，俥七進二！包6平5，炮六退二，車4平8，俥七退一！車8進2，炮六平二，車1平6，俥七平九！紅多子多雙兵也勝；

③包2進1？傌四進六！馬2退3，炮六進二！車1平4，俥六進三，前馬退4，俥五進三，馬3退1，俥五平一！士4進5，相三進五，車4退1，仕四進五，包2退2，俥一平九！馬1進2，傌七進五，包2平4，俥六平四，包4平3，演變下去，紅方淨多3個高兵勝定。

23．………… 包2進1??

進包驅傌不如車1平3！馬後藏車來得更頑強、更巧妙，以下紅如續走傌五進三，包2進1！傌四進六，車4進1！炮六平五，士4進5，俥六進六，馬2進3，俥六退六，後馬進5！俥五平八，包2平3，俥八進四，象5退3，俥八退八，包3進6！帥五進一，馬5進3！傌三進二，前馬退4！俥六進一，包3平6，傌二進三，包6退8，變化下去，紅雖多兵有攻勢，但黑車雙馬包聯手後尚可抵擋，好於實戰。

以下殺法是：傌四進六！包2退1，（若車4進1？炮六平五！士4平5，俥六進六！紅也得車必勝。）炮六進二，車1平4，傌六退七！紅飛炮炸肋車後，現傌回象台，必邀兌車馬，紅勝定。以下黑如續走車4進7，傌五退六，馬2退3，俥五平七！至此，紅方多子多兵勝定。

此局雙方開戰就炮聲隆隆，平包兌俥，步入決戰。由於是同室操戈，故特別謹慎。當雙方進入第9回合時紅急衝中兵挑起衝突，一改以往俥四進二和傌八進七兩路變化，積極而兇悍地強行

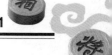

突破中路後，又以中炮盤頭傌陣勢來頑強保護中兵，把戰局拖入中盤。由於雙方知根知底，黑方巧飛包轟中兵邀兌、高左橫車平4路策應右馬，應對有方、精彩激烈。但好景不長，當雙方廝殺到第19回合雙方先後兌去中炮包後，黑方有些沉不住氣，便隨手而茫然地走了象3進5犯了不該出現的方向性錯誤，導致陷入困境。到了第23回合紅雙傌馳騁直逼九宮後，黑卻走包2進1？再次將自己推向死亡邊緣，錯失了最後黑車雙馬包聯手抵擋機會而被紅方揮炮得車、退傌硬兌車馬，最終以多子多兵入局。

此盤在同室操戈，雙方互熟，知根知底，又想取勝的對決中，賽技藝不是唯一，比心態、論素質、講冷靜、沉住氣才是獲勝關鍵。紅方的輕車熟路、運子精準、各攻一面、棄子為餌、深入腹地、大舉合圍、先發制人、技高一籌，令人歎為觀止；黑方的一味求勝、反難成事、苦於求勝、煞費苦心、進退維谷、難以為繼。關鍵時刻要心態平和、勝負階段要委曲求全，陷入困境要軟纏硬磨，背水一戰要一拼輸贏的經驗教訓應時刻牢記。

第26局　（澳洲）魯鍾能　先勝　（澳洲）蔡彥

轉五八炮過河俥七路馬對屏風馬平包兌俥高左直車保馬

1.炮二平五	馬8進7	2.傌二進三	車9平8
3.俥一平二	卒7進1	4.俥二進六	馬2進3
5.兵七進一	包8平9	6.俥二平三	車8進2

這是2011年1月1日澳洲維多利亞象棋友誼錦標賽上第2輪魯鍾能與蔡彥之間的一場精彩的捉對廝殺。雙方以中炮過河俥對屏風馬平包兌俥互進七兵卒高左直車保馬佈陣開戰。高左車保馬是屏風馬應對中炮過河俥中彈性較大的一種防禦體系，變化繁

複、剛柔並濟。曾盛行於20世紀五、六十年代。雖黑陣型較為穩固，但缺乏迅速反擊手段，以後又因「屏風馬雙包過河」局式的出現，更令此類走法相對減少，以致在歷年的國內重大比賽中較為少見。但其有很強的反攻能力不可小覷。

7.傌八進七　…………

先進左正傌，屬穩正走法。另一路更有針對性的攻法是走炮八平七直接威脅黑右馬後，黑有兩變：①包2退1，以下紅有傌九進一和兵七進一兩路變化結果，前者為紅有攻勢、後者為紅反佔優的不同走法；②包9退1，兵七進一，包9平7，以下紅有傌三平四和傌三平一兩種變化結果，前者為黑方比較好走、後者為黑稍好的不同走法。

7.…………　　象3進5

補右中象固防，穩中防守，屬流行變例。如車1進1，兵五進一！這是極為複雜多變的一路變化，一般均不易掌控。以下包2進1後，紅有兩變：

①兵五進一，象7進5，兵五平六，車1平6，炮八平九，（若傌七進五？包2進3，兵三進一，包9退1，演變下去，黑方反先。）以下黑有卒3進1和包9退1兩種變化結果，前者為紅方先手、後者為紅棄子後有強大攻勢的不同走法；

②傌七進六，車1平4，傌六進七，車4進5，兵五進一，士4進5，炮八平九，車4平2，傌九進一，包9退1，傌九平六，包9平7，傌三平四，以下黑有馬7進8和象7進5兩路變化結果，前者為雙方對攻、後者為紅有攻勢的不同走法。

8.傌七進六　…………

左傌盤河出擊，旨在躍入四路騎河來壓制黑方左正馬，屬當今流行變例之一。如兵五進一準備走盤頭傌從中路進攻，以下黑

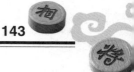

有兩變：

①包9退1，兵五進一，以下黑有包9平7、卒5進1，俥七進五和卒5進1，俥四平七共3路變化結果為：前者若雙方對攻、中者為雖雙方對攻，但黑多卒略先、後者為雙方對峙的不同走法；

②包2進1，俥三平四，卒3進1，俥四進二，卒3進1，兵五進一，以下黑有卒5進1和卒3進1兩種變化結果，前者為黑陣形堅固、反攻能力較強，後者為雖雙方對攻，但黑4路卒反擊有力的不同走法。

又如俥九進一出動橫俥進攻，黑有包2進4和包2進1兩變：

①包2進4，兵四進一，士4進5，俥九平六，包2平3，兵五進一，以下黑有卒5進1和車1平2兩種變化結果，前者為紅大佔優勢、後者為黑較有攻勢的不同下法；

②包2進1，俥九平六，士4進5，兵五進一，（若俥三平四??馬7進8，俥四退二，馬8進7！變化下去，紅已失先。）車1平4，俥六進八，以下黑有士5退4和將5平4兩路走法：（甲）士5退4，傌七進六，卒3進1，傌六進七，卒3進1，以下紅有兵五進一和傌三進五兩種變化結果，前者為黑多子大優、後者為紅優的不同走法；（乙）將5平4，傌七進六，（若俥三平四??卒7進1！演變下去，黑反有對攻機會。）卒3進1，傌六進七，卒3進1，傌三進五，卒3平4，以下紅有兵五進一和炮五平七兩路變化結果，前者黑多卒殘象、紅子靈活的各有千秋局勢、後者為紅有攻勢的不同走法。

8.…………　包2進4

伸右包過河窺打三兵，屬流行變招。另有3變作參考：

①車1進1，炮八進二，包2進1，傌六進七，車1平4，仕

六進五，車4進5，（若包9退1？俥三平四，馬7進8，俥四退
二，馬8進7，炮五平六，車4進5，相七進五，變化下去，紅反
易走。）以下紅有炮五平六和炮五平四兩種變化結果，前者為雙
方相持、後者為紅子力易走略優的不同走法；

②包2退1，炮八進四，包2平7，俥三平四，車1平2，以
下紅有俥九平八和炮八平五兩路變化結果，前者為紅子靈活佔
優、後者為紅兌完子力後黑反佔優的不同弈法；

③士4進5，炮八平九，包2進4，傌六進四，車1平4，俥
九平八，以下黑有包2平4和包2平3兩種變化結果，前者為紅子
活躍且右翼和中路均佔主動、後者為黑先棄子進攻，紅棄子後反
勝人一籌獲勝。

9.傌六進四　…………

躍傌騎河、護三兵、窺7路馬，靜觀其變，著法靈活。筆者
曾走過兵五進一！包2退1，傌六進七，包2平5，傌三進五，包
9進4，炮五進二！包9平5，兵九進一，卒5進1！俥九進三，卒
5進1！炮八進二，馬3進5，炮八平五，車1平3，傌七進六，
（若兵七進一！士4進5，俥九平五，馬5進3，炮五平七，車3
進2，相七進五，變化下去，紅兵種全略優。）車3進1，傌六退
四，車3平6，傌四退三，象7進9，俥九平五，（也可傌三進
一！士6進5，俥九平五，馬5進6，俥五平四，馬6退7，俥四
進五，車8進1，俥四退二，車8平9，俥四平九，變化下去，和
勢甚濃。）象9進7，俥三退一，士6進5，俥三平五，車6進
3，炮五進二，車6平5，俥五進二，車8進1，炮五平一，馬7進
9，兵九進一！兌去邊兵卒後，紅俥雙高兵仕相全可守和黑車馬
單缺象，結果雙方同意和棋。

9.…………　包2退5??

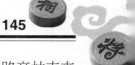

右包進而復退，原本試圖以退為進地想攻擊紅三路卒林車來加強攻守能力，但從以下實戰結果看，卻是黑方整盤棋失利的關鍵之一。宜車1進1！炮八平六，車1平6，俥九平八，包2平3，俥八進三，車6進3，俥八平七，士4進5，變化下去，黑方陣型穩固，足可對抗，強於實戰。

10.炮八進五　…………

伸左炮過河，頂炮壓右馬，看似可壓進黑方空間，但有落空之感，攻擊力不明顯，反易被黑方利用。宜俥四進六！車1平3，炮八進四，士4進5，（或包2平4，俥九平八，演變下去，紅方易走。）炮五平六！變化下去，紅易掌控局勢。

10.…………　包2平7　　11.俥三平四(圖26)　…………

平右肋俥邀兌騎河馬，穩正。如炮五進四？馬3進5，俥三平五，馬7進5，炮八平二，車1進1，俥九進二，車1平6！變化下去，黑大子靈活反先。

11.…………　車1進1???

起右橫車出擊，敗著！貽誤戰機，陷入困境。如圖26所示，宜馬7進6！俥四退一，車1平2，俥九平八，卒7進1！渡7卒，殺三路兵、又直窺三路俥和底相，旁邊又有黑左翼車包伺機聯手出擊，對紅方三路線的沉重打擊手段多多，前景看好！

12.俥九平八?　…………

亮左直俥沒有抓住戰機而過於隨手，錯失強攻良機。宜棄炮

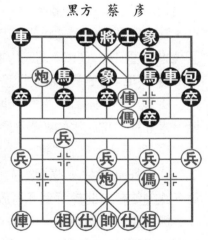

黑方　蔡　彥

紅方　魯鍾能

圖26

進攻走炮八平五！以下黑有兩種應法：

①馬7進6，前炮平一，象7進9，俥四退一，卒7進1，兵三進一，包7進6！俥九平八！下伏有俥八進七！拴鏈黑車馬、棄子多兵相後強攻有作為；

②象7進5？俥四進一！車1平5，傌四進五！下伏有傌五退七後，俥四平七捉馬的先手棋，紅有攻勢，棄子後反先。

12.………… 馬7進6？？

在紅俥進退無門之時，黑進馬交換，是匪夷所思的敗筆！再次錯失先機。宜車8進3！兵三進一，車8進1，兵三進一，馬7進6！以下紅如接走俥四退一？則包7進6！多子有攻勢反先；又如改走傌三退一？？車8進2！下伏有車殺邊傌和7路包炸右底相的強攻凶著，黑反大優；再如紅改走兵三平四？？包7進8！仕四進五，車1平7！將形成黑雙車底包三子歸邊直插紅右翼薄弱底線的攻殺凶著！黑反勝定。

13.俥四退一 車8進6？

雙方兌傌馬後，左車入下二線過急，軟手，不易控制局勢。同樣進左直車，宜車8進4！炮八退四，車1平2，傌三退五，（若俥四退二？？卒7進1！下伏有卒7進1捉雙的凶著，黑大優。）包7進5！俥四退二，卒7進1！下伏有包9進4！四子壓境、直插紅右翼底線的凶著，黑反大優。

14.兵五進一 包7進5 15.兵五進一！ 包7進3？？

紅方抓住機會，連衝中兵，強悍有力！在黑方屢錯戰機之際，此刻的紅方終於等到了可放手一搏的機會了！

黑飛包炸底相叫帥，劣著，再失牽制紅方機會。宜冷靜走車1平2！反牽制紅左翼俥炮，不給紅左炮發威機會後，雙方以後戰線漫長，黑方尚有機會，不會速敗。

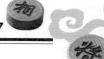

16.仕四進五　包7平9　　17.帥五平四　後包退2???

退左邊包護左底士，壞著，錯失最後抵抗機會，宜徑走士4進5固防，局勢雖差，但黑可支撐，不會速敗，以下紅如接走兵五進一，馬3進5，俥四進一，後包退2！俥四平五，車1平2！傌三進五，車8進1，帥四進一，車8退4，傌五進六，車8平4，傌六進四，將5平4，炮五平六，士5進4，變化下去，紅雖多子得勢佔優，但黑可頑強抵禦，優於實戰，尚有機會，不會速敗。

以下殺法是：兵五進一，車1平8，兵五進一！馬3進5，炮八進二，士4進5，兵五進一！士6進5，炮八平三！中兵連殺卒砍象殘士後，現紅雙俥藉「天地炮」之威，殺勢已成。以下黑如續走將5平4，俥四平六，士5進4，俥六進二，馬5退4，俥八進九！紅勝。

此局雙方開戰就挑起了平包兌俥的精彩對決。黑方首先在第6回合走車8進2高左直車保馬這路老式防禦，意欲出奇制勝，但紅方果斷運用七路傌的騎河出擊，配合過河右肋俥成功阻止有成效：使黑方先後在第9回合走包2退5導致首著失利、在第11回合走車1進1陷入困境、在第12回合走馬7進6錯失先機、在第13回合走車8進6再丟先機、在第15回合走包7進3又失反牽制機遇和第17回合走後包退2再丟最後抗衡機會後，被紅方抓住機遇，連渡中兵、滅卒掃象士後，雙俥藉「天地炮」之威，殺士追馬、最終沉左直俥叫殺。

此盤利用老式高俥保傌陣法，黑方賽前準備不充分、賽中屢屢出漏著，一味進攻、疏忽防守、急功近利、潰不成軍、王城不保；而紅方審時度勢、蓄勢待發、借殺圍擊、有膽有識、妙著連珠、攻營拔寨！

第27局 （湖南)程進超　先負　（湖北)柳大華

轉五八炮過河俥轉巡河俥三路傌對屏風馬7路馬高右橫車

1.炮二平五	馬8進7	2.傌二進三	車9平8
3.俥一平二	馬2進3	4.兵七進一	卒7進1
5.俥二進六	馬7進6	6.傌八進七	車1進1

這是2011年5月10日全國象甲聯賽第5輪程進超與柳大華之間的一場精彩搏殺。雙方以中炮過河俥對屏風馬7路馬右橫車互進七兵卒拉開戰幕。黑高起右橫車出擊，有積極求勝之意。臨場上棋手選擇什麼攻法，往往是根據當前賽況而定，故賽前準備，做足功課非常重要，也相當必要。

此刻黑要求穩可改走象3進5，如要激烈對攻的可徑走卒7進1。具體攻法，前面均有詳細介紹。

7.俥二退二　…………

退俥巡河、先穩住陣腳，如改走兵五進一、俥二平四、俥九進一、炮八進三、炮八進四、炮八平九可參閱本書「洪智先勝王天一之戰」。另再介紹如兵五進一可參閱2012年首屆「武工杯」大武漢職工象棋邀請賽上王天一先負洪智之戰、同年第四屆「句容・茅山杯」全國象棋冠軍邀請賽上孫勇征先和蔣川之戰和2011年第二屆全國智力運動會象棋賽男子個人快棋賽申鵬先勝謝業？之戰；又如俥二平四，馬6進7，傌七進六，（在2011年首屆「周莊杯」海峽兩岸象棋大師賽上孫勇征與聶鐵文之戰中改走炮八進一，結果紅方稍好而戰和。）以下黑有四變：

（一）車8進1，以下紅有3變：①傌六進五，馬7進5，以下在2010年全國象棋個人賽上唐丹與陳麗淳之戰徑走相七進五

雙方均勢而戰和，在2011年第2屆全國智力運動會象棋專業男團賽上聶鐵文與梁焜佳之戰改走相三進五而紅獲勝；②炮八平七，以下在2011年全國象甲聯賽第3輪程進超與黃竹風之戰中逕走車1平4，結果紅勝，在同年重慶棋友會所「賀歲杯」象棋個人賽上的孫浩宇與呂道明之戰改走象7進5，結果也紅勝；③炮五平四，以下在2013年首屆「財神杯」全國電視象棋快棋邀請賽上許銀川與洪智之戰逕走包8平7，結果紅多子獲勝，在2012年國弈大典之決戰名山象棋系列賽蔣川與洪智之戰中曾走士4進5，結果紅多子也獲勝。

（二）車1平4，以下紅有3變：①在1998年全國象棋個人賽男子甲組李剛與王曉華之戰中曾走傌六進七，結果黑方多子獲勝；②在2011年全國象棋青年錦標賽上劉泉與雷鵬之戰中改走傌六進五，象7進5，結果紅勝，而在同年重慶象棋個人排位賽趙國華與張若愚之戰中，張若愚黑方改走馬3進5後，結果黑勝；③在2010年全國象棋個人賽女子組張婷婷與趙冠芳之戰中曾走過炮八進二，結果戰和。

（三）馬7進5，相七進五，以下黑有兩變：①車1平4，傌六進七，（在2011年重慶棋友會所賀歲杯象棋個人賽上陳政對王天一之戰中曾走炮八進二，結果黑多卒佔優後獲勝。）車4進6，以下紅有3變：（甲）在2011年第3屆「句容·茅山碧桂園杯」全國象棋冠軍邀請賽上唐丹與金海英之戰中曾走炮八進二，結果雙方平穩而戰和；（乙）在2012年第五屆「楊官璘杯」全國象棋公開賽海外組中香港黃樹楷與越南陳慧瑩之戰中改走炮八進四，結果紅方稍好而戰和；（丙）在2013年春節開平市「農信杯」中國象棋特級大師柳大華1對18車輪應眾大賽上改走俥九進二，結果紅勝；②車8進1是2012年第2屆「辛集國際皮革城

杯」象棋公開賽上侯文博與程鳴之戰中由程鳴改走的，結果雙方均勢而戰和。

（四）卒7進1，傌六進五，馬7進5，相七進五，馬3進5，俥四平五，以下黑有三變：①筆者曾在2011年5月27日網戰中曾走包8平5，結果雙方均勢而下和；②筆者又在2012年5月網戰中改走象7進5，結果紅方稍好而被黑方逼和；③在2013年晉江市第4屆「張瑞圖杯」象棋個人公開賽上李進與程鳴之戰中改走車1平5，結果黑方佔優而獲勝。再如在2011年「珠暉杯」象棋大師邀請賽上金波與張學潮之戰中改走俥九進一，結果黑殺紅炮後獲勝。還如在2011年第二屆全國智力運動會專業男團象棋賽上趙國榮與鄭一泓之戰中改走炮八進四，結果雙方弈和。

另外在2011年全國象甲聯賽上徐超與汪洋之戰中改走炮八平九，卒7進1，俥二平四，（在2012年大連西崗杯全國象棋團體賽上黎德志與張曉平之戰中改走俥二退一，雙方均勢而戰和。）馬6進7，俥四平三，車8進1，俥四退二，車1平7，俥三進四，車8平7，結果雙方均勢也戰和。

研究結論是：這路高右橫車變例前期在網戰中較為盛行。由於近年來我國網戰的不斷拓展和象棋軟體的逐步完善，這幾年的一些職業棋手借鑒網路和軟體的多路分析，已將此變例投入到全國性的各大賽事上普遍使用了，並已初見成效、先後取得了不俗的實戰效果，令人刮目相看。黑方在第6回合高起右橫車是對攻性很強的下法，意欲將主力於第一時間快速投入戰鬥，以儘快取得反擊效果，故：

（一）紅接走俥二平四後，黑有四變：其中車8進1和車1平4前兩變，屬於黑想把局勢走得更複雜和更激烈，而馬7進5和卒7進1後兩變，黑方則想用黑馬兌紅中炮後使局面趨向平

穩；

（二）改走俥九進一後，以儘快出動大子投入戰鬥，既可攻擊黑盤河馬，更利於鞏固自己陣型和穩固陣地；

（三）改走炮八進四伸炮打卒後，步入直接與黑方短兵相接、利刃出鞘地對殺，屬於激烈的急攻型下法，易兌子成和；

（四）改走炮八平九平左邊炮出擊後，放慢了進攻步伐，旨在延緩黑方的出子速度，讓局勢趨於平穩，往往最終會以均勢成和。

而現在紅退右過河俥巡河，屬於穩健型著法，使自己儘快趁勢來掌控局面，不給黑方搞出複雜局面的機會，效果如何？讓我們拭目以待吧！

7.…………　馬6進7　　8.炮八進一　馬7進5

9.相七進五　…………

佈局到此，紅方走了七步棋，而黑方只走了4步棋，故紅出子步數大大領先黑方，但雙方實際差距真的那麼大嗎？其實分析來看，黑棋在當前局勢下反彈力很強，此後可由右橫車左移等子力調動來加強黑左翼的反擊力量，以儘快形成雙方各攻一翼的局面，應該說，此刻的黑勢不虧。

9.…………　車8進1　　10.傌三進四　包8平7！

平包兌俥，是柳特大拋出的最新探索型佈局「飛刀」，一改在同年廣西北流市新圩鎮第5屆「大地杯」象棋公開賽黨斐與王天一之戰中曾走的象3進5，仕六進五，包8平6，俥二進四，車1平8，俥九平六，包2退2，傌四進六，馬3退1，兵五進一，車8平4，炮八平五，士4進5，傌六退四，車4平2，炮五進三，車2進3，炮五退一，馬1退3，傌四進三，馬3進4，至此，形成互纏之勢，結果戰和的下法，意欲攻其不備、出奇制勝。

11.俥二進四　車1平8　　12.炮八平七　象3進5

13.俥九平八　包2退1　　14.炮七進三　包2平7

15.傌四進六　車8進7!

雙方兌俥車後，黑補右中象固防、退右包左移，直逼紅右翼薄弱底線，現再車入下二路、卡塞相腰，果斷有力！儘快實施黑方既定戰術目標，至此，黑勢反先。

16.仕四進五　後包平9　　17.傌六進七　…………

兌傌引前包遠離三路相口，老練、明智之舉。如傌六進八？則士6進5！又如傌六進四？則車8平6！下伏雙包轟兵炸底相凶著，黑大優；再如俥八進七？則馬3退5！打俥，這3路變化下去，紅方均無後續跟上的反擊措施而陷入困境，難以抵擋黑車雙包的聯攻。

17.…………　包7平3　　18.俥八進五　包9進5!

19.俥八平六　士6進5　　20.平六進一　卒9進1!

21.俥六平五　車8平6!　　22.仕五退四　卒1進1!

包轟邊兵、補士固防、速挺雙邊卒、左車塞相腰，至此，黑雖沒調整大子位置，但是挺了兩步邊卒，大戰在即了。因黑先挺9卒，避開紅俥五平一殺卒騷擾黑左邊包；現又進1卒是不給紅進九兵機會，為以後左邊包右移打九兵出擊保留了反擊機會，故這兩挺雙邊卒，精準地體現出柳大華用卒的神奇和深遠精巧的算度。

23.仕六進五　車6退4　　24.兵五進一　車6進1

25.兵七進一　…………

棄兵活通傌路，穩正。如徑走傌七進八？包9平5！俥五平三，車6平5，傌八進九，車5平3，帥五平六，車3平4，帥六平五，車4平2！炮七退六，車2進4！炮七平六，包3進6，俥

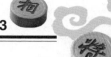

三平五，車2退3，炮六平七，包5平1！變化下去，黑淨多三個高卒，大優。

25.………… 　　包2進2(圖27)

26.傌七進八???　…………

紅棄七兵後，急進左外肋傌，敗著！錯失糾纏機會而陷入困境，導致丟子敗北。如圖27所示，宜傌五退一！將5平6，炮七平九，包9退1，炮九進三！包3退4，傌七進五，包9平5，帥五平六，卒9進1，俥五平九，車6進1！傌五進七，車6平4，傌七退六，包5平4，帥六平五！至此，黑雖多過河卒，但紅兵種齊全，成互纏局勢，紅可一搏，優於實戰。

26.………… 　車6進1！

黑方抓住戰機，肋車進兵行線窺打邊兵，由此步入佳境！如貪包9平5?傌八進六！車6進1，（若包5退3?傌六退四！雙方兌俥車後，和勢甚濃。）傌六退五，車6平5，兵五進一，雙方兌子後，黑雖多卒，但紅有望求和。

27.俥五平三 　士5進4

28.炮七平八?? 　…………

平炮準備沉底叫將，保持複雜變化，漏著！宜炮七平五！士4進5，〔若象5退3??俥三進三，將5進1，俥三平六！變化下去，紅俥砍象殺士後，反大優成勝勢；又若將5平6??傌八進六！包3退1，炮五退一，包3退

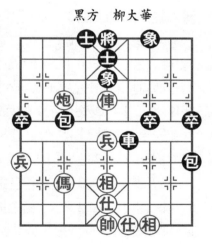

黑方　柳大華

紅方　程進超

圖27

3，炮五平一，將6平5，炮一進四，象7進9，炮一退六，車6平9，俥六進八！士4進5，（若車9平3??則俥八進六殺；又若車9平4??則俥八進七，也是紅勝。）俥八進七，將5平4，俥七退五！下伏俥三平七捉包和兵五進一參戰的先手棋，紅方反優。〕俥三進三！車6退6，俥三平四！將5平6，兵五進一！變化下去，黑雖多卒，但紅兵種全，又有過河中兵參戰，有望求和，強於實戰。

以下殺法是：包9平1！炮八進三，士4進5，俥三平七，將5平6，俥七進三，將6進1，俥七平三，包1進3！帥五平六，車6退3？（漏著！宜包3進5！帥六進一，卒1進1！俥八進七，車6平4！仕五進六，車4平3！炮八退一，士5進6，俥七進六，士6退5，仕六退五，車3退5！必得紅馬，勝定。）俥八進六，車6平4，炮八退一，士5進6，炮八平六，車4平5，俥三平五，卒1進1，俥六退四？（軟著！宜相五進七較為頑強。）車5平6，俥四退二，車6進3！俥五平二，將6平5！俥二退一，將5退1，兵五進一，士4退5，俥二進一，士5退6，兵五平六，包3進5！帥六進一，車6平2，俥二退五，卒1進1，俥二平七，車2進2！帥六進一，車2退1，帥六退一，包3退2！（退包佳著，黑夾俥炮，殺勢已成形。）炮六平九（丟炮無奈），包1退8！兵六進一，士6進5，兵六平五，包1平4，仕五進四，車2進1，帥六退一，車2進1，帥六進一，車2退3，俥二進一，包3退1，兵五進一，包3平5，相五進三，包5進3，兵五進一，士6退5，帥六平五，車2平5！相三進五，包5平2，俥七進一，卒7進1，俥一退三，車5退3！俥七退二，包2退3，俥七進六，士5退4，俥七退七，包2退4，俥七平六，包2平5！俥六進六，〔若帥五平四??包4平6！帥四平五，（如俥三進四，車5平6，

相五進三，車6進4！帥四進一，包5平6！疊炮妙殺，黑勝。）車5平4！帥五平六，包6平4！仕四退五，車4進4！帥六進一，包5平4！也是雙包疊殺，黑勝。〕車5平4！黑棄右肋包抽俥後，淨多車多卒獲勝。

　　此局雙方開戰後黑方就用左馬盤河起右橫車來應對紅中炮過河俥，紅方首先在第7回合一改以往兵五進一、俥二平四、俥九進一、炮八進四、炮八平九共5大類不同系列變化、有24種不同走法，退右俥巡河，想穩住陣腳。而黑方按既定方案在第10回合抛出包8平7平包兌俥最新佈局「飛刀」後及時兌俥、補象、退包左移、車塞相腰、儘快實施自己既定戰術目標，接著又包炸邊兵、補士固防、巧挺雙邊卒、車堵相腰，令紅方在第26回合走傌七進八陷入困境，在第28回合走炮七平八錯失求和良機後，被黑方抓住機會，雙包齊鳴，炸兵、沉底，肋車出擊、挺卒追傌、回士固守、雙包夾俥、得炮大優、巧棄卒象、右肋佔包、車包鎮中，最終趁包之威，抽俥入局。

　　此盤針對紅方一改以往第7回合5大類不同系列變化、24種不同走法而抛出平包兌俥的最新佈局「飛刀」，是有備而來、做過「功課」的，車包圍擊、不急不躁、攻殺銳利、撕裂九宮、一錘定音的經典絕殺。

第28局　（湖北）黨斐　先勝　（上海）謝靖

轉五八炮過河俥進中、九兵對屏風馬右中士象過河包壓傌

1.炮二平五	馬8進7	2.傌二進三	車9平8
3.俥一平二	馬2進3	4.兵七進一	卒7進1
5.俥二進六	士4進5	6.傌八進七	包2進4

7.兵五進一　…………

這是2011年2月28日江蘇省第20屆「金箔杯」象棋公開賽淘汰賽八進四的一場精彩廝殺。雙方以中炮過河俥挺中兵對屏風馬右中士過河包互進七兵卒開戰。紅急進中兵，旨在強行從中路突破，屬當今流行變例之一。如俥二平三！象3進5，兵三進一，卒7進1，（在1996年全國象棋團體賽上胡榮華與蔣志梁之戰中曾走過包8進4，結果雙方不變作和。）俥三進一，卒7進1，傌三退五，包8進7，兵五進一，車8進6，（另有車8進8和包2平9兩路變化結果，均為紅多子佔優的不同下法。）兵九進一，車1平4，炮五平一，以下黑有包2退2、包8平9和車4進4三種變化結果，均為紅多子佔優的不同走法。

7.…………　　象3進5　　8.兵九進一　…………

挺左邊兵，穩健，意欲高起左橫車從邊線發力出擊捉黑包。在2004年全國象棋團體賽上柏春林與潘振波之戰中曾走炮八平九，結果雙方對峙而戰和。又如在1987年全國象棋個人賽上高明海與周俊來之戰中曾走過俥二平三，結果在雙方激烈對攻中紅反主動而獲勝。

8.…………　　包2平3

平右包壓傌，直窺紅左底相，試圖牽制紅左橫俥。如車1平4，（若包8平9，則要形成平包兌俥雙方另有繁複攻守變化的走法，以後會有介紹。）俥九進三，車4進6，以下紅有：

①在2004全國象甲聯賽上汪洋與陶漢明之戰中曾走過傌七進八，結果雙方均勢而弈和；

②在2005年3月全國象棋排位賽上趙劍與肖革聯之戰中改走傌三退五，結果也是雙方均勢而下和。

9.俥九進三！　…………

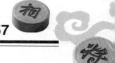

　　紅方置左底相受攻於不顧，大膽升左橫俥捉包棄相，頗有大將風度，我行我素地執行自己的既定作戰計畫。另有四變供參考：

　　① 在2004年全國象甲聯賽第14輪蔣鳳山與陶漢明之戰中曾走兵五進一？結果黑方較優而獲勝；

　　② 在2010年全國象甲聯賽第3輪孫浩宇與謝靖之戰中改走兵三進一，結果紅方先手，但晚節不保，最終被黑方逼和；

　　③ 筆者在2011年5月27日的網戰上曾應對過俥九平八，車1平4，炮八進五，馬7進6，兵五進一，卒5進1，俥二平四？（過急捉馬，準備破象強攻，劣著！宜俥三進五逼對方兌子，仍可保持先手。）馬6進7！炮八平五，象7進5，炮五進五，士5進6！炮五平二，車8進2，俥四退三，卒7進1！俥四平七，馬7退5！俥七平五，卒7進1！變化下去，紅多雙相、黑淨多雙卒反先，結果黑多卒得勢後妙殺獲勝。

　　④ 如俥二平三硬追殺馬，則雙方另有複雜變化，以後介紹。

　　9.…………　　包3進3　　10.仕六進五　車1平2

　　11.兵三進一　…………

　　強衝三兵，中馬欲從三路線上突破，兇悍犀利之變！另有兩變：

　　① 在2004年全國象棋個人賽第11輪王瑞祥與謝卓淼之戰中曾走兵三進一，卒7進1，結果黑反捉俥後下伏車8平4叫殺而獲勝；

　　② 筆者在2013年5月網戰上曾改走過應對紅俥三進五？包8平9，俥二進三，馬7退8，俥九退三，包3退1，俥九平七，包3平4，俥七平六，包4退8，兵五進一，馬8進7，炮八進二，卒5進1，炮五進三，〔在1997年全國象棋團體賽上李智屏與朱祖勤

之戰中曾走俥六進六？卒3進1！兵三進一，（若兵七進一？卒5進1！下伏馬7進6凶著！黑優。）包4平3，兵七進一，卒5進1，俥五進七，馬7進6，俥六平四，馬6進5！變化下去，黑優，結果黑勝。〕包9進4！兵三進一，包9退2，炮五平一，卒9進1，兵三進一，象5進7！演變下去，黑方多卒反先得勢，結果黑勝。

11.………… 卒7進1　　12.兵五進一　包8平9??

平包兌俥，劣著！錯失先機，導致陷入困境。宜卒5進1！俥三進五，卒7平6，俥五進六，馬3進5，俥七進八，車2平4，俥六進八，包8退1，炮五進四（宜相三進一為妥），包8平7！炮五平三，車8進3！炮三進二，士5進6，炮三平九，車4進1，後俥進九，卒3進1！挺卒捉紅雙俥，且下伏有車8平4的叫殺凶著，黑勢大優，遠遠強於實戰。

13.俥二進三　　　　　馬7退8　　14.俥三進五　卒5進1

15.俥五進三（圖28）卒5進1???

貪中卒過河，敗著！由此一蹶不振、陷入被動，被紅方兌車爭先，最終由紅雙俥炮雙兵破城。如圖28所示，宜包3退4！俥三進五，包3平5，俥九平五，包5進2！炮八平五，馬3進5！俥五進三，馬5退7！俥三進一，馬8進9，變化下去，紅雖兵種全又搶佔中路佔優，但黑多中象也不弱，在雙方互有顧忌中，黑勢優於實戰，足可抗衡。

16.俥三進四　包9平6　　17.俥四退五！　…………

紅方抓住戰機，先策俥赴槽，現又回俥踏中卒，炮助俥威，八面威風，頃刻間，黑已很難應付了。

以下殺法是：車2平4，俥五進三！包6退1，俥九平四，車4進4，俥三進二！包6進1，俥四進四！將5平4！炮五平六，車

4進3！炮八平六？（宜俥四進二！士5退6，炮八平六！得士大優。）士5進6，傌二進四！將4平5，傌四進二（得子後勝定）！馬3進5，炮六平五，士6退5，傌七進五，馬5進6，傌二退三，包3退3，兵一進一，包3平4，炮五平九，包4退1，傌三退四，包4平1，傌四進二，士5進4，傌二進三，將5進1，炮九進四，馬6進4，炮九平一！將5平4，炮一平六，士4退5，兵一進一！士5進6，傌五進六，馬4

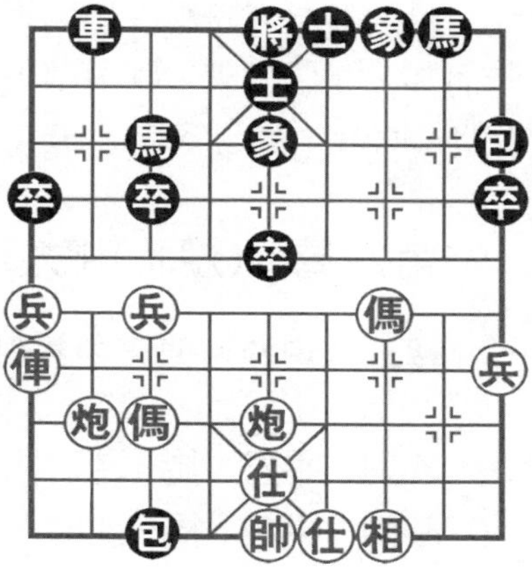

黑方　謝　靖

紅方　黨　斐

圖28

進2，相三進五，包1進4，傌六退八！退傌窺殺3路卒，紅方淨多子多雙高兵完勝。以下黑如接走馬2進3，仕五退6，馬3退4，帥五進一，馬4退5，傌八進七！將4退1，傌七進八，將4進1，炮六平二，馬5進3，炮二進二，士6進5，傌三退五！士5進4，傌五進四，將4平5，傌八退六！紅雙傌破象殘士後，紅雙傌炮雙高兵，五子壓境完勝。

　　此局開戰後就雙方響起炮聲，就在紅挺九兵時，黑平右過河包壓傌，紅方首先在第9回合一改以往俥二平三、俥九平八、兵三進一和兵五進一4路走法，我行我素，置左底相受攻於不顧，很有大將風度地走了俥九進三，棄左相設圈套，令黑炸底相、兌卒兵後在第12回合走包8平9，錯失先機，在第15回合更大膽貪走卒5進1而陷入被動後，被紅方抓住機會，連續策傌踩殺中卒、兌車換包後又砍殺右馬，最終又雙傌馳騁、破象殘士，以雙

傌炮雙高兵共五子壓境完勝黑方。

是盤具有大將風度拋出佈局飛刀、進傌棄相、兌車換包、順勢而為，雙傌馳騁、踩象踏士、不急不躁、不溫不火，終成左右包抄、前後夾擊、多子破關、摧城擒將的精彩殺局。

第29局 （湖北）柳大華　先勝　（廣西）黃仕清

轉五八炮過河俥渡中兵對屏風馬7路馬高右橫車渡7卒

1.炮二平五　馬8進7　　2.傌二進三　車9平8
3.俥一平二　馬2進3　　4.兵七進一　卒7進1
5.俥二進六　馬7進6　　6.傌八進七　車1進1

這是2011年3月20日重慶第3屆「茨竹杯」象棋公開賽爭奪第5、第6名的一場龍虎大戰。

61歲柳特大不僅參加各種冠軍級賽事，還常在其他各種賽場見到他的高大身影。在賽場上仍持有上佳的競技狀態，不時尚有出彩的精湛出演。賽場、教學、表演、推廣象棋活動仍是他工作和生活的主旋律，真令人敬佩，而支撐他的卻是：出自內心對象棋事業的酷愛和對競賽棋藝的深刻理解。雙方以中炮過河俥對屏風馬左馬盤河起右橫車互進七兵卒拉開戰幕。黑現抬起右橫車是加快主力的左移出動速度，力圖儘快尋找到反擊點，促使局面變得異常複雜或與眾不同，旨在出奇制勝。如象3進5，以下紅有5種變化，可參閱本書「連澤特負黨斐」之戰；又如象7進5，可參閱本書「蘇世雄負陳延生」之戰。

7.兵五進一 …………

急進中兵是針對黑中路沒補棋後，紅方強攻中路的有效下法，實戰效果不可小看。如改走炮八進三，可參閱本書的「連澤

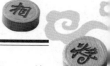

特負黨斐」之戰；又如改走俥二退二、俥二平四、俥九進一、炮八進四和炮八平九，可參閱本書「程進超負柳大華之戰」。

　　7.………　　卒7進1　　8.俥二平四　………

　　平右肋俥驅馬，屬當今棋壇流行變例之一。筆者在2014年元旦網戰上曾又應戰過紅走俥二退一，馬6進7！兵五進一，車1平7！傌三進五，卒7平6，俥二退一，卒6進1，傌五進六，卒6進1！兵五進一，士6進5，傌六進七，卒6平5！炮八平五，馬7進5，相七進五，車7進1！傌七進八，包2進1！俥二進二，車7平2！黑得子後最終獲勝。

　　8.………　　卒7進1

　　挺卒殺兵脅傌，穩正有力。如馬6進7？（若馬7進8？傌三進五，卒7進1，兵五進一！強行突破中路，紅反主動易走。）兵五進一！以下黑有兩變：

　　①包8平5？兵五進一！包5進5，炮八平五！馬7進5，相七進五，包2進1，兵五平六，馬3退5，俥四平五！卒7進1，傌三進五，包2平4，傌五進四！包4退1，傌四退三，包4平5，仕六進五，馬5進7，俥五平三！車8進2，傌三進四！馬7退8，俥九平六！變化下去，黑雖有中包、兵種齊全，但紅子位靈活仍佔優；

　　②車1平7？兵五進一！士6進5，兵五平六，象7進5，傌三進五，包8進7，俥九進一，馬7進5，相七進五，卒7進1，兵六平七！馬3退2，俥九平三！變化下去，紅多過河兵，大子佔位靈活，已明顯大優。

　　9.兵五進一　　卒7進1

　　紅中兵過河欺馬後，黑果斷棄馬卒、衝卒殺傌搶得先機，明智之舉。如馬6進8？（若包8平5，兵五進一！馬3進5，傌三退

五，馬6進8，俥四平五，包5退1，炮五進六！士6進5，俥七
進六，包2平5，炮八平五，車1平4，炮五進五，象7進5，俥
五進七，車4進3，俥九進一！卒3進1，兵七進一，車4平3，
俥五平九！雙方兌去炮包兵卒後，黑雖有過河卒，但紅雙俥靈活
仍佔優。）兵五進一，士4進5，俥三進五，馬8進6，俥九進
一，車1平4，兵五平六！下有俥五進四抽取過河卒、俥九平二
拴鏈黑左翼車包、炮五平六打車爭先和兵六平七等幾步先手棋，
變化下去，紅反大優。

10. 兵五進一　士4進5　　11. 俥四退一　車1平4

12. 俥九進一　…………

高起左橫俥，旨右移佔肋道出擊，形成複雜多變的中局形
勢，意欲在混亂中先拔頭籌。如仕六進五，則可參閱「謝靖先勝
卜鳳波之戰」；又如炮八平九，則可參閱「洪智先勝王天一之
戰」；再如兵七進一，則可參閱「李曉暉先負葛超然之戰」；還
如兵五平四，則可參閱「洪智先勝陶漢明之戰」；還再如俥七進
五，則參閱「陳狮先負王瑞祥之戰」，等等，雙方均有複雜紛
爭。

12. …………　包8平7

平左包窺打紅右翼薄弱底相，力爭對攻好棋！也可包2進
1，兵五平四，包8平5，俥七進五，馬3進5，（亦可車8進6，
先捉紅中俥，變化下去，黑方易走。）俥五進六，馬5進4，俥
六進五，象7進5，俥九平六，馬4退6，俥六進七，包2平6，
炮八進七，（若炮八平三？包6平5，仕六進五，車8平7！炮三
平一，馬6進8！下伏車7進9殺底相後再馬8進9追殺右邊炮的
先手棋，黑優。）象3進1，炮五平八，車8進6，俥六平七，車
8平2！俥七進一，士5退4，俥七退三，車2退6，俥七平四，車

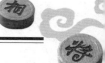

2進7，俥四退一，車2退1！俥四進一，車2平1，俥四平一，象1退3，變化下去，黑也有過河卒參戰佔優。

13.俥九平四！　…………

置右翼底相被炸於不顧，平左橫俥叫殺，兇猛對攻、毫不示弱、氣度非凡、奪目生輝，佳著！

13.…………　　　　　包7進7

14.仕四進五　　　　　象7進5

15.炮五進五　　　　　包2平5

16.兵五進一（圖29）　卒7進1？？？

雙方轟相（象）、兌中炮（包）後，已步入了鋒芒逼人、大舉合圍的廝殺場面。現黑挺卒引車？緩不濟急，敗著！導致陷入困境、疲於應付，令人大跌眼鏡。如圖29所示，宜車4進5！炮八平三，象3進5，後車進2，車4平6，俥四退二，包7平9，帥五平四，車8進9，帥四進一，車8退4！變化下去，雙方子力對等，基本均勢、戰線漫長，黑勢強於實戰，一時勝負難料。

以下殺法是：後俥平三！包7平9，帥五平四，車4進5，兵五進一，士6進5，傌七進八！（進外肋傌，全部子力衝鋒陷陣，大優。）包9平4，（炸仕無奈，望能找到混戰機會。）帥四平五，包4退2，俥三進一！車4平2，仕五進六！車2進1，俥四平二！車8平6，俥二進

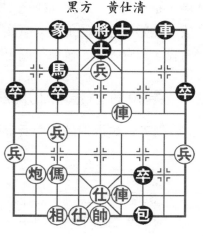

黑方　黃仕清

紅方　柳大華

圖29

二！（此刻雙方雖子力對等，但子力佔位決定勝員。現紅進俥欺馬，一劍封喉、擊中要害，勝定。）馬3進5，俥三進四！紅雙俥連續追殺黑馬，搶佔有利地形，現紅再次棄傌窺殺中馬，一錘定音入局，以下黑如續走車2退2，俥三平五！車2退4，俥二平七！車2平4，（若將5平4？？俥七進二！將4進1，俥五進二！將4進1，俥七退二！紅雙俥左右夾殺勝。）俥七進二！車4退1，俥五進二！俥挖中士，雙俥掃完黑方士象，完勝。

此局雙方開戰伊始就互渡中兵、7卒，互不相讓、精彩激烈。步入中局後，紅方首先在第12回合一改傌七進五、炮八平九、兵五平四、兵七進一和仕六進五等5種流行變例，逕走俥九進一，旨在出奇制勝，意欲志在必得。到了第13回合，紅方按既定方針，置底相被炸於不顧，平俥催殺、氣度非凡，令黑方轟相兌中炮後，棄卒引車、跌入陷阱後方寸大亂。紅方抓住戰機，俥殺7卒、中兵挖士、躍外肋傌，及時兌包，前俥逼車、伸俥追馬，搶佔地形，最終棄傌殺馬、殘象破士、雙俥擒將、一氣呵成！此盤紅方棄子追殺、氣度不凡、節節推進、步步追殺、有膽有識，蠶食淨盡，確為可圈可點的經典短局。

第30局 （黑龍江)陶漢明 先負 （湖北)洪智

轉五八炮過河俥渡中兵盤頭馬對屏風馬平包兌俥渡7卒

1.炮二平五	馬8進7	2.傌二進三	車9平8
3.俥一平二	馬2進3	4.兵七進一	卒7進1
5.俥二進六	包8平9	6.俥二平三	包9退1
7.兵五進一	士4進5	10.傌三進五	卒7進1
11.傌五進六	…………		

這是2011年4月11日第3屆「句容茅山・碧桂園杯」全國象棋冠軍邀請賽第3輪陶漢明與洪智之間的一盤精彩對決。雙方以中炮過河俥渡中兵盤頭馬對屏風馬平包兌俥右中士渡7卒拉開戰幕。由於該常見局面，雙方對攻激烈、扣人心弦、局面複雜、局勢變化多端、構思精巧、深奧無窮，故數十年來，其仍然長盛不衰，也更有研究價值和拓展空間。

　　11.………… 　馬3退4

　　右馬退貼將底線，屬老式變化。現流行變例之一是車8進8，傌八進七，象3進5，傌六進七，車1平3，（在2009年全國象棋團體賽上金波與黃仕清之戰中曾走卒7平8，結果紅優而獲勝；在同年的全國象甲聯賽上申鵬與謝巋之戰中改走卒7平6，結果雙方兌子成和。）前傌退五，以下黑有4變：

　　① 在2008年全國象棋團體賽上秦勁松與李林之戰中曾走卒3進1，結果紅棄子搶先獲勝；

　　② 在同年全國象棋個人賽預賽第5輪陸偉韜與謝業？之戰中改走車3平4，結果黑得相過卒佔優而獲勝；

　　③ 在2009年全國象棋個人賽上陳獅與蔣川之戰中又改走馬7進8，結果黑防守嚴密佔優而獲勝；

　　④ 在2010年5月27日筆者在網戰中改走卒7平8，結果兌子成和。上述幾種變化還可參閱本書「申鵬先勝劉明之戰」。

　　12.兵五進一　馬7進8　　13.兵五平六　…………

　　卸中兵叫將，屬改進後流行變例。在1983年全國象棋個人賽上劉殿中與楊官璘之戰中曾走過俥四平三，包2平7！傌六進八，馬4進3，炮五平二（宜俥九進一）？後包進2，前傌進七，將5平4，炮二平六，馬8退6，炮六進二，車8進7，相三進五，前包平5，仕六進五，馬6進5，炮六退三，包5進4，帥五

平六，馬5進3，炮六進二，前馬進2，帥六進一，包5退2，俥九進二，車1平2，炮八進二，車2進5，俥九平二，車2平3！俥二平八，車3進3，帥六退一，車3平5！俥八退一，車5平2！黑淨多子、多卒、多士象完勝。

　13.………… 　馬4進5　　14.俥四平三　馬8退7

　15.俥三平四　車8進4　　16.傌六退四　…………

退傌盤河，準備兌子固守，穩正、明智。如欲棄兵、想保住紅六路俥在前沿陣地的攻勢地位而改走兵七進一？則卒3進1！炮八進三，車8平5！兵六進一，馬5進4，俥四進二，包2進1！仕四進五，包7平9，炮八平六，包2平5，炮六退一，包9進5！下伏有包9進3叫帥後兌中炮殺相的凶著和卒3進1欺炮呈雙卒渡河參戰的先手棋，黑反大佔優勢。

　16.………… 　車8平6(圖30)

平左車邀兌、攔傌，著法強硬。也可車8進4！仕四進五，（另有傌八進七和兵六進一兩路應法，結果均為黑優，讀者可自己拆棋研究，在此不再論述。）包2進4！兵一進一，包2平5，傌八進七，包5退1，傌七進五，包5進2！相七進五，車1平2，炮八平九，車2進4！炮九進四，馬5進6！炮九進三，象3進5，傌五進四，馬7進6，兵六平七，車8退3！傌四退六，車8平3！變化下去，黑子位靈活反

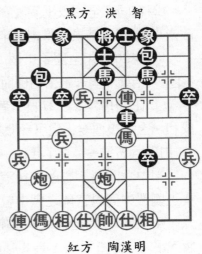

黑方　洪　智

紅方　陶漢明

圖30

先。

17.俥四退一－？？？　…………

退肋俥邀兌，敗著！導致黑左馬盤河躍出，伺機巧兌紅中炮後陷入了不必要的困境。同樣兌俥，如圖30所示，宜走兵六平五！車6退1，兵五平四，馬7進6，傌八進七！包7進8，仕四進五，變化下去，黑雖多象略好，但無後續反擊手段，相反，紅保住中炮後，又伏有雙傌配合、肋兵出擊的先手棋，紅勢不弱、頗有反彈力，優於實戰，足可抗衡。

17.…………　馬7進6！　　18.炮八進四　…………

黑方不失時機，進馬殺俥、盤河出擊捉兵，由此步入反擊佳境。

紅升左炮過河護兵無奈，如兵六進一？包2進4！仕四進五，包7進8！傌四進二，包2平5！兵六平五，象3進5，傌八進七，包5退1，下伏有包5平8催殺和車1平4搶佔肋道出擊的先手棋，黑雖少子，但大子配合好，易走。

以下殺法是：馬6進4！兵六進一，馬4進5！相七進五，士5進4！傌八進七，車1進1！仕六進五，車1平6，傌四進二，馬5進4，炮八平一，車6進7！相三進一，馬4進3，俥九平六，馬3進5！俥六進七，車6退4！退車捉傌，紅方難逃，認負。以下傌二退三，（若俥六平二？？馬5進7！帥五平六，車6平4！黑速勝；又若傌二進三？？包2平7！白得紅傌後也多子勝定。）馬5退7，以下紅有兩變：

①俥六平八？？？馬7進9！馬包雙叫殺，黑勝；

②傌七進五？？車6進2！傌五退七，（若傌五進六？？馬7進9！也成馬包雙叫殺，黑勝。）馬7進8，帥五平六，包7進8，帥六進一，車6平3！俥六平八，（若俥六退五？？？包2進5！紅

偶被殲，黑必勝。）車3進1，炮一平五，將5進1，俥八平三，車3進1，帥六進一，車3退3！俥三平六，（若帥六退一??車3平4！仕五進六，馬8進6！帥六平五，車4平5，帥五平四，車5退2！俥三平四，馬6退4！以下伏有包7平3成馬後包絕殺和車5平8成車馬冷著妙殺的兩步勝招！黑方完勝。）包7退2！以下紅如帥六退一??車3進3，帥六進一，馬8退6，炮五退四，車3退1！帥六退一，車3平5，仕五進四，車5平6，黑多子必勝；又如紅改走帥六平五???車3平5！帥五平六，馬8退6！成馬後包殺，黑勝。

此局雙方開戰就展開互渡中兵、7路卒大戰，這類短兵相接、劍拔弩張、局面複雜、變化多端，而又擊節歎賞、長盛不衰的走法，旨在實戰中能進一步挖掘其更深層次的研究價值和進一步拓展其發展空間。

黑方首先在步入中局後的第11回合徑走老式的馬3退4速退貼將底線，一改以往流行的車3平4、馬7進8、卒3進1和卒7平8等四路走法，收到了成功的實戰效果。當紅方強渡中兵、退俥盤河固守後，黑方巧妙按既定戰術在第16回合果斷平左車攔俥、強行邀兌，讓人沒想到的是，紅方卻意外地走了俥四退一兌車，正中下懷，跌入了黑方的陷阱後，被黑方抓住戰機，馬踩中炮、士殲肋兵、橫車左移、中馬欺炮、車塞相腰、馬踏中相、退車捉俥，一舉制勝，最終黑棄卒兌炮、砍俥掃兵、殺炮棄馬砍仕後，以多子得仕擒帥。

此盤黑方巧用老譜翻新、做足功課，臨場正常發揮，而紅方急於求成、急功近利，不慎跌入了難以自拔的陷阱後，被黑方前阻後攔、反客為主，令紅方始料未及、方寸大亂、疲於應付、慌不擇路、防不勝防，難逃滅頂之災。

第31局　（河北）張婷婷　先勝　（浙江）陳青婷

轉五八炮過河俥挺中兵盤頭傌對屏風馬7路馬左中象士

1.炮二平五　馬8進7　　2.傌二進三　車9平8

3.俥一平二　卒7進1　　4.俥二進六　馬2進3

5.兵七進一　馬7進6　　6.傌八進七　象7進5

　這是2011年10月15日全國象棋個人賽女子組首輪張婷婷與陳青婷之間一場巾幗「雙婷」的精彩對壘。出道較早的張婷婷大師對陣與自己年齡相仿的浙江後起之秀陳青婷，究竟是哪位「婷」能技高一籌、更勝一籌呢？讓我們拭目以待吧！

　雙方以中炮過河俥對屏風馬7路馬左中象互進七兵卒拉開戰幕。先補左中象固防，在各類比賽中出現不多是由於此變招不利於黑方擴優反擊，而黑方現反其道而用之，意欲攻其不備、出奇制勝。如改走象3進5、車1進1、卒7進1等幾路變化，可參閱本書「孟辰先負蔣川之戰」。

7.兵五進一　…………

　急衝中兵，突破中路，挑起戰火，首先發難。如要相對平穩改走俥九進一，請參閱本書「蘇世雄先負陳延生之戰」。

7.…………　卒7進1　　8.俥二平四　馬6進7

9.兵五進一！　…………

　急渡中兵，繼續按既定戰術從中路突破，著法緊湊有力！如傌三進五，成中炮盤頭傌陣勢，可參閱「蘇世雄先負陳延生之戰」第7回合注解和「孟辰先負蔣川之戰」。

9.…………　卒5進1　　10.傌三進五　卒5進1

11.傌五進三　士6進5??

補左中士固防過急，漏著。導致由此陷入被動。如包8平7??可參閱本書「孟辰先負蔣川之戰」第9回合中的注解。宜車8平7！炮五平三，包2退1，俥四退三，包8平7，俥九進一，包2平5，傌三進四，包7進5！炮八平三，馬7退8，傌四進六，包5平4，炮三平五，士4進5！傌六退五，包4進2！相三進一，車1平2，下伏有包4平5的先手棋，變化下去，優於實戰，足可抗衡。

12.俥九進一　車8平7?

同樣平7路發力出擊，平車不如包8平7直窺紅三路傌相更為機動靈活，以下紅如接走俥四平三，包7進3，俥三退二，馬7進8！俥九平三，包2進4！前俥平五，包2平7，俥三平四，車1平2，炮八退一，馬8退9，炮八平五，馬9進7，相三進一，馬7進5，仕四進五，車2進6，傌七進五，包7退2！傌五進三，車2平1！變化下去，紅雖控制中路，但黑淨多雙卒，形勢不弱、易走，強於實戰。

13.炮五平三　包8平7　　14.俥九平二　包2進2

15.傌三進二　包2平5　　16.仕四進五　車1平2

17.俥二進二　車2進6　　18.傌二進一！　包7進5

19.炮八平三　　…………

平炮邀兌，穩正、明智。如傌一進三，包7退7！炮八平九，車2進1，俥二平三，車2平3，相三進五，包5退1！俥四平一，卒3進1，兵七進一，車3退3，炮九進四，包7平6，兵九進一，車3平5！炮九平七，卒5進1！演變下去，黑雖少卒，但有中路攻勢，足可一戰，勝負難料。

19.…………　車7平6??

平車避殺過急，錯失先機。宜卒5平6！帥五平四，車7平

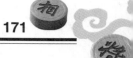

6，俥四進三，士5退6，傌一退二，車2平6，炮三平四，士4進5，變化下去，黑陣型穩固、大子靈活，且淨多過河卒反先，遠遠強於實戰。

　　20.俥四進三　士5退6　　21.傌一退二　士4進5

　　22.炮三平六　車2平3　　23.相七進五　卒5平6

　　24.傌七退八　車3平6　　25.傌八進九?(圖31) …………

　　雙方兌俥車後，都先後及時補仕士、揚相象，平俥（車）、回傌（馬）地進行了棋型結構調整，但現紅左傌屯邊，卻錯失了良機。宜徑走傌二進三！將5平4，炮六退一！下伏有俥二進三和傌八進七兩步能改善守的先手棋，演變下去，紅仍持先手。

　　25.………… 　卒6平7???

　　平卒護馬，不該出現的大敗著！如圖31所示，宜包5平6！傌二進三，（若傌二退四?馬7退6！俥二平四，卒6進1！變化下去，黑多過河卒，紅雖兵種好，但取勝無把握）包6退3，俥二進三，馬7進6！炮六退一，車6平7！炮六平四，車7進3！炮四退一，車7退8！炮四進八，車7平6！俥二平七，馬3退2，俥七平九，卒9進1，兵九進一，車6進3！經過一番兌子後，紅雖多邊兵，但黑有過河卒參戰，各有千秋，優於實戰，有望成和。

　　26.傌九退七? …………

　　退左邊傌出擊，過於樂觀，

黑方　陳青婷

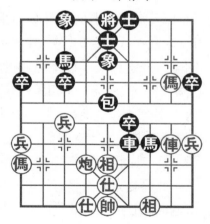

紅方　張婷婷

圖31

易落下風。宜俥二退三先踏卒得實惠後，下伏有俥二進三！窺殺左右雙卒的先手棋，紅優。

　　26.…………　　包5平4??

　　卸中包？亂彈琴！關鍵時刻出敗著！疲於應付、慌不擇路，令人費解！宜車6退1！紅如接走俥七進六，包5進2！俥二進二，車6退2，俥二平五，包5退1，俥二進三，車6退2，俥三退二，卒7平6！變化下去，黑可一戰。

　　27.俥二退三　　車6平3???

　　平車追俥，最後敗著！導致紅方俥俥炮聯手破城。宜改走包4平7相安無事。紅如接走俥三進五，車6平5，俥七進六，馬7退6，以下不管紅方是否兌俥，雙方子力對等，黑方強於實戰，足可抗衡、勝負難測。

　　以下殺法是：俥三進四！包4退3，俥四退六！車3進2，炮六進六！馬7退5，俥六進七！車3平4，炮六平九，車4退6，炮九進一，士5退4，俥七進六！車4退1，俥二平五，馬5退7，俥五進四！士6進5，俥五平三！馬7退6，相五退七，車4平1，炮九平八，馬6退4，仕五進六！揚仕露帥，暗伏絕殺，妙手制敵、一劍封喉！以下黑如接走將5平6???俥三進二！俥俥冷著絕殺，紅速勝；又如黑改走馬4進5??俥三進二，士5退6，俥六退七！象3進5，俥七進九！將5平4，俥九進七！將4進1，俥三退一，士6進5，俥三平五！成紅俥俥炮聯手、左右夾殺，紅方完勝。

　　此局雙方開戰黑方就以少見的左馬盤河左中象來迎戰紅方中炮過河俥七路俥，紅見此著後接著急進中兵、挑起戰火，意從中路突破。黑方沉著應對，渡7卒、馬踩兵、衝中卒殺兵頑強反擊，劍拔弩張！但好景不長，便在第11回合走士6進5陷入被

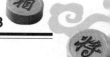

動,在第12回合走車8平7再處下風,在第19回合漏走車7平6,錯失先機!在第25回合走卒6平7護馬大錯特錯,更要命的還在第26、27兩個回合連走卸中包、平車捉傌,錯失最後良機,而被紅方抓住機遇,躍傌飛炮得子、炮平邊、傌踏士、俥捉馬、殺中象、退中相、揚中仕、露帥暗伏殺機,最終紅沉右俥、傌踏車、傌後炮逼將、俥挖中士、左右包抄、夾殺擒將。

此盤佈局雙方就虎視眈眈、刀光劍影,中局爭鬥激烈、互不相讓。當黑方首先出錯後就一蹶不振,以後又5次出漏,錯失最後良機後,成全了紅方棄傌殺包、大舉合圍、迂迴挺進、左右夾擊、前封後堵、破士殘象、蠶食淨盡,最終俥傌聯手、左右包抄的經典殺局。

第32局　(江蘇)張國鳳　先勝　(廣東)陳麗淳

轉五八炮進中兵左橫俥邊相對屏風馬雙包過河右直車過河

1.炮二平五　馬8進7　　2.傌二進三　車9平8

3.俥一平二　卒7進1　　4.兵七進一　馬2進3

5.傌八進七　包2進4

這是2010年5月7日「伊泰杯」全國象棋精英賽女子組第5輪張國鳳與陳麗淳兩位女特級大師之間的一場精彩的巾幗之戰。雙方以中炮對屏風馬互進七兵卒拉開戰幕。因懾於「屏風馬雙包過河」的反擊威力,此時多走俥二進六,而紅先進左正傌這顆重磅炸彈,顯示其對此戰術又有了更精深的研究。如俥二進四,包2進2,兵五進一,象3進5,(若士4進5,俥二平四,以下黑方有象3進5和馬7進8兩種變化結果,均為紅方滿意的不同走法。)俥二平四,以下黑方有包8平9、包8進2和士4進5三種

不同攻守變化。

黑先進右包過河，旨在雙包過河同時出擊。如象3進5，（若象7進5，俥二進六，車1進1，炮八平九，包2進4，以下紅方有兵五進一和俥九平八兩種不同選擇。）炮八平九，包2進4，俥二進六，包2平7，（另有包8平9和馬7進6兩種變化結果，均為各有千秋的不同走法。）相三進一，車1平2，兵五進一，士4進5，傌三進五，包8平9，俥二進三，馬7退8，兵五進一，卒5進1，傌五進四！變化下去，紅中路有攻勢佔優。

6.兵五進一　　包8進4

急進中兵，意從中路突破，屬改進後當今棋壇的流行變例。另有俥二進四、傌七進六、傌七進八和兵三進一等多種不同走法，其中俥二進四可參閱本書「王斌勝黨斐之戰」。

黑方針對紅方中炮七路傌挺中兵陣勢，多年來幾乎都用「雙包過河」很有反擊威力的下法來應戰，效果究竟如何？讓我們拭目以待。

7.俥九進一　　…………

高左橫俥，伺機從肋道出擊。如兵五進一，士4進5，兵五平六，象3進5，仕六進五，（若仕四進五，以下黑方有馬7進6和包2平3兩種選擇；又若兵六進一，車1平4，兵六進七，馬3退1，以下紅有仕四進五和傌七進八兩路變化結果，都為黑勢滿意的不同走法。）車1平4，傌三進五，卒3進1，兵七進一，象5進3，兵七平六，車4進6，傌五進六，馬3進4，傌七進八，演變下去，紅有過河兵參戰、黑方子力佔位靈活的互有顧忌的局面。

7.…………　　包2平3

平右包追殺左底相，旨在伺機出動右車加快搶攻速度。如象

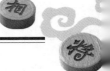

3進5，可參閱本書「王斌先勝黨斐之戰」。

8.相七進九　車1平2　　9.俥九平六　…………

左橫俥搶佔左肋道出擊，穩正。如急走俥九平四？包3平5，炮五平六，（若仕四進五？？車2進7！俥七進五，包8平5，俥二進九，馬7退8，俥四進一，象3進5，黑反得子大優。）車2進6，兵三進一，包8平7，變化下去，紅反無味。

9.…………　包3平6

平右包搶佔肋道，意欲伺機包6進1串打爭先，積極有力。如改走包3平5或走車2進6著法，可參閱本書的「時鳳蘭先負黨國蕾之戰」和「葛維蒲先勝梁軍之戰」。

10.兵五進一　…………

急渡中兵、直攻中路，兇悍犀利，屬近年棋壇流行變例之一。如走俥六進六或仕六進五，可參閱本書的「王斌先勝黨斐之戰」和「蔣川先負趙鑫鑫之戰」。

10.…………　包6進1

不顧紅渡中兵、空襲中路危險，斷然進肋包串打紅方俥炮，果斷而大膽，旨在對攻中反先佔優。這是20世紀90年代初流行的老式戰術。如改走士4進5和士6進5，則雙方變化較為繁複，另有不同攻守變化。

11.俥六平七！　車2進6

紅平俥護俥，看似笨拙呆滯，實則卻是後發制人之佳著！以下實戰可驗證。這是2007年湧現的一種新興戰術。

黑伸右車直插兵行線，對攻性很強。另有三變均為紅優：①包6退2？兵五進一，士4進5，兵五平六，包6平5，俥三進五，包5退3，炮五進五，象3進5，炮八退一，包8平5，俥二進九，包5平3，俥二退八，包3平5，俥二平七，馬7進6，兵六

平七，馬3進5，變化下去，紅佔優；②包6退6？兵五平六，包6平5，炮八進二，包5進6，相三進五，馬7進6，傌三進一，包8退3，俥七平四，包8平6，俥二進九，包6平5，俥二平三，變化下去，紅多兵易走；③包6平3，兵五進一，士4進5，兵五平六，象3進5，俥七進一，馬7進6，俥七平六，馬6退4，俥六進四，車2進7，俥六平七，馬3退4，相九退七，車2平3，傌三退五，演變下去，仍是紅多兵佔先。

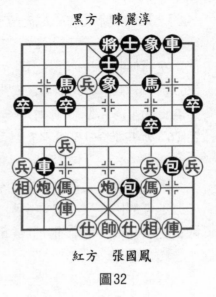

12.兵五進一　　士4進5　　13.兵五平六　象3進5

14.兵六進一(圖32)　包6退2？？？

硬退肋包棄馬，敗著！屬跟著自己感覺走的慣性不成熟思維的結果，由此導致被動、受困、頹勢難挽。如圖32所示，有四變可作參考：①包6退4！兵六平七！包6平5！仕四進五，包8進2！俥七退一，車2進1！傌三進五，包8退2，傌五進六，包5進1！變化下去，黑反控中路、足可抗衡；②包6退4！兵三進一，包6平8！俥二平一，卒7進1，兵六平七，卒7進1！傌三進五，後包平5，炮五進四，包8平5！傌七進五，車2平5！仕四進五，馬7進5，前兵進一，馬5進6！俥七進一，車5平2！黑子位靈活，強於實戰；③包6退4！仕四進五，包6平5，傌七進六，車2進1！兵六平七，包8進1，俥七進二，車8進5！兵

三進一，包8平5，相三進五，車8進4，傌三退二，卒7進1！兌子後，黑多過河卒略優；④包6退4！傌七進六，車2進1！兵六平七，包8進1，傌三進五，車2退1，俥七平四，包8平6！俥二進九，後包進5，俥二退八，車2平5！俥二平四，馬7進5！傌六進五，車5進1！仕六進五，車5退4！俥四進一，卒3進1，後兵進一，象5進3，變化下去，大量兌子後和勢甚濃。

　　15.兵三進一　　包6平5

　　鎮中包明智。如車2平7？炮五退一，包6平5，相三進五，包5進3，兵六平七！車7進1，仕六進五，包8進2，傌七進六！車7退1，俥七進一，包8退1，相五退三，包8退4，俥七平五！卒7進1，傌六進七！變化下去，紅淨多過河兵與傌炮直插黑薄弱右翼底線而反先。

　　16.傌三進五　　馬7進6??

　　左馬盤河出擊，劣著，再次錯失良機。宜包5退2！兵三進一，車2進1！兵三進一，包5進4！兵三進一，士5進4，相三進五，士4退5，俥七平四，車8進3，兵三進一，馬3進5，俥四進七，象7進9，相九退七，卒3進1！演變下去，紅雖淨多過河低兵，但黑兵種齊全、大子佔位不錯，優於實戰、足可抗衡、勝負一時難測。

　　17.炮五進二　　馬6進5　　　　18.傌七進五　　車2平5

　　19.俥七平五　　車5平4??

　　紅方抓住戰機，兌子取勢、搶佔要隘、大佔優勢。

　　黑平車避兌，漏著，導致再陷困境。宜車5進2！帥五進一，包8退3，（若馬3退2，炮八進六，將5平4，演變下去，雙方變化繁複，不易掌控、互有顧忌。）炮五進二，馬3退2，炮八進六，將5平4，兵六平七，卒7進1！變化下去，各有千

秋，黑可周旋，優於實戰。

20.兵六平七　將5平4

御駕親征、出將叫殺，係最新探索性改進戰術，明智之舉。在2007年11月14日趙鑫鑫與劉殿中之戰中曾走過車8進3?俥五平八，車4平5，炮八平五！車5退1，俥八進八，士5退4，俥八退六！車5進2，相三進五，包8平5！俥八平五，車8進6，兵三進一！雙方大量兌子後，紅仍五個兵齊全，以淨多雙過河兵大優而最終獲勝。

以下殺法是：俥五平八（*大膽左移中俥棄仕，有驚無險*）！車4進3，帥五進一，包8進2，炮八平五！包8平2，俥二進九，車4退1，（*若卒7進1??俥二退六！變化下去，也難以抵擋紅俥雙中炮過河七路兵的聯手多子攻勢。*）帥五退一！至此，紅雖殘底仕，但雙炮鎮中、五個兵齊全，且有中兵已兵臨城下，直逼九宮，黑方只好含笑起座，拱手請降，紅方完勝。

此局雙方開戰就炮聲四起，紅方拋出中炮七路俥重磅武器，演繹佈陣鬥法大戲；黑方不甘示弱，及時應用了屏風馬雙包過河互進七兵卒——2007年11月14日趙、劉之戰的拷貝流行定式，推出了新的探索性改進戰術，卻招來了滅頂之災。步入中局後，紅強渡中兵、從中路突破，黑進肋包串打、不顧中路被空襲。紅在第11回合平俥護俥，果斷祭出後發制人的佳著，黑也不甘示弱，及時徑走車2進6，一改以往包6退2、包6退6和包6平3三路變化結果均為紅優的走法，力爭對搏。但好景不長，當紅方在第14回合進左肋兵追殺黑右馬時，黑卻走包6退2跟著自己感覺走，棄馬受困，接著又在第16回合走馬7進6錯失良機、在第19回合走車5平4再陷困境，完全拷貝了2007年11月14日趙、劉之戰。儘管黑方在第20回合出將叫殺，拋出自己最新探索性改

進戰術，但為時已晚，又被紅方抓住最後機會，卸中俥棄仕、鎮中炮兌車，最終以雙炮鎮中、5個兵俱全、以多子多兵的絕對優勢完勝。

　　此盤紅方演繹中炮七路傌鬥法大戲，黑方卻推出了拷貝式的新改進戰術，惜臨場運用不當，反而招來了毀滅性打擊，「前車之覆，後車之鑒」，可引為教訓。

第33局　（湖北）陶漢明　先勝　（呂梁）牛志峰

轉五八炮渡中兵左中仕對屏風馬雙包過河右中士象象位車

1.炮二平五　馬8進7　　2.傌二進三　車9平8
3.俥一平二　馬2進3　　4.兵七進一　卒7進1
5.傌八進七　…………

　　這是2010年4月15日「北武當山杯」全國象棋精英賽第2輪陶漢明與牛志峰之間的一場酣鬥。雙方以中炮七路傌對屏風馬互進七兵卒拉開戰幕。紅方明俥不過河卻跳左正傌，顯然要迎接黑方連飛雙包過河的進攻型挑戰，看來賽前做過功課，是有備而來的。如俥二進六，車1進1，以下紅有兩變：①炮八平七，成五七炮陣式後，以下黑有車1平4、象3進5和象7進5三種不同攻守變化的弈法；②傌八進七，車1平4，以下紅有俥二平三和炮八平九兩路不同變化的選擇。可參閱本書「黨斐先勝謝靖之戰」。根據筆者多年的實戰體會：專業大師與業餘棋手的最大差別在於「佈局」。從當今中國棋壇發展史來看，很多業餘高手在民間對弈中已練就出很好的中殘局搏殺技巧和格鬥功夫，但對某些較為深奧的佈局，總是一知半解、解拆不透，容易跟著自己習慣的或不太成熟的感覺走，結果是吃虧上當、誤中「飛刀」，事

與願違，屢見不鮮。

5.………… 包2進4 6.兵五進一 包8進4

至此，黑方形成了「屏風馬雙包過河」這道令紅中炮七路傌難以突破的封鎖鏈條。如象7進5，傌二進六，變化下去，雙方互有不同攻守變化的走法。

7.兵五進一！ …………

急渡中兵，意欲藉中炮之威，儘快形成對黑方陣地進行騷擾。如傌九進一，以下黑有包2平3、象3進5等多路較為複雜的攻防變化。可參閱本書中的「王斌勝黨斐之戰」「蔣川負趙鑫鑫之戰」「葛維蒲勝梁軍之戰」「時鳳蘭負黨國蕾之戰」「張國鳳勝陳麗淳之戰」。

7.………… 士4進5 8.兵五平六 象3進5

9.仕六進五 …………

先補左中仕固防，屬改進後走法。如仕四進五，包2平3，傌七進五，車1平2，炮八平七，以下黑方有兩種走法：

①包3平7，兵七進一，車2進6，兵七進一！馬3退2，兵六進一，包8平5，傌二進九，馬7退8，傌三進五，車2平5！傌九平八，馬2進1，傌八進七！包7平1，兵七平八！車5平3！演變下去，將形成黑方多子、紅有雙兵過河助戰，且直接威脅著黑右邊馬互有顧忌的局面；

②車2進6，兵三進一，包3平1，兵三進一！包1平5！兵三進一，包5退1，兵三進一！車2平7，相三進一，車8進4，兵七進一，卒3進1，炮七進五！卒3進1，傌九進六，車7進1！傌九平五，卒3平4，炮七退五，車7退5！炮七平九，車7平8，傌五平八，包8平1！傌八進三，士5退4，傌二平三，前車平4！傌八退六，包1退3，傌八平五，包5進2！相七進五，士4

進5！黑多過河卒反先。

9.…………　車1平4

搶出右貼將肋車追兵對抗，穩正。黑另有兩變僅作參考：①
包2平3（筆者曾應過）？俥九平八，車1平2，炮八進五，包3
平2！炮八平九，馬7進6，傌三進五，馬6進7，俥二進二，馬3
退1，傌七進六，車2進2，兵七進一！車2平1，俥八進三！馬1
退3，傌五退七，包8平2，俥二進七，車1平2，兵七進一！雙
方兌俥車炮包後，紅反有兩兵過河而獲勝；②馬7進6？傌三進
五，馬6進7，俥二進二，車8進4，相七進九，包8平5，俥二
進三，馬7退8，傌七進五，包2平9，傌五進四！車1平2，炮
八平七，車2進6，俥九平六，車2平3，俥六進二，卒5進1，
兵七進一，卒3進1，兵六平五！卒3進1，兵五平六！下伏兵六
進一直插九宮和傌四進六赴槽叫殺的先手棋，結果也是紅勝。

10.傌三進五　卒3進1！

兌3卒，果斷棄象，是有名的有膽有識大局觀的新興著法。
如包8平5？俥二進九，馬7退8，傌七進五，馬8進7，炮八平
七，包2平7，兵七進一，象5進3，兵六平七！以下黑如車4進
3，炮七進四！下伏有俥九平八的先手棋；又如黑改走車4進6，
傌五進六！變化下去，黑雖多雙卒，但紅有攻勢反先。

11.兵七進一　象5進3　　12.兵六平七　車4進6

13.傌五進六　馬3進4　　14.傌七進八！　車4平3

紅兌兵殺象棄傌後，現進左外肋傌捉車追馬，是步積極穩
健、先棄後取的著法。

黑藉躲車捉兵，意欲殺兵固防。但也可車4平7！傌八進
六，包8退1：①相七進九？？包8平7！紅右俥難逃，黑反大
優；②相三進一？？包8平1！黑方白得一紅俥而勝定。

15.傌八進六　車3退2　　16.傌六進四　車8進1?

至此，屬於佈局過渡至中局的流行大套定式，現黑高左直車護槽，曾是效果不佳的高危定式，現又大膽重演，不知是隨波逐流，還是「眉頭一皺，計上心來」？耐人尋味！此著一出，無形中給以後紅方進攻打開了缺口，故宜改走包2平5！相七進九，以下黑有兩變：

①車8進1！兵三進一，卒7進1，傌四退三，包8平1！俥二進八，包1進3！帥五平六，包5平7，傌三進二，車3進5，帥六進一，車3退1，帥六退一，車3退6，炮八退一，車3平4！炮八平六，包7進2，仕五進四，包1平6！雙方在兌俥車過程中，黑雙包齊鳴轟兵炸仕後大優；

②士5進6！俥九平六，馬7進6，炮八進一，士6進5，兵三進一，車3進2，炮八平五，車3平5，兵三進一，馬6進7，俥二進二，馬7進5，俥二平五，車5進1！相三進五，包8進3！相五退三，車8進6，俥六平八，車8平7！俥八進九，士5退4，仕五進四，車7進3！帥五進一，包8平6！傌四退五，卒5進1，傌五退六，車7退5！演變下去，黑淨多中卒底士也大佔優勢，上述兩變均強於實戰。

17.炮八平六　車8平6

18.傌四退五！　車3平4

紅傌退中路欺車，意欲嚴控中路，伺機出擊，繼續保持變化。

黑車佔右肋道穩健。如車3進1?傌五進三！包8退1，俥九平八！紅傌踩卒後又破了「擔子包」，下伏右炮遭襲，紅反大優。

19.俥九平八(圖33)　包2平5???

現反架右中包？拋出看似頗有力度的最新「飛刀」，實則加速了自毀長城的失敗進程！如圖33所示，宜車6進4！兵三進一，車6進1，（若車4進2??俥五進七，車4平5，俥二進三！包2平8，俥八進九，士5退4，俥七進六，將5進1，俥八退一，將5平6，俥六進八！象7進5，俥八進六！馬7進6，俥八進一！士6進5，俥八平五！下伏俥五平四！絕殺，紅勝。）兵三進一，包2平5，俥八進九，士5

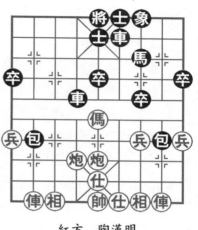

黑方　牛志峰

紅方　陶漢明

圖33

退4，炮六平八，象7進5！兵三進一，卒5進1，兵三進一，卒5進1，變化下去，雖紅仍多相得勢佔先，但黑子靈活，可以一搏，優於實戰，一時勝負難料。

20.俥二進三！…………

紅方抓住戰機，棄俥砍包、精妙絕倫，果斷精準，佳著！由此步入佳境。

20.…………　　包5平8

卸中包打俥無奈，如徑走車4進3??兵三進一，車4退1，俥五進七！車4平3，相七進九，士5退4，兵三進一！演變下去，紅多相、大子靈活也勝定。

21.俥五進七　車4退4

先退回貼將車也屬無奈，如車6進8??帥五平四！包8進3，相三進一，象7進5，炮五進五！士5進4，俥八進九，將5進

1，俥八退一！將5退1，傌七進九！變化下去，紅多子多雙相，又有攻勢，勝定。

22.俥八進九！

沉俥獻俥催殺，一劍封喉，紅勝。以下黑如車6進1??俥八平六！將5平4，傌七進六！成傌後炮妙殺，紅勝；又如走車4平2，傌七進六！也傌到成功，擒將紅勝。

此局雙方開戰就炮聲四起，紅挺中兵用中炮盤頭傌，黑應雙包過河右中士象、又出右貼將車迎戰，一改包2平3和馬7進6兩路變化結果均為紅勝的走法，意欲出奇制勝。但好景不長，當紅方在第16回合走傌六進四直撲臥槽時，黑接走車8進1錯失先機，又在第19回合走包2平5反架右中包後卻加快了告負速度，被紅方抓住機會，右俥砍包、傌入象台、獻俥叫殺、一氣呵成！

此盤把注重「佈局研究」擺到自己的議事日程上，賽前須備戰，方案多幾套，針對性要強，臨枰時善變，困境時毫不氣餒，關鍵時不急不躁，佔優時注重細節，搏擊時全線發力，獲勝後認真總結，不愧為短局佳構。

第34局　（菲律賓)洪家川　先負　（越南)賴理兄

轉五八炮過河俥高左橫俥對屏風馬右中象高右包打俥

1.炮二平五	馬8進7	2.傌二進三	卒7進1
3.俥一平二	車9平8	4.俥二進六	馬2進3
5.兵七進一	象3進5		

這是2010年11月17日第16屆亞運會象棋賽男子組第5輪菲律賓洪家川與越南賴理兄之間的一盤精彩短局。雙方以中炮過河俥對屏風馬右中象互進七兵卒拉開戰幕。黑先補右中象，更側重

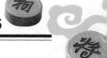

於穩固的防守，但其造成最直接的後果是左馬失根，前人似不大敢去涉入此領域。筆者在網戰上曾應過包2進4？（若包8平9或走馬7進6，前面已分別介紹過。）兵三進一，（若兵五進一，雙方另有不同攻守變化。）卒7進1，俥二平三，包8進4，俥三退二，包8平7，相三進一，以下黑方有兩變：①馬7進8！傌八進七，象3進5，俥九進一，包2平3，相七進九，車1平2，俥九平二，馬8退9，俥二平六，士4進5，炮八退二，車2進6，兵九進一，車8進6，兵一進一，車2退2，仕六進五，變化下去，雖黑陣型工整，但紅易走，結果戰和；②馬7進6？傌八進七，象3進5，兵五進一！包7平3，兵五進一！卒5進1，俥三平四，車8進4，傌七進五，卒5進1，炮五進二！士4進5，傌五進三，車1平4，（若馬3進5？炮五進一！馬6進8，俥四進二！以下如雙方兌傌馬，紅俥傌炮聯手後會有攻勢佔優。）仕六進五，車4進8，炮八平六，馬3進5，以下紅有炮五進一和俥九平八兩路變化結果均為紅略優的不同弈法，結果前者為紅勝、後者為雙方下和。

　　6.傌八進七　…………

　　進左正傌，仍想還原成常見局面，不輕易把局面導向自己不熟悉的領域。如先俥二平三，馬3退5，傌八進七，包2進1，傌七進六，卒3進1，傌六進七，卒3進1，以下紅有炮八平九和炮八平七兩路變化結果，前者為雙方均勢、後者為黑有包7平6和包7平8兩條反擊路線而較為易走的不同走法。

　　6.…………　包2進1

　　高起右包出擊，將此體系佈局導向了一個新領域。如馬7進6變化下去，則可還原成中炮對屏風馬左馬盤河右中象佈局陣勢；又如包8平9演變下去，則可還原成高左直車保馬的佈陣局

面；再如士4進5走下去，則可還原成棄馬局的流行局面，以上3變均有佈局套路可循，結果均為紅方先手。

7.俥九進一 …………

高左橫俥出擊，一改俥二平三和傌七進六兩路流行著法，意欲出奇制勝。在2010年4月「北武當山杯」全國象棋精英賽上洪智與柳大華之戰中曾走俥二平三，卒3進1，俥三進一，卒3進1！黑棄子奪勢，結果黑勝；筆者曾在網戰上應俥二平三時，改走馬3退5！傌七進六，卒3進1，傌六進七，卒3進1，炮八平七，包2進3！兵三進一，卒3進1！炮七退一，卒7進1！演變下去黑反易走，結果大量兌子成和。

7.………… 卒3進1

挺3卒，右包窺打紅右俥，屬流行變例之一。如士4進5，俥二平三，〔若俥九平六，包8平9，俥二進三，馬7退8，炮八進二（若求穩可走兵五進一），以下黑有車1平4和包9平7兩路變化結果，前者為雙方對攻激烈、勝負難料，後者為局勢相對平穩的不同走法。）〕卒3進1，俥三進一，卒3進1，俥九平二，（宜兵五進一！卒3進1，傌七進五，打算送還一子為妙。）包8進4，兵三進一，車1平4！變化下去，黑棄子後攻勢如潮，令紅方難以抵擋。

8.俥二退二 包8進2

伸左包巡河，伺機右移出擊，靈活穩健之著。筆者曾經走卒3進1，俥二平七，馬7進8，兵三進一，卒7進1，俥七平三，士4進5，傌七進六！演變下去，雖雙方子力對等，但紅子活躍、仍持先手。

9.俥九平六 車1平3！

至此，雙方還原成了「中炮直橫俥對屏風馬兩頭蛇、紅方先

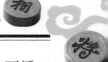

「兌七兵」變例。以往大師們多走士4進5有大段定式套路可循，且紅可持先手，而黑亮右象位車則是網戰上風靡的著法之一，變化十分複雜，形成了一路新佈局體系，從網戰勝率來看，黑方不落下風。

10.俥六進五　包2進1　11.相七進九　…………

揚左邊相，準備接受黑兌3卒。如俥六平八，（另有傌七退五、炮五平六和炮八退一3路變化結果，前者為紅方主動、中者為雙方基本均勢、後者為黑方略好的不同走法。）卒3進1，俥二平七，車8進1，以下紅有俥八進一和傌七進六兩種變化結果，前者為黑優、後者為黑方易走的不同走法。

11.…………　馬3進4　12.兵七進一　車3進4

13.傌七進六　士6進5!

補左中士固防，忙中有閑、靜觀其變、伺機出擊、穩健有力！如包2進1？傌六退八，車3進2，炮八進二！車3平2，炮八平六，士6進5，相九退七，變化下去，紅反略先易走。

14.仕四進五?　…………

補右中仕固防，劣著！給黑右巡河包有反擊發威機會而陷入困境。宜傌六進八！車3平2，炮八平七，馬4進3，相九進七，馬3進5，相七退五，變化下去，雖雙方各有千秋，但紅勢不弱，可以一戰。

14.…………　包2進1(圖34)

15.傌六退八???　…………

黑方抓住戰機，進包打俥、揮包出擊，由此步入攻殺佳境。

紅退傌欺包、令紅傌窺車，敗著！導致錯失戰機、難逃一劫。如圖34所示，宜俥二退二！包8退1，俥六進二，馬4進6，兵三進一！馬6進7，炮八平三，包2進4，相九退七，車3進

5，俥六平八！變化下去，不管
黑方是否兌子，紅足可抗衡，優
於實戰。

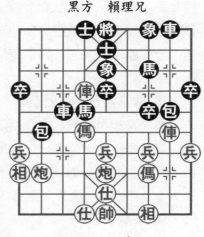

黑方　賴理兄

紅方　洪家川

圖34

15.………… 卒7進1

16.俥二平三 包2進2！

　　黑方不失時機，棄卒拉車、
棄車換雙，旨在儘快將大子調到
紅方薄弱右翼，著法簡明而老
練！明智而有力！

17.傌八進七 包2平7！

18.俥三平七 包8進5！

19.仕五退四 車8進8

20.俥六退一 …………

　　俥貪盤河馬速敗！也無奈。如仕六進五，馬4進5！俥七退
一，車8平7，帥五平六，包8退1，仕五進四，包7進2，仕四
進五，包7平9！雙包齊鳴、左車發威，黑也勝定。

20.………… 車8平7

　　車包到位、水到渠成，雙包硬殺、紅方認負。

　　此局雙方開戰就爭奪空間優勢，紅右直俥過河入卒林線，黑
高右包於卒林線伏擊紅右俥，然後黑用雙包巡河來抗擊紅直橫俥
襲擊。當黑右象位車在兌3卒七兵後爬到了右象台追殺紅左正
傌、又補左中士固防後，紅在第14回合走仕四進五陷入困境，
接著在第15回合竟然接走傌六退八欺包，錯失戰機，令人大跌
眼鏡，被黑方抓住戰機、棄卒拉車、獻車兌雙、雙炮齊鳴、車包
聯手、大舉合圍、妙手制敵、攻破城池、拔寨擒帥。此盤黑方佈
局敢補右中象涉入前人不大敢去的領域，及時亮出右象位車後雙

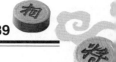

包巡河還擊，善於緊抓紅方補仕漏著和回傌敗著戰機，雙包齊鳴、揮車配合，僅20回合就破關擒王，確為妙殺短局！

第35局 （湖北）汪洋　先勝 （北京）蔣川

轉五八炮過河俥渡中兵盤頭馬對屏風馬平包兌俥右中士

1.炮二平五　馬8進7　　2.傌二進三　車9平8

3.俥一平二　馬2進3　　4.兵七進一　卒7進1

5.俥二進六　包8平9　　6.俥二平三　包9退1

7.兵五進一　士4進5

這是2010年10月18日全國象棋個人賽第3輪汪洋與蔣川之間的一場精彩搏殺。雙方以中炮過河俥挺中兵對屏風馬平包兌俥右中士互進七兵卒開戰。先補右中士固防，屬當今流行變例，旨在未雨綢繆、厚積薄發。在同年9月第4屆「楊官璘杯」全國象棋公開賽專業組徐超與汪洋之戰中曾改走過包9平7！結果黑勝。然而現黑補中士想一拼高下，欲力拔頭籌，結果如願嗎？讓我們拭目以待。

8.兵五進一　包9平7　　9.俥三平四　卒7進1

10.傌三進五　…………

紅先渡中兵，現又右傌盤河作戰，屬急攻快戰下法，也是速戰速決的常用戰略。也可兵三進一吃卒緩攻，以下黑有象3進5和卒5進1兩路攻防變化較為複雜的不同走法。

10.…………　卒7進1　　11.傌五進六　車8進8

12.炮五退一！　…………

紅急退中炮成「窩心炮」，始創於2001年全國象棋排位賽上，也曾是黑方蔣川百戰百勝的秘笈戰術武器，現在大敵當前、

舊譜翻新，必有其道，含蓄而深沉！紅方汪洋以子之矛來攻子之盾，顯然是有備而來！請看蔣川以下如何決策的。如傌六進七，（若傌八進七，象3進5，傌六進七，車1平3，傌七退五，以下黑有車3平4、馬7進8和卒3進1三種不同攻守變化。）卒7平6，炮五進四，象3進5，相七進五，（若相三進五，馬7進5，傌七退五，車8平2！紅棄還一子無先手。）馬7進5，傌七退五，車8平2，俥四退三，車1平4，傌八進六，車4進8，炮八平九，車2退4，俥四平五，（若兵五平四，包7平6，兵四平三，士5進6，俥四平五，包6平5，雙方對搶先手。）車4平6，炮九進四，（若仕六進五？象5進7，相三進一，包2平5！黑可樂觀。）包2平1，炮九退二，包1進2！至此，黑雖少卒，但對紅方有反牽制力，不會吃虧，足可抗衡。

12.………… 馬3退4

馬退右底士位，穩正，是2001年大賽中出現的改進型新戰術。主流戰術是馬7進8，（若象3進5，以下紅有傌六進七和兵七進一兩路不同攻守變化；又若卒7平8，相三進五，以下黑有馬3退4和馬7進8兩種不同選擇。）俥四平三，馬8進6，俥三進二！馬6進4，俥九進一，馬4進6，炮五平四，包2進7，炮八平五！車1平2，（若車1進2？俥三退五！馬3退4，俥三平四！馬6退8，兵五進一！變化下去，紅反大優。）傌六進七！車2進7，炮五進四，士5進4，俥三進一，車2平4，俥三平四！將5進1，仕四進五，車8平6，仕五進六！車6平1，俥四退七！變化下去，紅多子佔優。

13.俥九進一　車8退3？

退左車騎河回防，是蔣川推出的最新佈局「飛刀」。可走車8退4，（若走過去的主流卒5進1？炮八平五！車8退4，傌八進

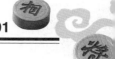

七，馬4進5，俥九平六！包2平4，俥六退八！紅各大子處於佳位，反優。）炮八平五，象7進5！傌八進七，卒5進1！俥九平八，包2退1！黑陣型穩固，頗具彈性，反優。

14.炮八進二　…………

面對黑方臨場拋出的新招，紅沉思十多分鐘後走出升巡河炮打車的佳著！如後傌進七??馬7進8，炮五進五，象3進5，俥四退四，包7進8，仕四進五，馬8退7，俥四平二，卒7平8，俥二退二，包7退1！黑反滿意。

14.…………　　車8退1　　15.傌六進八　車1平2

亮出右車護包，老練有力！如包2進3？俥四進二，馬4進5，兵五進一！紅可迅速突破黑方防線而大佔優勢。

16.俥四進二(圖35)　…………

進俥點穴捉包緊湊，是步搶先奪勢後續手段的好棋，為以下紅方連續攻殺作了深層次的鋪墊。

16.…………　　馬4進5???

此刻雙方局勢十分複雜，要準確抉擇頗有難度，但進中馬保左包是一步敗著！導致「一著不慎全盤皆輸」。

如圖35所示，宜包7平9！以下紅有3種選擇：

①炮五平八？車8平5！相三進五，包9進1，俥四平三，車2進1，（也可車5平7！後炮平三，馬4進5，炮三進四，馬5退7！炮三進三！馬7進8，炮八

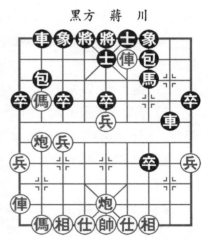

黑方　蔣　川

紅方　汪　洋

圖35

退三，象3進5，炮八平四，包9進4！後偶進七，馬8進6！炮四平一，包9退2，在雙方纏鬥中，紅雖多子，但黑淨多三個卒，足可抵禦。）前炮進三，包9平2，俥三退一，車5平2！炮八平三，象3進5，俥三進二，前車進5！俥三退六，前車退3！俥三進三，包2平4，傌八退九，卒1進1！炮三平二，前車平8，傌九退七，卒5進1，俥九平四，車2進5，傌七退六，車8進1，傌六進四，車2平6！仕四進五，包4進4！變化下去，黑雖殘象，但多卒可戰，優於實戰；

　　②兵五進一，包9進1，俥九平六，車2進1，炮八進三，包9平2，後傌進七，馬7進5！俥四退二，包2平5！俥四平五，車2進2！俥六進七，車2退1，傌七進六，包5進6！仕六進五，卒3進1，兵七進一，車8平3，變化下去，紅雖子力靈活，但黑多卒，成平穩局勢後，黑也可一搏，好於實戰；

　　③相七進五？？車2進1！俥九平八，卒5進1！炮五平三，車8進4，俥四平三，車8平7！俥八平三，包2進3！前俥退一，車2進2！黑車換紅傌雙炮後又淨多雙卒，強於實戰，足可抗衡。

　　17.炮五平八！　…………

　　紅方抓住機遇，卸中炮於八路，飛刀出手、刻不容緩，精準打擊、一劍封喉！造成如此嚴重後果的是馬4進5闖的大禍，至此，紅呈大優態勢，黑難逃滅頂之災。

　　17.…………　車8平5　　18.相三進五　馬7進8

　　跳左外肋馬無奈，如包2進3？？前傌進七！馬5退3，炮八進八！象3進5，俥四平三！變化下去，紅多子得勢也勝。

　　19.前炮進三！　包7進4　　20.前炮進一　將5平4
　　21.後炮進一　包7平5　　22.仕四進五　車5平4

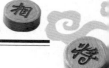

23.後傌進七　　馬5進7

紅雙炮齊鳴、得包又躍傌，全盤掌控著局面。而黑躍中馬捉傌、慌不擇路、實屬無奈，只能導致丟子告負。如改走卒5進1？兵七進一！車4進2，後炮退二，卒1進1，傌七進八，車4退1，兵七進一！包5平2，前炮退四！車4平2，傌九平六！將4平5，傌八進七！馬5退3，炮八進九！車2退5，傌四退三，馬8進9，傌四平五！車2進6，傌六平七，車2平4，兵七平八！以下伺機棄兵殺底象後，紅也勝定。

以下殺法是：傌四退三！（去虎口奪馬，多子必勝。）車4進2，傌四平二！馬7進6，傌二平三，卒7平6，傌三平四！馬6進8，傌四退二，馬8進7，傌四退二，馬7退8，兵九進一，象3進5，後炮退二！下伏有傌九進二兌車凶招，黑方只好推枰認負，紅勝。

此局雙方開戰伊始就平包兌傌挑起事端、步入對決。紅首先布下「五八炮急渡中兵窩心炮」急攻黑方前沿陣地，兩軍的陣前大戰一觸即發。雙方剛步入中局後不久，黑見紅方來勢兇猛，果斷而大膽地亮出自己最新佈局「飛刀」——在第13回合走了車8退3！？回防，一改過去卒5進1和車8退4的主流變著。而紅方在陌生而閃亮的新佈局「飛刀」面前，沉著冷靜、老練應對，在儘快掃視整盤態勢、沉穩思考十來分鐘後，反手一擊：先高左炮轟車、再快速策傌奔槽，大有黑雲壓城城欲摧之勢。在紛亂局勢下，黑方慌不擇路、判斷失誤，在第16回合走馬4進5？？？造成失勢丟子的嚴重後果，最終飲恨敗北、城下簽盟。

此盤黑方在關鍵時刻亮出佈局「飛刀」定要思前顧後、慎重再慎重，一旦受挫，毫不氣餒、委曲求全、軟纏硬磨、迂迴挺進、僥倖一擊、應勢而動、順勢而為，智守前沿，可盡力求和也。

第36局　（開灤）郝繼超　先負　（北京）蔣川

轉五八炮挺中兵左橫俥邊相對屏風馬雙包過河平包兌俥

1.炮二平五　馬8進7　　2.傌二進三　車9平8

3.俥一平二　馬2進3　　4.兵七進一　卒7進1

5.傌八進七　…………

這是2010年10月16日第45屆全國象棋個人錦標賽第1輪郝繼超與蔣川之間的一場殊死決戰。雙方以中對屏風馬互進七兵卒拉開戰幕。紅跳左正傌是高舉挑戰大牌的一種頗為自信的表達，有意將局面導向複雜化，求勝之心躍然枰上。因為在關鍵大賽中，一般棋手都不願遭到雙包過河後的強勁反擊，多願改走急進過河車。現大敵當前，紅方敢於逆勢而為、果斷出手，應該是有備而來、做足功課、志在必得！如俥二進六，可參閱本書「黨斐先勝謝靖」和「陶漢明先勝牛志峰」之戰。

　　5.…………　包2進4

伸右包過河直窺三路兵，欣然接受了挑戰而沒另闢蹊徑，是一步仍欲求勝的針尖對麥芒的著法。以往流行象7進5或象3進5這兩路屬於求穩性下法，可參閱本書「張國鳳勝陳麗淳之戰」。

　　6.兵五進一　包8進4　　7.俥九進一　…………

至此，雙方走成中炮橫俥七路傌對屏風馬雙包過河互進七兵卒的較為複雜的變例。如兵五進一，包2平3，（若象3進5，兵五平六，以下黑有馬7進6和士4進5兩種不同選擇。）相七進九，車1平2，俥九平六，車2進6，以下紅有俥六進六和兵三進一兩種變化結果均為紅優的不同走法。可參閱本書「黨斐勝謝靖」和「陶漢明勝牛志峰」之戰。

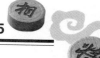

7.………… 　　包2平3

平右包壓傌、直窺殺底相，率先發難。如象3進5，傌九平六，以下黑有兩變：

①馬7進6，兵五進一，卒5進1，傌六進四，馬6進7，傌六平五，士4進5，傌五平三，以下黑有馬7退5和馬7進5兩種雙方均各有千秋的不同下法；

②士4進5，兵三進一，以下黑有車1平4和包8平3兩路不同攻守變化的弈法。可參閱本書「王斌勝黨斐之戰」。

8.相七進九　車1平2　　9.傌九平六　包3平6！

平右包佔左肋道應對，舊譜翻新之變！筆者曾在網戰走包3平5，仕六進五，車2進7！傌三進五，車2退1，傌六進六，包8平5，傌二進九，馬7退8，傌六平七，象7進5，傌七退一，馬8進6！傌七進五，車2平5，雙方大量兌子後，基本均勢，結果雙方戰和；又如車2進6，可參閱本書「時鳳蘭負黨國蕾」和「葛維蒲勝梁軍」之戰。

10.兵五進一　　…………

急衝中兵搶攻、血氣方剛！儘管在20世紀80年代比較盛行，也是21世紀前十年專業派與「草根派」皆青睞和常用的戰術之一。但主流仍是傌六進六捉馬騷擾和仕六進五鞏固中防。具體殺法，可參閱本書「王斌勝黨斐」和「蔣川負趙鑫鑫」之戰。

10.………… 　士6進5

「背車補士」是古典戰術。但在21世紀新千年出現的「迎車補士」因實戰效果不佳，而被束之高閣了。

11.傌三進五　車2進6！

伸右直車過河窺中路盤頭傌，老練穩正，為以後配合左包出擊作了鋪墊。如包6退1，（若包6進1，可參考本書「張國鳳勝

陳麗淳」之戰。）兵三進一，卒5進1，兵三進一，馬7進5，兵三平四，卒5進1，炮五進二，車2進7，俥六平二，車8進4，俥二進二，車8平6，變化下去，雙方子力對等、勢均力敵、旗鼓相當、優劣難斷。

12.傌五進六　　包8退2！

退包剿中兵，不給紅方喘氣，這就是車2進6精華所在。

13.兵五平四　…………

卸中兵，分兵緩衝是主流選擇。如仕六進五？包8平5！俥二進九，馬7退8，傌六進七，車2進1，帥五平六，車2平3！炮五進四，將5平6，俥六進四，車3平1，（若車3平2，俥六平五，車2進2，帥六進一，馬8進7，變化下去，雙方對搏，互有顧忌。）俥六平五，車1進2，帥六進一，馬8進7，俥五平三，包6進2，仕五進四，包6平7！俥三平六，馬7進5，傌七退五，車1退1，帥六退一，車1退2！變化下去，黑將多象多卒佔優。

13.…………　　包8平6　　14.俥二進九！　後包平5

15.傌七進五　…………

進中傌連環，邀兌中包正著。如貪炮五進四？馬3進5！俥二退五，車2進1！傌七進八，馬5退4，俥二平四，包6平9！帥五進一，馬7進5！黑車兌雙炮後，紅帥位不安，黑反多卒有攻勢。

15.…………　　馬7退8　　16.炮五進三　　車2進1

進車殺炮穩正。在2008年1月3日「五羊杯」全國象棋冠軍邀請賽上許銀川與徐天紅之戰中曾走卒5進1??炮八平五！卒3進1，兵七進一！馬3進4，傌五進六，馬8進7，兵七進一！包6退3，俥六平四，包6平5，炮五進四，馬7進5，傌六進八！馬5

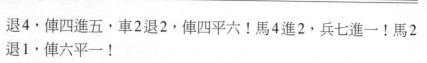

退4，俥四進五，車2退2，俥四平六！馬4進2，兵七進一！馬2退1，俥六平一！

紅淨多過河七兵有攻勢佔優，結果紅勝。

17.炮五平四　馬8進7　　18.兵七進一　卒5進1（圖36）

急進中卒、隔開傌炮，旨在渡河壓中馬參戰，是蔣川拋出的極富挑戰性的最新佈局飛刀！令紅方的賽前「功課」付諸東流。在2009年12月4日全國象棋個人賽上劉昱與黨斐之戰中曾走包6平9！兵七進一，包9平5！傌六退五，車2退1，俥六平五，馬7進6！傌五進四，馬3退2，俥五進五，車2平1！傌四進六，車1平6，傌六進五，士4進5，俥五進二，將5平6，俥五平八，車6進3！帥五進一，車6退1，帥五退一，車6退5，兵七進一，車6平5！仕六進五，將6平5，俥八進一！車5進5！帥五平四，（此刻，似應改走帥五平六，則車5進1，帥六進一，象7進5，俥八退六，以後紅俥兵與黑車卒交戰相鬥，紅已兵臨城下、且有捷足先登勢頭，可能這就是紅方郝繼超在賽前準備時預想要達到的目的吧！）車5進1，帥六進一，車5退7！俥八平七，將5進1，俥七平四，車5平3！黑方巧妙頓挫後殺去紅過河兵，反淨多雙高卒大優，結果黑勝。

19.傌六進七??? …………

進傌貪馬、自找麻煩、方寸大亂、由此被動、導致敗北。如圖36所示，宜兵七進一！馬3進

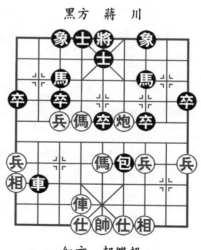

黑方　蔣　川

紅方　郝繼超

圖36

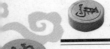

5，兵七平六！馬7進6，傌五進四，馬5退6，兵一進一！車2退3，變化下去，雖黑多卒稍優，但雙方互有顧忌、紅可一戰，優於實戰。

19.…………　車2退1　　20.傌五進七　…………

躍傌棄炮，明智之舉。如俥六平五？包6退1！傌五退七，包6平5！變化下去，黑鎮空心中包後反大佔優勢。

20.…………　馬7進6　　21.兵七進一　馬6進7

進兵殺卒正著。如後傌進五？車2平5！俥六平五，包6平9！兵七進一，車5進2！帥五進一，象7進5，傌五退七，馬6進7，演變下去，黑陣型工整、兵種好、多卒佔優。

在黑有兵種優勢、紅大子處位靈活的互有顧忌局勢下，現黑馬踏三路兵，穩正。如卒5進1？俥六進四！馬6進4，後傌進六！演變下去，紅俥雙傌兵聯手後反會迅速形成了攻勢。

22.後傌進五??　…………

後傌貪殺中卒，再陷困境。宜俥六平五！（也可先俥六進五入卒林伺機出擊為上策，不給黑肋包鎮中反擊機會。）包6退4，俥五進二！包6平5！前傌退五！車2平5，傌七退五，卒5進1！傌五退七，卒7進1！仕六進五，演變下去，黑雖兵種全、又多過河中卒佔優，但紅尚可支撐，也優於實戰。

22.…………　包6平5！

鎮空心中包，機警、精妙！如貪包6平9???傌五進四！將5平6，傌四進二！將6進1，傌七進六！士5退4，俥六進七，士4進5，俥六平五！紅不失時機，雙傌馳騁、傌兌雙士、反客為主、反敗為勝！

23.俥六進一　包5退1　　24.傌五進四　將5平6

出將，御駕親征，明智之舉。如貪士5進6???則俥六進

七！紅反速勝。

　　25.傌四進二　…………

　　進傌叫將，正著。如貪傌四退六??車2平6，傌六退五，車6進3！帥五進一，馬7退5，俥六進二，馬5進6，相三進五，馬6退8，帥五平六，車6退3，黑得仕仍優。

　　以下殺法是：將6平5，俥六平四！馬7進5！仕四進五，馬5退6！帥五平四，（若相三進五?卒7進1！帥五平四，包5退1！俥四平二，車2平9！形成黑車馬包卒聯手攻勢後，黑也勝定。）卒7進1！

　　至此，黑有四子壓境，大有炸平盧山之勢，以下又伏有車2平7和包5退1伏殺四路俥的雙重高壓手段，此刻，紅方只好拱手請降、城下簽盟，黑勝。

　　此局雙方開戰伊始就以中炮七路傌對屏風馬雙包過河展開了精彩激烈的「佈陣鬥法」。紅渡中兵、黑車雙包阻擊，紅轟黑中包、黑車殺左炮，你爭空間、我搶地形，針鋒相對、針尖對麥芒，爭奪異常激烈、拼搶非常厲害。

　　當雙方兌俥車步入中局後，黑方在第18回合中卒隔開傌炮、意欲過河參戰後，一改以往包6平9走法，拋出了極富挑戰性的最新佈局飛刀後，令紅方的賽前準備全部泡湯「流產」，故在第19回合紅接走傌六進七貪馬，自找麻煩、導致被動，又在第22回合後傌進五貪殺中卒，導致自毀長城。黑方抓住機遇，徑鎮空心中包、馬進中叫帥、回馬攔俥路、渡7卒護馬，形成了黑方車馬包卒四子壓境的聯手攻勢而一舉制勝。

　　是盤雙方搏殺、志在必得、佈陣鬥法、我行我素，黑先祭出「飛刀」、紅後方寸大亂，黑抓住戰機、紅貪馬戀卒，黑四子壓境、紅敗走麥城。

第37局 （河北）申鵬 先勝 （四川）李少庚

轉五八炮過河俥渡中兵對屏風馬7路馬右中象橫車互進中士

1. 炮二平五　馬8進7　　2. 傌二進三　車9平8

3. 俥一平二　馬2進3　　4. 兵七進一　卒7進1

5. 俥二進六　馬7進6　　6. 傌八進七　象3進5

7. 兵五進一　…………

　　這是2010年9月15日第4屆「楊官璘杯」全國象棋公開賽第2輪申鵬與李少庚之間的一場龍虎之戰。雙方以中炮過河俥七路傌對屏風馬7路馬右中象開戰。黑先補右中象防守，一改以往流行的車1進1、卒7進1和象7進5三路不同走法，意欲攻其不備、出奇制勝。

　　紅挺中兵，按既定方案，意欲從中路突破，一改以下：①炮八進二，以下黑方有卒7進1和包2進1兩種不同走法；②俥九進一，以下黑有士4進5和卒7進1兩路不同攻守下法；③炮八進一，以下黑方有包2進1、包2退1、卒7進1和士4進5四種不同選擇變化；④炮八平九，車1平2，俥九平八，以下黑方有包2進4、包2進6、卒7進1和士4進5四條不同下法的選擇；⑤俥二平四，馬6進7，傌七進六，以下黑方有包8平7和士4進5兩種不同弈法等，也欲出奇制勝。

7. …………　卒7進1　　8. 俥二平四　卒7進1

　　渡卒吃傌，搶先發威，屬改進後走法，如馬6進8，（若馬6進7，兵五進一，士4進5，傌三進五，包8進5，以下紅有俥四退四和兵五進一複雜攻守變化。）傌三進五，卒7進1，傌五進三，包8平7，俥九進一，變化下去，紅反先手。

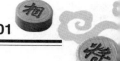

9.俥四退一　卒7進1　　10.俥四平二 …………

平俥牽炮，穩健。如傌七進五，（若兵五進一，包8平7，相三進一，車8進6，兵五進一，士4進5，變化下去，互有顧忌。）卒7進1，（若包8平7，傌五進三，卒7進1，相三進一，演變下去，紅乘勢擴先。）俥九進一，卒7進1，俥九平二，卒7平6，俥四退五，士4進5，兵五進一，變化下去，紅雖殘仕缺相，但主力活躍，形勢有利。

10.…………　車1進1

搶出右橫車，積極穩正。如卒7平6?炮五進一，卒6進1，俥九進一，卒6進1，帥五平四，車8進1，俥九平三，士4進5，（若車8平6，帥四平五，包8平9，俥三進八！演變下去，黑殘象，紅反優。）帥四平五，演變下去，互有顧忌。

11.兵五進一　車1平8　　12.兵五進一　士6進5

13.兵五進一　包2平5　　14.仕六進五　包8平9

15.俥二平五!　包5進5　　16.炮八平五!　包9平5!

17.俥九平八? …………

先亮出左直俥過早，給黑方有了反擊機會。宜先走炮五進五！象7進5，俥九平八！變化下去，優於實戰，紅可抗衡。

17.…………　包5進5　　18.相七進五　前車進3

19.俥五退一　卒7進1

此時，雙方形成了紅多中相，黑有過河7卒各有顧忌的局面。

20.俥八進七　　　後車進2　　21.俥五平三　卒7平6

22.俥三進五!　士5退6　　23.俥三退六　後車平4

24.俥三平四　車8進4　　25.俥四進三　車4平5

26.俥八退四(圖37) …………

左俥退回兵行線，保守，錯失先機。宜先走傌七進六！車5進3，俥八平七！車5平4，俥四平五，士4進5，俥七退一！車8退2，俥七平九，車8平9，雙方兌傌馬又掃兵卒後，紅淨多雙相固守，殘局易走。

26.………… 士4進5？？？

補右中士固防，錯失最後抗衡機會，敗勢已呈。如圖37所示，宜車5進5！俥八平五，車5退1，傌七進五，車8退2！傌五退四，車8平1，演變下去，紅雖多底相，但黑多卒，足可抗衡。

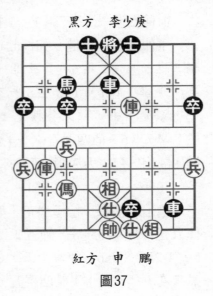

黑方 李少庚

紅方 申 鵬

圖37

以下殺法是：俥八平五！車5平7，俥四平七！馬3退4，俥七平六！車7進7，帥五平六，馬4進2，（若馬4進3？俥五進四！紅也能捷足先登擒將入局。）俥六進二！車8退6，俥六平八！車8平4，帥六平五，將5平4，俥八進一，將4進1，俥八退八，（攻不忘守！）車4進5，俥五進一，將4退1，俥八進八！沉俥叫將，黑敗走麥城！以下黑如接走將4進1，傌七進六！卒6平5，帥五進一，車7退7，傌六進五，車7平5，俥八退一！將4退1，（若將4進1？？？則傌五退七！紅速勝。）俥八進一，將4進1，俥五進一，車4退4，俥五平七！車4是5？？（若車5進1？？？俥七進三！將4進1，俥八退二！紅雙俥交錯殺將入局。）帥五退一，車5進1，俥七進三！將4進1，俥八退二！紅也捷足先登搶先擒將，紅勝。

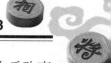

此局雙方開戰就展開了快速的互渡兵卒大戰：紅渡中兵砍卒象、黑渡7卒逼九宮，爭奪相當精彩激烈，令人讚歎不已，擊節稱快。當雙方步入中局兌去中炮包後，紅方在第17回合走俥九平八給了黑方反擊機會，到了第26回合又補右中士錯失最終抗衡機會後，被紅方抓住機會，雙俥出擊、鎮中殺卒、平俥棄相、御駕親征、平俥殺馬、沉俥叫將、退俥回守、棄傌平俥、捷足先登、雙俥錯殺！

是盤雙方均要渡兵卒搶速度、變新招出奇制勝、兌子要爭空間、運子欲搶要隘、平俥要設障礙、棄子要快追殺，最後紅方技高一籌，一拼到底，終成一鼓作氣、一氣呵成的精彩殺局。

第38局 （河北）申鵬 先勝 （浙江）于幼華

轉五八炮過河俥挺中兵盤頭傌對屏風馬平包兌俥右中士

1. 炮二平五　馬8進7　　2. 傌二進三　車9平8

3. 俥一平二　馬2進3　　4. 兵七進一　卒7進1

5. 俥二進六　包8平9　　6. 俥二平三　包9退1

7. 兵五進一　士4進5　　8. 兵五進一　包9平7

9. 俥三平四　卒7進1　　10. 傌三進五　卒7進1

11. 傌五進六　馬3退4

這是2010年9月16日第4屆「楊官璘杯」全國象棋公開賽公開組第4輪申鵬和于幼華之間的兩位均以攻殺型棋手著稱的一盤精彩較量。雙方以五八炮過河俥進中兵盤頭馬對屏風馬平包兌俥互進七兵卒拉開戰幕。在「中炮急進中兵對屏風馬」的佈局寶庫裡，有著無盡的寶藏。近半個世紀來，經過棋手們不斷挖掘和開拓，源源不斷地有新的變招出現，也有更新的走法亮相，中國象

棋真可謂是「博大精深」哪！其中河北申鵬大師對「急衝中兵」戰術倍加青睞，並且實戰成果相當驚人；而浙江特級大師、被譽稱為「拼命三郎」的于幼華棋藝超群、搏殺兇狠、勢大力沉、厚積薄發，一般佈局中小打小鬧中的小「飛刀」、小陷阱，在「三郎」面前，只能成為其狂轟濫炸的靶子，根本不在話下。那麼這一仗結果會怎樣呢？讓我們拭目以待吧！

黑現退馬避捉，暫時避開鋒芒，旨在儘快解脫被追殺而讓右包儘快來參與反擊，是1983年在昆明全國象棋個人賽上由一代宗師廣東楊官璘首創的新招。雖在當時取得實戰效果，後因紅方有較強的反擊新著後，這一戰術才逐步被束之高閣。現黑方舊譜翻新，必有其研究的獨到之處。如改走當今棋壇最流行的車8進8，可參閱本書「申鵬勝劉明」之戰。

12.兵五進一　馬7進8！

紅繼續衝兵殺卒，勢在必行、劍拔弩張！驚險之戰由此展開。黑飛馬踏俥、窺轟底相，氣壯山河、勢大力沉，黑馬欲退肋道的意圖已顯現出來，著法積極、緊湊有力。

13.俥四退四　…………

俥退仕角、伺機出擊，靈活多變、簡明穩正。另有兩變：

①俥四平三，包2平7，傌六進八，馬4進3，俥九進一，（若炮五平二，後包進2，傌八進七，將5平4，炮二平六，馬8退6，炮六進二，車8進7，相三進五，前包平5，仕六進五，馬6進5，炮六退三，包5進4，帥五平六，馬5進3，炮六進二，馬3進2，帥六進一，包5退2，俥九進二，車1平2，炮八進二，車2進5，俥九平二，車2平3！黑勝定。）馬3退1，俥九平二，卒7平8，變化下去，紅要丟子，黑反大優；

②兵五平六，包2平5！仕四進五，車1平2，（若馬8退6

貪車？？？傌六進四！以下黑如接走包7平6？？？則傌四進六！紅速勝；又如黑改走馬4進3？？？傌四進三！將5平4，炮八平六，士5進4，兵六進一！紅也勝。）炮八平六，（若兵六進一！此時紅中炮和傌傌兵佔位極佳也大優。）車2進4，傌四退一，包7進8！兵六進一，車2平4！傌四平六，馬8進6，傌六平四，包7平9！帥五平四，馬6進5，相七進五，包5平6，傌四平三，車8進9！帥四進一，卒7平6，傌三平四，象3進5，傌九進二，車8退1！帥四退一，包6平7！黑勝。

　　13.………… 　　包7進8

　　果斷飛包炸底相，大打出手、挑起事端，是黑方拋出的最新探索型佈局新招！在1985年4月全國象棋團體賽上王嘉良與徐天紅之戰中曾走車1進2，相三進一！包7進3，傌八進七，包2進4，仕六進五，馬8退7，兵九進一，包2平9，傌六進八！車1平3，兵五平六，馬4進5，兵七進一，包9平8，傌四平二，象3進1，兵七進一！車3退2，傌九平八，車8進5，炮八進一！下伏炮八平七打車且又有傌八進七叫殺凶招，紅方大優成勝勢，結果紅勝。

　　14.仕四進五　　馬8進9　　15.傌四平二！　車8進7

　　紅果斷平傌硬邀兌，按既定方案執行，不給黑將車馬包聯手形成攻殺紅右翼薄弱底線機會，以減輕風險後伺機反擊。

　　黑現兌傌無奈，只好順其自然，沒必要再去擔風險。

　　16.炮八平二（圖38）　車1平2？？？

　　雙方果斷兌傌車後，在黑左包已炸相沉底、形成黑馬包卒三子歸邊攻勢情況下，黑現亮右直車出擊，敗著！錯失勝機。如圖38所示，宜包2平8！紅如接走傌六進八，包8退1，兵七進一，卒7進1！炮二退二，卒7進1！傌九進一，車1平2，兵七進

一，車2進3！兵七平八，馬9進
8！！！仕五進六，（若貪炮二
進八？？卒7平6！仕五進六，馬8
進6！黑棄車包後形成了馬到成
功的馬包卒聯手殺勢，黑勝。）
包8進8！帥五進一，卒7平6，
以下紅有兩變：

①帥五平四？？？包8平9！炮
五平三，包9退1，炮三退一，
馬8退7！炮三進一，包9平1！
黑得紅俥勝定；

②帥五平六？馬8進6，（也
可包7退1！仕六退五，卒6平
5！帥六平五，包7平1！淨多馬包勝定。）炮五退二，包7退
1，仕六退五，卒6平5，帥六平五，包7平1！炮五平二，馬6退
7，帥五退一，馬7進8！黑也多馬包勝定。

17.傌八進七　卒7進1？？

進7卒欺炮過急，又是一步不很明顯的漏著！仍宜走包2平
8為上策。讀者可自己試著擺測一下棋譜，研究一下。

18.俥九平八！　卒7平8？？

紅出左直俥棄炮，精妙絕倫！高瞻遠矚的決策令人震撼！

黑卒貪炮、後患無窮！導致方寸大亂、自毀長城！應及時撤
兵防禦，徑走馬9退7！兵五平六，象3進5，炮二退二，包2進
4，兵六進一，包2平5！傌六退五，車2進9，傌七退八，馬7進
5！兵六進一，卒7平8！相七進九，卒9進1！傌八進六，馬5退
6，變化下去，優於實戰，黑可抗衡。

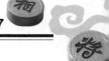

19.傌六進四　馬9進7　　20.兵五進一！　馬4進5

紅方抓住戰機，奔傌襲槽奪勢，現又棄中兵叫殺，紅勝定。

黑進馬殺兵無奈，如馬4進3？兵五進一！將5平4，兵五平六！將4進1，炮五平六！卒3進1，仕五進四，馬7進6，帥五進一！卒3進1，俥八進六！士5進6，俥八平六，士5進4，俥六進一！藉傌和中帥之威，俥炮妙殺勝。

21.傌四進六　將5平4　　22.炮五平六　　馬5進4

23.傌六進八　將4平5　　24.俥八進七！　車2平1

25.炮六平五　象7進5

紅方傌炮叫將、進俥砍包叫抽車，現又重鎮中炮、攻勢如潮，令黑方措手不及、顧此失彼、防不勝防、難逃滅頂之災。現黑補左中象無奈，也加速敗程。如馬7退5？兵七進一，象3進5，（若卒3進1？？傌七進五，馬4進5，傌八退六，將5平4，炮五平六，馬5退4，傌六退八，將4平5，俥八平九！馬4退3，俥九進二，象7進5，炮六平五！得車後再形成紅俥傌炮聯手殺勢，紅方完勝。）兵七平六！包7退7，傌八退六，包7平4，傌七進五！變化下去也成多子勝勢。

以下殺法是傌八退六！將5平4，炮五進四！下伏有炮五平六絕殺凶招，紅方完勝。

此局雙方開戰就挑起了「紅渡中兵、黑過7卒大戰」的戰局。步入中局後，當紅方在第13回合走右肋俥退仕角伺機出擊後，黑方果斷走包7進8炸相，拋出了最新探索型佈局新著，把局勢推到了利刃出鞘的風口浪尖上，紅方果斷平俥邀兌，減輕了黑方對紅右翼底線的攻擊風險。然而黑方卻在第16回合走車1平2錯失勝機，以後在第17、第18回合分別連續走了卒7進1和卒7平8兩步過急和貪炮漏著，後患無窮，被紅方抓住戰機，傌炮

叫將、進俥殺包、重鎮中炮，令黑方顧此失彼、難逃一劫，最終藉左俥之威，傌炮破城。

此盤紅方搬出「中炮急衝中兵」鎮山寶，曾戰勝過許銀川而名噪一時，今又一炮打響再勝于幼華，足見有精深研究；而黑方拋出的「左包炸底相」探索型最新「飛刀」雖不幸遭遇毀滅性打擊，但並非永世不得翻身，稍加改進和充實完善，依然會重返戰場，有望戰和或戰勝對方。

第39局 （天津)趙金成 先負 （浙江)陳卓

轉五八炮過河俥渡中兵盤頭馬對屏風馬平包兌俥渡7卒中士

1.炮二平五	馬8進7	2.傌二進三	卒7進1
3.俥一平二	車9平8	4.兵七進一	馬2進3
5.俥二進六	包8平9	6.俥二平三	包9退1
7.兵五進一	士4進5	8.兵五進一	包9平7
9.俥三平四	卒7進1	10.傌三進五	卒7進1
11.傌五進六	馬3退4		

這是2010年10月22日全國象棋個人賽第7輪趙金成與陳卓之間上演的一場驚心動魄、刀光劍影的搏殺。雙方以中炮過河俥進中兵盤頭馬對屏風馬平包兌俥右中士右馬退底士角互進七兵卒拉開戰幕。現黑退右馬於右底士角貼將，是從20世紀80年代初期扛出來的一把「老槍」，而今重扛啟用，大有「出其不意，攻其不備」、出奇制勝、志在必得之意。

　　12.兵五進一　馬7進8　　13.俥四退四　…………

這也是一把鏽跡斑斑的陳舊武器，原是「老東北虎」王嘉良特級大師在1985年全國象棋團體賽上首創的。今重啟用必有其

用意，究竟效果如何？讓我們拭目以待。

　　13.………… 　包7進8　　14.仕四進五　馬8進9

　　15.俥四平二　車8進7　　16.炮八平二　包2平8!

　　雙方果斷兌俥車後，黑右包左移、攔炮出擊！這是陳卓小將創造性拋出的一箭四雕、一舉四得的最新探索型佈局「飛刀」！一是能儘快集中優勢兵力打殲滅戰，二是能快速攔劫紅方天地炮的兇猛攻勢，三是能為出動右車迅速打開縱橫通道，四是能果斷而又有利有節地來防範紅傌臥槽反擊的一定攻勢。如改走車1平2，可參考本書「申鵬勝于幼華之戰」。

　　17.傌六進八　包8退1

　　紅策傌撲槽，直逼九宮催殺，要直擊死穴命門，凶著！

　　黑退包穩保生命線、伺機反擊，令紅傌攻勢大大縮水。

　　18.兵七進一　卒7進1

　　挺卒撞擊紅右炮，旨在硬逼其定位，是步試探性的好棋！

　　19.炮二退二　卒7進1!(圖39)

　　卒臨城下，猶如一把尖刀直插紅陣心臟地帶，令紅方措手不及、防不勝防。

　　20.俥九進一??? 　…………

　　高左橫俥反擊是棋手習慣性思維的第一感覺，但此決策卻是導致速敗的根源，敗筆！如圖39所示，宜仕五進六！馬9退7，仕六進五，馬4進3，後傌進七！變化下去，在相互糾纏中，紅逐步攻防結合，以後征戰還很漫長，優於實戰，勝負難斷。

　　20.………… 　車1平2

　　亮出右直車，準備不惜一切代價要儘快拔掉紅臥槽傌這顆頗具戰略威脅的「眼中釘」，老練！

　　21.兵七進一　車2進3!

不失時機，棄車砍傌，平地一聲驚雷、精準打擊已刻不容緩，算準以後黑馬雙包卒定能擒帥入局。

22.兵七平八　…………

兵吃車正著，如委曲一點改走仕五進六？？車2進6！俥九平三，車2退4，俥三退一，車2平7！俥三進四，（若俥三平四？？馬9進8！俥四進一，車7進4，帥五進一，車7平8！炮五平二，馬8進6！炮二平四，馬6退8！

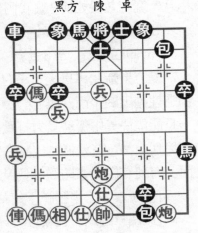

黑方　陳　卓

紅方　趙金成

圖39

不兌俥後，黑反淨多雙馬完勝。）馬9退7！雙方兌子後，黑方仍多子佔優。

22.…………　　馬9進8！

進馬獻包，妙手連珠，紅防不勝防、黑勝利在望。

23.仕五進六　…………

揚左仕角無奈，如仕五進四，（若炮二進八？？？卒7平6！仕五進六，馬8進6！成馬後包兵殺，黑速勝。）包8進8！帥五進一，卒7平6！帥五平六，（若帥五平四？？包8平9！帥四平五，包9退1，帥五退一，包9平1！得俥後黑勝。）包7退1，仕六進五，卒6平5，帥六平五，包7平1，也得俥黑勝。

23.…………　　包8進8！　　24.帥五進一　馬8退7

包轟底炮、馬到成功！黑方完勝。以下紅如接走帥五平六，馬7進5，仕六退五，馬4進3，帥六進一，包8退2！帥六平五，馬3進4，俥九平七，包7平9！俥七進八，士5退4，仕五

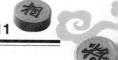

進六，馬4進5，兵五平六，卒7平6！黑勝。

　　另一種殺法是：黑方末著馬8退7也可徑走卒7平6！帥五平四，包8平9，炮五平三，包9退1，炮三退一，馬8退7，炮三進一，包9平1！黑方得俥後也必勝。

　　此戰雙方開始就進入了互渡兵卒大戰。步入中局後，當雙方在第16回合相互兌俥車後，黑方創造性地拋出了一箭四雕的包2平8左移攔炮戰術，令紅方有些措手不及；當黑方連衝7卒直插紅方心臟地帶時，紅方竟然來不及細考，憑藉自己習慣性思維的第一感覺走俥九進一，由此一蹶不振。黑方不失時機，棄車殺傌、進馬獻包、包炸底炮、馬到成功，最終成雙包卒妙殺。

　　此盤「飛刀」乍試、一鳴驚人，短兵相接、扣人心弦，退包衝卒、巧運各子、綿裡藏針、不容小覷，頗見功力，可見一斑！

第40局　（四川）謝卓淼　先負　（浙江）陳寒峰

轉五八炮過河俥挺中兵盤頭馬對屏風馬平包兌俥渡7卒

1.炮二平五	馬8進7	2.傌二進三	車9平8
3.俥一平二	馬2進3	4.兵七進一	卒7進1
5.俥二進六	包8平9	6.俥二平三	包9退1
7.兵五進一	士4進5		

　　這是2010年9月19日第4屆「楊官璘杯」全國象棋公開賽公開組第9輪謝卓淼與陳寒峰之間的一盤短局廝殺。雙方以中炮過河俥挺進中兵對屏風馬平包兌俥互進七兵卒開戰後，紅衝中兵，企圖從中路突破，打開缺口，黑先補右中士，旨在先穩固防守後再伺機出擊。如包9平7可參閱「孫勇征勝萬春林」之戰。

　　8.兵五進一　…………

續渡中兵，強行從中路突破，著法強硬、緊湊有力！如炮五平六、炮八平九、俥九進一，可見本書「范思遠勝黨斐」之戰；又如炮八平七，包9平7，俥三平四，以下黑有兩變：①卒7進1，兵三進一，車8進6，以下紅有傌八進九和兵七進一兩路變化，結果前者為互有顧忌、後者為各有千秋的不同走法；②馬7進8，俥四退三，車8進2，俥九進一，車1平2，俥九平二，以下黑有馬8進7和包2進5兩種變化結果均為紅方略好的不同走法。

　　8.………… 　包9平7　　9.俥三平四　卒7進1

　　10.傌三進五 　…………

　　右傌進中，成中炮盤頭傌進攻態勢，有志在必得之意。如兵三進一，可參閱本書「謝靖先勝呂欽」之戰。

　　10.…………　卒7進1

　　衝卒殺兵，直逼紅三路底相，針尖對麥芒，爭奪精彩而激烈。如車8進8，可參閱本書「洪智先勝呂欽」之戰。

　　11.傌五進六　車8進8

　　左車直插紅右翼下二線、堵塞右相腰，屬當今流行變例。如馬3退4，可參閱本書「陶漢明先負洪智」「趙金成先負陳卓」和「申鵬先勝于幼華」之戰。

　　12.傌六進七 　…………

　　先殺右馬，拿到實惠。如穩健些改走傌八進七，可參閱本書「申鵬先勝劉明」之戰；又如徑走炮五退一，可參閱本書「汪洋先勝蔣川之戰」。

　　12.…………　卒7平6（圖40）

　　主動棄卒、下暗伏炮炸底相凶著，準確。如貪車8平2？兵五進一！車2退1，俥九進二，以下黑方有兩種不同變化：

①車2進2？俥九平六，象3進5，俥四進二，車1平3，傌七進五，包7平5，炮五進五，包5進2，俥六進七！紅勝定；

②車2平1？傌八進九，包2進4，仕四進五，包2平5，兵五平六，車1進2，兵六平七，象7進5，俥四進二，包7退1，傌九進七，馬7進8，後傌進五！變化下去，紅反主動。

13. 俥四退三？？？ …………

退俥貪卒，敗著！導致局勢急轉直下而丟相失中兵，敗象已

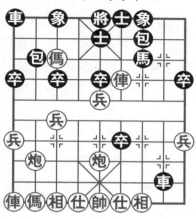
呈。如圖40所示，宜炮五進四！象3進5，（若馬7進5？？兵五進一！車8平2，炮八平二，下伏有炮二進七沉底攻殺凶著，紅反易走。）相七進五，馬7進5，（若車8平2？？俥四進一！馬7進8，俥四退四，包7進1，俥四進二，包2進2，兵七進一，馬8進7，俥四進二，包2平5，仕四進五，包7進2，炮八進三，包7平3，炮八平五，包3退2，後炮進二，象7進5，俥四平五！將5平4，俥五平七！車1平2，俥九進二，前車退1，俥九平八，車2進7，傌八進六！變化下去，紅多子多雙相，勝勢。）傌七退五，車8平2，傌八進六，（也可走俥四退三！變化下去，黑雖可追回一子，但紅方有過河兵略先。）車1平4，俥四退三，車4進8，炮八平七，車2退4，俥四平五，車4退5，仕六進五，包2平4，炮七退二，象7進9，炮七平六，包4進7，俥九平六，車4進6，仕五退六！變化下去，紅反略優，強於實戰。

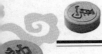

13.………… 包7進8　　14.仕四進五　卒5進1

15.傌八進七　車8進1　　16.相七進九　…………

黑方不失戰機，飛包轟底相、挺卒殺中兵，現車包沉底線，暗伏飛包炸仕抽俥凶著！黑已勝利在望了。

紅用揚邊相來逃避底俥被抽殺，不如徑走俥九進一為妥。

以下殺法是：象3進5，俥九平七，車1平3，前傌退五，車3平4，傌五進三，包2平7，俥四平三，前包平4！仕五退四，包4平6！黑方底包左右開弓、連炸雙仕，搗毀紅方九宮內衛，至此，紅方已無法抵擋黑雙車雙包強大的聯合攻勢而拱手認負，黑勝。

此局雙方開戰後就展開了紅右俥過河對黑平左包兌俥大戰。紅方連衝中兵，一改以往俥九進一、炮八平五和炮五平六等走法，強行從中路突破；黑方也不示弱，先後在第7回合走士4進5，一改包9平7走法，在第10回合走卒7進1，一改車8進8著法，針鋒相對，可圈可點，柔中帶剛、剛柔兼施、耐人尋味、無懈可擊！就在第12回合黑走卒7平6主動獻卒之機，紅卻在第13回合走俥四退三???貪卒受困、連丟相兵，頹勢難挽。黑方抓住機會，包炸底相、卒滅中兵、左車沉底、揚象亮車、兌傌爭先、包炸雙仕，令紅方宮崩城倒，只好城下簽盟。

此盤雙方一改流行走法，均想志在必得，著法強硬，不甘示弱，針鋒相對、鋒芒逼人。當紅走漏，黑抓戰機，先發制人，技高一籌、一舉制勝。

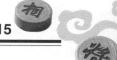

第41局　（北京）王天一　先勝　（天津）孟辰

轉五八炮單提傌三路馬過河俥對右中象巡河包7路馬

1.炮二平五　馬8進7　　2.傌二進三　車9平8

3.俥一平二　馬2進3　　4.兵三進一　…………

　　這是2013年2月19日晉江市第4屆「張瑞圖杯」象棋個人公開賽第9輪王天一與孟辰之間的一場爭奪冠亞軍的龍虎之戰，因為前8輪王天一是6勝2和，孟辰是5勝3和，兩人分別排在積分榜的第一和第二位，誰能勝出，則離冠軍只有一步之遙，故此戰特別引人注目。

　　雙方很快以中炮急進三兵對屏風馬左直車開戰。紅先挺三兵活傌，是按既定方針出戰，一改以往流行的傌八進七、傌八進九和兵七進一的流行走法，意欲出奇制勝、拿下此戰。如改走傌八進七？卒3進1，俥九進一，包8進4，（若卒7進1，俥九平六，包8進1，演變下去，則形成屏風馬兩頭蛇的反擊陣式。）俥九平六，象3進5，以下紅方有傌三退一、兵三進一和兵五進一3路變化結果：前者為黑方反佔攻勢，中者為黑大佔優勢，後者為

黑反多卒略先等不同弈法。

4.………… 卒3進1 5.傌八進九 …………

左傌屯邊，以單提傌出戰，著法穩正。如先炮八進四，象7進5，以下紅方有傌八進九、炮八平七和傌八進七3種變化結果：前者為黑勢不錯，中者為旗鼓相當，後者為互有顧忌的不同走法。

5.………… 象3進5

補右中象，屬老式著法，較為穩健，旨在避開當今棋壇多種流行變例的激烈變化，試圖收到較好的實戰效果。如士4進5，〔若卒1進1，炮八進四，象7進5，（另有卒1進1和象3進5兩種變化結果：前者為紅方佔優，後者為黑士象被扯破、勢危。）以下紅有傌二進六、炮八平三、炮八平七3路變化結果：前者為黑多卒反先，中者為紅雖多兵但無攻勢難有作為，後者為紅得象佔優的不同下法；又若車1進1，炮八進四，馬3進2，以下紅有炮八平三和傌九進一2種變化結果：前者為紅方佔優，後者為黑方主動的不同弈法。〕炮八進四，象7進5，炮八平七，車1平2，傌九平八，包2進4，傌二進六，包8平9，傌二平三，車8進2，兵三進一，包9退2，傌三平一，包9平7，兵三進一！車8進6，兵三進一，包7進7，仕六進五，車8平7，相三進一，包7平1，相七進九，車7退6，傌一平三，車7平9，傌三平一，車9平6，傌一平四，車6進1，炮七平四，包2平5，傌八進九，馬3退2，炮四平九！至此，紅多邊兵、黑兵種全，和勢甚濃。

6.炮八進四 …………

左炮過河壓包窺卒，屬當今棋壇流行的「五八炮攻屏風馬補右中象」的常見走法。在2012年9月第5屆「楊官璘杯」全國象棋公開賽聶鐵文與謝靖之戰中曾走傌九進一，士4進5，傌九平

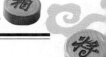

七，馬3進4，炮八進四，卒7進1，兵三進一，象5進7，炮八退一，車1平4，俥七平六，包8進2，炮八平六，車4進4，炮五進四，象7進5，俥六進四，包8平4，俥二進九，馬7退8，炮五退一，紅多中兵略先，結果雙方戰和；在2012年10月全國象棋個人賽上孫逸陽與王天一之戰中還曾走炮八平七成「五七炮陣勢」，黑接走馬3進2，俥九進一，士4進5，俥九平六，包8進4，傌三進四，包8平3，俥二進九，包3進3！仕六進五，馬7退8，俥六進五，馬2進1！炮七退一，包2進2，俥六退三，包3平1！俥六平八，卒3進1，炮五進四，馬8進7，炮五退一，包2平1！炮七平九，卒3平2，俥八平九！車1平2，俥九平六，後包進4！傌九退七，後包平2，俥六平九，車2進4，傌四進三，車2平1，俥九進二，卒1進1，仕五進四，卒2平3，雙方步入無車棋戰後，黑多過河卒和中象，形勢樂觀。

    6.………… 卒7進1   7.兵三進一 象5進7

    8.傌三進四 …………

    右傌盤河出擊，屬改進後的流行走法。如炮八平七，車1平2，俥九平八，（若俥二進四？包8平9，俥二平三，象7進5，俥九進一，包2平1，兵九進一，卒1進1，傌九進八，卒3進1，俥三平七，包1進3！演變下去，黑勢轉優。）包2進4，傌九退七，（若兵七進一？卒3進1，俥二進四，馬7進6，傌九退七，變化下去，雙方經過強制性兌子後，可形成紅方局面稍優，但難以取勝的殘棋局面。）以下黑方有包2進1和包2平5兩路變化結果：前者為互有顧忌的對攻局勢、後者為紅反缺相成黑優局面；又如炮八平一，包2進5，（另有包8進1和車1平2兩種變化結果：前者為黑雙車雙包被拴鏈後紅方大優、後者為紅方反先的不同下法。）炮一平三，象7退5，傌三進四，包8進5，俥九進

一，〔若俥九平八！車1平2，炮三退四，包8平5，俥二進九，馬7退8，俥八進二，車2進7，炮三平八，包5平1，（若包5平8?兵九進一！紅反多兵佔優。）相七進九，馬8進7，紅兵種全、多兵佔優。〕車8進5，（另有士4進5和車1進1兩路變化結果：前者為黑雖殘象，但紅邊俥位置太差，和勢甚濃，後者紅多兵佔優的不同弈法。）俥九平四，車1進1，炮三退四，車1平2，（若馬7進6?炮三平八，包8平2，俥二進四，馬6進8，俥四進五，馬3進4，俥五退六，變化下去，紅多兵佔先。）炮三平八，車2進6，俥四進一，車2退2，（若包8進1??俥四進三！車8退2，炮五進四！馬3進5，俥四平八！紅反得子大優。）俥四進三，車8平7，俥三進五！象7進5，俥二進二！演變下去，紅兵種齊全、且多兵相佔優。

8.…………	象7退5	9.炮八平七	包2進2
10.俥二進六	馬7進6	11.俥二退三	馬6進4
12.俥九平八	車1進1	13.兵七進一?	…………

棋風兇悍的紅方挺七兵邀兌，果斷切斷了黑馬護巡河包之路，順勢吹響了進兵搏殺的戰鬥號角，但從以後實戰效果看，此著時機並不成熟。宜先走俥八進四！車1平4，俥二進三！變化下去，紅勢易拓展、易走，仍持先手。

13.…………	車1平6	14.俥四進三	車6進5!
15.俥二平四	馬4進6	16.炮五平四	包8平7
17.俥三退四	包2平1	18.兵七進一	車8進7!

黑方不失時機，急進肋車邀兌、雙包齊鳴、速窺相追俥，現又伸左直車捉炮，下伏車8平7砍底相出擊佳著！

| 19.仕六進五 | 包1進3 | 20.相七進九 | 車8平7! |
| 21.相三進五 | 包7平8 | 22.俥八進八 | 包8進7! |

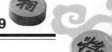

左包兌俥、平車捉相，現左包沉底、叫殺追底相，這套雙包齊上陣、平車助一臂之力的非常精彩、漂亮的組合雙拳，使黑方在激烈的對攻搏殺中，顯然是反後為先、佔據主動了。

23.相五退三（圖41）　車7進2？？？

車殺底相，貪著、敗筆！使黑方的大好江山，一下子籠罩了一層深深陰影，並難以散去。如圖41所示，宜攔車徑走士4進5！俥四進六，車7進2，帥五平六，車7退7！帥六進一，象5進3，炮四平六，包8退7！變化下去，在對攻搏殺中黑反有不錯的機會，強於實戰，仍持先手。

24.俥八平二！　包8平9　　25.炮七平六　馬3退5？？

紅方不失機會，平俥追包解殺、平炮塞象眼，以下伏有兵七進一攻馬凶著，而黑方隨手走右正馬退窩心，果然中計，由此方寸大亂，難以自拔。

宜卒5進1！相九退七，卒5進1，兵五進一，車7退6，俥二退八，車7平4！俥二平一，車4進2，兵七進一，車4平5，兵七進一！馬6進4，帥五平六，馬4進2！帥六平五，車5平6！演變下去，紅多過河兵、黑多中象，且子位靈活，雖基本均勢，但黑優於實戰。

以下殺法是：相九退七，馬5進7，相七進五，車7退4，俥二退八，包9退2，相五退三，包9進2，俥二平一，車7平6，

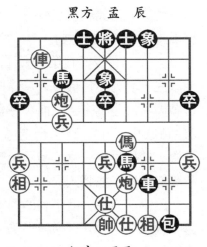

黑方　孟　辰

紅方　王天一

圖41

炮四進二！馬6進7，帥五平六，前馬進9，兵九進一，馬9退8，兵七進一，馬8退7，炮六平九！前馬進9，兵五進一，馬9退8？（宜馬9退7，變化下去較為頑強。）炮四退一，士4進5，兵七平六，馬7進6，兵六平五！馬6進4，前兵平六，馬4退2，兵六平七，馬2進3！兵五進一，馬3退1，（黑此換卒戰術初看不錯，實則不行，因紅雙炮雙兵佔位已越走越好了。）炮四平八，馬8進6，炮八進六！士5進6，兵七進一，馬1退2，炮九進三，將5進1，炮八退一，將5退1，兵七平八！馬2退4？（宜馬2進3！炮八進一，將5進1，炮九退一，象5進7，兵五平四，馬3退4！兵八進一，將5進1，將上三樓，比實戰頑強，尚可周旋、支撐。）兵八平七，馬4進5，兵七進一！

　　紅方果斷棄中兵挺七兵，形成兵臨城下聯手雙炮殺勢，以下黑如接走馬5退3，兵七進一！將5進1，炮九退一！將5退1，兵七平六！藉帥和雙炮之威，兵擒老將，紅勝。

　　此局雙方開戰就先聲奪人、爭奪激烈，紅方雙炮齊鳴、黑以屏風馬中象兌7卒應對。

　　步入中局後紅在第13回合挺七兵斷黑馬護包之道過早、險象環生，黑方抓住機會，兌俥揮炮、窺相欺傌，以漂亮的雙拳組合戰術，反客為主。然而，好景不長，黑方在第23回合走車7進2急貪底相、在第25回合走馬3退5，退窩心中計，被紅方抓住戰機，補相兌車、兌卒衝兵、雙炮同側、兵臨城下，最終巧藉帥和雙炮之威，擒將入局。

　　此盤紅方在一度不利的局勢下，力挽狂瀾，以精準的中局計算，險象環生地強行逆轉形勢，以滴水不漏的殘棋功底，最終以雙炮低兵巧妙聯手，藉帥之威，側翼攻擊得手。

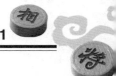

第42局　（浙江）趙鑫鑫　先勝　（火車頭）尚威

轉五八炮單提傌左橫俥騎河車對屏風馬右橫車左中象

1.炮二平五　馬8進7　　2.傌二進三　卒3進1

3.俥一平二　車9平8　　4.兵三進一　馬2進3

5.傌八進九　車1進1　　6.炮八進四　…………

這是2013年4月28日「新疆棋協杯」全國象棋團體賽男子組第6輪趙鑫鑫與尚威之間的一場精彩對決。雙方以五八炮單提傌對屏風馬右橫車互進七兵卒拉開戰幕。紅進左炮過河成五八炮正規佈陣直窺打黑7卒，屬當今棋壇流行變例之一。如改走五七炮走炮八平七，馬3進2，以下紅方有兩變：

①在2013年菲律賓第4屆「千島杯」中國象棋邀請賽上菲律賓莊宏明與泉州隊陳泓威之戰中改走傌三進四，車1平6，傌四進五，馬7進5，炮五進四，包8進4，俥九進一，車6進5，俥二進一，車8進4，俥九平四，車8平6，炮七平四，前車進1，俥四進一，車6進3，俥二進二，馬2退3，炮五退二，變化下去，紅雖多中兵，但基本均勢，結果戰和；

②在2011年「句容茅山·碧桂園杯」全國象棋個人賽上王斌與孫浩宇之戰中曾走兵七進一！卒3進1，炮七進七！士4進5，俥二進六，車1退1，炮七退三，車1平4，炮五平四，象7進5，相七進五，卒3進1，炮七平三！變化下去，紅多相得勢佔先，結果紅勝。

6.…………　馬3進2　　7.俥九進一　車1平4

8.炮八平三　象7進5　　9.俥九平四　卒3進1

10.俥二進五　馬2進3

雙方亮俥飛中象後，黑右馬被捉，現馬踏七兵先拿實惠，屬改進後走法。另有兩變可作參考：①在 2011 年全國象甲聯賽趙瑋與孫浩宇之戰中曾走馬 2 進 1，俥三進四，車 4 平 6，兵三進一，卒 3 平 4，俥二退四，以後雙方兌子成均勢而戰和；②在 2012 年首屆「武工杯」大武漢職工象棋邀請賽上孫勇征與黃仕清之戰中改走馬 2 進 4，兵七進一，包 2 平 3，俥四平六！包 8 平

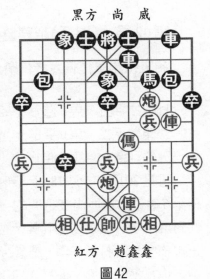

黑方　尚　威

紅方　趙鑫鑫

圖42

9，俥二進四，馬 7 退 8，俥三進四！馬 8 進 6，炮三進二！車 4 進 1，炮五平二！紅優，結果被黑逼和。

　　11.傌九進七　　　　　卒 3 進 1　　　12.傌三進四　車 4 平 6

　　13.兵三進一（圖42）　包 8 平 9????

　　雙方兌傌馬又互渡三兵卒後，局勢互纏、各有顧忌。但黑方現平包兌俥，敗筆！看來對此路變化不太熟悉而隨手走漏後，導致紅平兵攔車大佔優勢而最終獲勝。如圖42所示，宜卒 3 進 1！俥二退一，卒 3 平 4，俥四平八，卒 4 平 5！俥八進六，包 8 平 9！以下不管紅方是否兌俥，黑均可抵禦。如續接走俥二進五，馬 7 退 8，俥八退三，卒 5 平 6！傌四進二，卒 6 進 1！仕六進五，象 5 進 7！以下不管紅傌是否兌邊包，黑方都淨多過河卒明顯反優，遠遠強於實戰。

　　14.兵三平四！　車 8 進 4　　　15.傌四進二　　包 9 退 1

　　16.傌二進三　　包 2 平 7　　　17.炮五進四！　士 6 進 5

18.炮三平九！　車6平8　　19.炮九進二！　…………

紅方抓住戰機，兌車換馬、雙炮齊鳴、連轟雙卒、淨多雙兵已大佔優勢。現又進邊炮打車，意欲掌控局面。如徑走俥四進二！以後再兵五進一，車驅3卒，紅有望雙過河兵聯手護中炮，也是紅方大優局面。

以下殺法是：包7退1，俥四平三！將5平6，炮九退四，卒3平4，炮九平四，將6平5，兵五進一，包9退1，俥三進五，包9平6，炮四進五，（若俥三平四！車8退1，兵五進一，包7平9，兵一進一，包9進4，炮四平八！卒9進1，俥四進二！下伏炮八進五！俥挖中士凶著！紅也勝定。）將5平6，俥三平四，包7平6，俥四平一！將6平5，仕六進五，包6退1，兵五進一，卒4平3，兵九進一，卒3進1，兵九進一！卒3進1，相七進五，車8進5，仕五退六，卒3平4，仕四進五，包6平8，兵一進一，包8進5，俥一進三！包8退5，兵一進一，將5平6，兵一進一！車8退2，兵九平八，士5進6，兵八平七，士4進5，兵七平六！將6平5，兵一平二！車8退1，兵四進一！車8退2，兵四進一！包8平6，炮五平八，象5退7，炮八進三，象3進5，炮八平四，士5退6，兵五進一！紅3個高兵進攻，現又兵臨城下、直脅中象，最終淨多雙高兵和仕相完勝黑方。

此局雙方開戰紅先雙炮響起，鎮中路、炸7卒，熱鬧非凡、霸氣十足；黑方不甘示弱，高右橫車佔肋道、跳右外肋馬出擊、補左中象固防、渡3路卒示威，毫無恐懼。當紅方在第10回合伸騎河俥追殺黑右馬時，黑方卻毫不猶豫踏七兵撈實惠，一改以往流行馬2進1和馬2進4兩路走法，大膽創新、我行我素、似反佔先。但好景不長，當雙方快速兌俥馬又互渡三路兵卒後，黑在第13回合突走包8平9平包兌俥，導致紅平兵攔車連掃雙卒、進炮

平俥、緊拴車包、兌包取勢、巧殺邊卒、穩渡3高兵、沉俥拴車
包、棄邊兵砍士、沉右炮兌包，最終中兵頂中象，必得黑士象
後，紅淨多雙高兵仕相獲勝。此盤雖雙方波瀾不驚，但紅方攻守
老到，黑不熟此類佈局，令黑方佈陣大吃虧。

　　紅方控盤很老到，無任何空隙可鑽，最終運籌帷幄、全線發
力、棄兵挺兵、兵臨城下、兌炮窺象，令黑方措手不及、顧此失
彼、防不勝防、潰不成軍，只好飲恨敗北。

第43局　（泰州）王雲飛　先勝　（南京）高家煊

轉五八炮過河俥高左橫俥對屏風馬右中象橫車平包兌俥

　　1.炮二平五　馬8進7　　2.傌二進三　車9平8
　　3.兵三進一　卒3進1

　　這是2013年1月1日江蘇靖江「賀歲杯」象棋邀請賽上王雲
飛與高家煊之間一場小棋手精彩廝殺。雙方以中炮正傌對左正馬
直車互進三兵卒拉開戰幕。徐天紅特級大師是江蘇省棋院院長，
普及中國象棋須從娃娃抓起，是他培養眾多江蘇棋手的初衷。他
首倡的「增設地方棋協大師組」的大膽構想已在江蘇省塵埃落定
了好幾屆，這一來就使得已獲「大師」稱號的小高手們有了用武
之地了。王雲飛是泰州市少年名將，高家煊（女）是2012年剛
升了「小大師」稱號，這次有了和男生「小大師」一決高下的機
會，她非常高興。但棋藝的增長與事物的發展一樣，總不會是一
帆風順的。本次大賽高同學的表現就不盡如人意：臨場發揮的水
準不夠穩定固然是一方面，中盤缺乏「感覺」更是一個「致命
傷」。接下來就來分析這盤棋。互進三兵卒是黑方的一種選擇，
另有兩變可作參考：

①包8平9，兵七進一，包2平5，傌八進七，馬2進3，俥一進一，車1進1，俥九平八，車8進4，俥一平四，車1平4，（若卒7進1？俥四進三，車1平4，以下紅有炮八進三和炮八平九兩路變化結果，前者為紅滅過河卒掌控局勢，後者為各有千秋、互有顧忌的不同下法。）俥四進五，卒3進1，俥四平三，卒3進1，兵三進一，車8進4！傌七退五，車4進7！兵三平四，士4進5，炮八進二，將5平4！相七進九，馬3進2，炮八平三，士5進6！俥三平四，馬2進4，相九進七，馬4進3，俥八平九，士6進5！俥四平三，車8平6，俥三進二，將4進1，俥三退二，包9進4！以下紅如俥三平五？則包9進3！下車挖中傌，黑速勝；又如改走傌三進一？則包5進4！黑雙車馬包卒五子壓境，也勝勢。

②馬2進3？？俥一平二，卒3進1，傌八進九，卒1進1，炮八平七，馬3進2，俥九進一，卒1進1，兵九進一，車1進5，俥二進四，象7進5，俥九平四，士6進5，俥四進五，馬2進1，炮七退一，包2進3，兵五進一，包2退2，（若卒7進1？？炮七平三！包8進2，傌三進五，卒5進1，炮三平五！卒7進1，傌五進三，卒5進1，俥四平三，包8平7，俥二進五，馬7退8，俥三退一！至此，黑如接走象5進7去車，則後炮進三叫將抽車，紅得子大優。故此新變不成立！）俥四進二！（進俥卡肋，創新佈局「飛刀」，下伏有俥四平三捉馬、再走炮七平二奪子和炮七平九拴鏈等攻擊手段。）！包8進2，炮七平九，車1平5，炮九進二！包8平5，仕六進五，車8進5，傌三進二，車5平7，俥四平二！變化下去，紅反多子佔優。

　　4.俥一平二　馬2進3　　5.俥二進六　…………

　　俥右直俥過河求變。如直接走傌八進九，卒1進1，炮八平

七，馬3進2，俥九進一，變化
下去，將演變成「五七炮進三
兵」變例。

　　5.………　　象3進5

　　6.傌八進九　包8平9?

　　現平包兌俥過早，可先走士
4進5，俥二平三，馬3進4，兵
三進一，包8退1，變化下去，
黑勢不弱。

　　7.俥二進三　馬7退8

　　8.俥九進一　卒1進1

　　9.俥九平四　馬8進7??

黑方　高家煊

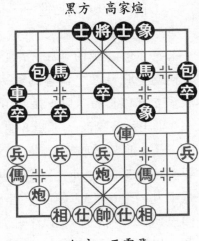

紅方　王雲飛
圖43

　　雙方兌俥車後，黑急進左正
馬，又過早定位，不利於拓展空間優勢。宜徑走卒1進1！兵九
進一，車1進5！炮八進二，包9平7，俥四平二，馬8進9，俥
二進六，包7進3，傌三進二，包2平1！變化下去，黑大子靈
活，反先。

　　10.炮八進四　卒7進1?

　　挺卒頂兵，用象兌卒易遭被動。宜卒1進1！兵九進一，車1
進5！相三進一，卒3進1，俥四平七，馬3平4！炮八平三?包2
平3！變化下去，黑方反有攻勢。

　　11.兵三進一　　　　象5進7　　12.俥四進三　車1進3

　　13.炮八退五!(圖43)　…………

　　雙方硬拼兵卒後，左炮在黑右橫車追殺中，巧妙退守至下二
路，運子頗具功力，佳著！

　　13.…………　車1平4???

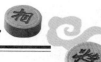

　　平右橫車於右肋道出擊，敗著！錯失防守良機。如圖43所示，宜象7退5！炮八平三，馬3進4，俥四平六，馬4退6，俥六平四，馬6進8！俥四進四，士6進5，下伏有包2退1打俥和馬8進9踩邊兵邀兌的先手棋，黑勢反先。

　　14.炮八平三　車4進1　　　15.俥四平八　馬7進6

　　16.傌三進四　車4退3??

　　車退象腰，又一大敗筆！導致全軍覆沒、無藥可救。從上述運子功力看，黑方高家煊與對手差距主要還在中局。這步退車，走得如此木訥，哪會有不輸棋的呢？同樣運車應以徑走車4進1邀兌為上策，以下紅如接走炮三進八，將5進1！俥八平六，馬6進4，傌四進三，馬4進6！變化下去，紅方暫無攻擊手段，相反，黑方卻有馬6進7和包9進4及包2進1等多種反擊手段，遠遠強於實戰，勝負一時難料。

　　以下殺法是：炮三進八！士6進5，炮五平二！包9平8？（第三步敗著！錯失最後戰機而厄運難逃。宜將5平6！炮二進七，將6進1，傌四退三，車4進4！俥八退三，卒3進1！以下紅如接走俥八平二，則包9平8；又如紅改走俥八平四，包2進2；再如紅徑走兵七進一，則車4平3，這三路演變下去，紅雖雙炮逼宮，黑又殘底象，但黑尚可抵禦，優於實戰，一時不會速敗。）俥八進三！紅方抓住機會，俥殺右包追馬，得子多象勝定。以下黑如接走車4進1，炮三平一，將5平6，炮二平四，包8平6，炮四進三！包6進3，炮四平九，包6退3，炮九進四，將6進1，炮九退二！包6平5，炮九平七，包5平3，兵九進一，車4平9，炮一平三，車9平7，炮三退四！車7進2，俥八平七，變化下去，紅也多子多兵多雙相必勝。

　　此局雙方開戰後就互進三兵卒爭奪空間優勢。其實黑方對挺

3卒這路變化並不太熟悉，完全可改走包8平9的「左三步虎陣式」展開對決。然而當紅方在第6回合升右直俥過河出擊後，黑卻急走包8平9平包兌俥後，又過早地削弱了黑左翼底線的防禦力量，接著在雙方兌俥車後的第9回合又走了馬8進7，過早定位後不利於拓展空間的優勢而陷入困境。以後在第10回合走卒7進1兌兵卒又錯失了攻勢機會；到了第13回合走車1平4更錯失防守良機；更糟糕的是，至第16回合走車4退3於象腰，令人大跌眼鏡，導致王城不保、無藥可救，如此木訥、令人費解！最終紅方抓住戰機，殺包得子、兌去馬包，以多子多兵多雙相的絕對優勢完勝黑方。

此盤從開戰起黑方就不在狀態，佈局失誤是致命傷，中局纏鬥功力差、運子失誤實在多、防守意識太差勁、行棋感覺太缺乏、我行我素太固執、急功近利太明顯、一味求速不理智，而紅方善於審時度勢、運籌帷幄、聲東擊西、全線發力、得子得勢、直搗黃龍，這是少見的小棋手短局。

第44局　（河南）姚洪新　先勝　（廣東）李鴻嘉

轉五八炮騎河俥七路傌對屏風馬右外肋馬橫車左中象士

1.炮二平五	馬8進7	2.傌二進三	車9平8
3.俥一平二	馬2進3	4.兵三進一	卒3進1
5.炮八進四	馬3進2	6.炮八平三	象7進5
7.傌八進七	…………		

這是2012年9月21日第5屆「楊官璘杯」全國象棋公開賽公開組第9輪姚洪新與李鴻嘉之間的一場紅方要奪冠的生死之戰。雙方以五八炮打7卒對屏風馬右外肋馬左中象互進三兵卒拉開戰

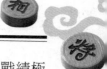

幕。紅方河南業餘高手姚洪新近年來在大小業餘比賽中戰績極佳，堪稱「業餘棋王」，本輪如能獲勝，則可榮登公開組冠軍寶座。那李大師能頂住其攻擊嗎？讓我們拭目以待。紅應左正傌，屬流行變例之一。筆者曾應戰過傌八進九，車1進1，俥九進一，車1平4，俥九平四，卒3進1，（對攻之變，意圖對紅左翼發動攻勢。如士6進5，變化下去相對穩健。）兵七進一，（若俥二進五，以下黑有兩變：①在2006年第3屆「波爾軸承杯」象棋公開賽上蔣川與王斌之戰中曾走馬2進4？結果紅多兵佔優而獲勝；②在2010年第16屆亞運會象棋賽上馬來西亞黃運興與新加坡吳宗翰之戰中改走馬2進1，結果戰和。）包2平3，俥四平八，（若傌九退七？車4進4，兵七進一，車4平7！傌三進四，象5進3，俥二進六，象3退5，傌七進六，馬2進3！相七進九，士6進5，變化下去，黑反易走。）馬2進4，（在2010年第4屆「楊官璘杯」全國象棋公開賽公開組卜鳳波與孫浩宇之戰中曾走車4進3！結果紅多子大優而獲勝。）俥二進六，包3進7！仕六進五，馬4進6，炮五平四，包8平9！俥二進三，馬7退8，相三進五，包3退2，俥八進四，包3平6！仕五進四，車4進6，傌九進七，馬6退5，炮三平九，車4平3，兵五進一，馬5進3，相五進七，車3退1，俥八平二，車3平7，俥二進四，車7進1，仕四退五，卒9進1，俥二退三，包9進4！兵九進一，車7退2，俥二退三，包9進3，俥二退三，包9退4！兵九進一，包9平5！黑淨多卒象佔優，結果黑方完勝。

　　7.…………　車1進1　　8.俥二進五!車1平6

　　至此，雙方形成了經典的「五八炮打7卒右直俥騎河對屏風馬右外肋馬橫車左中象互進三兵卒」佈局陣勢，值得一提的是業餘棋王姚洪新對此佈陣深有研究，取得過不俗的戰績，而且在賽

前做足功課，有充分準備，欲志在必得。

　　而黑方李大師也不甘示弱，接走車1平6，一改在2012年江蘇東台市首屆「群文杯」象棋公開賽姚洪新與孫逸陽之戰中曾走過的馬2進3，俥九平八，包2平3，炮五平六，包8平9，俥二平四，車1平4，仕六進五，車4進4，兵三進一，卒3進1，俥八進七，包3進2，俥四平七！象5進3，俥八平三！包9退1，俥三進一，包9進1，炮六平五！馬3進5！傌七進六，馬5進3，帥五平六，卒3平4！俥三退一，包9退1，俥三平六，卒4進1，傌三進四，士6進5，俥六平七，車8進5，傌四進五，象3進5，炮三平九！車8平2！變化下去，雙方對攻，結果雙方兌子成和。

　　9.兵七進一　　車6進2　　　10.俥二進一　　車6進1
　11.傌七進六　　車6平4　　　12.兵七進一　　車4進1
　13.兵七平八！　車4平7　　　14.俥九進二　　士6進5
　15.炮五退一　　包8平9　　　16.俥二進三　　馬7退8
　17.炮三平九　　包9平7??

　　紅方不失時機，渡七兵兌馬、棄三兵進俥、退中炮伏抽、兌右車得卒，至此，已淨多雙兵佔優。

　　黑現平左包打傌是假先手，宜車7平2！兵八平九，包9平7，相三進一，車2平3，俥九退二，車3退1，後兵進一，卒5進1！變化下去，紅雖多雙兵易走，但黑方對紅方牽制不小，且有反先趨勢，強於實戰，足可抵抗。

　　18.傌三退一　　車7平2　　　19.俥九平二　　馬8進9
　　20.兵八平九?　…………
　　平兵避捉不如徑走俥二進三變化下去更為合理、精確，更有利於以後來拓展紅勢空間，如黑接走包7進2，炮五進五！大

優。

20.…………	車2平3	21.相三進五	車3退1
22.後兵進一	卒9進1	23.俥二進二	馬9進8
24.傌一進三	包2進5	25.傌三進四	馬8進6
26.俥二平四	車3進5!	27.俥四平三	車3退2!
28.相三退七	包2退5	29.炮五進五	車3進2
30.帥五進一?	…………		

雙方在纏鬥中先兌傌馬後，黑棄中卒、紅丟雙相的局勢下，紅現進帥不利擴展優勢、易被黑方利用。宜徑走俥三平二！包7平8，俥二進二，車3退3，兵五進一！變化下去，黑「擔子包」受牽，紅反多兵易走。

30.…………	車3平4	31.兵五進一	車4平6
32.兵一進一（圖44）	車6平9???		

黑方不失時機，在揮車連掃雙仕，形勢已初見端倪、逐漸趨好的情況下，黑車卻主動離開肋道、平邊路窺兌兵卒，敗著，導致由此陷入困境，優勢消失殆盡。如圖44所示，宜改走車6退5！炮九進三，將5平6，兵一進一，車6平9！變化下去，紅雖淨多3個高兵，但缺仕殘相、內衛全無，黑勢樂觀，優於實戰，勝負一時難料。

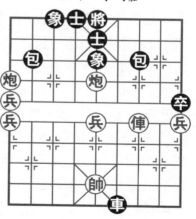

黑方　李鴻嘉

紅方　姚洪新

圖44

33.前兵平八?　…………

平兵漏著，過於樂觀，錯失

對攻先機，宜俥三平二！包7平8，炮五平一，車9退3，炮九平五！車9平1，兵五進一！卒9進1，俥二平一，變化下去，紅淨多3個高兵可戰。

以下殺法是：卒9進1！兵八進一，包2平4，兵八平七，將5平6，兵五進一，包4平1，炮九平八，車9退1，帥五退一，車9平3，俥三平四，包7平6，俥四平一！車3退5！炮八退三，車3進6？（過急，宜包1平2先擋一下紅炮為好。）帥五進一，車3退1，帥五退一，車3退2，俥一進五，象5退7，俥一平三！將6進1，炮八進五，車3退5，炮八退六，車3進8，帥五進一，車3退1，帥五退一，車3退1，炮八進六，車3退6，炮八退六，包6平5，俥三退四！車3進8，帥五進一，車3退1，帥五退一，車3平6，帥五平六，包1退1，（黑在丟象又少雙卒局勢下，現退右邊包，最後敗筆！被紅方強硬兌車後，黑反陷入劣勢殘局。宜先車6平2！炮八平四，車2退1，俥三平四，士5進6，兵九進一，車2平4！帥六平五，包1平4！以下伏有包4進2打俥殺中兵的先手棋，黑勢樂觀，足可抗衡，勝負一時難斷。）俥三平四！車6退4，兵五平四，士5進4，炮八進六！包1進1，兵九進一！包1平3，兵九平八，將6退1，炮八平七，包5退2，炮五退二！包5進1，兵八進一，包5平4，帥六平五，士4退5，兵八平七！包3平5，炮五平四！將6平5，兵七平六，包5進3，兵四進一！士5退6，炮四退三，包4平5，帥五平六，後包平4，帥六平五，包4平7，炮四平七，象3進1，前炮平八！包7平3？（壞著，宜象1進3，變化下去，尚可苦撐。）炮七進六！士4進5，炮七平二，士5退4，兵六進一，包3平5，炮二平五！紅雙炮雙高兵壓境，令黑方顧此失彼、飲恨敗北！

以下黑如續走後包5平9，兵四進一！包5退1，帥五平四！

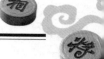

包9平8，炮八進一！象1退3，（若將5進1？？？兵四進一！紅勝。）兵六進一！包5平6，炮五平九，士6進5，兵四進一！包8退1，炮九進二！士5進6，炮九平七！成雙炮底線疊殺，紅方完勝。

此局雙方開戰紅方就雙炮齊鳴，黑方不動包卻補左中象、進右外肋馬橫車應戰，毫不示弱。當紅方在第8回合伸右直俥騎河出擊後，黑走車1平6一改馬2進3意欲出奇制勝。雙方步入中局後，紅透過兌車馬殺卒、淨多雙兵後，黑卻在第17回合走包9平7打俥假先手，錯失戰機，以後又在第32回合走車6平9陷入困境、在第41回合走車3進6過急、在第55回合走包1退1難以自拔，最終紅方殺象棄兵、雙炮沉底、雙兵佔雙肋道、兵臨城下，成雙炮底線疊殺擒將。

是盤黑方賽前佈局準備不足，中局紅方進帥後，反給了黑方對攻機會，但黑方4次錯失糾纏機會後，還是被紅方先發制人、兌子取勢、殺卒得勢、砍象奪勢、技高一籌、注重細節、不急不躁、不溫不火，最終以風捲殘雲之勢入局擒將！

第45局　（湖北）黨斐　先勝　（福建）王石

轉五八炮單提傌左橫俥邊相對屏風馬右橫車外肋馬左中象

1.炮二平五　馬8進7　　2.傌二進三　車9平8

3.俥一平二　卒3進1　　4.兵三進一　馬2進3

5.傌八進九　車1進1

這是2012年2月5日晉江市第3屆「張瑞圖杯」象棋個人公開賽第2輪黨斐與王石之間的一場精彩格鬥。雙方以中炮單提傌對屏風馬右橫車互進三兵卒拉開戰幕。高右橫車旨在佔肋道出

擊，屬當今流行變例之一。如象3進5，可參閱本書「王天一先勝孟辰之戰」。

6.炮八進四　馬3進2　　7.俥九進一　車1平4

8.炮八平三　象7進5　　9.俥九平四　卒3進1

棄3卒活右馬，屬改進後流行走法。以往多走士6進5，（若先包8進4，偶三進四，車4平6，俥二進一！紅連成「霸王俥」反擊後，紅方先手。）俥二進四，車4進3，俥四進七，卒3進1，偶三進四，車4進4，俥四退三，以下黑有兩變：①馬2進4??俥四平六，包8平9，俥二進五，馬7退8，偶四進五！變化下去，黑4路馬有危險，紅方反優；②馬2進1??俥四進六！卒3平4，包2退1，兵三進一！包8進1，炮五平二，車4平8，俥四退一！變化下去，紅右肋俥臥槽伏殺，又有巡河「霸王俥」把守和三路過河兵出擊，紅方穩持先手。

10.兵七進一　……………

挺兵殺卒，屬改進後流行下法。如俥二進五，可參閱本書「趙鑫鑫勝尚威之戰」。

10.…………　包2平3　　11.偶九退七　……………

退偶擋相，屬當今流行弈法。筆者曾大膽走過俥四平八！車4進3，仕六進五，包3平2，偶三進四！車4平6，炮五平四！車6平5，俥八平七，包2平3，炮四平七！變化下去，無論黑方是否兌炮，紅均淨多雙兵佔優，結果多兵紅勝。

11.…………　車4進3　　12.俥二進一　……………

高右直俥聯成「霸王俥」出擊是紅方黨斐大師拋出的最新探索型佈局「飛刀」，一改以往俥二進六，士6進5，炮三平九，馬2進1，相七進九，包8平9，俥二進三，馬7退8，炮九進三，馬8進7，偶七進八，車4平2，偶八進六，車2平4，俥四

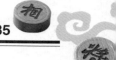

進三，包3平2，炮五平六，車4平1，炮九退六，包2進7，相九退七，車1進2，演變下去，雙方兌子後對攻的走法，意欲出奇制勝。

　　12.…………　馬2進1　　13.相七進九　馬1進3

　　14.俥四平六　包8平9！

　　紅平肋俥邀兌、黑卻平左包邀兌，形成了罕見的「四車相見」的邀兌局面，確為構思新穎、有勇有謀、驍勇善戰、針鋒相對之著。如車4進4?俥二平六！士6進5，兵七進一！象5進3，兵三進一！包8進5，炮三平九！包8平5，相三進五，車8進7，傌三進四，車8平6，傌四進六，車6平5！仕六進五，包3平6，相九進七，車5平7，兵三進一！馬7退8，俥六進一！車7平4，仕五進六，變化下去，紅雖殘中相，但多過河三兵參戰，紅仍持先手。

　　15.俥六進四　車8進8　　16.仕六進五　士6進5

　　17.兵三進一　馬7退8

　　退馬，先避一手，穩正。如象5進7?俥六平三！卒1進1，炮五平六！馬3退4，傌七進六，馬4進6，俥三平四！車8退2，兵七進一，車8平7，相三進五，馬6進7，俥四退四，車7退3，俥四平三，包3平4，炮六平七！以下不管黑方是否平包兌炮，紅都多中相、有過河兵參戰佔優。

　　18.炮五進四　　　　　包9平7

　　19.炮五退一（圖45）　馬8進6???

　　黑在少卒被動局勢下，試圖儘快爭取掃兵兌子以緩解壓力，故現進左馬窺炮，敗著！貽誤戰機，導致丟車告負。如圖45所示，同樣運馬宜走馬3退5殺兵邀兌為上策！以下紅如接走炮三平七，包3進3，俥六退三，包3進2！帥五平六，將5平6，俥

六平四，將6平5，炮七平三，
包3平7！炮三退四，馬5進7，
兵三進一，包7退2！黑反多子
佔優，紅如硬接走兵三平四？？
則包7進9！帥六進一，包7退
1！帥六退一，（若俥六退一？？？
則馬7退5！抽俥必勝。）包7平
3！俥四平三，將5平6，變化下
去，黑有驚無險、多子佔優。

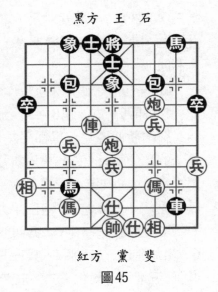

黑方 王 石

紅方 黨 斐

圖45

20.炮三平七！　將5平6

21.俥六退三　　馬3退1

22.兵三進一！　包7退2

紅方抓住戰機，平炮逼將窺
馬、退肋俥欺馬保傌、現挺兵逼包退守，精妙絕倫之著，令黑方
措手不及、顧此失彼、防不勝防、速陷困境。

　　黑包退象位無奈，如貪馬6進7？俥六平四！包7平6，俥四
進四！馬7退6，俥四平一！馬6進8，傌三進四，包6進2，傌
七進六！變化下去，紅5個大子佔位靈活，又淨多雙兵，大優。

23.傌七進六　車8退1　　24.傌六進五！　車8平7

紅傌進中路發威，果斷棄右傌，膽識過人、兇狠潑辣之著！

黑平車吃傌無奈，如車8退3？炮五平四，將6平5，兵五進
一！包3平2，相三進一，演變下去，紅子活多雙兵也大優。

25.炮七平四　馬6進8　　26.俥六平三！　馬8進6

紅白得車後必勝。以下黑如改走包7進7？？？兵三進一！！以
下黑如續走包3平7？？？則傌五進四！成傌後炮絕殺，紅勝；又
如黑方改走將6平5？？？則傌五進六！將5平6，炮五平四！也成

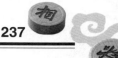

雙炮疊殺，紅方完勝。

此局雙方開戰不久，黑方就以右橫車左中象應對紅五八炮過河炸7卒，著法精準、互不相讓、耐人尋味。步入中局後不久，當黑先棄3卒、平右卒底包窺打紅左底相時，紅果斷退左邊傌抵禦後，又大膽高右直俥聯成「霸王俥」祭出了最新探索型佈局「飛刀」，一改俥二進六雙方兌子後的對攻走法，旨在出奇制勝。然而黑見新著來，經過深思熟慮後在第14回合有智有謀地走了包8平9形成罕見的四車相邀兌局面，反使紅方不得不搶先兌俥飛炮爭先。果然勝利的天平總是會朝善於拼搏、又穩紮穩打的慎重運子棋手傾斜，當紅方炮炸中卒後，在第19回合走炮五退二以逸待勞時，黑卻走了馬8進6的敗筆，錯失了多子反先機會而陷入丟子困境。紅方抓住時機，平炮逼將、回俥捉馬、兵逼包守、傌進中棄傌，藉傌雙炮之威，白得車後完勝。

此盤紅方拋出下二線的「霸王俥」，智勇雙全、膽識過人，飛刀銳利、攻勢不小，但黑方防守不錯，只是運子過急、優柔寡斷，由於用時太緊，沒走退右馬殺中兵後多子良策，而令人大跌眼鏡，最終讓紅方幸運地藉傌炮之力得車完勝。

第46局　（上海）張蘭天　先負　（廣東）蔡佑廣

轉五八炮單提傌左橫俥炮打7卒對屏風馬右外肋馬橫車

1.炮二平五	馬8進7	2.傌二進三	車9平8
3.俥一平二	馬2進3	4.兵三進一	卒3進1
5.傌八進九	車1進1	6.炮八進四	馬3進2
7.俥九進一	車1平4	8.炮八平三	象7進5
9.俥九平四	卒3進1	10.兵三進一！	

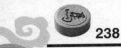

這是2012年3月25日重慶第4屆「茨竹杯」象棋公開賽決賽第3輪張蘭天與蔡佑廣之間的一場爭奪亞軍的龍虎激戰。雙方以五八炮打7卒單提傌左橫俥對屏風馬右橫車外肋馬左中象互渡三兵卒拉開戰幕。在黑先渡3卒強攻局勢下，紅也跟著棄三兵，拋出了紅方張蘭天擅長的最新探索性佈局「飛刀」，一改俥二進五（見本書「趙鑫鑫先勝尚威之戰」）和兵七進一（見本書「黨斐先勝王石之戰」），旨在出奇制勝，那實戰效果怎樣呢？讓我們拭目以待吧！

10.………… 卒3進1！

我行我素、大膽果敢地衝卒殺兵，直插紅左翼底相，顯示出黑方志在必得、強悍搏殺的決戰風格！如車4進3，俥四進四，車4進4，炮五平四，馬2退3，相三進五，士6進5，俥四退一，卒3平4！俥二進四，包8平9，俥四平六（罕見的四車相邀兌精彩場面）！以下雙方不管是否兌俥，演變下去，紅也多兵佔優。

11.炮三平四　包8平9　　12.兵三進一　車8進9

13.傌三退二　馬7退8　　14.俥四平二　馬8進6

15.俥二進七　包2退1　　16.兵三進一　…………

挺兵逼宮，明智之舉。如炮五進四??士4進5，俥二平四??將5平4！仕四進五，車4進3！打死紅肋俥後，黑大優。

16.………… 車4進3　　17.俥二退二　卒3進1

18.兵三平四　…………

進卒逼宮、平兵欺馬，頗為精彩的兵卒競速，令人擊節稱快、讚歎不已。

18.………… 馬6進4　　19.炮四進三　象5退7

紅大膽棄肋炮炸底士，有勇有謀、兇狠潑辣、我行我素。黑

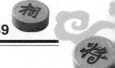

卸中象攔擋，勢在必行！不給炮四平一的搏殺機會。

20.俥二平五??　…………

俥殺中卒過急，漏著！錯失對攻機會。宜俥二平三！士4進5，炮四平七！士5進6，俥三進三！將5進1，傌二進三，紅方棄肋兵、炸雙底象逼將上二樓，演變下去，雙方將打一場互有顧忌的混戰，紅尚有機會，優於實戰，鹿死誰手、尚難定論！

20.…………　　　將5平6！　　21.俥五平三　　　象3進5

22.俥三進二！　　將6平5　　　23.俥三進一！　　將5進1

24.俥三平六　　…………

紅方棄底炮後，藉炮兵之威，連續砍象殺士！好一個驚心動魄、扣人心弦、劍拔弩張、刀光劍影的精彩搏殺，令人眼花繚亂，懸念叢生，撲朔迷離，互有顧忌！

24.…………　　　包2進1　　25.俥六平一　　將5平4

26.俥一退二　　…………

直接退俥殺邊包，明智之舉！如俥一退一??將4退1，俥一退一，馬4退5，仕六進五，馬5進6！黑底馬踏兵後，反有攻勢，大優。

26.…………　　　象5退7　　27.俥一平三　　馬4進5

28.俥三進一　　將4進1(圖46)

黑卸中象捉俥、紅平俥追象；黑進中馬捉兵擋紅中炮、紅進俥請將上三樓，雙方的生死決戰，已步入搏殺高潮！

29.仕六進五??　…………

補左中仕，試圖避開右肋車砍仕叫帥，敗著！錯失對攻機會而步入困境。如圖46所示，宜炮五進三！轟中馬棄底仕為妥，黑如接走車4進5，帥五進一，包2平6，俥三進一！將4退1，俥三退一，將4退1，傌二進三！變化下去，將會形成紅右中路

車傌炮對陣黑右車馬過河卒和左士角包的聯手對殺的壯觀場面，真的令人眼花繚亂、大飽眼福！仍是勝負難測。

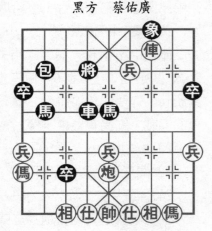

黑方　蔡佑廣

紅方　張蘭天

圖46

29. ……………	馬5退6
30.兵九進一	車4平3
31.俥三退四	將4退1
32.傌九進八	卒3平4！
33.仕五進六	車3進5
34.帥五進一	馬6進4
35.傌八進六？？	…………

左傌騎河出擊，過急，再次錯失對攻機遇。宜俥三進四！將4退1，俥三進一，將4進1，俥三退一，將4退1，俥三退一，包2平6，傌八進六！演變下去，雙方在互相對攻中，紅尚有機會，優於實戰，勝負仍一時難料。

以下殺法是：車3退5，傌六進四，車3進4，帥五退一，馬4進3，俥三進四，將4退1，俥三進一，將4進1，俥三退一，將4退1，傌四進六？？？（漏殺，壞棋！錯失最後良機。宜走仕四進五！車3進1，仕五退六，馬3進4，帥五平四，車3退5，仕六進五，車3平6，炮五平四，車6退1！俥三退一，包2平6！仕五進六！車6進4，帥四平五，馬2進3，傌二進三！變化下去，黑雖多包，但士象內衛全無，且紅傌躍出又多中兵，一旦能過河助戰，反彈力甚強，優於實戰，可以周旋，有望兌子求和。）馬3進4！帥五平六，車3進1！帥六進一，馬2進3！黑方抓住最後機會，雙馬馳騁、踩仕進車，現馬到成功，逼帥請降！以下紅如

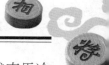

接走帥六平五，則車3退1！捷足先登，藉雙馬之威，成車馬冷著破城，黑勝。

此局雙方開戰後就紅雙炮齊鳴、炸7卒窺底象，黑沉著應右橫車外肋馬左中象以示抗衡。當雙方互渡三兵卒步入中局後，對攻激烈、攻殺兇猛、兵卒競速，精彩絕倫！但好景不長，到了第20回合紅走俥二平五殺卒過急，出現漏洞，以後在第29回合補左中仕錯失對攻機會後陷入困境，又在第35回合走傌八進六錯過對搏機遇，到了第41回合走傌四進六漏殺，錯失最後良機後，被黑方抓住戰機，雙馬馳騁、踏仕揮車、馬到成功、逼帥請降。此盤紅方祭出渡三兵最新佈局，「飛刀」意外崩斷，雖壯志未酬，但其殺傷力不容小覷；黑方在扣人心弦搏殺中，巧妙貫穿、不急不躁、注重細節、穩紮穩打、拔寨擒王！

第47局　（湖北）柳大華　先負　（北京）蔣川

轉五八炮打7卒卸中炮左中仕對屏風馬右外肋馬橫車左中象

1. 炮二平五　馬8進7　　2. 傌二進三　車9平8
3. 俥一平二　卒3進1　　4. 兵三進一　馬2進3
5. 炮八進四　馬3進2　　6. 傌八進七　車1進1

這是2012年8月8日全國象甲聯賽第15輪柳大華與蔣川之間的一場精彩廝殺。雙方以五八炮進三兵對屏風馬右外肋馬挺3卒開戰。紅先跳左正傌而暫不動八路炮，屬穩健多變之著，是五八炮的創新攻法之一。

黑方高起右橫車出擊，屬較為冷僻的走法，曾在20世紀90年代流行過，而後因戰績不佳被束之高閣。如走象7進5，可參考本書「姚洪新先勝李鴻嘉之戰」。

7.炮八平三 …………

臨場紅方突然選擇炮打7卒這路易形成激烈對攻局面的走法，一改1992年全國象棋團體賽廖二平與孫壽華之戰中曾走傌三進四！象7進5，傌四進五，馬7進5，炮五進四，士6進5，炮五退一！馬2進3，炮八平七，馬3退4，俥九平八，車8平6，俥八進五，車6進4，兵五進一，車1平3，炮七平一！變化下去，紅多中兵又有中炮攻勢，以下伏有俥八進二殺「擔子炮」後俥二進九和炮一進三多步先手棋，旨在出奇制勝。

7.………… 象7進5 8.俥二進五 …………

伸右直俥騎河窺卒，是紅炮打7卒的後續手段，以下伏有兵七進一的先手。

8.………… 馬2進3 9.俥九平八 包2平3
10.炮五平四 車1平6 11.仕六進五 包8平9
12.俥二進四 馬7退8 13.俥八進四 …………

黑進右馬踏兵，又平左包兌俥，造成子力對等局面。現紅升左直俥巡河出擊，以下伏有傌三進四肋炮打車先手棋，穩正。如俥二進六？車6進2，傌三進二，包9平7！變化下去，下伏有馬8進6的先手棋，黑方反先。

13.………… 車6進5 14.傌三進四 馬8進7

15.兵三進一 包9進4！

揮包炸邊兵，加快進攻節奏，意欲挑起波瀾，緊湊有力！如象5進7，傌四進二，車6退3，炮四平三，馬7退8，傌二進一，馬8進9，前炮進一，士6進5，演變下去，雖也黑方優勢，但局面過於平淡，雙方都沒有什麼進攻擴先的機會。

16.傌四進二 包9進3 17.俥八平一？？ …………

左俥右移欺包，漏著！錯失先機，導致陷入被動。同樣用

俥，宜俥八進三！馬7退5，炮三平二！馬5進7，俥八平七！馬7進8，兵三平二，變化下去，黑多卒，紅多子佔優。

17.…………　包9平8　　18.炮三平九?　…………

平炮貪邊卒、邀兌紅右傌，劣著！與上一步俥八平一的原構思有脫節嫌疑，宜傌二進一強攻黑左翼薄弱底線更為有效，以下黑如接走包3退1，俥一平八！車6退5，俥八進四！象5進7，傌一進二，馬7退8，炮三進三！士6進5，俥八平七，象7退5，炮三退三，車6進2，炮三退三，馬3退4，俥七退二，卒1進1，相七進五，車6平7，俥七平六，馬4進5，傌七進五，車7進3，俥六平五！馬8進7，俥五退二，馬7進6，傌五進三，象5進7，傌三進五，象7退5，俥五平四，馬6退7，俥四平三！雙方兌俥車後，黑雖多雙卒，但未過河參戰，有望求和，優於實戰。

18.…………　　馬7進8

19.兵三平二　　車6平7(圖47)

20.炮九平七???　…………

平左炮打馬，敗著！導致局勢惡化，黑3卒渡河的參戰令紅方陷入困境。如圖47所示，宜俥一退四！包8退2，相七進五，馬3進5，相三進五！包8平5，帥五平六，車7退1，俥一進六！包3平4，帥六進一！車7平4，仕五進六，車4平3，帥六平五，車3進2，帥五進一，變化下去，紅雖帥位不安，但多子多兵佔優，遠遠強於實戰。

黑方　蔣川

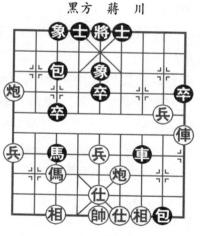

紅方　柳大華

圖47

20.…………　卒3進1　21.俥一退四　　包8退2

22.相七進五　卒3平4　23.俥一進六??　…………

俥貪邊卒，草率劣著！導致再陷困境。宜俥一進二！包8退1，炮七平一，卒4進1，炮一退三！變化下去，不給黑馬踩中相的反擊機會，紅可抵禦，優於實戰。

以下殺法是：馬3進5！相三進五，包8進2！相五退三，包3進5！俥一退二，卒4進1，炮四進四，車7進3！俥一退四，包3平5，仕五退六，卒4進1，帥五進一，（實屬無奈，防黑下一著走卒4進1再走車7退1可形成殺招。）車7退1，炮四退五，包8平4！俥一進二，包4平2，俥一平四，車7退2，炮七平八，包2退2，帥五退一，車7平5！下伏卒4進1攻殺手段，紅方如接走炮四平一，（若硬走帥五進一???卒4進1！叫帥包抽肋俥，黑勝。）卒4進1！俥四退一，包5平3，仕四進五，包3進2！炮一進八，將5進1，帥五平四，包2進2！雙底包疊殺，捷足先登，黑方完勝。

此局雙方開戰就爭卒奪勢、飛炮躍傌進俥、活躍逞威、風生水起。步入中局後，雙方很快兌俥車傌馬、換兵卒，當黑方飛包轟邊兵首先發威後又果斷沉底出擊，紅方終於在第17回合沉不住氣地走了俥八平一窺包，陷入被動，在第18回合又炮貪邊卒步入困境。在第20回合平左炮打馬使局勢惡化，可到了第23回合竟然草率走俥一進六貪殺邊卒，被黑方抓住戰機，馬踩中相、沉包困相、揮包炸傌、車砍底相、右包鎮中、卒臨城下、回車牽炮、包轟底仕、車殺中兵、退包伏抽俥，挺卒捉俥、卸中包沉底，雙包疊殺，捷足先登！

此盤開戰就爭搶激烈，凶中帶穩，不露破綻；步入中局雙方兌俥車換兵卒的同時，黑先炸邊兵挑起事端後，紅方卻沉不住

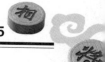

氣，先俥驅包，又炮貪卒，再炮捉馬和俥吃卒，四度錯失戰機，而被黑方惡手連施、精準打擊、左右逢源、攻勢呲呲，最終妙手制敵、捷足先登！

第48局　（河南）李曉暉　先勝　（河北）陳翀

轉五八炮單提傌馬左橫俥佔左肋對屏風馬右橫車佔左肋左中象

1.炮二平五　馬8進7　　2.兵三進一　卒3進1

這是2012年7月25日全國象甲聯賽第13輪李曉暉與陳翀之間的一場匪夷所思之戰。紅方擺右中炮後就急進三兵，顯然要將此戰佈局納進三兵的佈陣體系之中，是賽前做過功課後的既定方案。

黑挺3卒，既接受對方戰略計畫，又針鋒相對、不甘示弱。

3.傌二進三　馬2進3　　4.傌八進九　…………

紅進左邊傌，形成中炮單提傌對屏風馬互進三兵卒陣式，如俥一平二，車9平8，炮八進四，象7進5，俥二進六！包8平9，俥二進三，馬7退8，傌八進七，以下黑有三變：①在2006年全國象棋團體賽上許健斌與張偉之戰中曾走過馬3進4，結果黑伏有包9進4發動攻勢佔優的先手棋，最終黑方獲勝；②在2008年「道泉茶葉杯」象棋明星賽上景學義與李雪松之戰中改走馬8進6，結果紅多中兵略好，最終紅多子入局；③在2009年全國象棋團體賽上景學義與李家華之戰中又改走卒1進1，結果雙方對峙，最終雙方戰和。

4.…………　車9平8　　5.俥九進一　車1進1

6.俥九平六　…………

先平左橫俥佔左肋道出擊，次序準確。如先走炮八進四？馬

3進2，俥一進一，車1平4，俥九平六，車4進7，俥一平六，士6進5！變化下去，黑陣型穩固反先，紅反無趣。

　　6.………… 　車1平6

　　平右橫車佔左肋道回擊，雙方橫俥車各據一肋道，形成了雙方相持、對峙的一種互有顧忌的局面。如包8進4，炮八平七，車1平6，兵七進一，車6進3，俥六進三，也將形成雙方各有千秋、互有顧忌的局面，優劣難斷。

　　7.炮八進四　車6進6　　8.俥一進二　…………

　　高右橫俥護傌，緊湊有力！是步既保右傌，又令俥位靈活的好棋！如先炮八平三？車6退4！以下紅如接走炮三退一？則象7進9！紅炮有險難逃；又如改走兵三進一？則包2進2！傌三進二，包2平7，炮五平三，包7平8！後包進5，車6平7！傌二進四，車7進1，傌四進六，車7退2！傌六進七，將5進1，俥六進八，後包退1，俥六平七，後包平7，俥七退一，將5退1，演變下去，黑雖殘士象，但多子佔優，再如傌三進二？包8平9！黑必得子大佔優勢。

　　8.………… 　象7進5　　9.俥六進七　馬3進2

　　10.俥六退一　…………

　　進、退俥連續騷擾，這是步入中局後常用的打亂黑方已有陣型的一種手段。如俥六平八？包2平1，炮八平三，馬2進1！傌三進二，車6退4，炮五平三，包8平9，俥一平二，包9進3！變化下去，紅右翼俥傌雙炮受制，黑反多卒易走、反先。

　　10.………… 　馬7退5　　11.俥六退二　馬5進3

　　12.俥六平二　…………

　　紅俥至此雖過於迂迴，在開局時一子來回多動，看似違反了佈局原則，但在此陣型下，紅俥連走四步後能拴鏈黑左翼車包，

令黑雙車位置欠佳，反使紅勢有所補償。

　　12.………………　車8進1　　13.兵五進一　包2退1

　　14.兵九進一??　………………

　　挺邊兵活左邊馬，空著！毫無作用。宜炮八平七不給包2平3反擊機會，演變下去，紅勢仍持先手。

　　14.…………　士6進5　　15.仕六進五　車6退1
　　16.炮八平七　包8平7　　17.俥二平七　包2平3
　　18.炮七進二　包7退1　　19.俥七平八??　…………

　　棄左俥砍馬劣著！導致紅勢大虧。宜俥七進一！包7平3，俥七平八，包3進5，傌九進七，車6平3，相七進九，車8進3，炮五進四，馬3進5，俥八平五！車3進1，傌三進四，車3平9，相三進一，車8進3，相一退三，馬2進3，相九退七，馬3退1，俥五平九！紅多兵佔先。

　　19.…………　馬3進2　　20.炮七平三　車8平7

　　21.炮五進四　…………

　　此時紅俥兌馬包後，沒後續手段跟上，紅勢已明顯虧了。

　　21.…………　卒7進1　　22.兵三進一　車7進3
　　23.俥一平二　馬2進4　　24.炮五退一　車7進1
　　25.傌三進二　車6退3?

　　車退卒林護卒，空著！不如徑走車6退6更為穩健有力，以後伺機可連成直線「霸王車」後，反彈力會更易顯現。

　　26.傌二進一　馬4退5　　27.俥二進七　士5退6??

　　退士避將，隨手壞著！在此關鍵時刻，宜沉著冷靜改走車7退5！俥二平三，象5退7，傌一退二，象3進5，相三進五，馬5進3，炮五平六，車6平5，兵七進一，馬3進1，炮六平五，卒1進1，演變下去，黑雖少雙卒，但有車殺無俥的局面，也令紅方

有顧忌，優於實戰，黑可抗衡。

28.傌一退二　　車7進4??

由於黑用時吃緊、車貪底相，錯失反先良機，劣著！宜車7平5！炮五平一，車5平6，炮一進四，象5退7，炮一平三，將5進1，傌二退一，將5進1，相三進五，馬5進4，下伏有馬4進6兌子叫殺凶著，黑易反先佔優，好於實戰。

29.炮五平一　　　　馬5進3

30.相七進五（圖48）車7退9???

由於黑方用時已到盡頭，現隨手退車邀兌，等於白白送死，釀成大禍，導致速敗。如圖48所示，宜車7平8！炮一平二，車8平9，炮二平五，士4進5，傌二退三，車9退2！傌二平三，馬3進5！變化下去，黑仍優勢，且較樂觀。

31.炮一平五！車6平5　　32.傌二平三！

紅方抓住戰機，右炮鎮中、平傌殺車，反客為主，得車勝定。以下黑如硬接走車5進1??兵五進一，象5退7，兵七進一，馬3退4，傌二進三，象3進5，傌九進八，馬4退2，兵五平六，士4進5，兵六進一，士5進6，兵七進一，後士進5，兵七進一，下伏有兵七平八殺邊卒後，形成紅方雙傌4個高兵的六大子力重兵壓境而完勝黑方。

此局雙方開戰不久就高抬橫車來開通車路。紅雖連續4步迂

黑方　陳玗

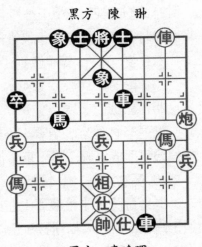

黑方　李曉暉

圖48

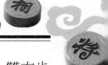

回運傌，但也及時拴鍊黑左車包後，反顯黑雙車位欠佳。雙方步入中局後，紅先在第14回合挺左邊兵活傌空著，又在第19回合棄左車砍馬，導致紅勢大虧。然而就在此時，黑勢有些被優勢沖昏了頭腦，在雙方及時邀兌7卒三兵後，在第25回合黑卻走車6退3守防卒林，錯失先機。在第27回合走士5退6錯失兌傌良機，在第28回合走車7進4又丟先機，到了第30回合更令人大跌眼鏡走車7退9白送一車後，被紅方反客為主、反敗為勝。

　　此盤雙方佈局針鋒相對、爭奪空間優勢，中局比拼運子爭先、兌子取勢、棄子反先技戰術的充分展現：紅先出漏著，黑卻晚節不保，也出現了連續出漏直至丟車的匪夷所思、令人費解的局面！一味求勝，反而壞事，最終方寸大亂，自毀長城！

第49局　（越南）吳蘭香　先負　（越南）阮成保

轉五八炮單提傌左橫俥右俥過河對屏風馬左中象高右橫車騎河

　　1.炮二平五　馬8進7　　2.傌二進三　馬2進3
　　3.俥一平二　車9平8　　4.兵三進一　卒3進1
　　5.傌八進九　卒1進1　　6.炮八進四　馬3進2

　　這是2012年9月18日第5屆「楊官璘杯」象棋公開賽海外組第4輪一場焦點的越南棋手之間的性別大戰：由越南女子全國冠軍吳蘭香挑戰越南男子全國冠軍阮成保。雙方以五八炮單提對屏風馬進1卒右外肋馬互進三兵卒拉開戰幕。黑先進右外肋馬，著法不多見，反映出黑方志在必得、出奇制勝的求戰心理。以往網戰多走象7進5，炮八平七，車1進3，俥九平八，車1平3，俥八進七，包8平9，俥二進九，馬7退8，俥八退六，卒3進1，俥八平二，馬8進6，俥二進七，馬6進4，傌三進四，（筆者改

走過傌三進二，馬4進5，俥二平四，卒3進1，兵五進一，馬5
進7，傌二進三，包9進4，變化下去，雙方大量兌子後成和。）
馬4進5，（筆者近來在網戰走卒3進1，傌四進三，包9進4，
俥二退五，包9退2，兵五進一，卒3進1，俥二平七，馬4進
3，俥七退一，後馬進1，傌三退一，卒9進1，傌九退七，馬1
退2，雙方均勢，結果也弈和。）以下紅方有3種不同走法：

①在2009年全國象棋團體賽上葛維蒲與汪洋之戰中曾走相
三進一？結果黑方佔優而獲勝；

②在2010年「北武當山杯」全國象棋精英賽上蔣鳳山與洪
智之戰中改走兵五進一??結果也是黑方佔優而獲勝；

③仕四進五，包9進4，以下（甲）在2009年全國象甲聯賽上
金波與許銀川之戰中曾走俥二平四，結果黑方略優而獲勝；（乙）
在2010年第4屆「楊官璘杯」全國象棋公開賽專業組趙國榮與許
銀川之戰中改走俥二退五，結果雙方大量兌子後均勢而弈和。

7.俥九進一	象7進5	8.俥二進六	卒1進1
9.兵九進一	車1進5	10.俥九平四	卒3進1
11.傌三進四	卒3進1	12.傌四進六	卒3平4
13.傌九進八	卒4平5		

黑方趁紅揮雙俥、兌邊兵卒、雙傌馳騁、聯手關俥之機，連
衝3卒、殺兵逼宮、連衝四步、一路雄風，現殺兵邀兌、逼傌離
位，屬直攻型著法，也可徑走卒4進1！紅如接走炮五平四，包2
平4，炮四進二，車1退4，炮八平三，車1平3：①傌六進八？
包4平2，相七進九，馬2進4！以下伏有馬4進2臥槽打傌和車3
進5窺殺中兵的先手棋，黑反先手；②相七進九？卒4進1，仕四
進五，馬2進4，俥四進一，包8平9，俥二進三，馬7退8，俥
四平六，馬4進2，俥六平八，包9進4，兵五進一，馬2退4，

炮四平六，包4進3，俥八平六，卒4進1，仕五退六，包4平7，俥六平一，包7平2，傌六退八，車3進5！變化下去，黑也多卒多士佔優。

黑方　阮成保

14. 傌六退五　　　馬2進4
15. 傌八進六　　　車1進1
16. 傌五進四　　　馬4退6
17. 俥四進四　　　包8平9
18. 俥二進三　　　馬7退8
19. 炮八平三　　　士6進5（圖49）
20. 傌六進四???　　…………

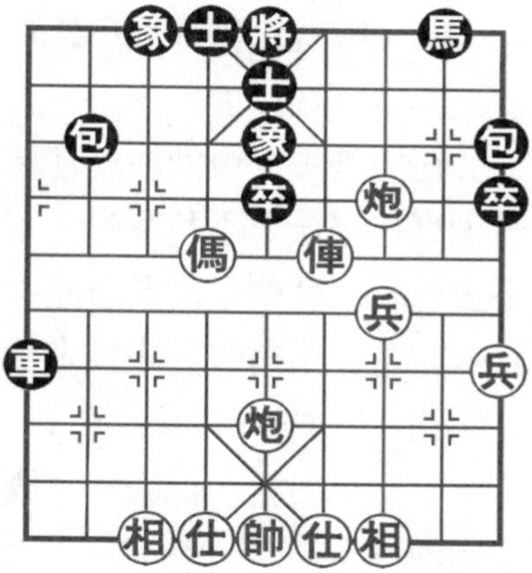

紅方　吳蘭香

圖49

紅方不失時機，回傌踩卒、退傌邀兌、進俥邀兌、炮炸7卒地不拘泥局部的爭奪，而是大子搶佔要隘，進攻思路清晰、始終穩佔先手，但現紅策傌臥槽出擊，敗筆！錯失良機，導致被動、黑勢反先。如圖49所示，宜俥四平二！包9平8，（若馬8進6??炮三進二！以下伏有炮三平一、兵三進一和俥二平四捉馬出擊的先手棋，紅反佔先、主動。）俥二進一！車1平4，傌六進四，車4平6，炮三平一！下伏有炮一進二和炮一進三、兵三進一和傌四進二得子的四步先手棋，紅反大優。

20. …………　包9平6！　　21. 俥四平二　馬8進7
22. 俥二平八　車1平6　　23. 傌四退五　車6退1
24. 傌五進六　包2平4　　25. 兵三進一　包6進7！

黑方果斷抓住戰機，平包打俥、躍馬頂炮、平車追傌、平包攔傌，現大膽包炸底仕、勢大力沉、精準打擊、厚積薄發、穩固局勢、全線發力，大佔優勢！令紅方措手不及、顧此失彼、劫數

難逃、優勢殆盡。

26.傌六進八　包6退3　　27.俥八退二　包6進2

28.傌八進九?　…………

在局勢遭受重創後，紅現傌入邊陲，準備回傌叫將、重振旗鼓，實在過緩，不利反擊。宜俥八平六攔包、守肋、護仕，變化下去，戰術反擊手段要多些：以下伏有仕六進五、傌八進九、傌八退七邀兌士角包等多種走法和機會，要遠遠強於實戰。

28.…………　車6平3

平肋車於相台捉底相，既不給紅傌九退七叫將機會，也不讓紅過河三兵有存活機會，是步不錯的選擇，如走象5進7！傌九退七，將5平6，仕六進五，包6平9！變化下去，黑也穩佔有多卒多士的優勢。

29.炮三平四　車3進4　　30.兵三進一　　馬7退8

31.炮四平一　包6平1　　32.炮一平五??　…………

炮轟中卒，最後敗筆！導致全盤崩潰，將要丟子告負。紅在丟左翼底相、黑又左包右移直插紅薄弱左翼底線情況下，宜徑走炮一進三！馬8進6，俥八平二，馬6進8，帥五平四！演變下去，優於實戰，紅尚有亂戰機會和對攻搏殺的一線希望。

以下殺法是：包1進1！前炮平四，馬8進9，炮四退五，馬9進7！帥五進一，包1退5！俥八平三，包1平5！炮五平七，車3退2，俥三進三，車3退1，炮四進一，車3平5，炮四平五，車5平1！炮五進五，象3進5，傌九退七，包4退1，俥三平六，車1退5！俥六進二，包5平7！帥五平六，將5平6，以下伏有包7退3！打俥得傌凶著，黑方多子多士必勝，紅方只好起座請降。

此局雙方開戰就聽到了紅雙炮齊鳴，黑方卻不慌不忙地應屛風馬右外肋馬高右橫車騎河後出擊，令紅方有了右肋俥、過河俥

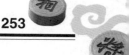

和三路俥同時出擊的機會，收到了傌踩卒、兌右車、炮炸卒的大子搶佔要隘且多兵的不錯效果。但好景不長，到了第20回合紅策傌臥槽敗招，錯失良機，到了第28回合又傌入邊陲，錯失反擊機會，到了第32回合更令人大跌眼鏡地走炮轟中卒，導致局勢崩潰，被黑方抓住機遇，沉包拴帥、馬踩三兵、右包鎮中、殺炮棄馬、平車叫抽、拴鏈俥傌、包站象台、打俥得傌後多子多士完勝。是一盤黑方在逆境中毫不氣餒，在搏殺時魚死網破，在佔優時精準打擊，在有望時我行我素，在反覆中苦盡甘來，在反先後全線發力，在獲勝後認真總結的佳作。

第50局　（浙江）謝丹楓　先勝　（北京）蔣川

轉五八炮單提傌三路俥左橫俥對屏風馬左中象高右橫車騎河

1.炮二平五　馬8進7　　2.傌二進三　車9平8

3.俥一平二　馬2進3　　4.兵三進一　卒3進1

5.傌八進九　卒1進1　　6.炮八進四　馬3進2!

7.傌三進四　…………

這是2012年10月13日全國象棋個人賽第4輪謝丹楓與蔣川之間的一場進攻、進攻、再進攻的最終六個大子同進攻的壯觀搏殺的精彩決鬥。雙方以五八炮單提傌右傌盤河對屏風馬挺1卒右外肋馬拉開戰幕。黑先跳右外肋馬，意欲避開和棋套路，紅跳右傌盤河，一改本書「吳蘭香先負阮成保之戰」走的俥九進一和在2006年全國象棋大師冠軍賽上「蔣川先勝景學義之戰」中曾走過的炮八平三兩路下法，旨在出奇制勝。

7.…………　象7進5　　8.俥九進一　卒1進1

9.兵九進一　車1進5　　10.俥九平四　卒3進1

渡3卒邀兌出擊，求變之著！在2012年全國象甲聯賽上黃海林與蔣川之戰中曾走車1平4，結果雙方兌子成和。

11.傌四進六！　卒3進1　　12.俥二進六！　…………

紅進右傌騎河、棄七兵出擊，是一步大局感很強的好棋！現又右直俥過河壓境，是棄兵後換取的空間優勢，弈得相當精彩！

12.…………　卒3進1　　13.傌九進八！　…………

進傌連環，不給黑右車殺三兵機會，繼續貫徹搶佔空間優勢的戰略計畫。如急走傌六進四??車8進1！俥四平二，車1退2，前車進一，車8進1，俥二進六，車1平2，傌四進三，將5進1，炮五平一，馬2進4，炮一進四，將5平4，炮一進二，士4進5，傌三退五，將4退1，炮一進一，將4進1！紅俥傌炮雖已三子歸邊，但久攻不下後，黑卻在以下伏有馬4進6、馬4退6和卒3進1等幾步先手棋而反優。

13.…………　卒3平4?

黑連動四步3卒，卻讓紅大子先後佔據要隘，似犯了「兵家大忌」，有些得不償失，故可改走馬2進4！俥四進三，馬4進5，相七進五，卒3進1！傌八進七，車1平6，傌六退四，包8退1，傌四進三，包8平3，俥二進三，馬7退8，炮八平五，包3平5，炮五退一，包5進3！傌七退五，馬8進7，傌五進六，將5進1，傌六退八，將5退1，兵五進一，卒3平4！兵五進一，士4進5，傌八退六，包2平4，傌三進一，將5平4，傌一進三，包4進1，雙方大量兌子簡化局勢後，紅多中兵、黑兵種全，雖各有千秋，但黑優於實戰。

14.炮五平一　馬2進4??

右馬騎河，暗伏右包炸雙傌，似佳實拙，壞著！導致由此被動。宜先減輕左翼壓力，平包兌俥為上策，逕走包8平9！俥二

進三，馬7退8，炮一進四，馬8進7，炮一退一，士6進5，炮一平八，包2進2，炮八平六，包2平3！俥四進三，包9進2！炮六退四，卒5進1！變化下去，黑雖少卒，但大子佔位好於紅方，可以抗衡，優於實戰。

　　15.俥四進三　　包2平4　　16.炮八平六！…………

　　平左炮佔肋道打馬窺卒，精妙之極！巧妙地為以後傌六進八捉車、炮叫將出擊鳴鑼開道，是一步抓人眼球的好棋！

　　16.…………　　馬4退2　　17.傌六進八！…………

　　紅方不失時機，連續平炮進傌的攻勢如同水銀瀉地一般洶湧而來，這是步見縫插針的奔傌赴槽踏包的讓人刮目相看的又一步佳著！

　　17.…………　　包4退1

　　退肋包防守，也可士4進5！仕四進五，包4平2！仕五進六，卒7進1，兵三進一，象5進7，炮六退三，車1進1，仕六退五，包8退1，炮一平八，車1平2，炮八平九，車2平1，炮六退一，包8平9，俥二進三，馬7退8，後傌進六，象7退5，兵一進一，包9平7，炮六平二，包7進5！俥四平三，包7平6，變化下去，戰線漫長，互有顧忌。

　　18.炮六進一（圖50）　　包8平9？？？

　　平左包兌俥，敗著，錯失戰機。如圖50所示，宜車1退2！炮六平三，車1平2，炮一平二，卒4進1，仕四進五，包4平1，俥二退一，卒5進1！炮二進五，包1進8！傌八退六，車2平3，傌六退八，卒4平5！帥五進一，包1平4！傌八進七，包4退5！俥二退二，馬2進3，相三進五，包4平2，俥四進四，包2進4！炮二進一，車3進1，炮三平二，車8平7，後炮退二，卒5進1，兵五進一，馬3退5，後炮退一，馬5退4！演變下去，黑雖

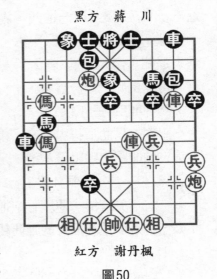

少子，但紅殘雙相，黑仍有對攻機會，優於實戰。

19.俥二平三　　車8進2

20.炮一進四！…………

紅方抓住戰機，平俥殺卒、步步緊逼，子力搶佔要隘，現炮炸邊卒，組成鉗形攻勢，與黑方搶對攻速度，膽識俱全！

20.…………　　卒4進1

此刻的黑方局面已守無可守，要有反擊的希望，也只有寄託在這只深入腹地、已卒臨九宮的小卒身上了。

黑方　蔣　川

紅方　謝丹楓

圖50

21.仕四進五　　包9進4　　22.帥五平四　　包9進3

23.相三進五　　車8進7　　24.帥四進一　　包9平4？？

此時雙方六大強子俱全、對攻搏殺相當激烈，更異常複雜、變化多端，令人眼花繚亂、懸念叢生。現包炸底仕，破釜沉舟、擾亂局面，欲亂中取勢，敗筆！錯失均勢機會。宜車8退1！帥四退一，卒4進1？俥三進一，士6進5，炮一進三，卒4平5！帥四平五，車8進1，仕五退四，士5進4，俥三平一，包9平6！俥一平五，士4進5，俥四退四，車8平6，帥五平四，車1平2！俥五退一，車2平6！帥四平五，將5平6，炮一退五，車6進4，帥五進一，包4退1，俥五退二，馬2進1，俥五平四，車6退4，炮一平四，馬1進3，帥五退一，馬3進5！變化下去，紅有高兵中相、黑多雙士，接近均勢，雖仍紅先，但黑可抵禦，好於實戰，且戰線漫長，也有求和希望。

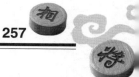

25.仕五退六　車8退1

此時雙方的戰場上是短兵相接、硝煙彌漫、刀光劍影、驚心動魄、驚險奧妙、互有顧忌：在紅方參與進攻的兵團十分龐大、且佔有局面主動權的同時，黑方也潛藏著很強的反擊手段。如改走車1進3，（若卒4進1??相七進九後，黑方無趣。）後傌退七，以下黑方有三種變化，均很精彩：

①車1平2，傌三進一！卒4進1，傌七退五，車8退1，帥四進一！士4進5，傌三平五！車8退8，炮一平二！車2平5，傌五退一，車8平9，相五退三，變化下去，紅方勝勢；

②車1平3，炮一平五，馬7進5，（若士4進5??傌三進一，卒4進1，傌七退五，車8退1，帥四進一，車8退8，傌三平五！紅有5個大子壓境也勝定。）傌四進五！將5進1，炮六平七！車3退1，傌三進二！包4平7，傌四退一，將5退1，傌八進六！成傌傌冷著擒將，紅也勝；

③馬2進3，炮一進三，（若傌七退九???馬3進5！帥四進一，車8退2，帥四退一，馬5退7！帥四退一，車8進2！黑勝。）將5進1，傌三進一，卒4進1，傌七退五，（若傌七退九??車8退1，帥四進一，馬3進4！黑速勝。）車8退1，帥四進一，車8退7！傌四進二！馬3退4，（若車1平5???傌三平五！將5進1，傌四平五！棄傌連殺，紅反勝。）傌八退六！包4進3，傌三平二！車8平9，傌二平一！車9平8，傌五進三！包4進3，相五退三，包4平7，炮一退一！車8退1，傌四進二！將5退1，炮一進一！變化下去，紅多子且又牽制住黑左翼底車，也勝定。

以下殺法是：帥四進一，車8退7，〔速敗！但如馬7進9??傌四進五，將5進1，傌三平一！象5退7，後傌進六！車8退6，（若包4進3??傌一進二，將5進1，傌四退二！紅速

勝。）俥一平五，象7進5，（若車8平5？？傌六進四，紅勝。）炮六平二，包4平3，（若包4進2？？俥四退一，將5退1，傌八進六，紅勝。）傌六進七，將5平4，傌八進七，車1平4，（若馬2退3？？俥五平六，將4平5，俥四退一，紅勝。）俥四退一，士4進5，俥四平五！將4退1，後俥平四！馬2退3，俥四進三！紅方完勝。〕炮六平三，包4平6，（若士4進5？？炮一平五！將5平4，炮五平六，將4平5，俥三平五，車8退1，俥五進一！演變下去，紅也多子多兵勝定。）俥三平四！包6進4，炮一平五！紅方雙俥一線、棄俥催殺、精妙絕倫、一劍封喉！以下黑如接走士4進5或車8平5？？則炮三進二勝；又如黑改走士6進5？？則傌八進六！傌到成功勝；再如改走象5退7？？則炮三平五！雙疊中炮殺，紅方完勝。

　　此局雙方開戰伊始，紅就雙炮齊鳴、雙傌騰飛，顯示出勢大力沉、志在必得的雄心壯志；黑不甘示弱，也補左中象、渡右邊卒，從長計議、巧妙貫穿：黑高右橫車騎河、紅伸右直俥過河，黑強渡3卒、紅雙傌連環，鬥智鬥勇、爭佔空間優勢。但好景不長，到了中局後的第13回合黑仍連衝四步卒，走卒3平4，被紅方在不知不覺中的大子先後佔據要位，在第14回合又走馬2進4錯失良機，到了第18回合令人費解地平左包兌俥而錯失戰機，到了第24回合在雙方六子全在、攻殺激烈、變化繁複、懸念叢生的形勢下，黑竟然徑走包9平4破釜沉舟地炸底仕，企圖在亂中取勢，這步錯失均勢機會的敗筆，反被紅方退仕殺包、揮炮炸馬，雙俥同線、棄俥催殺、炮轟中卒、一招制勝！

　　是盤紅在佈局起就爭先奪勢、得勢不讓人。步入中局敢打敢拼、善於捕捉戰機：運子能從長計議，兌子能有勇有謀，殺子能招法精準，棄子能未雨綢繆，把握宏觀，注重細節，連續攻殺，

不急不躁，破關擒王、一氣呵成之經典佳作。

第51局　（上海）萬春林　先負　（北京）王天一

轉五八炮單提傌兌右直車對屏風馬左中象右橫車平包兌俥

1.炮二平五	馬8進7	2.傌二進三	車9平8
3.俥一平二	馬2進3	4.兵三進一	卒3進1
5.傌八進九	卒1進1	6.炮八進四	象7進5
7.炮八平七	車1進3	8.俥九平八	車1平3
9.俥八進七	包8平9!	10.俥二進九	馬7退8
11.俥八進一	…………		

　　這是2012年3月22日第2屆「蔡倫竹海杯」象棋精英邀請賽第8輪萬春林與王天一之間的一場向12萬元冠軍獎金衝刺的焦點之戰。前7輪王天一5勝2和積12分，八面威風；其後的第2集團軍有：汪洋、謝靖、萬春林、聶鐵文、鄭惟桐等同積10分。雙方以五八炮單提傌兌右直車對屏風馬挺1卒左中象高右橫車平包兌俥互進三兵卒拉開戰幕。在雙方突然兌炮包、而紅在沒有進右俥的情況下，黑方馬上平左包兌俥，現從表面上看是吃虧的，但黑對此虧是有所準備的。

　　紅在雙方兌俥車後，立即急進左俥塞象腰於黑方下二線，以逸待勞伏擊，硬逼黑方進士予以阻撓。這是20世紀80年代曾出現過的趣味變例。一改以往網戰流行的俥八退三！包9平7，傌三進二，馬8進9，傌二進一，包7退1，相三進一，包7平5，傌一進三，馬9地8，傌三進五，士4進5，炮五平二，車3平4，仕六進五，變化下去，紅多兵且兵種全的紅方略優的走法，意欲出奇制勝。

11.………… 士4進5 　12.俥八退七　馬8進6

13.俥八平二　包9平8!

面對鋒芒畢露的王天一，紅方獲勝的信心不太足，故選擇了佈局穩健的五八炮進三兵這一近年來多用的和棋定式，意欲伺機來頂和對手，撈取1分。

然而黑方卻大膽拋出包9平8攔俥，以防俥二進七捉馬的最新佈局的試探型「飛刀」，意欲收到出奇制勝的最佳效果。以往流行卒5進1，俥二平四，馬6進8，炮五進三，卒3進1，兵七進一，車3進2，俥四平二，馬8進6，相三進五，車3退1，炮五平二，包9平8，炮二平九，車3平1，俥二進六，車1進2，變化下去，紅雖多中兵，但雙方基本均勢。

14.炮五平四!　…………

卸中炮，準備補中相固防，是紅方萬春林拋出的針鋒相對的最新探索型佈局「飛刀」，意欲穩中求和。在2012年1月6日河北秦皇島「中兵杯」象棋公開賽上，畢旭鵬與趙瑋之戰中曾走過俥三進四，車3平4，炮五平四，車4進2，炮四進六，車4平6，俥二進六，車6退4，俥二退一，卒9進1，俥二退一，車6進5，俥二平一，車6平5，相三進五，馬3進2，兵七進一，卒5進1！兵七進一，象5進3，俥一進一，象3退5，俥一平三，馬2進4！俥三平六，卒5進1！兵一進一，車5平1！變化下去，雖雙方子力對等，但紅邊俥受困，黑卻有車馬卒三軍壓境佔優，結果黑勝。

14.…………　車3平4

車佔右肋出擊，穩正。既活通右翼車、馬之路，又可防俥三進四打馬凶著。

15.相三進五　車4進2　16.仕四進五?　…………

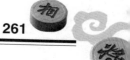

補右中仕固防，過緩，宜徑走俥二進四不給黑兌7卒反先機
會為好。

　　16.…………　　　　卒7進1

　　17.兵三進一　　　　象5進7(圖51)

　　18.俥二進四???　　…………

　　雙方兌去兵卒後，紅進騎河俥捉象，敗著！由此陷入困境。
如圖51所示，宜走：①炮四退二！馬3進4，炮四平一，象7退
9，炮一進六！包8平1，俥二進七！包1退1，俥二退三，象3進
5，俥二平四，馬6進8，炮一平二！演變下去，紅右翼子力靈
活，又多兵反先；②俥二進五，以下黑有四變：（甲）象3進
5?炮四退二，卒5進1，炮四平一，包8平9，炮一進六！馬3進
2，炮一退一！變化下去，黑中卒難逃而紅反佔優；（乙）包8
平4?俥二平四，馬6進8，俥四平五！演變下去，多中兵紅優；
（丙）包8平5??炮四進四！卒
9進1，俥二進二！變化下去，
紅大優；（丁）卒5進1?俥二平
四！馬6進5，（若包8平7??炮
四進六，包7進5，俥四退四！
包7退1，俥四平三！包7平6，
俥三進三！得象窺卒，紅優。）
傌三進四，馬5退4，炮四平
二！以下伏有炮二進二打車先手
棋，紅也優。

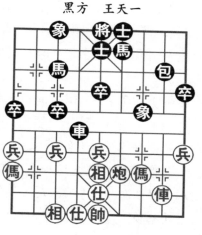

黑方　王天一

紅方　萬春林

圖51

　　18.…………　　　　象3進5

　　19.俥二進一　　　　卒5進1

　　20.俥二平四?　　…………

平肋俥捉馬，易遭被困，仍可考慮炮四退二！讀者可根據第18回合評注①的走法，自己拆擺棋譜。

20.………… 包8平7 21.炮四進六 …………

飛炮打馬邀兌，明智。如傌三退一，馬6進8，俥四平二，馬8退7，炮四平三，包7進5，傌一進三，馬3進4，俥二平一！雖兌子後雙方局勢平淡，但紅多邊兵略優，也是紅方可考慮的方案。

21.………… 包7進5 22.俥四平七 馬3退4

經過上述雙方兌子後，黑雖右馬被逼退，但由於紅左邊俥暫時無法躍出，且紅右翼又很空虛，據此，黑勢足可滿意。

23.俥七平五 車4平6 24.炮四平一 車6平8

25.帥五平四?? …………

出帥有些冒險，雖黑暫時無後續子力的威脅，但畢竟帥位不安，有危險隱患。宜：①俥五退一！包7平9，相五退三，包9進2，仕五退四，象7退9，相七進五，車8平2，傌九退七，車2進3，傌七進六，車2進1，傌六退五，象9退7，俥五平二，馬4進3，俥二退五！包9退1，傌五退七！包9平3，兵五進一！變化下去，紅多中兵，足可抗衡；②仕五退四，以下黑有兩變：（甲）包7平9，相五退三，包9進2，相七進五，車8進2，傌九退七，變化下去，雙方互相牽制、子力對等，紅可抵禦；（乙）車8進4，俥五退一，包7平9，炮一平三，包9進2，（若象7退9?炮三退八！車8退3，傌九退七，車8平9，傌七進八，卒9進1，傌八進九，演變下去，雖雙方局面平穩，但紅多中兵略優。）相五退三，包9平7，炮三退八，車8平7！傌九退七，車7退3，兵一進一，馬4進3，傌七進八，車7退1，傌八進九，車7平9，傌九進七，變化下去，黑多中象、紅多中兵，

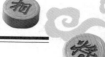

雖互有顧忌，但紅可抗衡，也優於實戰。

以下殺法是：馬4進3，俥五平七，馬3退4，俥七平五，車8進4，帥四進一，車8退8，炮一進一，車8退1，炮一退一，車8進8，帥四退一，車8進1，帥四進一，車8退3，（好棋！迫使紅退俥吃中卒，以增加黑馬活動範圍。）俥五退一，馬4進3！炮一進一，車8退6，炮一退一，士5進6！（揚士可使自己無後顧之憂。）炮一平六，士6進5，俥五平四，〔此時雙方的糾纏局面很微妙，均經受著嚴峻的功力考驗，尤其對紅方運子要求要高些，可是紅方小後手總是無法及時調整過來，此招卸中俥為敗筆！宜炮六退二（也可俥五退一），車8進3，俥五平七！車8平6，仕五進四！車6平4，俥七進二！車4進6，俥七退一，卒9進1，俥七平一，包7平9，俥一平四，車4退3，俥四退三！一旦變化下去，紅能保住兵，和棋不難。〕車8進8，帥四退一，車8進1，帥四進一，包7平8！（佳著，黑包一旦歸家，必形成車馬包三子聯手攻勢，紅將頹勢難挽。）俥四進一？（空著，宜炮六退二！包8退7，炮六平四！堅守右肋道為上策。）馬3進4！（先進車叫帥、再分包、現又躍馬起腳踏俥踩兵，這絕妙的攻擊「三部曲」耐人尋味、令人震撼！高！真是高招！但黑方要將攻勢擴大為勝勢，仍絕非易事。）俥四平二，（若俥四退三？包8退7！仕五進四，包8平6，俥四平三，車8退2！演變下去，紅也厄運難逃。）馬4進5，炮六退六，包8退3，仕五進四，象5退7！帥四平五，象7退5！（普普通通的連續兩步退象，實則是一步於平淡之中見真功的好棋！）傌九退七？（當黑車馬包臨門、風險悄悄來臨之際，紅退左邊傌加速敗北進程，不過也實屬無奈。）馬5退6！俥二平四，馬6進7！俥四退三，（無奈，若傌七進六？車8退1！帥五退一，馬7退5！回中馬踩

雙，必得一子後，黑也完勝。）車8退1，帥五退一，馬7進9！黑方抓住最後機會，充分利用紅右翼底線空門弱點，黑車馬包聯手攻殺得手，以下紅如續走仕四退五？？？馬9進7！俥四退二，包8平5！以下不管紅方走帥五平四還是俥四平三啃馬，黑均走車8進1完勝！

　　此局雙方開戰就殺炮包兌俥車、互爭空間優勢。面對鋒芒畢露的黑方攻勢，紅選擇了五八炮進三兵和局陣勢，不料黑首先在第13回合祭出包9平8最新試探型佈局「飛刀」，沒想到不屈不撓的紅方卻在第14回合竟然還大膽地回敬了針鋒相對、穩中求和的最新探索型佈局「飛刀」——炮五平四，令人肅然起敬。可是好景不長，紅在第16回合補右中仕、在第18回合竟然走俥二進四捉象而陷入困境，令人大跌眼鏡。以後又分別在第20回合、第25回合和第37回合分別平肋俥捉馬、出帥位置不安、卸中俥而三次錯失良機，被黑方不失時機，沉車叫帥、車殺中兵、策馬捉俥、馬踩中兵、連退雙象、回馬捉俥、進馬伏殺、退車叫帥、馬到成功，最終被車馬包聯手妙殺。

　　是盤紅棋最新佈局「飛刀」穩健有餘而攻擊力似嫌不足、和棋容易贏棋則難；黑方佈局「飛刀」奏效，在於事先準備，做足功課，審時度勢、因勢而謀、應勢而動、順勢而為，一旦戰術確定、沉著冷靜、驍勇善戰，群雄蜂起，馬到成功之佳作。

第52局　（黑龍江）陶漢明　先負　（湖南）孟辰

轉五八炮單提傌左橫俥右直車騎河對屏風馬右橫車左中象

1.炮二平五	馬8進7	2.傌二進三	車9平8
3.俥一平二	卒3進1	4.兵三進一	馬2進3

5.傌八進九　車1進1　　　6.炮八進四　馬3進2

　　這是2011年10月24日全國象棋個人賽第10輪陶漢明與孟辰之間的一場龍虎大戰。雙方以五八炮單提傌對屏風馬右橫車外肋馬互進三兵卒拉開戰幕。面對同樣擅長攻殺的孟辰，喜歡搏殺的陶漢明這次卻反過來選擇了較為穩健的五八炮單提傌陣式，不知能否奏效，讓我們拭目以待。

　　紅左炮過河窺打7卒後，黑速跳右外肋馬封住紅出左直俥，屬正常的流行走法。如急走馬3進4??炮八平三，包2平5，俥二進三！車1平6，俥九進一！變化下去，紅反陣型穩固、子力開揚、雙俥靈活，優勢顯而易見。

　　7.俥九進一　車1平4　　　8.炮八平三　象7進5

　　9.俥九平四　卒3進1　　　10.俥二進五　…………

　　伸右直俥騎河捉馬，是紅方願改走的可行之策。在本次大賽第8輪中才溢曾用兵七進一走法戰勝過孟辰，那這把「尖刀」能再勝孟辰嗎?讓我們拭目以待。

　　10.…………　馬2進3　　　11.傌九進七　卒3進1

　　12.仕四進五?　…………

　　先補右中仕，從局部上看，紅陣型能穩固，但從全域看，補仕後等於將紅左翼空間拱手讓給了黑方，有些得不償失。可走傌三進四以攻為守更妥，以下黑有兩變：

　　①卒3進1！俥四平八，（若先傌四進六，卒3平4，炮五平三，變化下去，仍均勢。）包2平3，仕六進五，車4進4，傌四進五，馬7進5，炮五進四，士6進5，相三進五，變化下去，雙方大子等、士相（象）全，紅雖多中兵，但黑3卒過河參戰，基本均勢；

　　②車4平6！兵三進一，包2平3，仕六進五，包8進1，俥

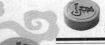
四進一，包3進2，俥二退二，象5進7，兵五進一！象7退5，炮三平一！車6進3，炮五進四！士6進5，俥二平七！馬7進5，兵五進一，車6平5，炮一平五！包8平6，俥四平六，將5平6，炮五平六！變化下去，紅子靈活、多邊兵、兵種全佔優。

　　12.………………　　包8退1　　　13.俥四進三　　卒3進1

　　14.炮五平四??　　…………

　　卸中炮轉型換位過早，漏著！因現紅中炮配合二路車嚴控黑中路和左翼車馬包，現移中炮後，黑方壓力減輕，反可更隨意或更快調型移位，伺機反撲，對紅非常不利。宜徑走兵三進一！包2平3，相七進九，卒3平4，仕五進六，車4進6，俥四平七，包3平2，傌三進四，士6進5，傌四進五！包2進2，俥二進一，馬7進5，炮五進四！車4平1，兵五進一，包2進5，俥七退四，車1平2，兵五進一！卒1進1，炮三平一！車2退1，帥五進一！將5平6，俥七進四，車2進3，帥五退一，車2退4，俥七平五！車2進3，帥五退一，車2進1，帥五進一，包2平7，俥五平四！將6平5，俥四平二！至此，紅雙俥追殺黑左翼車包，必得子且又淨多3個高兵，勝定。

　　14.…………　　　車4平3　　　15.相三進五??　　…………

　　又是一步補右中相空著！這是紅方臨場判斷局勢有誤。宜徑走俥四平八提早策應空虛左翼而不陷入被動。

　　15.…………　　　卒3進1　　　16.俥二平八　　包2平1

　　17.俥四平七??　　…………

　　平右肋俥於相台邀兌，陷入被動。宜相七進九！包8進3，炮四退一，車8進3，俥四進二！士6進5，相九進七？包8平3，兵三進一！包1進4，兵五進一，包1平7，兵三平二！車8進1，炮四平七！包7退2，俥八退四！包3進4，俥八平七！車3進

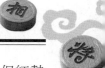

3，俥七平六，變化下去，黑雖多邊卒、子位靈活略優，但紅勢不弱、足可抗衡，強於實戰。

　　17.…………　車3進4　　18.相五進七　包8進6?

　　在雙方兌俥車後，黑勢反先已初見端倪，現伸左包邀兌出擊，不如包8進8直插底線進攻來的效果更好，紅如接走兵三進一，象5進7，俥八平三，包8平9！帥五平四，車8進9，帥四進一，車8退1，帥四退一，卒3進1！炮四平七，象3進5，俥三平六，卒3平4！仕五退六，士4進5，炮三平九，車8退2，帥四平五，包1進4！相七退九，車8進3，帥五進一，車8退1，帥五退一，車8平3！炮七平四，車3平7！傌三進四，包1平9！黑車雙包三子歸邊形成攻勢，且淨多邊卒，大佔優勢！

　　19.傌三進四??　　…………

　　進傌出擊、避兌肋炮，又造成一個難以理解的疑形狀態，劣著！宜炮四平二！車8進7，相七退五，包1進4，俥八退二，包1退1，俥八進三，變化下去，雖黑仍優，但紅方防守較為嚴密，足可一戰，優於實戰。

　　19.…………　包8平9！（圖52）

　　黑方不失時機，果斷平包、閃出車路，佳著！準備車包聯手發動新一輪攻勢。黑方由此步入佳境。

　　20.帥五平四???　　…………

　　出帥，敗著！喪失了最後一個對攻機會而飲恨敗北。如圖52所示，宜徑走傌四進六！（傌跳檀溪！以後會藏有多種後續手段。）車8進9，炮四退二，車8退5，傌六進八！（下伏有傌八進七！將5進1，傌七退六抽回黑車的有力手段。）包9進2，炮四進六，車8進5，炮四退六！將5進1，傌八退六，卒5進1，相七退五，車8退6，炮四進六！車8進3，（若車8平7??俥

八進三！將5退1，傌六進八！士6進5，炮四平九！黑車厄運難逃，紅有俥大優。）俥八進三，將5退1，傌六進八！車8進3，炮四退六，車8退8，炮四進八！士6進5，炮四退七！車8進8，炮四退一！包9平6，仕五退四，卒3平4，傌八進七！將5平6，仕六進五，包1進4，俥八退二，包1進3，相七進九，卒4平5，帥五進一，車8平6，炮三平四！將6進1，炮四平九！包1退6，俥八平九！將6退1，俥九平

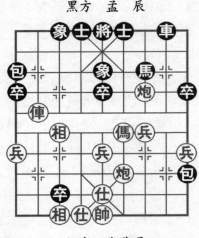

圖52

三！變化下去，紅雖殘雙仕，但多三兵，優於實戰，足可抗衡。

20.………… 包1平4　　21.傌四進六　車8進9

22.帥四進一　車8退5

至此，雖雙方子力對等，但黑子位靈活，又有過河卒參戰，紅俥被拴鏈後，紅帥位不安，黑方先手已擴大了。

23.相七進五　包4退1！

退右肋包及時，是一步抓住紅棋帥位不安之弱點，旨在左移出擊的好棋！

24.俥八進二　…………

進俥棄傌捉象，實屬無奈。如傌六進七？？包4平6，炮三平四，車8進4，帥四退一，車8進1！帥四進一，馬7進8！仕五進六，卒3平4！下伏馬8進7殺著，故只有接走俥八平二棄俥砍馬解殺，黑續走車8退5得俥多子勝定。

24.…………　包4平6　　25.傌六退四　包6進6

26.仕五進四　士6進5!

補左中士固防，引而不發、穩健緊湊、無懈可擊！

27.兵九進一　包9平8　　28.傌四退六　…………

退傌欺卒，頑強走法、實屬無奈。如帥四平五？車8平6，傌四退三，車6平4，帥五退一，包8平6！平包得仕後，紅勢也岌岌可危了。

以下殺法是：包8退1，傌六退七，包8平6，帥四平五，車8進4，帥五退一，車8平3（白吃傌勝定）！兵三進一，包6退4！俥八退二，車3平8，炮三平九，象5平7！俥八平三，馬7進8！兵一進一，車8進1，相五退三，車8退3，仕六進五，包6平5，炮九平一，包5進4！相七退五，車8平7！平車必兌俥，以下伏有殺相擒帥凶著！必兌車後，形成黑馬包高卒單缺象對紅炮雙高兵仕相全的必勝局面，由於紅雙兵均未過河，無法及時在中路形成聯兵反擊謀和，故黑勝定。

此局雙方開戰後紅就雙炮齊鳴，鎮中路、轟7卒，黑補左象、兌右馬後渡3卒，互爭空間優勢、搶奪要隘地形。步入中局後，雙方拼搶更為激烈。可是紅方在第12回合補右中仕將左翼空間拱手送給黑方，得不償失，在第14回合卸中炮轉型換位過早，在第15回合補右中相空著，對臨場局勢判斷有誤，在第17回合平俥於相台邀兌而陷入被動，在第19回合右傌盤河、避兌肋炮而疏於防守，到了第20回合出中帥，敗著！喪失最後對攻機會，被黑方抓住戰機，車包聯手、補士固防、退包打傌追俥、揮車砍傌左移、棄象殺兵、策馬出擊、包炸中兵，最終平車窺殺底相、硬邀兌俥後，黑多子勝定。

此盤紅方自始至終有很多反先機會、對攻機遇，但最主要是

第20回合沒走傌四進六「傌躍檀溪」單騎救主的妙著而落敗，黑方卻能洞察一切、蓄勢待發，一旦佔先、敢打敢拼，借殺圍擊、全線發力，運籌帷幄、笑到最後！

第53局　（黑龍江）趙國榮　先負　（北京）蔣川

轉五八炮兌右直俥高左橫俥對屏風馬平包兌俥右中士象

1.炮二平五　馬8進7　　2.傌二進三　車9平8
3.俥一平二　馬2進3　　4.傌八進七　…………

這是2011年5月21日第3屆「淮陰・韓信杯」象棋國際名人賽首輪趙國榮與蔣川之間的一場精彩搏殺。雙方以中炮對屏風馬佈陣拉開戰幕。紅進七路傌，旨在以五八炮或中炮巡河炮陣勢出戰。如俥二進四，卒3進1，兵七進一，卒3進1，俥二平七，包2退1，（若卒7進1，以下紅有兵三進一、炮八平七和兵五進一3路變化結果：前者為黑方優勢、中者為紅方失子失勢、後者為紅中路攻勢較優的不同走法。）炮八平七，包2平3，以下紅有兩變：

①俥七平二，以下黑有馬3進2和馬3進4兩種變化結果，前者為雙方機會均等、後者為雙方均勢的不同走法；

②俥七平三，以下黑有兩變：（甲）卒7進1，俥三進一，象3進5，俥三進二，馬3退5，炮五進四，包3進8，帥五進一，包3平1，炮七進二，以下黑有包8平9和車1平3兩種變化，結果為前者是紅方多兵勝勢、後者紅方大優的不同走法：（乙）包3平7，傌八進九，卒7進1，俥三平四，以下黑有象7進5、包7平4，馬3進4和馬7進8變化結果，前者為紅持先手攻勢、中一者為紅方先手、中二者為黑必丟子、後者為紅多兵、兵

種全而佔優的不同走法。

4.………… 卒3進1　 5.俥二進四　包8平9

6.俥二進五　馬7退8

至此，雙方形成中炮兌右直車對屏風馬進3卒平包兌俥、雙方基本均勢的平穩佈局。紅如兵三進一？車8進5，傌三進二，包9進4！傌二進三，象3進5，炮五平三，包9平7，相七進五，士4進5，炮八平九，馬3進4，變化下去，黑子靈活佔優。

7.兵三進一　象3進5　 8.俥九進一　士4進5

9.俥九平六　車1平4！　10.俥六進八　將5平4

前十個回合，雙方形成了無俥（車）的傌（馬）炮（包）殘棋較量局面，令人耳目一新，這是對棋手「內功」功力的一次嚴峻考驗，那誰能出手不凡、笑到最後呢？讓我們拭目以待吧！

11.兵五進一　 包2進4(圖53)

紅急衝中兵，意從中路突破，屬流行走法。如炮五平六以反宮傌應戰或走炮八進四成五八炮欲打7卒出擊，則雙方另有不同複雜變化。

黑揮右包過河，頂包窺兵，勢在必行、分庭抗禮！

12.兵五進一???　…………

棄中兵敗著！企圖以中炮盤頭傌棄子取勢，導致由此一蹶不振。如圖53所示，在2011年全國象甲聯賽上陶漢明與汪洋之戰中曾走炮五進一，（也可走炮八

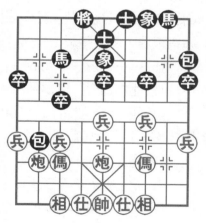

黑方　蔣　川

紅方　趙國榮

圖53

退一比較靈活機動，結果也是局面平穩、基本均勢。）包2退1，相七進五，卒7進1，兵三進一，象5進7，炮八退一，包9平7，傌三退五，象7退5，兵七進一，包2平5，兵七進一，象5進3，傌七進六，象7進5，炮八平七，馬8進6，傌五進三，馬6進7，炮七進六，包7進5，傌六進五，馬7進5，仕六進五，包5退2，炮五進三，包7退7，變化下去，雙方兵卒等、仕（士）相（象）全，大子基本相等，和勢甚濃，結果戰和。

　　12.………… 卒5進1　　13.傌七進五　包9進4!

　　利用紅棄中兵之機，飛左包敲殺邊兵壓境發威，一下連掃雙兵後，黑呈反先之勢。

　　14.兵七進一　包9退1!　　15.傌三進二　…………

　　黑不失時機，速退左邊包窺打七兵，硬逼紅方立即表態。

　　紅進右外肋傌，不願棄子，將讓黑多卒順利佔優，這是由於紅棄中兵後必然會引發的連鎖反應。如兵七進一?卒5進1，兵七進一，卒5進1!傌三進五，馬3退1!變化下去，黑反多子，而紅卻有過河兵參戰，且傌雙炮佔位較好，互有顧忌，但從馬炮殘棋來看，黑方整體上多馬後更為有利。

　　15.………… 卒7進1　　16.炮五進三　包2退3

　　17.仕六進五　包2平5　　18.傌五進四　卒7進1!

　　黑送中卒後立即揮右包鎮中牽制住紅方中炮和中路，現又果斷巧渡7卒、殺兵脅傌，頗見功力、可見一斑!

　　19.傌二進一　馬8進9　　20.傌一進三　包5平7

　　21.相七進五　卒3進1!

　　硬衝3路卒殺兵過河，至此黑方已步入了淨多雙過河卒參戰、優勢明顯的佳境!

　　22.炮八平六　將4平5　　23.傌四退五　馬9進8

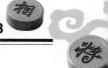

24.傌三退一　馬8進6　　25.傌一進二　包7平5

26.傌五進三　卒3進1！

此刻，雙方由傌（馬）炮（包）位置調整後，7路過河卒雖已犧牲，但黑左邊馬已步入戰場且威力不小；同時，紅左翼基本上已是空門狀態，黑3路卒有望可長驅直入、直搗帥府而大優。

以下殺法是：傌三進四，包9進4！炮六退一，卒3進1！相五進三，馬3進2，傌二退一，卒3進1！炮六退一，士5進6，傌一退三，卒3平4！（此時的小卒已臨城下，可當「車」來用。其實小卒只能一步一步拱，但永遠不能後退，勇往直前，為戰局獲勝而犧牲或永存！筆者常對自己說：「我只是一顆小棋子，傳承傳統文化、弘揚經典國粹，宣傳推廣中國象棋的悠久文化是每位象棋人和象棋愛好者的神聖責任和光榮義務！」這就是筆者評注此對局的初衷。）傌三進四，將5進1，前傌進三，將5退1，相三退五，士6進5！炮五進二，將5平6，炮六平七，（若傌四退五？馬6進8！傌五退三，卒4平5！卒挖中仕擒帥，黑勝；又若傌四退三？？？則卒4平5也黑勝。）馬6進8！馬到成功，成馬雙包卒一氣呵成！以下紅如接走炮七進二？？？則馬8進7絕殺，黑方完勝。

此局雙方開戰剛到十個回合就步入無車棋戰，開始了「內功」功力的實質性較量。剛步入中局，紅方急於從中路突破，急渡中兵，一改炮五進一和炮八退一兩路較為穩健和靈活機動的著法，企圖以中炮盤頭傌陣勢棄子取勢出擊，卻遭到黑方當頭一棒、雙包齊鳴：炸邊兵、鎮中包、渡3路和7路卒參戰。這一突如其來之著，令紅方由此一蹶不振。以後紅方竭盡全力調整傌炮位後殺去7路卒，但仍被黑方牢牢掌控著局勢的主動權，左包沉底、右馬出擊、揚士阻傌、卒臨城下、棄士獻象、補士棄象、呈

天地包、藉包卒之威、馬到成功。

　　是盤雙方過早兌俥車、較量內功。紅渡中兵、自亂陣腳；黑方運子，深入腹地，藉包使馬、卒臨城下、大舉合圍、越逼越緊、攻殺銳利、滴水不漏、左右包抄、天地包凶、馬到成功的好一個小「卒」當車用的精彩殺局！

第54局　（上海）胡榮華　先勝　（北京）蔣川

轉五八炮兌右直俥高左橫俥對屏風馬平包兌俥右中士象

　　1.炮二平五　馬8進7　　2.傌二進三　車9平8
　　3.俥一平三　馬2進3　　4.傌八進七　卒3進1

　　這是2011年11月16日第2屆全國智力運動會象棋賽專業男子團體賽第4輪北京隊與上海隊的一場強強對決。由於兩隊均是三連勝，故這輪胡榮華與蔣川之戰頗為關鍵。雙方以中炮對屏風馬拉開戰幕。黑急進3卒是黑方在近年用得較多的佈局，可見是有精心準備和潛心研究的，是要志在必得的。如卒7進1，俥二進六，卒3進1，俥九進一，演變下去，將形成「中炮直橫俥對屏風馬兩頭蛇」的常見定式佈局，紅方反較易掌控局面。

　　5.俥二進四　…………

　　伸右直俥巡河，伺機出擊，屬平穩走法，但在高手大賽中極少見到，可見胡特大有以古攻新、老譜翻新之意。

　　5.…………　包8平9　　6.俥二進五　…………

　　由於紅方年歲已大，進俥邀兌，簡化局面、越簡單越好。這是值得向老年棋手學習、發揚的非常老練、明智的走法。

　　6.…………　馬7退8　　7.俥九進一　象3進5

　　8.兵三進一　士4進5

補右中象士，旨在讓出車1平4的車路，蓄勢待發。如馬8進7？俥九平六，士4進5，俥六進五，包2進2，俥六平七，車1進2，兵七進一，卒3進1，俥七退二，變化下去，紅方子力靈活、易走，已穩持先手。

　　9.俥九平二　…………

　　左橫俥右移捉馬，意欲保持複雜變化，挑起事端、克敵制勝，一改以往俥九平六，車1平4，俥六進八，將5平4，形成無俥（車）的局勢，相對較為平穩的傌（馬）炮（包）兵（卒）棋局，旨在從長計議、厚積薄發。此路變化可參閱本書「趙國榮負蔣川之戰」。

　　9.…………　馬8進7　　10.炮八進四　車1平4

　　紅先左俥右移欺馬，現又伸炮窺打7卒，弈來秩序井然、頗見功力、可見一斑、可圈可點。

　　黑亮出右貼將車，一改在2010年全國象棋個人賽第2輪胡榮華與武俊強之戰中曾走過的卒7進1，兵三進一，象5進7，俥二進六，車1平3，傌三進二，馬7進6，炮五平三，馬6進7，俥二進一，象7進5，炮八平一，馬3進4，相三進五，馬4進6，俥二平四，馬6進4，仕四進五，卒3進1，炮一平三，包9平7，兵七進一，車3進5，傌二進一，士5進6，仕五進六，（若傌一進三???馬4進3！帥五平四，車3平6，炮三平四，馬7進8，帥四進一，包2進6！黑肋車控炮、雙馬包左右夾擊，紅帥厄運難逃。）士6進5，俥四平二，馬7退6，傌一進三，馬6退7，傌七退九，車3進3，後炮進一，車3平1，後炮平六，車1退2，炮六進一，車1平5，黑多中卒、兵種齊全，稍好，結果雙方戰和的走法，意欲出奇制勝。

　　此時如黑方仍走卒7進1兌兵，則紅方胡老師想必又有新的

思路，會弈出新的更有價值的對抗性走法。

11.炮八平三　車4進5

伸右肋車騎河窺殺三路兵，一改以往車4進7捉傌和車4進6直插兵行線的走法，意欲出奇制勝。①如車4進7，傌二平八！包2進2，傌八進一，包9退1！（若馬7退8??則傌三進四！卒5進1，炮三平七，車4退4，傌八進三，車4平3，傌八退一！變化下去，紅子靈活、多兵佔優。）相三進一，車4退1，傌七退五，車4平3！傌八平七！馬3進4，演變下去，雙方子力對等，如兌傌（車）局勢會平穩，如不兌傌（車）則雙方相持、互有顧忌。②如車4進6??炮五平四，（若兵三進一??車4平3！傌七退九，車3平1！傌二平八，包2進2！變化下去，黑勢不錯、多卒反先。）車4平3，相三進五，卒3進1，兵三進一！變化下去，在對攻中，紅勢看好！

12.兵五進一！…………

急挺中兵擋車，意欲開啟盤頭傌通道，也一改以往流行的傌二進六，馬3進4，炮三進三，象5退7，傌二平三，象7進5，傌三退一，車4進2，傌七退八，包9平7，以下伏有車4平2，傌八進九，車2平3殺底相的先手棋，變化下去，紅雖多相，但黑子靈活，容易掌控局勢之變，要攻其不備。

12.…………　車4進1　13.傌二平八　包2進2

紅棄七兵平傌捉包，老練穩健，不給黑有車4平3，傌七進五，包2進4的進攻機會而反先。

黑右包巡河護守前沿，針尖對麥芒，意在車4平3殺七兵後再包2進2窺殺中傌爭先。

14.傌八進三！…………

伸左直傌巡河，擋住以後黑包2進2攻擊紅中路的威脅。著

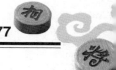

法穩正，是一步反先佔優的好棋！

14.………　車4平3　15.傌七進五　包9進4

包轟邊兵，旨在巧兌中傌，穩正。如貪車3進3？？炮五平七！卒3進1，俥八退三，卒3平4，相三進五！車3平1，相五進七！變化下去，紅有望得子大優；又如卒1進1？？兵五進一，包2平5，俥八進三，包5進3，相三進五，〔也可俥八平七！包5平6，傌五進四，馬7退8，俥七退一！車3平6，傌四進二，包9平8，（若車6退3？？？傌二進三，車6退2，炮三進三！紅速勝。）俥七平五，卒3進1，俥五平七！以下伏有炮三平五叫殺凶招，紅勢較優。〕馬7退8，俥八平九！變化下去，紅子靈活佔優。

16.兵五進一！　卒5進1

紅棄中兵，大膽吹響了進攻的號角！驚心動魄的大戰由此展開！令黑方一時捉摸不定。

黑挺卒吃兵，實屬無奈。如包2平5？？俥八進三，（也可兵三進一渡河參戰後，紅反易走。）馬3退4，〔若馬3進4？？？炮五進三！卒5進1，（若馬4進5？？？炮三進三！象5退7，俥八進二！紅速勝。）傌五進六！紅多子大優。〕炮五進三，卒5進1，傌五進四，變化下去，黑多雙卒、紅子位靈活易走，互有顧忌。

17.兵三進一　…………

強渡三路兵發威，穩正。如貪傌五進四？卒3進1！紅要丟俥，只能接走俥八進一，馬3進2，傌四進三，變化下去，黑有車並將淨多雙過河卒大佔優勢。

17.…………　包9平6　18.兵三平四　包6進1？？

平過河兵，是一步保持先手的好棋！如炮三平七？車3平

2！俥八退一，包6平2，兵三進一，馬7退8，炮七平一，變化下去，在已形成的無車棋中，黑多中卒，大體均勢，不易獲勝。

　　黑進肋包，假先手棋，錯失良機。宜馬7進5！兵四進一，卒3進1！傌五進七，馬5進3，變化下去，在雙方互纏中，黑反伏有卒5進1渡河反擊的先手棋，足可與紅抗衡。

　　19.傌五進三　卒3進1　　20.前傌進五！　…………

　　紅方不失時機，連續躍進，現傌踩中卒，以下伏有傌後炮殺著，而令黑卒不敢吃俥。紅方由此步入佳境。

　　20.…………　馬7進5　　21.俥八平七　車3退1

　　22.傌五退七　馬5進4　　23.炮五進二　包2平3

　　24.相三進五　…………

　　雙方果斷殺兵卒兌俥車後步入了傌（馬）炮（包）棋戰，此時紅在子位靈活易走情況下，也可徑走仕六進五爭先，以下黑如續走包6退1，傌三進二，包6平2，相七進五，卒9進1，傌二退四！包2平5，炮三退二！馬4進3，兵九進一！變化下去，紅子靈活，且有過河兵助陣，前景樂觀、主動、易走。

　　24.…………　　　　　　包6退1　　25.炮三退二　馬4進3

　　26.傌三進二（圖54）　將5平4？？？

　　雙方均退包（炮）進馬（傌）後，紅已下伏炮三進三窺馬、捉包凶著和傌二進三殺象叫悶的凶著，黑稍大意，即刻丟子。

　　黑出將避開，敗著！導致失子告負。如圖54所示，宜包6平4！先避一手不致丟子，紅如接走傌二進一，變化下去，黑雖少卒，但大子均等，勝負一時難料；也可徑走馬3進2，在不丟大子情況下，可與紅方周旋，以後再覓戰機抗衡，這兩變均遠遠優於實戰。

　　27.炮三進三！　…………

紅抓住破綻，進炮捉馬、追肋包，黑必失子，頹勢難挽。真如紅方胡特大自己形象化說法：「我還有牙齒、我還會咬人！」據知情人說，胡老師為備戰比賽，足有一個月在閉門「練棋」，今天終得碩果！真是基本功很紮實、運子從不入俗套，「寶刀」還是不老啊！真令人讚歎不已！

以下殺法是：後馬進4，俥二退四！包3平6，炮三退五，馬3退5，俥七退五，馬4進5，

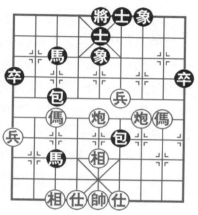

黑方　蔣川

紅方　胡榮華
圖54

炮三退一，包6進1，炮三平六！士5進6，俥四進二，士6進5，俥二進四！將4平5，俥四進二！將5平6，炮六進五！紅藉中炮之威，連續策俥臥槽，現左肋炮入卒林，成俥雙炮殺勢！

以下黑如接走包6退2？？俥二進三，包6平5，炮六平一，包5平7，（若士5進4？？炮五平四！馬5退6，仕四進五，以下黑有兩變：①包5進3？炮一平四！士6退5，俥三退二！成俥後炮絕殺勝定；②將6進1？？炮一進二，將6退1，炮一退五！包5進3，炮一平四！將6進1，後炮進二！得馬後多2個子勝。）炮五平四，馬5退6，仕四進五！卒1進1，炮一退六！包7進3，炮一平四！包7平6，俥三退二！將6平5，俥二退四！得子後，紅淨多2子勝定。又如黑改走將6平5？俥二進三！將5平4，炮六退三！下伏炮五平六疊炮殺，紅勝。再如黑改走士5進4？？炮六平四！士6退5，俥二進四！紅勝。還如黑改走象5進7？？？則

炮六平四！紅速勝。

此局雙方開戰後就平包兌去一俥後，就展開了空間爭奪。紅高左橫俥右移出擊、黑補右中士象後出右貼將車應對，紅挺中兵擋車、黑右包巡河、左包轟兵、雙包齊鳴反擊，爭奪非常激烈。雙方步入中局後不久，紅首先在第16回合棄中兵吹響了進軍號角，黑卻在第18回合走包6退1錯失良機。當雙方步入俥（馬）炮（包）棋戰後，黑又在第26回合走將5平4導致丟子失勢、一蹶不振。紅方卻抓住戰機，伸炮欺馬，同時追殺肋包，以後趁中炮之威，連續進俥直赴臥槽追殺，最終黑方經不住紅左肋炮入卒林後的俥雙炮殺勢而敗走麥城、城下簽盟。這是一盤獲得冠軍最多的老將與當今等級分排名第一的新特級大師的格外引人注目的爭奪團體桂冠之戰。紅方賽前休整一個月認真備戰，人雖老但牙還會「咬人」的胡大師寶刀未老、功底紮實、招法精準、勢大力沉、運籌帷幄、無懈可擊、全線發力、炮助馬威、藉俥使炮、先發制人、攻殺凌利、以俥炮入局的經典佳構。

第55局 （上海）謝靖 先勝 （四川）李少庚

轉五八炮單提俥兌右直車對屏風馬左中象高右橫車平包兌俥

1.炮二平五　馬8進7　　2.傌二進三　車9平8

3.俥一平二　馬2進3　　4.兵三進一　卒3進1

5.傌八進九　卒1進1　　6.炮八進四　…………

這是2011年8月21日全國象甲聯賽第17輪謝靖與李少庚之間的一場精彩廝殺。雙方以中炮單提傌對屏風馬挺1卒互進三兵卒拉開戰幕後，面對中殘局功力精深的黑方李大師，紅方謝靖果斷選擇了穩健的五八炮陣式，是有意要避開在開局階段雙方就形

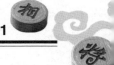

成短兵相接、利刃出鞘的緊張局面。意欲在穩中取勝。那究竟實戰效果能如願嗎？讓我們拭目以待。

　　6.………… 　象7進5　　7.炮八平七　車1進3

　　8.俥九平八　…………

亮出左直俥捉包，透過兌炮（包）簡化局勢，紅易持先手。

　　8.………… 　車1平3　　9.俥八進七　包8平9

雙方兌炮（包）後，黑方為擺脫紅對左翼的牽制，果斷平左包兌俥，勢在必行，別無良策。

　　10.俥二進九　馬7退8　　11.俥八退六　…………

俥退下二線，準備從自己陣地伺機右移取勢，著法靈活。

　　11.………… 　車3平4　　12.俥八平二　…………

左俥右移捉馬屬當今棋壇流行走法。筆者曾在網戰上應對過傌三進二，車4進1！炮五平二，士6進5，相七進五，包9平6，俥八進三，馬8進9，兵九進一，車4平5！兵九進一，車5進2！兵三進一，卒7進1，兵一進一，馬3進4，仕六進五，包6進6！仕五進四，馬4進6！俥八退三，車5平8，俥八平四，車8進1！傌二退四，車8退1！仕四退五，卒5進1！變化下去，黑多中卒有攻勢反先，結果黑多卒入局。

　　12.………… 　馬8進6　　13.俥二進七　馬6進4

　　14.傌三進四！　卒5進1

紅右傌盤河出擊，窺視黑方中卒和7路卒，為以後伺機飛炮炸中卒保駕護航，著法機警，主動有力。

黑棄中卒，大膽拋出試探型佈局「飛刀」，一改以往徑走士4進5，傌四進三，包9進4，俥二退五，包9進2，俥二平一，包9平2，炮五平二，車4進1，炮二進五，士5進6，炮二進二，象5退7，俥一平二，包2退5，傌三進一，將5平4，仕四進五，士

6退5，相三進五，車4平6，炮二平一，象3進5，傌一進二，包2平1，兵五進一，卒9進1，雙方子力對等，變化下去，形成互有顧忌的局面，意欲出奇制勝。

　　15.炮五進三　　　　士4進5

　　16.炮五平二（圖55）　馬3進4？？？

　　黑棄中卒補右中士，紅卸中炮右移，將潛伏一系列攻殺手段。然而黑方未細算就隨手走右馬盤河邀兌，敗著！導致黑方頹勢難挽。如圖55所示，宜象5退7！俥二平三，象3進5，俥三退二，車4平7，傌四進三，包9進4，炮二進四，馬3進4！變化下去，紅雖多中兵，但無法過河參戰，且左邊傌呆滯無法出擊，雙方大子等、仕（士）相（象）全，成對峙局面，戰線甚長，黑方優於實戰，勝負難料。

　　17.俥二平三！　包9平8？？

　　紅方抓住戰機，平俥窺卒，讓出炮路，暗伏抽車凶著！

　　黑方不敢殺傌，卻平左包攔炮，敗筆！反給了紅方連續騰挪攻殺的機會，導致丟子告負。宜象5退7！俥三進一，包9平8，炮二進一，卒7進1，傌四進三，後馬進六！兵三進一，馬4進5，變化下去，紅雖淨多底相和過河兵佔優，但紅三路俥砍象後留在黑左翼底線，故黑方不會失子，尚可周旋，還有反擊或對攻機會，強於實戰。

黑方　李少庚

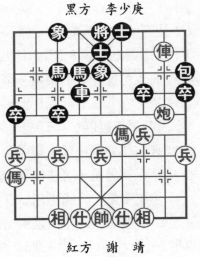

紅方　謝　靖

圖55

18.炮二進一　前馬退6??

雖黑方失子已成事實，但急於退馬，劣著。宜卒7進1，傌四進三，馬4退6，俥三平四，卒7進1！俥四退二，車4進3，俥四平五，卒7進1！雖已少一子，但有過河卒參戰，尚可支撐，還有一線希望。

19.俥三平四　車4進2　　20.俥四退二！…………

紅方抓住最後機會，退俥殺馬，謀得一子，勝利在望。

以下殺法是：馬4進5，相三進五，馬5進6，（策馬臥槽，只好盡力搏一下，但子少沒有機會對紅方構成威脅。）傌四進三，馬6進7，俥四退五，馬7退8，仕四進五，（補右仕固防，穩健有力，紅呈勝勢。）象5退7，傌三進四，包8退1，（紅多子多兵大佔優勢，黑退包已無騷擾手段，頹勢難挽。）炮二平三，車4退1，傌四退二，車4退2，炮三平五！將5平4，傌二退四，車4進4，炮五平八，車4進2，（此時紅方已調整好子力，局面簡化了不少，現黑車塞相腰，已無法形成對紅方的實質性威脅和有效攻勢。）兵五進一，士5進6，炮八退三！退炮捉馬，一舉制勝！以下黑如續走馬8退9，炮八進六，象3進5，兵一進一！馬9退7，兵三進一，馬7退9，炮八平四！再炸底士，形成了紅方五個兵俱在，淨多子多雙兵多中仕的必勝局面，黑方投子起座、含笑認負。

此局雙方開戰就紅雙俥出擊、黑補左中象、起右橫車，在互兌炮包後又平包兌俥，使雙方局面有所簡化。雙方步入中局後，紅方在第14回合右傌盤河出擊，黑果斷棄中卒，祭出了試探型佈局「飛刀」，一改以往士4進5走法，欲出奇制勝。但好景不長，黑方連續在第16回合走馬3進4；在第17回合走包9平8；在第18回合走前馬退6，導致失子失勢，給紅方抓住機會，補中

相、傌踩卒、俥捉馬、進中仕、傌捉包、挺中兵、炮捉馬，最終紅炮炸士，以多子多兵仕完勝黑方。此盤拋出探索型「飛刀」要慎重，配套手段要跟上，進傌平炮要精準，陷入被動要沉著，失子失勢要冷靜，抓住時機不放過，智守前沿很重要，潛心研究不可少，總結教訓亦可成為精彩殺局！

第56局　（廣東）陳幸琳　先負　（上海）歐陽琦琳

轉五八炮單提傌左橫俥對屏風馬右中士象左包巡河3路馬

1.炮二平五　馬8進7　　2.傌二進三　車9平8

3.俥一平二　卒3進1　　4.傌八進九　…………

這是2011年10月23日全國象棋個人賽女子組第9輪陳幸琳與歐陽琦琳之間的一場殊死的巾幗大戰。廣東隊陳幸琳年齡雖小，但近幾年棋藝進步飛快，實力不可小覷。擔任上海棋院副院長後事務纏身、年近不惑的歐陽琦琳在第5輪戰勝唐丹後已步入了在11輪積分編排賽制中的「百米衝刺」階段，此輪如勝，就又向冠軍邁進了一步。紅先進左邊傌，以中炮單提傌出戰，屬當今棋壇流行變例。如改走兵三進一，可參閱本書「趙鑫鑫勝尚威之戰」；又如改走俥二進四，可參閱本書「胡榮華勝蔣川之戰」；再如改走傌八進七，可參閱本書「趙國榮負蔣川之戰」。

4.…………　馬2進3　　5.兵三進一　…………

急進三兵活傌，按部就班的流行變著。如改走炮八平六，就形成了穩健型的「五六炮」陣式；又如改走俥二進六，變化要相對簡單的「中炮單提傌過河車對屏風馬進3卒」陣式。

5.…………　象3進5

補右中象，旨在儘快開出右翼主力。此時，黑多徑走卒1進

1制紅邊傌，（可參閱本書「謝靖勝李少庚之戰」。）以下紅有炮八平六、炮八進四和炮八平七3大類常見的不同走法。在本屆大賽上陳幸琳與唐丹之戰中曾走過炮八平六，包8進2，炮六進四，象7進5，傌二進四，馬3進2，炮六進一，包8平5，傌二進五，馬7退8，炮五進三，卒5進1，炮六退二，馬2進1，傌九平八，包2平4，傌八進六！變化下去，紅雖少邊兵，但子位靈活，穩持先手，結果雙方戰和。現黑進右象，其蓄意求變之心已初見端倪。

6.傌九進一　士4進5

高左橫傌出擊，屬五八炮陣勢的流行變例。如炮八平七，馬3進2，傌九進一，變化下去，又會恢復成「五七炮對屏風馬互進三兵卒」的熱門流行陣勢。

黑先補右中士，旨在儘快開出右翼主力。如卒1進1，炮八平七，馬3進2，傌九平六，車1平3，演變下去，將形成「五七炮左橫傌佔左肋道對右外肋馬中象象位車」定式變例。

7.傌九平七　包8進2

紅傌平七路，走法少見，同樣欲另闢蹊徑，謀變進取。如徑走常見的傌九平六，有可能黑接走車1平4邀兌車後，雙方局勢易趨平穩，也很平淡。

黑伸左包巡河，既不給紅右傌過河發威，又可伺機掩護右翼或中路，著法靈活，可取。筆者曾在網戰中迎戰過黑走馬3進4，傌二進六，包2進1，炮八平六，卒3進1，兵七進一，卒7進1，傌二退二，包2進2，傌二退一，包2平7，相三進一，馬4進2，兵五進一，車1平4，仕六進五，變化下去，雙方子力對等、互纏，各有千秋，以後中盤紛爭相當激烈，結果雙方大量兌子後成和。

8.炮八進四　……………

左炮過河窺視7路卒，我行我素、基本「脫譜」，步入了「野戰」角逐。如兵七進一，卒3進1，俥七進三，馬3進4，炮八平六，車1平3，俥七進五，象5退3，俥二進一，紅也稍優。

　8.…………　卒7進1　　9.兵三進一　象5進7

　10.兵七進一　卒3進1　　11.俥七進三　馬3進4

12.炮八退五　……………

退左炮於下二線不如徑走俥七進二強行兌子更好，黑如接走馬4退2，俥七平八，包2平5，傌九進七，變化下去，紅子靈活，有較強反彈力而佔優。

　12.…………　象7進5　　13.炮八平三　卒1進1

14.俥二進三　車8進3？

同樣進車，似先車1平4步入戰鬥後，實戰效果會更好。

15.兵五進一？？　……………

急衝中兵，要通活俥路，過急，錯失先機。宜傌三進四！（若先俥二平四佔據要津，可能會顧忌黑有包8進3的進攻手段。）馬4進6，俥七平四！這樣速佔肋道，變化下去紅穩優。

　15.…………　車8平6！

黑方不失時機，毅然平車棄象挑起戰火，膽識過人，這正是黑方向來的博弈風格。

　16.炮三進四　車6進4　　17.俥二平三　馬7進6

左馬盤河出擊，老練！如象5進7？俥三進二，變化下去，黑雙馬包處境非常尷尬。

　18.炮五進四　將5平4　　19.俥三平六　包2平4

20.俥六進二　馬6退7！

在扣人心弦的刀光劍影對攻中，黑馬進退有序、大將風度，

令人敬佩！如先車6平7？俥七進三！將4平5，（若車7進2？？
俥七平六，將4平5，炮三進四，車7退9，後俥平四！變化下
去，雖是雙方對攻，但黑棋難下，可能還要丟子。）俥七平六，
馬6退7，前俥平五，包8平4，（若馬7進5？？炮三進四，車7
退7，俥五退一，紅勢反優。）俥五平九！馬7進5，俥九進二！
士5退4，炮三平五，馬5進7，俥九退三！變化下去，紅多中
兵、有空心中炮，又多雙相佔優。

21.炮三退二　　　車6平7

22.炮三平六　　　將4平5（圖56）

23.俥六進二？？？　…………

黑方棄象後，雙方一路對攻搏殺，煞是好看、耐人尋味！在
紛亂之中，紅已多兵相反先，形勢一派大好！但現左肋俥貪包，
敗著！錯失先機，令人費解，導致失勢告負。如圖56所示，宜
徑走炮六平五！車7進2，俥六
進二，包8進5，俥六平五！紅
俥雙炮鎮中，下伏有叫將成雙俥
凶著！紅方勝定；又如同樣吃包
可走炮六進四！以下黑如接走馬
7進5，俥六平二，士5進4，兵
五進一，馬5進7，相三進五，
馬7進6，仕四進五，變化下
去，紅多兵得象、雙俥靈活，前
景較樂觀。以上兩變，強於實
戰，足可抗衡。

23.…………　　　馬7進5

24.俥六平五？？　…………

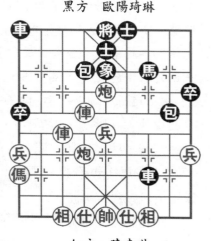

黑方　歐陽琦琳

紅方　陳幸琳

圖56

肋俥貪象，劣著！陷入困境。宜俥六退一！再炮六平五攻打中路，演變下去，紅可抵抗。

24.…………　馬5進7　　25.俥五平三　車7進2

26.炮六進三　…………

黑方不失機會，馬站象台、沉車殺相，步入佳境。

紅進肋炮造勢，雖鋌而走險，但也實屬無奈。縱觀上述實戰，薑還是老的辣。紅在優勢下，一著不慎，遭遇黑方最頑強抵抗後失去了優勢，此刻一定懊惱萬分，反送給了黑方對攻搏殺的機會。

26.…………　車1進3！

高右橫車乘機出動了「蟄伏」多時的右車捉炮，終於等到了反擊機會，黑方由此勝利在望了。

以下殺法是：俥七進五，士5退4，炮六退五，車1平6！炮六平五，士6進5，俥三進二，車6退3，俥三平四，將5平6！炮五平八，（若炮五平四??包8進5！演變下去，紅炮難逃，也敗勢。）馬7進5！帥五進一，車7退2！（當黑右車速出、助攻兌俥、車馬包三子合璧、反奪優勢後，現退車捉偶、精準打擊、一劍封喉，勝定。）傌九進七，（無奈，如炮八進八???包8平5！相七進五，車7平5！帥五平六，車5平4！藉中馬之威，黑車包擒帥，也勝。）車7平3，炮八進八，車3進1！進車叫殺，一錘定音，捷足先登、連殺入局。以下紅如續走帥五進一???包8平5！成馬後包絕殺，黑勝；又如改走傌七退六???包8平5也成馬後包妙殺，黑勝。

此局雙方開戰紅就雙炮齊鳴、左橫俥出擊，黑還以屏風馬右中士象左包巡河應對，互搶先奪勢、熱鬧非凡，空前激烈、智守前沿，脫離棋譜、我行我素。步入中局後，紅方在第15回合衝

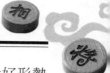

中兵錯失先機，在以後紛亂之中，紅在多兵相的一派大好形勢下，卻在第23回合走俥六進二貪包，又錯先機，在第24回合又肋俥貪象陷入困境，自亂陣腳，被黑方抓住戰機，馬跳象台、車砍底相、右車出擊、兌車奪勢、馬踩中兵、左車右移、拴鏈俥傌，最終車馬包珠聯璧合，一氣呵成！此盤紅在優勢情況下，急功近利、優柔寡斷、一味求速，反難成事，一著走漏、前功盡棄，黑在困境中，毫不氣餒，我行我素，於險象環生中，反客為主，精準打擊，全線發力，笑到最後！

第57局 （北京）才溢　先負　（北京）王天一

轉五八炮單提傌三路傌左橫俥對屏風馬右中象士平包兌俥

1.炮二平五　馬8進7　　2.傌二進三　車9平8
3.俥一平二　卒3進1

這是2011年3月6日JJ象棋頂級英雄大會首站線下階段象棋賽在北京展開的最後決賽中，是兩位北京棋手才溢與王天一之間的一場「德比之戰」，也是雙方在突破各路好手的重重封鎖後首戰才溢告負形勢下的第二局較量。由於紅方才溢只有獲勝才能拖入快棋決勝，故紅方以中炮開戰的求勝慾望也激發了黑方的戰鬥決心，一場你死我活的精彩激戰已在所難免。

黑搶進3卒，主要是防紅兵七進一這一相對激烈的對攻變化，在黑方只要守和即可取勝的背景下，應當是個可行的佈局策略。如改走馬2進3或先走卒7進1，前面均有詳細對局介紹。

4.兵三進一　馬2進3　　5.傌八進九　象3進5

補右中象這路變化在黑方以往對局中較少採用。由於在這次大賽半決賽「才溢與孟辰」之戰中，採用過此變著取得了良好效

果，於是黑方也大膽再用一次、令紅方在一定程度上出乎意料的著法，欲收到出其不意的實戰效果。

6.炮八進四　卒7進1　　7.兵三進一　象5進7

8.傌三進四　…………

雙方兌兵卒後，紅急進右傌盤河，主動、積極之變。在本次大賽上「才溢與孟辰之戰」中，曾走炮八平一，包2進5，炮一平三，象7退5，傌三進四，包8進5，俥九平八，車1平2，兵九進一，包2退1，傌四退三，包8平5，俥二進九，馬7退8，相七進五，馬8進9，雙方兌子後，黑方要守和不難，結果雙方戰和。

8.…………　象7退5

經過較長時間思考，退左象回中路鞏固陣型比卒1進1和包8進3等走法更符合自己的戰略意圖。

9.俥九進一　士4進5

紅方搶先高左橫俥繼續穩固己方陣型。此刻一旦讓黑方搶先走車1平4後，紅要取勝將會比登天還難。

10.俥九平三　包8平9

平包兌俥，以減輕黑左翼受牽壓力，勢在必行。如貪馬7進6？？俥二進五後，黑左翼無根車包的問題將很難解決。

11.俥二進九　馬7退8　　12.炮八平一　…………

由於紅方看到如走傌四進五殺卒兌子後局面將易把握，故飛炮炸邊卒，欲繼續把水攪渾，要在亂中取勢、反先。

12.…………　車1平4　　13.俥三平八　包2平1

14.傌四進三　包9平7　　15.炮一進三！　車4進4

由於紅方俥捉包、傌窺象、炮沉底，已形成「天地炮」攻勢，著法緊湊有力，對黑方是個不小的考驗。現進肋車巡河出

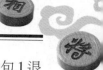

擊，無奈，如包7進7？仕四進五，包1進4，俥八進二，包1退
2，俥八進四，馬3進4，炮五進四！變化下去，黑有危險；又如
包1進4？俥八平二！包1平5，仕四進五，車4進4，傌三進五，
象7進5，俥二進八，車4平9，演變下去，黑雖能守住，但由於
缺象，也會有擔憂。

　　16.俥八進六！　…………

　　伸俥直接窺馬捉包，繼續對黑右翼施加壓力，穩正。如繼續
走傌三進五？象7進5，俥八平二，車4平7，俥二進八，包7進
7，仕四進五，包7平9！炮一退九，車7進5，仕五退四，車7平
9！雙方殺象（相）、兌炮（包）後，黑雖少邊卒，但足可抗衡。

　　16.…………　車4平7

　　車平象台，棄包殺傌，明智之舉。如包1進4？炮一平三，
象5退7，俥八平七，包7進7，（若包1平5？？炮五進四！將5
平4，傌九進八！變化下去，在雙方對攻中，黑反不利。）仕四
進五，馬8進7，傌三退四，車4平7，傌四進五！馬7進5，炮
五進四，士5進6，俥七平四，包1平5，帥五平四！變化下去，
紅多仕、兵種全佔優。

　　17.俥八平九　…………

　　殺包棄傌，正著。如炮一平三？？？象5退7，俥八平七，包1
進4！變化下去，黑攻勢兇悍，紅將速敗。

　　17.…………　車7退1　　18.炮一平三　象5退7
　　19.俥九平七　包7進7　　20.仕四進五　包7平9
　　21.仕五進四　馬8進7　　22.俥七進二　士5退4
　　23.俥七退四　…………

　　由於上述雙方對攻是針尖對麥芒、爭奪激烈、精準兌子後，
此刻形成了紅多邊兵，黑子位靈活的兩分局勢。儘管紅方一系列

強有力攻殺打亂了黑方賽前的既定方案，但黑方仍要在以下對攻中重新奪回掌控局面的主動權。

　　23.………… 　馬7進9 　　24.俥七平二 　車7進6

　　25.帥五進一 　車7退1 　　26.帥五退一 　馬9進7

　　27.兵九進一 　車7進1?

　　宜先車7退2捉兵，俥二退三，車7進3，帥五進一，車7平4！破仕追相後，黑足可滿意，遠遠優於實戰。

　　28.帥五進一 　車7退3 　　29.傌九進八 　馬7進8

　　30.帥五平六 　車7進2

　　由於黑方第27回合的疏忽，給了紅左邊傌躍出的機會，令黑方已刻不容緩地進車叫帥，在展開攻勢的同時也給紅方設下了陷阱…………

　　31.仕六進五 　馬8退6(圖57)

　　32.俥二退一 　…………

　　黑退馬捉雙後，紅退俥捉馬，老練而穩健，沒有掉入黑方精心設計的陷阱之中。如圖57所示，如貪俥二平四???則包9退1！以下紅有兩變：

　　①帥六退一???車7進1，仕五退四，車7平6！炮五退二，馬6進8！以下紅如俥四平二??馬8進6！相七進五，車6平5！帥六進一，馬6進8，帥六進一，車5平4！黑勝；又如紅改走俥四退二??馬8進7！仕四退

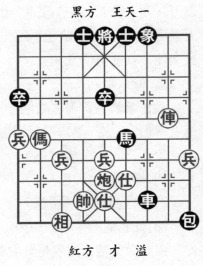

黑方　王天一

紅方　才　溢

圖57

五，車6平5！帥六進一，馬7退6，仕五進四，馬6進8，傌八退七，車5退2，傌七進九，馬8進6！仕四退五，車5進1，帥六進一，車5進1！黑勝。

②帥六進一？車7退6！兵五進一，車7平2！紅傌被擒後，也難逃厄運。

32.………… 　包9退1　　33.炮五平九　車7退6

34.仕五進六　…………

揚仕，正著。如仕五退四？（若傌二退三？？？馬6進8！以下伏有馬8進6踩仕抽俥叫殺凶著，紅俥只能吃包，少俥告負。）車7平4，帥六平五，（若炮九平六？？馬6進7！俥二退二，馬7進6！帥六平五，車4進5！得子佔優。）車4進3！黑勢滿意。

34.………… 　車7進6

進車叫帥的老練之著，如馬6進7？？俥二退二，馬7進6，帥六退一！黑馬深陷泥沼，難以自拔，取勝無望。

以下殺法是：仕六退五，馬6退7，俥二進二，馬7進6，兵五進一，車7退2，俥二退五，車7平3，俥二平一，車3進2，帥六退一，車3進1！帥六進一，車3退4，傌八進九，車3平1！傌九退七？（劣著！宜炮九平六！車1退2，俥一平三，車1進2，以下將形成紅俥炮兵雙仕對黑車馬卒雙士的互相牽制、和勢甚濃的局面。）車1進2，傌七進六，將5進1，傌六退四，將5退1，俥一平三，車1進1！（若馬6進5？？？俥三進二！車1平3，俥三平六！以下伏有俥六進六和傌四進三兩面夾殺凶著，紅反敗為勝。）帥六進一，（若帥六退一？車1進1，帥六進一，馬6進5，俥三進二，車1平3！俥三平六，馬5退3！帥六進一，車3退2，帥六退一，車3進1！帥六進一，車3平4，帥六平五，車4退2！仕五退四，車4進2！漂亮的車馬冷著妙殺，黑

勝。）車1退2！帥六退一，馬6進5！藉車之威，馬到成功！黑勝。以下紅如接走帥六退一??則車1進3，帥六進一，馬5退3！帥六進一，車1退2！黑勝；又如紅改走帥五進一??車1進1，帥六退一，馬3退5！帥六退一，車1進2！黑也勝；再如紅改走仕五退四???車1進2！帥六進一，車1平7！帥六平五，車7退5！兵一進一，車7平6！黑多車完勝。

此局雙方開戰就互兌三兵7卒、平炮（包）兌車（俥）來爭先奪勢。步入中局後，紅首先俥追包、傌瞄象，以「天地炮」挑起激烈爭鬥，並成功將局面導向雙方機會均等的複雜態勢。在鋒芒逼人的龍虎激戰中，雙方均有上乘表現，令人擊節，先後識破了對方設置的層層陷阱。只可惜紅方在最後時刻，由於用時吃緊和積分形勢所迫，勉強進攻後帶來不測，被黑緊握戰機，躍馬出擊，車殺兵棄包、車砍相捉傌、車掃兵和炮、車馬冷著勝。

此盤雙方搏擊對攻、把握局勢、注重細節，遇到佔優，不急不躁、兌子交換、我行我素，使棋勢峰迴路轉，運籌帷幄者，定能苦心甘來，笑到最後！

第58局 （北京）劉歡 先負 （北京）唐丹

轉五八炮騎河俥轉反宮傌對屏風馬左中象3路馬右橫車

1.炮二平五	馬8進7	2.傌二進三	車9平8
3.俥一平二	馬2進3	4.兵三進一	卒3進1
5.炮八進四	象7進5	6.傌八進七	…………

這是2011年10月24日全國象棋個人賽女子組第10輪北京兩位棋手劉歡與唐丹之間的一場巾幗「德比」之戰。前10輪，唐丹和歐陽琦琳同積13分居領跑地位，劉歡、張國鳳、王琳娜和

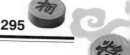

趙冠芳同積12分緊隨其後，兩強相遇，劉歡若取勝，也有望爭奪冠軍，故雙方以五八炮對屏風馬左中象互進三兵卒開戰，均為爭奪桂冠煞費苦心、摩拳擦掌，欲在佈局伊始就爭先奪勢、攻其不備。究竟誰能笑到最後，讓我們拭目以待。紅先進左正傌，暫不動八路炮，屬穩健多變走法。如傌二進六，包8平9，傌二進三，馬7退8，傌八進七，以下黑有3變：

①在2006年全國象棋團體賽上許建斌與張偉之戰中曾走馬3進4，結果包9進4發動攻勢佔優而獲勝；

②在2008年「道泉茶葉杯」象棋明星邀請賽上景學義與李雪松之戰中改走馬8進6，結果紅多中兵，最終獲勝；

③在2009年全國象棋團體賽上景學義與李家華之戰中改走卒1進1，結果雙方對峙，最終弈和。

又如改走炮八平七，車1平2，傌八進七，包2進2，傌二進六，包8平9，以下紅有兩變：①在2005年全國象棋大師冠軍賽上閻文清與趙鑫鑫之戰中曾走傌二平三，結果雙方互纏而弈和；②在2006年全國象棋大師冠軍賽上陳富傑與朱琮思之戰中改走傌二進三，結果雙方對峙而最終也下和。

6.…………　馬3進4　　7.炮八平三　車1進1!

高起右橫車，伺機佔肋道後出擊，屬改進後走法。另有兩變：①包8進4，傌九平八，包2平3，傌八進六，（另有兵三進一和傌八進四兩路變化結果，前者為雙方均勢、後者為黑可滿意的不同走法。）以下黑有三變：（甲）在2006年全國象棋排位賽上潘振波與鄭一泓之戰中曾走卒3進1，結果紅多子大優而勝；（乙）在2008年全國象棋團體賽上鄭新年與陸昊之戰中改走車1進1，結果雙方互纏後最終下和；（丙）在2008年全國象甲聯賽上申鵬與李艾東之戰中又改走包3進4，結果紅方佔優而

最終獲勝；②包2平3，俥九平八，車1進1，以下紅有三變：
（甲）在2008年第3屆「楊官璘杯」全國象棋公開賽上潘振波與
趙國榮之戰中曾走俥八進六，包8進6，（另有卒3進1和車1平
6兩種變化結果，前者為黑奪回一子佔優而獲勝、後者為黑勢不
差而戰和的不同走法。）兵三進一，車1平6！結果黑四子歸邊
而獲勝；（乙）在網戰中流行的俥八進四巡河，馬4進3，炮五
平四，以下黑有卒1進1、車1平8和包8進6三種變化結果，前
者為雙方均勢、中者為互有顧忌、後者為紅多子入局的不同走
法；（丙）筆者在2013年網戰上改走過俥二進五！馬4進3，以
下紅有炮五平四和炮五平六兩路變化結果，前者紅多兵、黑勢穩
固、兩難進取而弈和，後者為雙方均勢、最終大量兌子而戰和的
不同走法。

　　8.俥九平八　　包2平3　　9.俥二進五　…………

　　伸右騎河俥捉馬，主動出擊，屬目前流行走法。筆者曾走俥
八進四，馬4進3，炮五平四，卒1進1，（另有車1平8和包8進
6各有千秋的不同弈法。）俥二進五，包8平9，兵三進一，車8
進4，兵三平二，馬3退4，相三進五，車1平6，仕六進五，車6
進3，兵二進一，車6平8，俥八平二，車8平7，傌三進四，馬4
進6，俥二平四，車7平8，俥四進二，包3進1，炮三平五，士6
進5，炮五退二，包3平8，俥四平三，馬7退6，俥三退三，演
變下去，雙方子力對等、紅勢有中炮略好，基本均勢，結果戰
和。

　　9.…………　　馬4進3

　　躍馬踏兵，穩正。如車1平4？俥八進四，馬4進3，炮五平
四！車4進3，以下紅有兵三進一、俥二平六和俥二進一3路變
化結果，均為雙方兌俥車簡化局勢後，紅方易走。

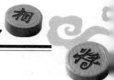

10.炮五平四　…………

卸中炮，成反宮馬陣勢固防，屬流行走法。如炮五平六，以下黑有兩變：①在2011年「烏鎮路小學杯」全國象棋業餘名手邀請賽上姚洪新與趙瑋之戰中曾走車1平4，仕六進五，車4進4，相七進五，卒3進1，俥八進三，士6進5，傌七退八，包8平9，（宜卒5進1！傌八進九，車4退2，兵三進一，包3進2，相五進七，包3平7！傌三進四，卒5進1，兵五進一，馬3退5，俥八平五，馬5退3！黑可滿意。）俥二進四，馬7退8，炮三平二，紅方先手，結果紅勝。②筆者在2012年網戰中改走包8平9，俥二平四，車1平4，仕六進五，車4進4，（若車4退3，俥四平六，馬3退4，以下紅有傌七進六和傌七進八兩路變化結果，前者為紅多兵、黑勢穩固、各有千秋，後者為黑方滿意的不同走法。）兵三進一，卒3進1，俥八進七，包3進2，俥四平七，象5進3，俥八平三，包9退1，俥三進一，包9進1，炮六平五，演變下去，雙方激烈對攻、大量兌子後戰和。

10.…………　車1平6

車佔左肋道捉炮，穩正。如包8平9？俥二進四，馬7退8，相七進五，車1平6，仕六進五，車6進2，兵三進一，包9平7，俥八進四，包7進2，傌三進四！包7平6，炮三平五！車6平5，炮四進三，紅殺中卒後子位靈活佔優。

11.仕六進五　包8平9　　12.俥二進四　馬7退8

13.俥八進四　車6進5！

雙方兌俥車後，黑現左肋車入兵行線出擊，是改進後走法。如馬3退4，相七進五，包9平7，以下紅方有兩種走法：①在2000年全國象棋團體賽上莊玉庭與孫勇征之戰中曾走過兵三進一，馬8進9，傌三進二，包7進2，炮三平九！車6進4，俥八

平四，馬4進6，傌七進六，雖雙方子力對等，但紅方易走稍好，結果紅方走漏告負；②在2009年全國象甲聯賽中申鵬與許銀川之戰中改走傌八平六！車6進3，傌七進八，卒3進1，傌六平七，馬8進9，傌三進二，卒1進1，傌七平六，馬4進2，傌六平八，士6進5，傌八平五，卒5進1，傌五平七，車6退1，紅雖多兵，但局勢相對較為平穩，基本均勢，結果雙方下和。

14.相七進五　士6進5　　15.兵三進一　　象5進7

16.傌三進四　馬8進7　　17.炮三平九　　象3進5（圖58）

18.炮九平七???　…………

平左炮攔包、窺馬，敗著！錯失戰機，陷入被動。如圖58所示，宜炮九進三！包3退2，兵一進一，包9平8，傌四進三！變化下去，雙方子力對等，仍是互相牽制之勢，優劣難斷局面，但紅足可抗衡，強於實戰。

18.…………　　卒3進1

19.傌八進三　　馬7進6

20.傌四進六　　包3退2

21.傌八退五　　卒3平4！

22.傌六進八　　包9平6

23.炮七平一　　馬6退7

24.炮四進五??　…………

兌肋炮，又是敗筆！導致丟炮後失勢告負。宜炮一平二！包6進5，仕五進四，車6進1，仕四進五，車6退3，傌八進一！變化下去，紅雖殘仕，但不會丟子，尚有攻勢，可以一搏，優於

黑方　唐　丹

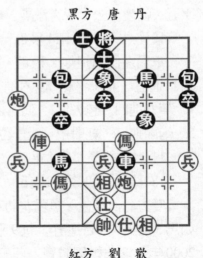

紅方　劉　歡

圖58

實戰。

以下殺法是：馬7進9！炮四平二，車6平8，俥八進一，卒4進1，傌八進七，將5平6，俥八進一，車8退4，俥八平六，馬3退2！至此，黑方得子勝定，紅方只好城下簽盟，黑勝。

此局雙方開戰就展開傌炮爭奪空間優勢，黑方首先在第7回合高起右橫車出擊，一改以往包8進4和包2平3兩路走法，旨在出奇制勝，以後又在第13回合走車6進5，一改馬3退4著法，終於在第17回合黑補右中象後收到了效果：由於紅方用時吃緊，在第18回合走出炮九平七攔包捉馬敗著，錯失戰機，在第24回合炮四進五兌肋炮更是丟炮失勢、飲恨敗北，被黑方馬踩邊炮、平車捉炮、進卒護馬、退車殺炮、回馬捉俥、多子入局。

此盤黑方佈局準備充分，應變及時，既有廣度、更有深度，標新立異，中局搏殺、反擊力強，抓住戰機、全線發力，技高一籌、精準打擊、滴水不漏，終以多子擒帥成功。

第59局 （廣西）潘振波 先負 （浙江）趙鑫鑫

轉五八炮打7卒左直俥過河對屏風馬左中象3路馬卒底包

1.炮二平五	馬8進7	2.兵三進一	車9平8
3.傌二進三	卒3進1	4.俥一平二	馬2進3
5.炮八進四	象7進5	6.傌八進七	馬3進4！

這是2011年10月22日全國象棋個人賽第8輪潘振波與趙鑫鑫之間的一場精彩激烈的「短、平、快」決鬥。雙方以五八炮七路傌對屏風馬左中象右馬盤河互進三兵卒拉開戰幕，黑進右馬盤河出擊，一改在2009年全國象甲聯賽上聶鐵文與王天一之戰中曾走馬3進2封鎖紅左俥，炮八平三，車1進1，俥二進五，馬2

進3，俥九平八，包2平3，炮五平四，車1平6，仕六進五，包8平9，俥二進四，馬7退8，變化下去，雙方均勢，結果戰和的走法，意欲出奇制勝。

7.炮八平三 包2平3 8.俥九平八 …………

雙方輕車熟路、落子如風後，紅亮左直俥出擊，穩正。如先俥二進五，馬4進3，炮五平四，車1平2，相七進五，包8平9，俥二進四，馬7退8，仕六進五，演變下去，雙方子力對等，紅雖有先手，但黑子靈活，紅不很滿意。

8.………… 包8進4

黑伸左包封俥旨在壓縮紅右翼俥傌活動空間，屬改進後流行走法。以往也有走卒3進1（若車1進1，可參閱本書上局「劉歡先員唐丹之戰」）？傌七退五，卒3平2，俥二進五，包3平2，炮五平八！卒2平3，炮八平六，馬4進2，俥八平九，包2進1，兵三進一！車1進1，俥二退一，車1平4，俥二平七！車4進6，俥七平八！包2平7，兵三進一！馬7退5，俥八平二！變化下去，紅反淨多雙兵佔優。

9.俥八進六 …………

至此形成的「五八炮進三兵左直俥對屏風馬左中象3路馬左包封俥進3卒」陣勢是紅方常用的佈局，這樣多次同樣盤面的演練，曾先後戰勝過不少高手名將。如兵三進一??象5進7！俥八進四，象7退5，變化下去，黑足可抗衡，這是紅方不願看到的盤面。

9.………… 車1進1

高右橫車準備左移進擊，屬改進後流行弈法。在2011年「溫嶺·長嶼硐天杯」全國象棋國手賽上孫勇征與謝靖的「德比」之戰中曾走卒3進1??俥八平六，馬4進2，傌七退五，卒3

進1，傌三進四，車1平2，兵三進一，包8退3，俥六進一！演變下去，紅優，結果紅勝。

　　10.炮五進四！　…………

　　飛炮轟中卒，緊湊有力、著法精準！如俥八平六，車8進4，（若馬4進3??炮五進四，馬7進5，俥六平五，車1平8，俥五平七，包3退1，兵三進一！演變下去，紅反先手。）傌三退一，包3進4，兵三進一！車8平7，傌一進二，車7退1，俥六退一，車7平8！（必可追回一子！）俥二進一，車8進3！俥二進二，包3平8，俥六退一，車1平6，俥六平三，馬7進8，炮五進四！士6進5，俥三進一，馬8進9，俥三退二，馬9進8，俥三退二，馬8退9，俥三進二！均勢。

　　10.…………　馬7進5　　11.俥八平五　車1平6

　　12.俥五平六　車6進3！

　　高左肋車巡河保馬，是一步巧妙限制紅方行棋效率的好棋，令紅方一時無從入手。在2011年首屆遼寧省全民健身運動會暨體育大會象棋賽上潘振波與卜鳳波之戰中曾走過馬4進3?炮三平二！車6進5，傌三退一！馬3退2，俥六平七，馬2進1，傌七進六！車8進3，俥七平二，包3進7，帥五進一，車6平5，帥五平四，馬1進2，後俥進三！馬2進4，帥四進一，車5退1，後俥平六！紅多俥完勝。

　　13.相三進五　包3進4

　　14.兵五進一　士6進5

　　15.仕四進五　車6平8(圖59)

　　16.炮三平九???　…………

　　此時，雙方子力相互膠著、分庭抗禮、難分難解、互相牽制。現炮貪邊卒，敗著！導致完全失去了對黑方的掌控能力而敗

走麥城。如圖59所示，宜徑走
炮三平五！以下黑有兩變：①包
8平5，炮五退三！前車進5，傌
三退二，馬4進5，傌七進五！
車8進9，仕五退四，車8退3，
大量兌子後，局勢趨平穩；②卒
3進1，以下紅方有兩種變化：
（甲）傌七進五，包3平4，俥
六平九！包8進1，俥二平三！
變化下去，紅無大礙，足可抗
衡，優於實戰；（乙）炮五退
一，包8平5，傌七進五，前車
進5，傌三退二，車8進9，仕五

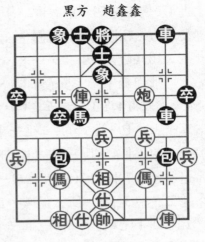

黑方　趙鑫鑫

紅方　潘振波

圖59

退四，馬4進5，炮五退二，包3平9，（若車8退3，炮五平
六，車8平9，兵五進一，變化下去，雙方子力對等，紅方足可
抗衡，遠遠強於實戰。）俥六平一，包9進3，仕六進五，變化
下去，紅多中兵，但基本均勢，強於實戰，紅可一搏、勝負難
料。

16.………… 包8平5！　17.傌七進五　前車進5

18.傌三退二　車8進9！　19.仕五退四　馬4進5！

紅方走漏後，黑方抓住戰機，左包鎮中、雙車砍殺俥傌，現
又兌中炮，反奪一子、大佔優勢，已勝利在望了！

以下殺法是：仕六進五，馬5進7！俥六退三，包3平9！黑
馬進釣魚臺、飛包炸邊兵，形成三子歸邊攻勢。以下紅如續走俥
六平三？車8退6！炮九平一，（若俥三退一？車8平1，俥三進
一，包9平1，相五進七，包1進3，仕五退六，卒9進1！形成

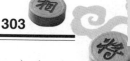

黑車包高卒士象全對紅俥雙高兵仕相全的必勝局面。）車8平9，俥三退一，卒3平4，兵五進一，包9平5！俥三進一，卒4進1！形成黑車中包過河卒士象全對紅俥3個高兵仕相全的必勝局面，至此，紅方含笑起座、拱手請降，黑方完勝。

此局雙方開戰就步入了快節奏的馬包爭雄之交：黑右馬盤河、紅飛左炮炸卒，黑平卒底包、紅伸左俥過河，黑高右橫車、紅中炮轟卒，著法精準、煞是好看！步入中局後，雙方在中路兌去俥（馬）炮（包），紅挺中兵、飛右中仕相，黑包炸卒補中士又雙車連線，爭奪空前緊張激烈、扣人心弦！但就在此關鍵時刻的第16回合紅炮三平九貪殺邊卒，闖下大禍、難逃滅頂之災。黑方果斷左包鎮中、雙車殺俥傌，又兌中炮、多子入局。

此盤雙方搏殺精彩、各攻一面，疾如流星、巧運各子、驍勇善戰、攻殺銳利，不愧為無懈可擊的「短、平、快」殺局。

第60局　（北京）張強　先勝　（北京）靳玉硯

轉五八炮打7卒左直俥巡河對屏風馬3路馬左包封俥中象

1.炮二平五　馬8進7　　2.傌二進三　車9平8

3.俥一平二　馬2進3　　4.兵三進一　卒3進1

5.炮八進四 …………

這是2011年10月25日全國象棋個人賽第11輪兩位北京棋手張強與靳玉硯之間一場同室操戈的精彩的「德比之戰」。前10輪張強取得1勝8和1負積10分，靳玉硯取得3勝4和3負也積10分，排名均較靠後，故最後一盤棋的比賽壓力不大，僅為榮譽而戰罷了。雙方以五八炮進三兵對屏風馬進3卒這一穩健型佈局開戰，其小先手雖然是「贏棋不易，但輸棋也難」，故兩位大師同

室操戈來選擇此佈局的戰略意圖不言而喻。如俥二進六，可參閱本書「王雲飛先勝高家？之戰」。

5.………… 象7進5 6.傌八進七 …………

紅方佈局至此走到了一個「佈陣分水嶺地」了：現進左正傌出擊，則側重於兩翼均衡發展，屬緩攻型走法；如改走俥二進六或走炮八平七，則屬於尋求對攻型的戰術著法，可參閱本書「劉歡先負唐丹之戰」中第6回合筆者的注釋。

6.………… 馬3進4 7.炮八平三 包8進4

左包封俥、窺視七兵，以攻為守，隱含著刻意求變之著。如包2平3，對紅七路線有一定牽制力，同時下伏馬4進3後再走馬3進5得子手段，可參閱上局「潘振波先負趙鑫鑫之戰」。

8.俥九平八 包2平3 9.俥八進四！ …………

伸左直俥巡河，旨在不給黑走卒3進1渡河進攻機會，一改俥八進六（詳見上局「潘振波先負趙鑫鑫之戰」）和兵三進一弈法，意欲出奇制勝。如兵三進一？車1進1，俥八進四，象5進7，俥八平六，包8退2，俥二進四，包3平4！俥六平三，象7退5，傌三進四，馬4進3！炮五進四，士6進5，變化下去，以下伏有包8平5叫帥兌俥、馬7進5兌中炮和卒3進1伺機渡河助戰幾步先手棋，黑反易走，可以滿意。

9.………… 卒3進1 10.俥八平七 包8平3！

11.相七進九 車8進9 12.傌三退二 車1平2

13.傌二進三 車2進5！

伸右直車騎河邀兌，創新之變！意欲兌車後簡化局勢，在平穩局面中伺機反先。如改走車2進8或走士6進5，黑方不易掌控局面。

14.仕六進五！ …………

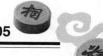

先補一手左中仕固防，以靜觀其變、伺機出擊，是紅方張大師拋出的最新佈局「飛刀」，一改以往流行的兵五進一？車2平3，相九進七，前包平2！傌七進五，馬4進3！以下伏有包2進3叫帥出擊和伺機馬3進5兌中炮反擊的先手棋，紅反無趣、黑反彈力甚強而佔優的走法，我行我素，攻其不備。

14.………… 士6進5　 15.炮五平四　 車2平3

16.相九進七　 卒1進1　 17.相三進五　 後包進1

雙方先後補進左中仕（士）後，又及時兌俥（車），其中紅巧卸中炮、黑挺1卒，現黑又果斷進後包邀兌，旨在巧運各子，調整包位和開通左馬出路後，厚積薄發、反客為主。

18.炮三平七　 包3退3　 19.傌七進六　 包3平4

20.傌六退七　 馬7進6　 21.傌三進四！　…………

雙方步入無俥車棋、又迅速兌炮包後，紅雙傌馳騁，欲兌右傌來簡化局面，要著！不給在黑雙盤河馬6進5硬踩中兵後兌子簡化局勢來造成和勢甚濃的平穩局面的機會。

21.………… 馬4進6　 22.炮四進三　 包4進3

23.兵一進一！　…………

紅方有膽有識挺邊兵棄相，求勝慾望十分強烈，著法強硬！

23.………… 馬6進5　 24.炮四退三　 馬5退3

25.炮四平一　 包4退3　 26.炮一進一　 包4平3

27.仕五進四！　…………

雙方兌盤河傌（馬）後，紅棄中相、連續運炮，在關住3路馬後，紅現揚起中仕，準備伺機退邊炮後強轟中卒，以淨多雙高兵優勢步入殘棋，是一步把握全域、注重細節、不急不躁、無懈可擊的好棋！

27.………… 士5進6　 28.炮一退二　 卒5進1

29.炮一進五！　卒5進1　　　30.兵五進一　馬3退5

31.相七退五　　馬5退3??

馬回象台捉傌，劣著，錯失戰機。黑以為退馬後可盯死紅九路兵，下伏包3平1殺兵後，可形成黑馬包卒士象全對紅傌炮雙兵單缺相的有望謀和的殘局機會。其實宜改走馬5進6！帥五平六，馬6退5，仕四進五，馬5進7，兵一進一，馬7進5！變化下去，紅傌炮3個高兵單缺相要守和黑馬包高卒士象全是有一定難度的，黑可抗衡、優於實戰。

32.傌七進六　　　　包3平5　　　33.仕四進五　士4進5

34.炮一退一（圖60）　包5平1????

卸中包打邊兵，敗著！導致丟卒失勢告負。如圖60所示，宜改走卒1進1！兵九進一，包5進2，兵九進一，包5平9！這樣兌兵卒後，紅雖仍優，但獲勝難度不小，仍是一盤細棋，黑可抵抗、優於實戰。

35.炮一平九　包1進3

36.炮九進四　士5退4

37.傌六進四　包1退1

38.傌四進五　包1平9??

黑方　靳玉硯

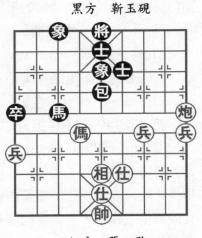

紅方　張　強

圖60

由於黑方用時非常吃緊，隨手飛包炸邊兵，敗筆！錯失戰機，導致士象被破敗北。宜徑走馬3退2！傌五平七，將5平6，炮九退三，（若炮九平六??馬2退4！兵三進一，將6平5！黑得子大優。）包1平9！黑方這樣殺邊兵後，增加了紅方沒有殺士

後的取勝難度，黑方可以抵禦，強於實戰。

39.傌五進七　將5平6　　40.炮九平六！

紅方不失時機，躍傌叫將、揮炮炸底士，一氣呵成！至此，形成了紅傌炮高兵單缺相對黑馬包單士象的必勝局面。

此局雙方開戰後紅方就雙炮齊鳴、炸卒進偅，黑卻以左中象右盤河馬同步回擊，以後雙方短兵相接、劍拔弩張，精彩激烈、扣人心弦。雙方步入中局兌去雙俥車，進入無俥車棋戰後又互兌傌馬炮包，爭奪空間優勢和重要地形。在撲朔迷離、懸念叢生的關鍵時刻，紅方果斷做出了在第23回合走兵一進一，棄相進邊兵，求勝心強烈的抉擇，由揚仕運炮、炮轟邊卒、硬兌中兵卒，形成了紅多雙兵、黑多中象的互有顧忌局面。就在這關鍵時刻的第31回合紅退中相後，黑卻馬回象台、錯失戰機，又在第34回合走包5平1打邊兵導致丟卒失勢，到了第38回合更令人費解地隨手飛包炸邊兵，使人大跌眼鏡，導致殘象破士後敗北。此盤紅方保兵棄相、求勝心切，三抓戰機，智守前沿，棄兵換卒、殘相破士，背水一戰，技高一籌，終於一鼓作氣，一舉克敵制勝！

第61局　（廣平）阮德光　先勝　（胡志明市）鄭亞生

轉五八炮左橫俥兌右直車對屏風高右橫車騎河平包兌俥

1.炮二平五　馬8進7　　2.傌二進三　馬2進3

3.俥一平二　車9平8　　4.兵三進一　卒3進1

5.傌八進九　卒1進1　　6.俥九進一　…………

這是2011年10月9日越南全國象棋錦標賽首輪阮德光與鄭亞生之間的一盤精彩格鬥。雙方以中炮單提傌左橫俥對屏風馬左直車挺1卒拉開戰幕。紅先高起左橫俥，準備佔肋道出擊，屬中

炮單提傌佈局的流行變例之一，如成五七炮陣式改走炮八平七，馬3進2，俥九進一，馬2進1，炮七進三，車1進3，（若卒1進1，以下紅有俥九平六、俥二進六和俥九平八3路變化結果，前者為紅方佔優、中者為雙方均勢、後者為雙方互纏的不同走法。）俥九平八，（若俥九平六，以下黑有士6進5和車1平3兩種變化結果，前者為大體均勢、後者為雙方對峙的不同著法；又若俥二進六，以下黑有車1平3和車1平4兩路變化結果均為黑方易走的不同下法。）以下黑有兩變：

①在2009年首屆全國智力運動會象棋個人賽上趙國榮與徐超之戰曾走車1平4，結果黑棄子破雙仕後有潛在攻勢，結果可惜走漏而敗北；

②在2009年全國象棋個人賽上周驍與張致忠之戰中改走包2平4，俥八進二，（另有俥八進六和俥二進六兩種變化結果均為黑優、易走的不同下法。）卒1進1，俥二進六，象7進5，炮七進二！車1進1，兵七進一，士6進5，兵五進一，卒7進1，傌三進五！至此，黑左翼車包和右翼車馬卒被牽制、中路卒象和7路馬卒又受紅七路炮管控後，紅雙俥傌雙炮佔位靈活而大優，結果紅勝。

6.…………	卒1進1	7.兵九進一	車1進5
8.俥二進四	包8平9	9.俥二進五	馬7退8
10.相三進一？	…………		

在雙方兌俥（車）後紅三路兵受困情況下，飛右邊相保兵，軟手，易遭黑方反擊，宜炮五退一及時趁機調整陣型為上策，以下黑如接走車1平7？相七進五，車7進1，炮五平三或走兵五進一！變化下去，這兩路均為紅方易走；又如黑改走包9平7？相三進五，卒7進1，炮五平三，卒7進1，炮三進三，象3進5，

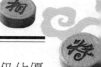

俥九平二，馬8進9，俥二進五！變化下去，紅子靈活，仍佔優勢，好於實戰。

10.…………　馬8進7

進左正馬鞏固中防，穩正。也可車1平4！俥九平四，馬8進7，俥四進三，車4進2，炮八進四，馬3進4！變化下去，黑反主動。

11.俥九平四　象7進5(圖61)

12.俥四進三???　…………

進肋俥邀兌，敗著！導致黑多卒後最終獲勝。如圖61所示，宜走炮八進四！卒7進1，兵三進一，象5進7，炮八平七，象3進5，俥四平八！包2退2，俥八進六，馬7進6，俥八退三！這樣邀兌俥後，紅勢不虧，子位靈活，以下伏有炮七平一打邊卒先手棋。

12.…………　車1平6

13.傌三進四　包9進4

14.炮八進四　包9退1

15.傌四進三　馬3進4

16.炮八退三　包2平3

17.仕六進五　士6進5

亦可徑走卒3進1！以下紅如兵七進一，黑有包3進7、馬4進5和包9平3三步先手棋，黑可滿意；又如紅方改走炮五平七，卒3平2！炮七進五，馬4退3，炮八退三，卒2進1！傌九退七，卒2平3，變化下去，黑方

黑方　鄭亞生

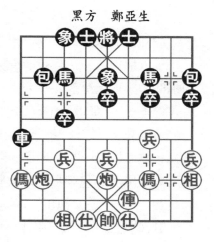

紅方　阮德光

圖61

反先易走。

18.炮八進六 …………

沉左炮牽制黑中象、令3路馬不得離開，著法緊湊有力！如炮八進四，包9進1，兵五進一，包9平5！兵三進一！馬4進6，兵三平四！馬6進8！帥五平六，包5平4，炮五平二，卒9進1，俥九進八，包4退3，炮八退一，卒9進1，相七進五，卒9進1，相一退三，變化下去，兩軍相持，紅反不易掌控局面。

18.………… 包3進1 　19.炮五平三 包3平7

20.炮三進四 馬4進5！

黑方不失時機，棄包殺俥邀兌後，立刻踩中兵，先撈實惠，為取勝奠定多卒基礎。

21.炮八退二 馬7退8 　22.相七進五 馬5退4

23.相五退三 包9平8 　24.炮三平二 馬8進6

25.炮二退一 馬4進6 　26.俥九進八 卒9進1

27.俥八進七 前馬進4 　28.炮八進二 馬6進7

29.俥七進九 …………

步入無俥（車）棋後，雙方爭奪精彩激烈：紅雙炮齊鳴、揚相躍俥，黑雙馬馳騁、平包進卒，爭奪空間、搶佔要隘。現紅左俥入邊陲，準備叫將出擊、窺視中象，明智之舉！如改走炮二進一??卒5進1，炮八退三，馬7進6，炮八退一，馬4進3，帥五平六，馬3退1，俥七退五，馬1退3，炮八退二，包8進4！演變下去，黑雙馬包卒易形成攻勢反先。

29.………… 包8進1 　30.俥九進七 將5平6

31.俥七退六 士5進4 　32.炮八平六 將6平5

33.炮六退一 馬7進5 　34.炮二平四 卒9進1

35.仕五進六 …………

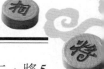

揚中仕攔馬無奈，如炮六平八??包8平3！炮八退二，將5平4，炮八平五，馬4進3，帥五平六，包3平4！以下伏有馬5進6催殺的先手棋，黑方佔優。

35.………… 馬5進6　　36.傌六退五　…………

傌退中路邀兌，明智，如仕四進五??馬6進7！炮四退四，馬4退5，炮六平三，包8進3！仕五退四，馬7退9！以下伏有馬5進7殺兵的先手棋，黑勢大優。

以下殺法是：卒5進1！炮六退五，包8平4，傌五退四，馬6進4！帥五進一，馬4退6，炮四進一，包4退1，炮四退一，將5平6！黑方不失時機，急進中卒、棄馬殺炮、進馬踩仕、回馬拴傌、退包出將、一氣呵成！

至此，紅傌被押壓，黑中卒、邊卒可長驅直入，紅方只能坐以待斃，束手被擒，黑勝。

此局雙方開戰輕車熟路、落子如飛，很快就形成雙方熟悉的中炮單提傌左橫俥對屏風馬高右橫車騎河平包兌俥陣勢。步入中局後，紅在第10回合揚右邊相錯失先機，在第12回合進肋俥邀兌，導致少兵陷入被動。步入無俥（車）棋後，紅雙炮齊鳴、飛相進傌，黑雙馬馳騁、揮包挺卒，空前激烈地爭奪空間、針鋒相對地搶佔要地，群雄蜂起、龍虎激戰，因勢而動、順勢而為，著法精準、精彩紛呈，只是最終黑方趁多卒之勢，先發制人、棄馬殺炮，技高一籌、回馬拴傌，退包出將、一拼輸贏，雙卒渡河、長驅直入，攻營拔寨、摧城擒帥。

是盤越南高手佈局嫻熟，落子沉穩，中局搏殺、兌去雙俥（車），無俥（車）棋戰，絲絲入扣，敢打敢拼，軟纏硬磨，難解難分，黑退包出將，雙卒乘虛而入，可謂「不是短局勝過短局」的精彩對決。

第62局 （黑龍江）陶漢明 先負 （北京）王天一

轉五八炮左橫俥炮打中卒三路馬對屏風馬左中象高右橫車

1. 炮二平五　馬8進7　　2. 傌二進三　車9平8

3. 俥一平二　馬2進3　　4. 兵三進一　卒3進1

5. 炮八進四　…………

這是2010年5月9日「伊泰杯」全國象棋精英賽第9輪陶漢明與王天一之間的一場「短、平、快」激戰。雙方以五八炮對屏風馬互進三兵卒拉開戰幕。如先走傌八進七，包8進4，傌三進四，包8進1，炮八進四，以下黑有兩種變化：

①象3進5，炮八平七，包8平3，俥二進九，馬7退8，傌四進六，馬3退2，（若馬3退5？？？炮五進四！馬8進7，傌六進四！包2退1，炮七進二！包3平6，炮五退一，馬7進5，俥九進二，包6退1，俥九平四！馬5進3，俥四進一！下伏炮七平二殺著，紅追回失子後勝定。）炮五進四，士4進5，俥九進二，包3進1，（若馬8進7？？炮五退二，包3進1，傌六進四！紅勝定。）炮七平三！紅棄子後反而攻勢強勁；

②包8平3，俥二進九，馬7退8，傌四進五，象3進5，傌五進七，車1平3，炮八平五，士4進5，傌七退六！變化下去，紅先棄後取、雙炮鎮中、淨多中兵反先。

5. …………　象7進5

補左中象固防，穩正。如馬3進4，（若馬3進2，以下紅有傌三進四和傌八進七兩種不同攻守變化的走法。）俥二進五，馬4進3，俥二平七，馬3進4，（若馬3進5？相七進五！演變下去，紅方出子快、黑佈局落後。）俥九進一，象3進5，俥七進

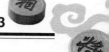

一，馬4進2，（若馬4退6？俥九平四，馬6退7，俥四進三，卒7進1，炮五進四，士4進5，相七進五！變化下去，紅方反先。）炮八平五，馬7進5，炮五進四，士4進5，俥九平八！演變下去，紅追回失子，有中炮、多中兵，兵種全而佔優。

6.炮八平七　…………

平炮壓馬，穩正。如俥八進七？？馬3進4，炮八平七，（若炮八平三，包2平3，俥九平八，以下黑方有車1進1和卒3進1兩路不同弈法。）車1進1，俥九平八，車1平3，炮七平三，（若先炮七進三？？象5退3！黑方得子；又若俥八進七，車3進2，兌子後，黑反滿意。）包2平3，俥二進五，馬4進3，炮五平四，卒3進1，俥八進六，包3進2，俥七退九，包8進1！暗伏下一步衝卒踩雙車凶著，黑反大優。

6.…………　卒1進1

急進右邊卒，旨在高右橫車驅炮出擊。如徑走車1平2，俥八進七，以下黑方有包8進4和包2進2兩種不同走法。

7.俥九進一　…………

高左橫俥，旨在右移出擊，易引起多種不同新變化。筆者曾走俥八進九，車1進3，俥九平八，車1平3，俥八進七，包8平9，雙方兌俥（車）後，局勢平穩，結果下和。

7.…………　車1進3

8.炮七平三　卒5進1

9.兵三進一　象5進7(圖62)

飛象滅兵，意欲讓紅空頭中炮對攻。如要求穩也可改走包2進2，俥二進六，車1平6，變化下去，雙方對峙，又各有千秋。

10.炮五進三？　…………

飛炮炸卒過早，敗著！棄炮冒險，導致由此失先失勢而一蹶

不振。如圖62所示，宜俥二進
六！包2進2，俥九平六，車1平
6，兵五進一，象3進5，炮五進
三！包2平5，兵五進一，包8平
9，俥二進三，馬7退8，傌三進
二，包9進4，俥六平三，馬8進
6！俥三進四，車6進6，帥五平
四，象5進7，炮三進二，士6進
5，傌二進一！變化下去，紅多
過河中兵足可抗衡，強於實戰。

黑方　王天一

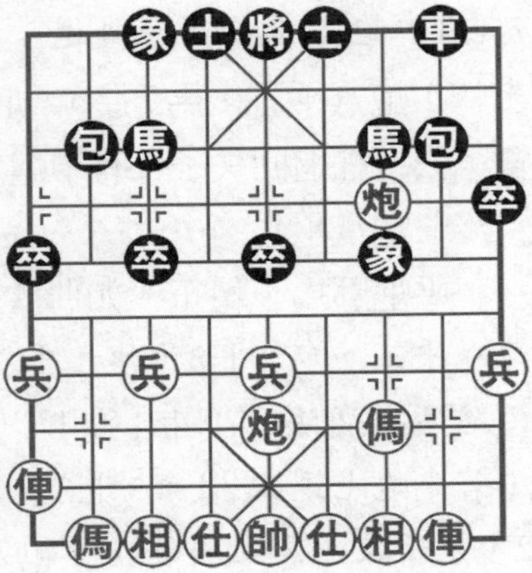

紅方　陶漢明

圖62

10.…………　車1平7！

11.俥九平八　包2進2！

黑抓住戰機，平車殺炮，速
伸右巡河包邀兌，以回送一子來瓦解紅方攻勢，黑方由此子力活
躍反先。如包2平1固守，雖能多子，但傌三進四盤河後黑反易
遭攻擊，紅勢反優。

12.炮五平八　象7退5　　13.傌三進四　車7平6

14.傌四進六　車6平4　　15.傌六退四　包8退1！

以上雙方在河口一段爭奪追殺後，黑方不失時機，巧退左包
旨在右移到2路串打俥傌得子。黑由此步入反擊佳境。

16.炮八進三　包8平7　　17.俥二進九　　包7進8

18.仕四進五　馬7退8　　19.炮八平一？？　…………

左炮右移，劣著！導致丟子告負。宜俥八進一！車4退2，
傌八進九，包7平9，俥八平二！以下不管黑方是否兌子，紅都
淨多中兵稍好，足可抗衡、強於實戰、勝負難料。

以下殺法是：車4退2！俥八進六，包7退7！黑方不失機

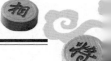

會，退車追炮、回包保馬！一招制勝！以下紅如續走傌四進二，包7平6，炮一進一，車4平9！捉死紅邊角炮後黑多子勝。

此局雙方開戰紅方就雙炮齊鳴、壓馬炸卒，熱鬧非凡，黑補左中象高右橫車捉炮、針鋒相對。可好景不長，剛要步入中局，紅在第10回合揮中炮轟卒、冒險送炮導致失先失勢，到了第19回合紅走左炮右移，匪夷所思，導致失子，黑方抓住機遇，退車捉炮、回包保馬、平車關炮、殺炮入局。

是盤黑方善於抓住機會，車包聯手出擊，兌傌搶先奪勢，殺炮毫不手軟，終成一盤短小精悍的精彩殺局。

第63局 （菲律賓）洪家川　先勝　（澳門）郭裕隆

轉五八炮巡河傌三路傌對屏風馬右中象士左包巡河

1.炮二平五　馬8進7　　2.傌二進三　卒3進1
3.傌一平二　車9平8　　4.傌八進七 …………

這是2010年11月13日第16屆亞洲運動會象棋賽第一輪菲律賓洪家川與中國澳門郭裕隆之間的一場強強對決。雙方以中炮右直傌對左正馬進3卒直車拉開戰幕。紅現進七路傌出擊，屬當今棋壇流行變例之一。筆者在網戰上曾走兵三進一，馬2進3，傌八進九，卒1進1，炮八平七，馬3進2，傌九進一，馬2進1，炮七進三，卒1進1，（另有車1進3和包2平3兩路不同攻守變化的走法，前面均有過介紹。）傌九平八，車1進4，炮七進一，士6進5，傌二進六，包2平4！傌八進二，卒7進1，兵三進一，車1平7，傌二平三，車7退1，炮七平三，象7進5，炮五平六，車8平6，兵七進一，車6進4，炮三退二，包4進3，相七進五，車6平1，變化下去，雙方子力對等、相互牽制、勢

均力敵，均勢，結果雙方戰和。

4.……… 馬2進3 5.兵三進一 ………

至此，形成中炮對屏風馬互進三兵卒陣式，現紅挺三兵活傌路，屬流行變例。如傌二進四，包8平9，傌二進五，馬7退8，傌九進一，馬8進7，演變下去，大體均勢。

5.……… 象3進5

飛右中象固防較為少見。筆者在網戰中曾走過象7進5！炮八進四，馬3進4，炮八平三，（由於黑已飛了左中象，故此著針對性不強。）包2平3，變化下去，黑反滿意、易走。

6.炮八進四 卒7進1??

紅進左炮後，形成了「五八炮進三兵對屏風馬右中象」陣式。

黑逃7卒避殺，過急！宜馬3進4，炮八平三，包8進4，炮五平四，車1平2，相七進五，包2平4，黑反易走。

7.兵三進一 象5進7 8.傌二進四 象7退5??

退左象嫌早！透過兌兵卒後算下來，黑在無形中又虧了一步棋。此時如要出右車進擊，可先走士4進5為上策。

9.炮八平一? ………

炮貪邊卒嫌急！宜傌九進一！包8平9，（若包8進2?傌三進四，包8平7，傌二進五，馬7退8，炮八平一！此時炮轟邊卒後，下伏有傌九平二、傌四進三、炮一進三3步先手棋，紅優。）傌二進五，馬7退8，炮八平一，馬8進7，（若包9平7??傌三進二，馬8進9，下伏有傌九平三和傌二進四兩步先手棋，紅先。）炮一平三，下伏有傌九平二和傌三進四兩步先手棋，總之，演變下去，紅勢會更主動、更靈活易走，更優於實戰。

9.………… 包8進2??

伸左包巡河，試圖留有馬3進2的封俥手段，劣著！錯失先機。宜馬7進6！俥二平八，包2進2，傌三進二，包8平6，傌二進四，包2平6，俥九平八，士4進5，仕六進五，車1平4！雙方兌河口傌（馬）後，黑雙車靈活、馬雙包佔位好，反佔優勢，強於實戰。

10.炮一平三 士4進5??

現補右中士劣著！宜徑走車1平2！兵一進一，包2進4，俥九進一，包2進2！兵一進一，包8平6，俥二進五，馬7退8，傌三進二，包6平4，紅右邊兵已渡河，但左橫俥被封住，演變下去，黑勢不差，優於實戰，足可抗衡。

11.兵七進一！ …………

紅方抓住黑方連續走四步失誤棋機會，果斷挺七兵邀兌、活通傌路，是一步及時打破黑左包企圖要封鎖巡河線計畫的好棋！紅方由此步入了各攻一面、深入腹地、得子入局的佳境！

11.………… 卒3進1　　12.俥二平七 馬3進2

13.傌三進四 包8平6??

平左巡河包攔傌，空著，又錯失先機。宜車1平4！傌四進二，車8進4，兵九進一，包2平3，兵九進一，卒1進1，俥九進五，包3進5，俥七退二，車8平7，俥七進四，車7退1，俥九平八，車7進6！雙方大量兌子後，紅雖多邊兵，但殘底相，黑可抗衡、強於實戰，勝負一時難斷。

14.炮五平三 馬7進9　　15.俥九進一 車8進5??

從以下實戰結果看，同樣運車，此著伸左騎河車拴鏈紅方俥傌，不如徑走車1平4！加快右貼將車出戰，效果會更好！

16.相七進五 卒1進1

17. 前炮退二（圖63）　馬2退4？？？

退馬捉俥，敗筆！導致一著不慎全盤皆輸。如63圖所示，仍應走車1平4！紅方如接走俥七進一，卒5進1，俥七平五，馬2退4！俥九平六，車8退2！變化下去，黑雖少中卒仍處下風，但雙方六個大子都在，黑尚有周旋抵禦機會，比實戰結果好得多，至少不會丟子。

18. 俥七進二！　包6退1

紅方抓住戰機，果斷快速進俥壓馬，志在必得，黑馬難逃厄運，紅勝勢已成。

黑即退肋包保馬，實屬無奈。如車1平4？？俥九平六！傌四進三！車8退5，俥六平四，包6退1，前炮平六！包2平4，俥七平六！包4進3，俥六進三！包5平4，傌七進六！紅也多子勝勢。

19. 傌四進六　　包6進3

20. 傌六進四！

紅方連續躍傌捉包又臥槽，黑肋馬難逃滅頂之災，以下黑如接走士5進6，俥七平六！車1平4，俥九平六，（若俥六進三，將5平4，俥九平六，將4平5，俥六進五，車8退2，俥六平五！紅也多子多兵必勝。）車4進3，俥六進五，車8退2，俥六平五，士6進5，傌七進六，紅也殊途同歸地多子多兵完勝黑方。

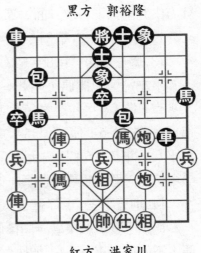

黑方　郭裕隆

紅方　洪家川

圖63

此局雙方開戰就先後步入左炮出擊大戰：紅左炮過河貪吃邊卒過急，黑左包巡河錯失先機，均不令人看好。剛步入中局後，黑方先後在第11、13、15回合補右中士，錯失良機，平左巡河包攔傌，白走空著，進左騎河車拴鏈紅方俥傌，又失先機，但更令人費解的是第17回合竟然隨手回馬捉俥，敗招，難逃滅頂之災！被紅方進俥追馬、藉進傌欺包直赴臥槽，最終多子多兵、笑到最後。

　　此盤雙方佈局揮炮爭奪空間優勢後，黑方明顯不在臨戰狀態，連出軟手，急功近利，優柔寡斷，如虎落平陽、慌不擇路、疲於應付，最終捉襟見肘、顧此失彼，防不勝防，難逃一劫！

第64局　（安徽）梅娜　先勝　（廣東）陳麗淳

轉五八炮巡河俥挺中兵對屏風馬左中象右包封俥進1卒

　　1.炮二平五　馬8進7　　2.兵三進一　車9平8

　　3.傌二進三　卒3進1　　4.俥一平二　馬2進3

　　5.炮八進四　象7進5　　6.傌八進七　卒1進1

　　7.炮八平三　…………

　　這是2010年4月28日「紅安源杯」全國象棋團體賽女子組第7輪梅娜與陳麗淳之間的一場巾幗女傑的精彩廝殺。雙方以五八炮打7卒對屏風馬左中象挺1卒互進三兵卒開戰。紅平炮炸7卒壓馬出擊，穩健有力。

　　如炮八平七？車1進3，炮七平三，卒5進1，兵三進一，包2進2！俥二進六，包8平9，俥二進三，馬7退8，俥九進一，包9平7！俥九平二，馬8進6！傌三進二，馬6進7，傌二進三，象5進7，俥二進五，士4進5，炮五平三，車1平6！俥二進一，包

2退2，相三進五，包7平5，仕四進五，包2進1！變化下去，紅勢被動受牽、黑反子位靈活，頗具反彈力佔優。

　　7.………… 車1平2　　8.俥九平八　包2進4！

　　先右包過河封俥，屬改進後走法。筆者曾應戰過包8進4？俥八進六！包8平3，俥二進九，包3進3，仕六進五，馬7退8，傌三進四，卒3進1，炮五進四！馬3進5，傌四進五，卒3進1，傌七退九，包3平1，傌五進七！車2進1，炮三平五！士6進5，炮五退二！以下伏有炮五平八打包凶著，紅雖殘相、互有顧忌，但子位靈活且多中兵，反先，最終紅方獲勝。

　　9.俥二進四　…………

　　先進右直俥巡河，旨在伺機棄三兵出擊。也可俥二進五！士6進5，炮五退一，（也可先兵五進一，包8平9，兵三進一！演變下去，雖雙方互纏，但紅仍佔優。）包2退2，俥二進一，包8平9，俥二進三，馬7退8，俥八進四，包9平7，相三進五，變化下去，紅子位靈活，仍持先手。

　　9.………… 包8平9　　10.兵五進一　…………

　　先衝中兵，伺機一旦能俥八進一，則左俥右移，以進擊黑薄弱左翼。也可徑走俥二進五！馬7退8，俥八進一，包9平7，傌三進二，變化下去，紅也略優。

　　10.………… 士6進5

　　也可車8進5！傌三進二，包2退1，局勢平穩，紅稍好。

　　11.兵三進一！　象5進7

　　紅果斷棄三兵，有力之著！如俥二進五？？馬7退8，俥八進一，卒3進1！演變下去，紅如續走俥八平二，馬8進6，炮三進三，卒3進1，傌七退九，包9平8！黑反有過河卒，易走。

　　黑揚象殺兵，穩正。如包2退2？兵三平四，包2平6，俥二

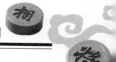

進五，馬7退8，俥八進九，馬3退2，炮五進四！馬8進6，兵五進一！演變下去，紅方在無俥棋戰中多兵佔優。

12.俥八進一（圖64）　卒3進1？？？

渡3路卒，敗著，是局勢惡化的關鍵！如圖64所示，宜徑走車8進5！傌三進二，卒3進1，傌二進四，（若傌七退五？？包2退1，兵七進一，包2平5，俥八進八，馬3退2，炮五進一，包9進4！黑多中卒反易走。）卒3進1，傌四進三，（若傌七退九？包2退3！傌四進六，士5進4，紅反無趣。）卒3進1，俥八平二，士5退6，（若包2平5？？炮五平二！又若士5進6，俥二進八，將5進1，傌三進四，象3進5，炮三進二！紅反有攻勢。）俥二平四，士6進5，（若士4進5？炮五進四！也紅優。）俥四進二，紅方略先、戰線漫長，優於實戰，鹿死誰手，勝負難料。

13.俥二進五　馬7退8　　14.俥八平二！…………

紅方抓住機遇，先兌右俥，現左俥右移追馬，大佔優勢。

14.…………　馬8進6

15.炮三進二！　卒3進1？？

貪兵欺傌，劣著！宜象7退5！兵七進一，車2進4，俥二進七，車2平7，傌三進二，士5退6，傌二進一，車7進5，炮三退一，車7退6，俥二平四，車7平9，俥四退五，包2進2！演變下去，紅雖多雙兵，但殘底相，黑勢不弱、優於實戰，足可周旋。

16.炮五平四！？…………

黑方　陳麗淳

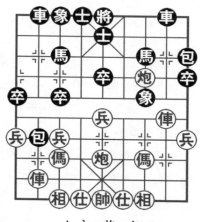

紅方　梅　娜

圖64

硬卸中炮，果斷棄傌，冷著！這是紅方臨場漏算的一招妙手，宜先俥二進八！！士5退6，炮五平四！馬6進4，（若士4進5？？？炮三進一悶宮，紅速勝；又若馬6進7？？傌三進四！馬7退6，炮四進六！得包大優。）傌三進四！馬4退6，〔若包9平6？傌四進五！包6平9，（若包6平5？？？炮三進一！士6進5，炮三平六！炸士抽車後勝定。）炮三進一，將5進1，俥二退一！炮四平二！下伏有炮二進五殺著，紅速勝。〕炮三進一！將5進1，俥二退一！必得馬呈勝勢，大優。

16.………… 士5退6　　17.俥二進八！　包9平6

包平左肋道棄馬無奈，如馬6進4？？炮三進一，將5進1，俥二退一！將5進1，俥二退一！變化下去，紅也得子大優。

18.炮四進六？？　卒3進1

紅先揮炮打馬，過急！宜先炮三進一！將5進1，炮四進六！以下伏有炮四平一凶著，紅勢大優，強於實戰。

黑進卒吃傌無奈，如先走象7退9？？傌七退九，包2退5，炮三退一，馬3進1，俥二退四，包2平5，俥二平九，車2進8，炮四平二！包5平7，俥九進一，車2平1，俥九平五！士6進5，仕四進五，黑7路包不敢殺傌，否則有紅俥雙炮三子歸邊殺著，紅勢大優。

19.炮三進一　將5進1　　20.炮四平一！　馬3進4

21.兵五進一　…………

棄中兵攔馬，是一路攻法，但先走傌三進二！以下黑有兩變：①馬4進6？？傌二進四！包6進1，俥二退一，將5進1，俥二平四，包2退3，兵五進一！以下伏有兵五進一凶著，紅必得子勝定；②將5平4？？？傌二進三，包6平7，兵五進一！卒5進1，俥二退一，士4進5，俥二退一！包7退1，傌三退五，象7退

5，俥二退一，包2平4？（若象5退7？？俥二平六！紅速勝；又若馬4退2？？？俥二平六，馬2退4，俥六進一！紅也勝。）俥五退六，馬4退2，俥二平六！馬2退4，俥六進七！車2進2，俥七進八！馬到成功，紅勝。

　　21.…………　　卒5進1　　22.俥二退一　　將5進1

　　23.俥三進四！　…………

　　盤出右俥、追俥出擊，是棄中兵的後續手段，紅方勝定。

　　23.…………　　包6進2　　24.俥二退一　　將5退1

　　25.俥二平四！　馬4退5

　　紅俥頓挫、嚴控黑將，現捉肋包、勝利在望。

　　黑馬退中象位護包明智，如馬4進5？？？炮三退一，將5退1，俥四進一，象7退9，炮一平二！包2退5，炮三進一！士6進5，炮二進一！疊炮沉底絕殺，紅速勝。

　　26.俥四進二！

　　俥殺底士，以下伏有炮三退一絕殺手段，紅勝勢。以下如接走馬5進7？（若先將5平4？？俥四退一，將4進1，炮三退二，馬5進7，炮一平二，士4進5，俥四平五！以下伏有炮二退一絕殺凶著，紅勝。）炮三退一，馬7退8，俥四退四！車2進2，俥四平五！車2平5，俥五進二，象3進5，俥四進三！包2退5，俥三進二！包2平7，炮一平三！淨多俥炮，紅勝。

　　此局雙方開戰就聽到紅炮轟7卒聲響，黑方果斷以右包過河封俥還擊，同時也試圖平左包兌俥來緩解左翼被牽困境。雙方步入中局後，紅方連續衝中兵、棄三兵、高左直俥，旨在伺機右移出擊，黑卻在第12回合渡3路卒，引火焚身，招來了殺身之禍！在第15回合貪兵欺俥，再陷困境。以後儘管紅方在第16、18回合先後出現過早棄俥卸中炮和急於揮肋炮打馬兩步軟手後，紅方

還是雙炮集結、棄中兵、盤右傌，趁傌雙炮之威、巧殺底士，又藉雙炮叫將之機活擒黑馬，最終淨多傌炮入局。

　　此盤雙方兌俥（車）後在傌（馬）炮（包）爭雄決鬥中，紅方先發制人，借殺圍擊、俥炮聯手，傌到成功。黑方渡3卒，方寸大亂，慌不擇路，疲於應付，顧此失彼，最終淨少2子而告負！

第65局　（南昌）章瑋　先負　（上海）黃杰雄

轉五八炮左橫俥進右直俥過河對屏風馬左中象右邊包

1.炮二平五　馬2進3　　2.傌二進三　馬8進7
3.俥一平二　車9平8　　4.傌八進七　卒3進1
5.兵三進一　…………

這是2013年5月27日上海解放64周年網戰上南昌章瑋與上海黃杰雄之間的一場「短、平、快」精彩殺局。雙方以中炮對屏風馬互進三兵卒拉開戰幕。黑方如不挺3卒，改走卒7進1，以下紅有兵七進一和俥二進六兩路變化，將會先後形成兩類不同的佈局定式。前面均有過詳細對局介紹。

　　紅方如不挺三兵，改走另一主流俥二進四這路變化，可參閱本書「趙國榮先負蔣川之戰」。

　　5.…………　象7進5　　6.俥九進一　…………

　　高左橫俥出擊，是當今棋壇流行變例之一。在2009年全國象甲聯賽上申鵬與許銀川之戰中曾走炮八進四，馬3進2，炮八平三，車1進1，俥二進五，馬2進3，俥九平八，包2平3，炮五平四，車1平6，仕六進五，包8平9，俥二進四，馬7退8，俥八進四，馬3退4，相七進五，包9平7，俥八平六，車6進

3，傌七進八，卒3進1，俥六平七，馬8進9，傌三進二，卒1進1，俥七平六，馬4進2，俥六平八，士6進5，俥八平五，卒5進1，俥五平七，車6退1，兵三進一，包7進2，俥七進三，馬9進7，傌二進三，車6平7，俥七退三，車7平6，變化下去，子力對等，雙方均勢，結果戰和。

6.………… 　包2平1　　7.俥二進六　車1平2

8.俥二平三　包8進4

至此，雙方走成五八炮左橫俥伸右直俥過河殺7卒對屏風馬雙直車左中象右邊包左包過河互進三兵卒陣勢：紅鎮右中炮揮直橫俥，黑雙包齊鳴、雙直車出擊，下得有膽有識，一場驚心動魄的激戰從此開始，僅進行了8個回合的開局，雙方就大打出手、群雄蜂起、我行我素、敢打敢拼地上演了子與勢的龍虎爭鬥。

9.俥三進一　…………

俥在三路、箭在弦上，不得不發、吃馬出擊！

9.………… 　包8平7！

10.俥三平四　士6進5！(圖65)

黑平包欺俥後，立即補左中士固防，攻不忘守，著法細膩、穩健！同時對紅右過河俥位的選擇也是一種真正的試探。

11.俥四退三??? 　…………

肋俥退河沿，隨手敗著！未察覺、未意識到局勢下挫的嚴重性，招致黑雙車包一系列卓有成效的組合攻擊而飲恨敗北。如圖65所示，同樣退俥宜俥四退六先佔據防守要隘，才能做到「一夫當關，萬夫莫開」。以下黑如接走包7進3，仕四進五，以下黑方有三種不同應法，均為紅優：

①卒3進1，兵七進一，車2進4，炮八退一，包7平9，俥四平一，（也可徑走俥四平二邀兌後，也是紅優。）車8進9，

仕五退四，車8平7，傌七退五，車7退2，俥一退一！雙方兌子後，紅方明顯多子多雙兵佔優；

②車2進5，俥四平一，卒3進1，（若車2平7？？仕五進四！變化下去，黑無好的繼續攻擊線路，紅反佔先。），兵七進一，車2平3，仕五進六，（若俥九平七，包1進4，相七進九，車3進1，俥七退一，馬3進2，傌七退八，車3進3，相九退七，馬2進4，傌八進九，車8進

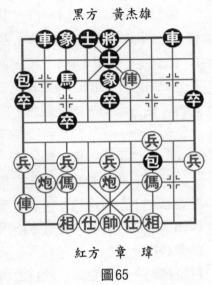

黑方　黃杰雄

紅方　章瑋

圖65

6，炮八平六，包7退4，炮六進一，包7進1，炮五平六，包1平5，傌三進五，包7平4，炮六進二，車8平5！傌九進八，車5退1，傌八退六，車5平4，傌六退四，演變下去，紅多子殘相，黑少子多雙高卒和中象，雙方和勢甚濃。）車3平7，俥一進一，變化下去，紅多子、黑多象，仍比實戰好得多；

③包7平9？俥四平一，車8進9，仕五退四，車8退1，仕四進五，車8平9，傌三退一，車2進6，（若車2進5？炮五平一！包9平8，兵七進一，車2平3，相七退五！變化下去，黑反攻勢漸緩，紅仍多子佔優。）傌一進三，包1進4，炮八退一，包1平3，炮八平七，卒3進1，炮七進二，車2平3，（若卒3進1？？俥九進二巧妙化解黑方攻勢。）仕五進六，車3平4，俥九平二，卒3進1，傌七進九，車4退2，（若誤走卒3平2？？？傌九進八，馬3進2，炮五進四，將5平6，俥二平四，將6平5，帥

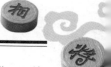

五平四！馬2進4，俥四進八，紅勝。）仕六退五，卒1進1，炮
五平四，（下伏有傌三進四吃車透底士和俥二平一捉死黑邊包的
手段。）卒1進1，（若包9平7？？相七進五，包7平9，俥二平
一！黑包被殺。）傌九退八，（穩健，不急走傌三進四捉車。）
卒3平4，俥二平一，包9平7，相七進五，車4平2，相五退
三，車2進4，變化下去，紅方多子，發展前景樂觀，遠遠強於
實戰。

　11.…………　包7進3　　12.仕四進五　包7平9

　13.帥五平四　卒3進1

　黑方抓住戰機，飛包轟底相、平底包讓路，現又棄3卒，欲
調動大子，刻不容緩、精準打擊，將破門之卒放在黑左翼這個主
戰場上，是一步不爭一時之長短、不計較眼前之得失的具有良好
大局觀表現的好棋！黑方由此步入佳境！

　以下殺法是：兵七進一，車2進4，兵三進一，車2平7，傌
七進六，（若走傌三進二？？車7進5！帥四進一，馬3進4！俥四
平六，象5進7，炮五平二，車8平6，炮二平四，車6進3，俥
六進一，包1平6！傌二進四，車6平8！炮四進五，車8進5，
帥四進一，車7退2！雙車錯殺，黑也勝。）車7平8，兵七進
一，前車進5，帥四進一，後車進8，帥四進一，前車平7，傌三
進二，（若炮八退一？？包9退2！傌三進二，車8退1，帥四退
一，車7退1，帥四退一，車8進2！儘管黑雙車包均在紅傌雙炮
口中，但黑方還是及時由雙車包交錯叫殺，仍捷足先登破城擒帥
入局。）包9平4！炮五平七，馬3退1，炮七退一，包4退1，
炮七進八，象5退3，俥九平六，包1平6！帥四平五，車7平
3！兵七進一，車8退2，傌二退四，車3退3！黑雙車砍相殺
仕、藉包之威直逼紅帥，勝定。以下紅如接走兵五進一？？車3

平5！帥五平六，（若帥五平四，車5退1，俥四進二？車8平6！黑速勝。）包6平4，兵七平六，包4進3！必得一俥後也必勝；又如紅方改走炮八進一??車3平5，帥五平六，（若帥五平四??車5平6，俥六退四，車8平6！帥四平五，車6退1，炮八平五，車6進1！俥六進二，將5平6！俥六進五，車6平5！帥五平六，包6退1！變化下去，黑淨多2子獲勝。）包6平4！以下紅有3種走法：

①兵七平六？包4進3！俥四平六，車5平2，後車平七，車8平6！兵六平五，車2平1，兵一進一，車6平4！雙方兌俥車後，黑多馬士象勝定；

②炮八平六??車5平4，帥六平五，車4平5，帥五平四，包4進6！得俥後也勝定；

③俥六進五???車5平2！帥六平五，車2平5，帥五平四，車5退3，兵七平六，（若俥六進二??包4平6！兵七平六，車5進5，下伏車8進3！黑勝。）包4平6，俥四進三，士5進6，兵六平五，車8平6，帥四平五，車6平5，帥五平四，車5退3，帥四退一，馬1進3！至此，黑車馬雙高卒單缺象必勝紅俥雙高兵單仕。

此局雙方開戰不久，當紅右直俥過河後，黑已雙包齊鳴、棄左馬打俥。當黑補左中士捉俥後，紅隨手在第11回合退右肋俥於河沿而釀成大禍。黑方不失戰機，包炸底相、橫包讓路、棄卒出車、右車左移、雙車叫帥、包轟底仕、回馬保象、雙車包拴俥俥又砍相，藉包之威直逼九宮擒帥。

此盤黑方在棄子後，節節推進、連連進逼、步步追殺、有膽有識、有勇有謀、因勢而動、順勢而為、不急不躁、不溫不火地破關擒王！

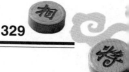

第66局　（黑龍江）陶漢明　先負　（廣東）許銀川

轉五八炮左橫俥單提傌騎河俥對屏風馬右橫車左中士象

1.炮二平五　馬8進7　　2.傌二進三　車9平8

3.俥一平二　馬2進3　　4.兵三進一　卒3進1

5.炮八進四　馬3進2

這是2010年6月18日全國象甲聯賽首輪陶漢明與許銀川之間的一場龍虎激戰。雙方以五八炮對屏風馬互進三兵開戰。黑進右外肋馬，是一旦紅炮八平三打卒後，就不再有俥九平八的出擊機會，在當今棋壇佈陣中較為少見。如要求穩，則可改走象7進5，其複雜變化可參閱本書「劉歡負唐丹」之戰。

6.俥九進一　…………

高起右橫俥出擊，著法靈活，但方向不明確。如徑走炮八平三，結果雙方互纏，可參閱本書「姚洪新勝李鴻嘉」之戰；又如改走傌八進九，結果雙方均勢，可參閱本書「黨斐勝王石之戰」；再如要走傌八進七，結果大體均勢，可參閱本書「柳大華負蔣川之戰」。

6.…………　車1進1　　7.傌八進九　車1平4

8.炮八平三　…………

先揮炮轟卒，穩正。筆者在網戰上應過傌三進四，士6進5，俥二進五，車4進2，炮八平五，象7進5，俥二平六，車4進1，傌四進六，馬7進5，炮五進四，車8平6！變化下去，紅雖多中兵，但黑四大子位置靈活佔優，結果黑勝。

8.…………　象7進5　　9.俥二進五　…………

伸右直俥騎河進擊，意欲伺機渡七兵追馬，屬改進後流行走

法。在2005年第25屆「五羊杯」全國象棋冠軍邀請賽上洪智與呂欽之戰中曾走俥二進四，卒1進1，俥九平四，士6進5，兵三進一，象5進7，俥四進五，馬2退3，兵七進一，卒3進1，炮五平七，象3進1，俥二平七，馬3進2，炮七平五，車8平6，炮三平五，馬7進5，炮五進四，包2平5，俥四進三，將5平6，俥七平四，將6平5，相三進五，車4進2，炮五退二，車4平5，局勢平穩而雙方弈和；在2006年第3屆「波爾軸承杯」象棋公開賽上蔣川與王斌之戰中改走俥九平四！卒3進1，俥二進五，馬2進4，傌三進四，馬4進5，相七進五，卒3平4，傌四進六！變化下去，在雙方糾纏中，紅多兵、子位靈活，形勢樂觀，結果紅勝。

　9.………… 士6進5

　先補左中士固防，穩正。如車4進4？兵三進一！士6進5，炮五平四，馬2退3，相三進五，馬3進4，俥九平八，包2平4，仕四進五，象5進7，俥八進五，象7退5，俥八平九！演變下去，紅多中兵，子位靈活，已佔上風。

　10.俥九平四　馬2進1

　馬踏邊兵，先得實惠。如馬2退3？？俥四平八！包2進2，俥二退一，車4進4，炮五平四，包8進2，相三進五，車8進3，炮四進一，車8平7，炮四平三，車7平6，炮三進四，車6退1，炮三退一，變化下去，紅也多兵佔優。

　11.兵三進一　卒3進1

　針對紅方七路底相的弱點，黑方大膽棄3卒挑起戰火。

　12.兵三平四？？　…………

　平過河兵，劣著！導致局勢陷入被動。宜傌三進四！包2平3，炮五平三，卒3進1，相七進五，卒3平4，後炮進一！變化

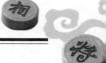

下去，黑肋卒被殲，紅方成功化解黑方反擊後，反而多兵令局勢無恙。

　　12.…………　　包2平3　　13.兵四進一　　卒3進1

　　14.俥四平八　　…………

　　平俥回防、策應左翼，明智之舉！如貪傌九進七？？包3進7！仕六進五，車4平3！變化下去，黑車馬包三子歸邊後攻勢更加猛烈，紅方難以抵擋、難逃滅頂之災。

　　14.…………　　車4進4

　　進右肋車騎河，及時搶佔當前局面的制高點，是一步攻守兼備的好棋！黑方由此步入佳境。

　　15.俥二退一　　車4平8　　16.傌三進二　　車8平6！(圖66)

　　雙方果斷兌俥車後，黑方劍鋒一轉，亮出左貼將車，趁紅方佈局中左右失衡之機，將左路暗車強行從6路殺出，風生水起，精確到極點，時機把握得恰到好處！

　　17.炮五平三？？？　…………

卸中炮窺打7路馬，敗著！長途跋涉、直衝四步的肋兵竟然這樣輕易地讓黑車吃掉，實在太可惜了！敗筆！如圖66所示，無論如何也要走俥八平四保住這個兵，以下黑如接走包3進7，仕六進五，卒3進1，（若卒3平4，炮五平三，馬7退8，前炮平五，演變下去，局面雖仍屬黑方易走，但過河兵對黑方牽制很大，紅尚可一戰，優於實戰，勝

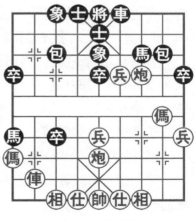

黑方　許銀川

紅方　陶漢明

圖66

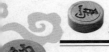

員一時難料。）炮五平三，馬7退8，傌二進一，馬8進6，前炮進二，車6平9，傌一退三，包8進5，俥四進二！變化下去，令黑左翼子力出動遲緩，雖在雙方相互牽制中紅處下風，但可周旋，強於實戰，戰線不短，紅方尚有機會。

17.………… 車6進3　　18.相七進五 …………

補左中相固防，先解決左翼底線被攻弱點，實屬無奈。

18.………… 包8進2　　19.俥八進六 …………

伸俥追包、棄炮邀兌，減輕黑方攻勢壓力，明智之舉。如前炮退三??車6進2，後炮進五，包3平7，炮三平七，車6平8！俥八進二，車8平1！炮七平六，包8平1，仕六進五，車1平4！俥八平九，包1進3！炮六退三，包1平3！演變下去，黑反多子大優。

19.………… 包3平4　　20.前炮退三　車6進2

21.傌二退一　車6進1

紅方節節後退，黑方步步緊逼，紅方顧此失彼，黑有暗藏殺機，大佔優勢、無懈可擊！

22.傌九進七　馬7進6　　23.前炮進一　馬6進8?

黑左馬騎河追殺紅方傌炮過急，可徑走車6平5！傌七退六，車5平6，俥八退三，馬6進8！後炮退一，馬8進9，相三進一，車6進2！俥八退一，車6平7！仕六進五，包4平1！黑反多子多雙卒大佔優勢。

24.後炮退一　馬8進9！

策馬邀兌，凶著！黑方由此展開了一套針對紅方右翼薄弱底線的組合拳法。

25.相三進一　包8進5！　26.仕四進五　車6平7

27.後炮平四　車7進3　　28.炮四退一　車7退4！

黑方不失機會，沉包叫帥、平車驅炮，現退車叫抽，先得一炮，逐步將優勢開始轉化為勝勢。

29.相一退三　車7平8！

平車護包，旨在邀兌！以上紅雖竭盡全力、全線防守，但也難以奏效，黑現多子多卒，取勝只是時間問題了。

以下殺法是：炮四平二，車8進4，俥八退一，卒1進1！俥八平五，車8退3，兵一進一，馬1進3！俥七進六，馬3退4！至此，雙方兵卒等、仕（士）相（象）全，形成了黑車馬包對紅俥俥的多子必勝局面，黑方完勝。

此局雙方開戰就聞到了紅雙炮齊鳴炸7卒的火藥味，黑卻不慌不忙巧應右橫車補進左中象士，互相爭奪空間優勢。步入中局後，針對紅左底相弱點，黑大膽棄3路卒挑起事端，紅經受不住考驗，在第12回合平過河兵，導致局勢被動。更糟糕的卻是在第17回合卸中炮捉7路馬而錯失戰機，以後儘管黑方在第23回合走馬6進8追俥捉炮過急，但黑方還是沉包叫帥、退車抽炮將優勢轉為勝勢地展開了一套針對紅右翼薄弱底線的組合戰術，最終形成黑車馬包完勝紅俥俥的局面。此盤雙方爭先奪勢空前激烈，各攻一面難解難分，短兵相接刀光劍影，一味求速反難成事，攻其不備、全線發力、敢打敢拼、方能笑到最後！

第67局　（浙江）黃竹風　先勝　（山東）潘振波

轉五八炮單提俥右俥盤河對屏風馬右中象橫車互兌三兵7卒

1.炮二平五	馬8進7	2.俥二進三	車9平8
3.俥一平二	馬2進3	4.兵三進一	卒3進1
5.俥八進九	象3進5		

這是2010年8月16日全國象甲聯賽第11輪黃竹風與潘振波之間的一場精彩的捉對廝殺。雙方以中炮單提傌對屏風馬右中象互進三兵卒拉開戰幕。黑補右中象，是一步老式穩健走法，意欲避開激烈的流行變例，力圖收到良好的實戰效果。如車1進1，可參閱本書「趙鑫鑫先勝尚威之戰」；又如走卒1進1，可參閱本書「吳蘭香先負阮成保之戰」；再如走象7進5，可參閱本書「萬春林先負王天一之戰」；還如走馬3進2，可參閱本書「陶漢明先負孟辰之戰」。以上四種當今棋壇盛為流行的各異變化，均可與紅方抗衡。

6.炮八進四　　…………

伸左炮過河，成五八炮陣式，屬當今棋壇流行變例之一。在2010年第13輪象甲聯賽中才溢與莊玉庭之戰中改走俥九進一，（也可參閱本書「陳幸琳先負歐陽琦琳之戰」。）士4進5，俥九平七，馬3進4，兵七進一，卒3進1，俥七進三，包2平4，俥二進六，車1平2，炮八平七，車2進6，兵九進一，包8平9，俥二進三，馬7退8，仕六進五，卒7進1，炮五進四，馬8進7，炮五平三，卒7進1，俥七平三，馬7進5！變化下去，黑雖少中卒，但五大子位靈活，足可與紅方抗衡，結果雙方弈和。

6.…………　　卒7進1　　　7.兵三進一　　象5進7

8.傌三進四　　卒1進1

雙方兌兵卒、紅右傌盤河進擊後，黑挺右邊卒，旨在既不給紅左邊傌盤河出擊機會，又可高起右橫車驅炮出擊，是一步攻守兼備的佳著。另有象7退5著法，可參閱本書「王天一先勝孟辰之戰」。

9.炮八平七　　　　車1進3　　　10.炮七平一　　包2進1

11.炮一退二（圖67）　包2進3？？？

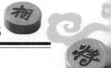

　　進右包窺兵，敗著！錯失先機。如圖67所示，同樣進包宜徑走包8進3騎河攔炮，不給右炮左移出擊機會，以下紅走俥九平八，象7退5！俥二進三，士4進5，仕四進五，馬7進6！傌四退三，包8退1，炮一平四，包2進1！炮四退二，車8進3！雙方經過及時調整子位和棋型後，黑反中防穩固、雙包智守前沿，現又伸左直車「生根」，伺機兌子反擊，強於實戰，足可抗衡。

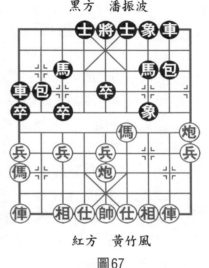

黑方　潘振波

紅方　黃竹風

圖67

　　12.兵七進一　　卒3進1
　　13.炮一平七　　車1平4
　　14.俥九平八　　包2平9
　　15.俥八進七　　包9退4??

　　包退邊象台，劣著！這樣回包防守不如徑走士4進5固防中路更為主動、積極，以下紅如接走傌四進五，馬3進5！俥八進二，士5退4，炮七進五，將5進1，俥八退一，車4退2，俥八退二，包9進3，俥二進六，（若俥八退一？象7退5，俥八平九，車4進5，俥九進三，車4退5，俥九平六，將5平4！變化下去，黑雖將位不安又少雙卒，左翼車包還被拴鏈，但多子且子位靈活，優於實戰，可以一搏。）象7退5，俥二平一，車4進5，炮五進四，象5退3！兵五進一，馬7進5，俥一平五，包8平5！演變下去，紅雖多中兵互有顧忌，但黑卻有中包攻勢，足可抵禦、強於實戰。

16.傌四進三　包8進1　　17.炮七退三　馬3退5

18.俥八進一　包9退1　　19.俥八平六！車4平3

20.俥六退一　包9平7　　21.炮五平八　車3退3

　　紅方不失時機，進傌、退炮、揮俥佔左肋道後，現又及時卸中炮於八路線，準備沉底叫將、牽制黑方右包，著法緊湊！

　　黑車退底線，未雨綢繆，也勢在必行，如急走車3平2？炮八平三，象7退5，傌三進五！象7進5，俥六平五！車2平3，炮三進六！經棄傌兌炮後，紅又淨殘雙相佔優。

22.炮八平三　包7進2

　　棄包兌傌，明智之舉！如急走象7退5？？炮三進五，包7進2，炮三進一！演變下去，黑左翼車包「脫根」被拴鏈，而紅方子位靈活、形勢樂觀、易走。

23.炮三進四　象7進5

　　補左中象攔車關炮，正著。如包8進2封俥？？兵五進一！馬7進9，俥二進三！以下伏有傌九進七和俥二平六的先手棋，紅反主動、易走，有攻勢。

　　以下殺法是：俥二進四，包8平9，俥二平六！馬5退7，傌九進七！車3平2，傌七進六，士6進5，前俥平七，後馬進6，傌六進八！包9退2，俥六平八！車2進1，炮三平四，（平肋炮，塞象腰壓馬，沉穩、細膩之著！如急於叫將走傌八進七？？車2平3，炮七進七，包9平3，俥七進一，車8進3！紅炮被殲後，並無便宜，且黑方一旦可兌去雙兵，則有望求和。）車8進6，俥八退一！至此，紅雙俥傌雙炮已全部投入搏殺，聲名鵲起、驍勇善戰、氣吞山河，群雄蜂起，而對手厄運難逃，潰不成軍、城坍池破！

　　以下伏有俥七平五後的炮七進八殺著，黑方只能坐以待斃、

束手就擒了，以下黑如接走包9平6？？？俥七平五！車2退1，傌八進六！將5平6，俥八進六！車8平5，相七進五，包6進2，俥五進一！以下黑如續走馬6退5？？？則俥五進一！紅勝；又如黑改走馬6退4？？？則俥八平六！也紅勝。又如黑方改走車8平6？？？俥七平五！車2退1，傌八進六！傌到成功、一劍封喉！紅也完勝。

此局雙方開戰後，紅就雙炮齊鳴出擊，黑卻悄悄互兌7卒三兵、分庭抗禮，爭奪空間優勢。

剛步入中局後，紅在第11回合退右邊炮避兌後，黑卻隨手走包2進3窺兵出擊，錯失先機，在第15回合急走包9退4於左邊象台又失反擊機會，以後雙方各攻一面、煞費苦心、針尖對麥芒，殺得難分難解，但優勢轉化為勝勢的天平還是倒向了紅方，雖然黑竭盡全力地棄包兌傌，補中象關炮攔俥，紅方仍以風捲殘雲之勢，伸右俥巡河佔肋、策左傌打車臥槽、平肋炮壓馬塞象腰、雙俥傌炮全線參戰，最終俥殺象、傌臥槽、雙俥吃車、挖中心士後活擒黑將。

此盤雙方佈局輕車熟路、落子如飛，一來二去、互不相讓。中局互纏，雖徐圖進取，但黑方漏著不斷；黑雖敢打敢拼，但運子過急、慌不擇路，疲於應付，顧此失彼、難逃一劫！

第68局　（北京）劉歡　先勝　（內蒙古）宿少峰

轉五八炮打7卒雙直俥過河騎河對屏風馬左中象士右橫車

1.炮二平五	馬8進7	2.傌二進三	卒3進1
3.俥一平二	車9平8	4.兵三進一	馬2進3
5.炮八進四	象7進5	6.傌八進七	馬3進4

7.炮八平三　包2平3　　8.俥九平八　車1進1

這是2010年7月27日第7屆全國象棋一級棋士冠軍賽第5輪亞洲女子冠軍劉歡與內蒙古新秀宿少峰之間的一場精彩決鬥。雙方以五八炮打7卒對屏風馬左中象右馬盤河橫車開戰。黑高起右橫車旨在左移搶佔肋道出擊，是20世紀80年代興起的主流戰術，至今仍然長盛不衰。

如改走包8進4左包封俥進攻，可參閱本書「張強先勝靳玉硯之戰」；又如改走卒3進1渡卒進擊，可參閱本書「潘振波先負趙鑫鑫之戰」第8回合的注解走法。

9.俥八進六！　…………

伸左直俥過河，屬創新之變！一改以往流行的俥八進四和俥二進五變化結果均為雙方均勢的不同走法，意欲出奇制勝。

9.…………　車1平6！

平橫車佔左肋道出擊，也屬冷門戰術，一改以往在2008年第3屆「楊官璘杯」全國象棋公開賽潘振波與趙國榮之戰中曾走包8進6，結果黑方四子歸邊，大有攻勢而獲勝的走法和筆者在網戰上曾走過卒3進1，俥八平六，卒3進1，俥六退一，卒3進1，相七進九，包8進4，兵三進一，車1平6，炮三平九，車6進5，兵三進一，士6進5，兵三進一，包8平5，仕六進五，車8進9，傌三退二，將5平6，傌二進三，車6進1，兵三進一，車6平7，炮九進二，包3退1！黑優，結果黑勝共兩種走法，旨在攻其無備、奪勢佔優。

10.俥二進五　馬4進6？

進馬騎河，捉炮窺傌邀兌，過急，實戰效果不很理想。筆者在2013年5月27日網戰中改走過馬4進3！俥八平七，包3平4，兵三進一，士6進5，仕六進五，卒1進1，俥二退一，馬3進

5！相七進五，象5進7！俥七退一，象3進5，俥七平九，包8進2，俥九進一，車6進2，傌三進四，包8退3，炮三平五，包8進2，炮五平八，包8平2！俥二進五，馬7退8，傌四進六，車6平4！傌六進八，將5平6！變化下去，紅俥傌被牽，黑雖少雙卒，但兵種齊全，反彈力強，結果黑勝。

　　11.傌三進四　　車6進4　　12.兵三進一！…………

　　雙方果斷兌傌馬後，紅強渡三兵進擊，是劉歡最新拋出的最新試探型佈局「飛刀」，意欲再決一雌雄！在2007年10月29日亞洲象棋錦標賽上中國許銀川與越南阮武軍之戰中曾走炮五進四！馬7進5，俥八平五，卒3進1，俥五平七，卒3平4，仕六進五，車8平7，相七進五，士6進5，兵七進一！卒1進1，炮三平五！車7進3，兵三進一！車7平6，兵七進一，包8平6，傌七進八，卒4平3，俥二進四！包6退2，傌八進九！包3退1，兵七平六！變化下去，紅有雙兵渡河參戰，共有六子壓境大佔優勢，結果紅將優勢轉化為勝勢入局。

　　12.…………　　士6進5　　13.俥八平七　　包3平2

　　14.仕六進五　　包2進2　　15.炮五進四　　車6退2??

　　黑在少雙卒形勢下，現退左騎河肋車窺視紅雙炮，空著！錯失良機，宜儘快掃兵來取得抗衡之勢為上策，改走包2平7！炮五退一，將5平6，俥七平九，包8平9，俥二進四，馬7退8，變化下去，紅雖多兵有中炮佔優，但黑下伏包9進4也有反彈攻勢不可小覷，優於實戰，足可抗衡。

　　16.俥七退一（圖68）　　包2平1???

　　紅不失機會，果斷退車殺卒，繼續保持多3個兵的優勢，佳著！

　　黑右巡河包平邊，敗著！弄巧成拙、錯失和機，如圖68所

示，宜車6平5！俥七平八，包8
平9！俥二進四，馬7退8，相七
進五，包9平7，俥八平四，包7
進2！炮三平四，包7退4，俥四
退三，包7平6，俥四平二，車5
平6，俥二進七，車6平4，俥二
退五，車4進3！俥二平七，卒9
進1，下伏包6進6！車殺兵邀兌
的先手棋，演變下去，紅雖多
兵，但黑方仍有謀和的希望。

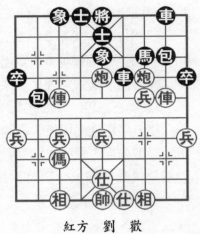

17.炮五退二　車6平5
18.俥七平六　包1平7
19.帥五平六　包7進2??

在少雙卒困境下，進象台包於兵行線，企圖追回一兵，空
著，導致再丟卒後陷入絕境。宜將5平6！兵七進一，包8平9！
俥六平四，將6平5，俥二進四，馬7退8，炮三平九，包7退
4！俥四進三，車5平4，帥六平五，車4平7！相三進一，車7平
1！俥四平二，包9進4！俥二進一，包7平6，俥二退六，包9退
1，相七進五，車1進1！演變下去，紅有中炮、兵種全，又多雙
兵明顯佔優，但黑方如應對準確，仍有一線和棋之可能。

以下殺法是：兵七進一！包8平9，俥二進四，馬7退8，炮
三平九！（再炸邊卒，淨多3個兵大優。）包7退6，炮九退
二，馬8進7，相七進五！包9進4，炮五平三！（卸中炮邀兌，
簡化局勢後能確保多兵優勢來轉化為勝勢，好棋。）包7平6，
兵五進一，包9退2，炮九平八，車5平2，炮三退一，車2平
6，俥六退二，包6進9，（黑久戰無果，只好背水一戰、棄包炸

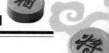

仕、我行我素、狠心一搏了。）仕五退四，車6進6，帥六進
一，車6退1，帥六退一，包9進5，相三進一，馬7進8，兵五
進一！(渡中兵阻馬後，又可參戰逼九宮，攻守兼備，老到之著)！
馬8進9，炮三平二！(黑強行進馬、紅平炮壓馬、再次阻擊後，
令黑三子歸邊攻勢化為泡影，使紅多子多雙高兵優勢開始向勝勢
挺進。)車6退1，炮八進二，車6平9，炮八平五！將5平6，俥
六平四，將6平5，俥四平三，將5平6，傌七進六，車9平8，
炮五平二！(巧卸中炮打車、三度阻擊後，令黑軍全線崩潰，難
逃滅頂之災！)車8進2，帥六進一，車8平2，後炮進一！

　　紅雙炮齊鳴壓馬，黑馬厄運難逃，以下黑如續走車2退1，
帥六進一，馬9進8，前炮退五，車2平8，俥三進一！至此，紅
雖破仕殘相，但淨多子多雙高兵必勝，黑方只好城下簽盟，紅方
完勝。

　　此局雙方開戰就由黑補左中象、躍3路馬、平卒底包、高右
橫車來迎接紅雙炮齊鳴：鎮中路、炸7卒的激烈挑戰。剛步入中
局，黑在第10回合就急進騎河馬邀兌而錯失先機，紅方趁勢在
第12回合強渡三兵祭出最新佈局「飛刀」後，令黑方在第15回
合退左肋車窺炮丟失良機，在第16回合右包平邊再失和機，更
令人大跌眼鏡的是在19回合於少雙卒劣勢下，黑包入兵行線將
自己逼入了絕境、自毀了長城。紅方抓住戰機，挺七兵、兌右
車、炮炸卒、補中相、卸中炮、揚邊相、渡中兵、炮壓馬、鎮中
炮、俥關將、傌盤河、炮打車、兌邊馬，最終多子又多兵勝。

　　此盤紅方拋出「三路兵渡河」新著後，勢大力沉、蓄勢待
發、敢打敢拼、厚積薄發、多兵優勢、無懈可擊，三度阻擊、多
子入局！

第69局　(遼寧)才溢　先勝　(廣東)呂欽

轉五八炮單提傌過河俥對屏風馬右中象右包封俥平左包兌俥

1.炮二平五　馬8進7　　2.傌二進三　車9平8

3.俥一平二　馬2進3　　4.兵三進一　卒3進1

5.傌八進九　象3進5

　　這是2010年10月25日全國象棋個人賽第10輪才溢與呂欽之間一盤利刃出鞘的精彩廝殺。雙方以中炮單提傌對屏風馬右中象互進三兵卒拉開戰幕。黑方呂欽補右中象這個重磅武器，曾在本次大賽第8輪格鬥中戰勝過李少庚，現故伎重演旨在這盤棋勝者可衝進第一「集團軍」的關鍵時刻，以出其不意的變著，給對方施加心理壓力後，欲收到較好實戰效果。如走士4進5，可參閱本書「王天一先勝孟辰」之戰第5回合注解；又如改走車1進1，可參閱本書「趙鑫鑫先勝尚威」之戰；再如改走卒1進1，可參閱本書「吳蘭香先負阮成保」之戰；還如改走象7進5，可參閱本書「萬春林先負王天一」之戰；還再如改走馬3進2，可參閱本書「陶漢明先負孟辰」之戰。上述5種變化各異的下法，都可抗衡紅方。

　　6.炮八進四　…………

　　紅方以流行於20世紀60年代穩健型的五八炮開戰，多少有點在大敵當前要有「謹慎為上」「如不贏則和」的思想準備。如俥九進一?士4進5，俥九平七，馬3進4，兵七進一，卒3進1，俥七進三，包2平4，俥二進六，車1平2，炮八平七，車2進6！變化下去，黑右翼子力靈活、足可抗衡。

　　6.…………　　卒1進1

挺右邊卒制紅左傌，又開通了黑高起右橫車反擊出路，一改以往多走卒7進1，兵三進一，象5進7，炮八平一，包2進5，炮一平三，象7退5，傌三進四，包8進5，俥九平八！演變下去，紅傌雙炮佔位靈活稍優的走法，要收到更好的實戰效果。

　　7.炮八平七　…………

　　平左炮壓馬，屬冷門的新興戰術，在全國性大賽中出現不多。其主流戰術是炮八平三炸7卒實惠，以下黑如接走卒1進1，俥九平八，包2進2，兵九進一，車1進5，俥八進四，車1平2，傌九進八，包8進4，兵五進一，士6進5，變化下去，雙方基本均勢。

　　從筆者收集的大量實戰分析，針對黑底象弱點，紅炮八平三似乎更合乎棋理，但「象」的奧妙就在於其複雜多變、變化多端，沒有一成不變的理論，有時甚至很難掌控到位，只要符合戰略需要，其均可變通，這正是所謂「高手無定式」哪！

　　7.…………　　車1平2

　　黑方經過深思熟慮後，決定亮出右直車迎戰，針尖對麥芒。以下一場對搏攻堅戰已在所難免了。如按常規走車1進3？俥九平八，車1平3，俥八進七，包8平9，俥二進九，馬7退8，俥八退六，變化下去，由於黑補的是右中象，故無馬8進6的拐角出擊手段而令馬位較為尷尬、易遭攻擊，甚至會陷入困境，故可看出黑補右中象和飛左中象是有細微區別的。在2007年12月25日全國象棋大師冠軍賽上，王躍飛與潘振波之戰走車1進3，結果雙方大量兌子後成和。

　　8.俥九平八　　包2進4　　9.俥二進六　　包8平9

　　10.俥二平三！　…………

　　平俥殺卒避兌，著法強硬！求勝慾望躍然枰上。如要求穩，

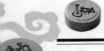

可走俥二進三！馬7退8，俥八進一，包9平6，俥八平四，士4
進5，俥四進三，馬8進9，變化下去，黑勢穩固，紅無趣、無便
宜可佔。

　　10.………… 車8進2　　11.兵三進一　象5進7

　　揚象殺兵，力圖繼續保持複雜變化。如包9退1??俥三平
四，包9平7，兵三進一，馬7退5，仕四進五，（若兵三平二，
車8平7，兵二平三，車7平8，雙方不變作和。）包7進6，帥
五平四，馬5退3，俥四進三，將5進1，俥八進一，變化下去，
雙方一場混戰：紅多過河兵和中仕、黑方多子，互有顧忌，各有
千秋，一時優劣難斷。

　　12.傌三進四　…………

　　躍傌棄中兵是保持先手的唯一解著，也是紅方超凡脫俗的傑
作！如俥三退一?象7進5，俥三退一，包9退2，炮七平一，包
9平7，炮一平三，馬7退5，炮三平四，車8平7！俥三進三，馬
5進7！傌三退一，包2平5！仕四進五，車2進9，傌九退八，馬
3進4，炮四退三，包5平9！變化下去，在無車棋戰中，黑雖殘
象，但多卒、子位靈活易走。

　　12.………… 包2平5　　13.仕六進五　車2進9

　　14.傌九退八　包5退1

　　雙方兌俥（車）後，黑退中包壓傌，不給紅傌四進六踩雙得
子機會，明智之舉。如包9退1??傌四進六！包9平7！俥三平
四，馬7進6！俥四平三，包7平5，傌六退五！包5進5！俥三
退一！馬6進4，炮七平一！象7進5，俥三退一，馬4進5，相
七進五，雙方經過大量兌子後，現大子和兵卒均等，黑鎮中包、
紅俥炮靈活並伏有反彈攻勢，且多相佔優。

　　15.俥三退一　象7進5　　16.俥三平六(圖69)　…………

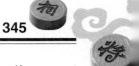

　　以上雙方殺法均在自己的計算內。但紅現俥佔左肋道可能是黑方漏算的變著，由於現黑丟象後的弱點較為明顯，故紅只要準確有力地打擊此弱點，就能進一步擴大優勢。如此時紅要求穩改走俥三退二守住兵行線，黑可以走馬7進6封住對方進攻路線，那雙方局勢的爭鬥將會產生新的更為複雜的起伏變化。

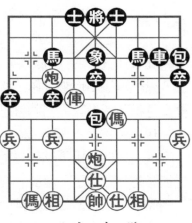

黑方　呂　欽

紅方　才　溢

圖69

　　16.………　　包9退1???

　　黑現左邊包謀求平7路打俥反擊，但無要害威脅，敗著！導致黑勢受困，由此一發不可收拾。如圖69所示，宜車8進1！俥六退一，卒5進1，帥五平六，車8平3！炮五進三，士4進5，俥六平五！包9進4！演變下去，紅俥炮鎮中、多底相佔優，但黑多邊卒、子位靈活足可抵禦，強於實戰，勝負一時難料。

　　17.俥六退一　　包9平7

　　18.相三進一　　包5退1

　　退中包避捉，穩正。如卒5進1??炮七平三！馬7進5，帥五平六！變化下去，紅勢佔優、易走。

　　19.傌四進六！　　…………

　　策傌騎河、欺馬搶攻！立刻令黑方城池陷入危機四伏、四面楚歌的困境之中：黑如逃馬？紅中路攻勢難以抵擋，紅可以全面投入進攻、大子壓境；黑如另要以攻為守地改走包5平8，〔若包5平7???俥六平三！前包平8，傌六進五！士6進5，（如貪

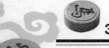

包7進4？？？則俥五進七！紅俥炮同時叫殺，紅速勝。）俥五進三！將5平6，俥三平四，包8平6，炮五平四！士5進6，炮四進三！馬7進6，俥四進一，士4進5，俥三退四！變化下去，紅多兩子雙相必勝。〕俥六平二！馬7進6，俥二退一，演變下去，黑已無後續反擊手段，相反眼看紅伏有俥六進四和俥六進七雙重打擊和威脅，黑勢將會迅速瓦解！

19.………… 馬3退1 20.俥八進七！…………

躍左底俥復出，準備發動最後攻勢！黑此時中路獨象單薄，已很難防守陣地了。至此，紅方步入佳境、勝勢已呈。

20.………… 車8進4 21.俥六平四 將5進1

進將棄士，不給俥四進四捉馬包機會，實屬無奈。但將位不安，定會成為致命隱患。由於此時黑已存多處弱點，顧此失彼、防不勝防，唯有暫守住幾處要塞來阻止紅方攻勢。如士4進5？？俥六進五，包5退2，炮五進五，將5平4，俥七進五！以下伏有俥四平六叫將砍士得子凶著，紅攻勢更強大。

22.俥七進五 車8平7 23.俥四平二！…………

肋俥平到二路線是搶佔要隘、嚴控局勢的佳著！此時紅子位靈活、後防線又無弱點，可大膽進攻，取勝已是時間問題。

23.………… 車7平6 24.俥二進三 馬7進6

此刻黑方已很難忍受紅棋逐步滲透、抽絲剝繭和蠶食淨盡的攻擊，現策左馬出擊、伺機對攻、實屬無奈，如車6退4？？炮七平一，包5進3，相七進五，將5退1，炮一進三！象5退7，俥二進二！演變下去，黑方要崩潰、只能束手就擒。

25.炮五進三 馬6進5

紅炮轟中包邀兌，黑卻進左馬踏中俥邀兌，無奈之舉。如卒5進1？？俥五進四，車6退2，炮七平五！將5平4，俥六進五，

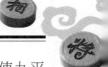

車6退1，傌五進三！車6平5，俥二平九，馬1退3，俥九平七！士4進5，俥七進一，將4進1，俥七退三，將4退1，俥七進四，卒5進1，俥七退二，士5進6，傌三退五，將4平5，傌五退七，將5退1，傌七退九！士6進5，兵九進一！變化下去，紅多子多兵多雙相必勝定。

26.炮五退一　卒5進1

紅退中炮，精妙絕倫！是一步嚴控中路、直至擒將入局之佳著！

黑進卒頂炮，無奈之著，如將5退1？？傌六進五！士6進5，傌五進三！將5平6，（若車6退5？？？俥二進二！紅速勝。）俥二進二，將6進1，傌三退四，卒5進1，炮七平一，以下不管黑接走士5進4或走卒5進1？？紅都徑走傌四進二！將6進1（無法走將6平5），炮一進一！藉俥和中炮之威，成紅傌後炮完勝殺局。

27.俥二平五　將5平6　　28.俥五平三！

紅方不失時機，藉傌炮之威，俥砍中象後又平俥捉死包，紅多子必勝。以下黑如接走士6進5，（若卒5進1？？俥三進一！將6進1，俥三平九！紅也多子勝定。）俥三進一：①將6退1？炮五平八，車6退3，炮八進四！士5進4，炮七進二，將6平5，炮七進一！士4進5，炮八進一！雙炮藉俥之威沉底絕殺，紅勝；②將6進1？？炮五平八，車6退3，炮八進三！車6平3，傌六進七，士5進4，傌七進六！馬1進3，俥三平四！藉傌之威，俥兜底冷著絕殺，紅也勝。

此局雙方開戰就聽到了紅雙炮齊鳴聲響，紅平左炮壓馬用冷門戰術，令黑方長考後亮右直車出戰。步入中局後，紅進右傌送中兵超凡脫俗、保持先手，黑右包鎮中、及時兌俥後，退中包不

給紅傌四進六得子機會，雙方殊死爭鬥、互不相讓，令人讚歎不已。但好景不長，當紅在第16回合走俥三平六佔左肋道出擊後，黑卻走包9退1，以後企圖包9平7打俥反擊的敗筆，被紅方抓住戰機，退俥揚邊相、雙傌又馳騁、飛炮炸中包、棄傌退中炮、藉傌俥殺象，最終紅俥傌炮破城。

此盤紅方開戰指導思想明確：大敵當前，要謹慎為上，如不贏則和：戰略準確、戰術得當，一旦得勢、精準打擊，敢打敢拼，注重細節，抽絲剝繭、蠶食淨盡，最後衝刺，全線發力，俥傌炮聯手、笑到最後！

第70局 （四川）李少庚 先勝 （廣東）呂欽

轉五八炮單提傌左橫俥炮打7卒對屏風馬右中象士3路馬

1.炮二平五	馬8進7	2.傌二進三	車9平8
3.俥一平二	馬2進3	4.兵三進一	卒3進1
5.傌八進九	象3進5	6.俥九進一	士4進5
7.俥九平七	馬3進4	8.炮八進四	包8進4

這是2010年10月23日全國象棋個人賽第8輪李少庚與呂欽之間的一場「寧願前進一步去死，也不願後退半步求和而生」的驚險大戰。雙方以五八炮單提傌高左橫俥對屏風馬右中士象3路馬左包封俥互進三兵卒拉開戰幕。黑方補右中象士是20世紀80年代興起的主流戰術，升右馬盤河和進左包封俥則是20世紀90年代中期悄然出現的又一流行戰術，雖屬「古典」武器，但仍經常在各種大型賽事中出現。筆者曾在網戰中應對過卒7進1，兵三進一，象5進7，炮八退一，車1平4，俥七平六！包8進2，炮八平六，車4進4，俥六進四！包8平4，俥二進九！馬7退

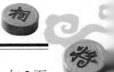

8，炮五進四！象7退5，兵九進一！馬8進7，炮五退一，包2平1，傌九進八，包4退2，傌八進九，包1進3，相三進五，至此，雙方步入無俥車棋戰後，紅炮鎮中、又淨多中兵、陣型穩固，明顯佔優，結果紅方多兵巧勝。

9.炮八平三　卒1進1　　10.俥七平八！…………

平左橫俥追包，紅方拋出了改進後試探型最新的攻擊性佈局「飛刀」！一改2000年全國象棋個人賽上李雪松與聶鐵文之戰中曾走過的兵三進一，象7進9，俥七平六，車1平4，俥六進三，象9進7，傌三進二，包2平4，俥六平五，包8平6，炮五平二，包6平8，炮二平三！包8平6，仕四進五，包6退1！俥二進二，車4進1，後炮平八，車4平2，炮八平六，包4進5，俥二平六，車8進5，俥六進三，車8退2，俥五平四，車8平7，變化下去，雙方子力對等、大體均勢，結果雙方戰和的走法，意欲出奇制勝！

10.…………　包2平1　　11.俥八進三　車8進4
12.炮五平六　包1進4　　13.俥八平六　馬4退3
14.傌三進四…………

紅卸中炮棄邊兵後，立刻平俥驅馬，現又右傌盤河、策傌揚鞭出擊，挑起事端，掀起了精彩激烈的對殺風暴！

14.…………　包8退1　　15.兵三進一！…………

強渡三兵，膽識過人！兌車出擊，激戰「橋頭堡」！

15.…………　包8平4　　16.傌四進二　馬7退9
17.兵三平四！…………

果斷棄中兵、保過河兵，有勇有謀、膽識俱全，好棋！

如兵五進一？包4退4！兵三平四，包4平1，傌二進四，車1平4，仕四進五，車4進5！俥二進八，馬3進4，傌四進三，後

包平7，俥二平三，包1平9！變化下去，雖雙方互有顧忌，但黑子靈活、且多邊卒略好。

　　17.………………　　包1平5　　18.俥二進四　　包4平1

　　19.俥二平五　　車1平4　　20.炮六進四　　包5平4(圖70)

　　21.傌九退七？？？　………………

　　雙方揮俥（車）、飛炮（包）調型佈陣後，在子力已相互牽制、各有顧忌情況下，紅現退左傌捉殺肋包，敗著！錯失先機後陷入困境。同樣躍傌，如圖70所示，宜直接走傌二進四！士5進6，炮三平五！馬3進5，俥五進二！包1平8，傌四進二！以下伏有傌九退七捉肋包、炮六平一炸邊卒和兵四進一欺士後再兵四平三壓住黑左邊馬等多步先手棋，紅勢前景樂觀，強於實戰！

　　21.………………　　卒5進1！　　22.傌二進四　　車4進3！

　　黑方抓住戰機，先挺中卒欺俥，冷箭突發，衝突封鎖線，利刃出鞘、劍拔弩張、漸入佳境！現又大膽棄肋車砍炮，大打出手、落子如飛，攻殺銳利、驍勇善戰、精彩紛呈，令人大飽眼福！

　　23.俥五退一　………………

　　退中俥窺包，可追回失子，明智之舉！如炮三平六？？卒5進1，傌七進六，卒5平4！傌六退四，馬3進2，炮六平一，馬2進3！變化下去，黑淨多過河卒反先。

　　23.………………　　車4進2

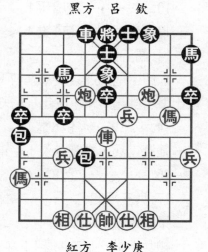

黑方　呂　欽

紅方　李少庚

圖70

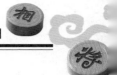

24.俥五平六　卒5進1！　　25.俥六平二　車4進3

26.傌七進八　車4平7！

黑方不失時機，渡中卒護車，連續揮車、驅傌捉炮，跟蹤追擊，意在「圍魏救趙」！搶出左邊馬，為以後爭先奪勢奠定基礎，至此，仍黑勢看好，前景不錯。

27.炮三退一　馬9進7　　28.俥二平六　士5進6！

揚中士頂傌，是一步「運籌帷幄中，決勝千里外」的好棋！勝利的「天平」由此傾向了黑方。如急走包1平4？？傌八進七！馬7進6，傌七退五，車7退3，俥六進一，馬6進4，傌四退三，象5進7，傌五進三，馬4進6，前傌進一，馬3進4，仕四進五，馬4進3！紅雖多相，但雙方子力相等，和勢甚濃。

29.傌八進七　馬7進6　　30.傌七進六　…………

連續進傌、請將上樓，求勝慾望非常強烈，令人擊節稱快！如貪走傌七退五？？士6進5，相三進五，包1進4！演變下去，紅方無趣，黑棋安然無恙，足可抗衡。

30.…………　將5進1　　31.炮三平九　車7退5

32.傌四退六　卒5進1！

挺中卒欺俥，速勝要著！機不可失，時不再來！如貪走車7平4？？炮九平四！車4進1，俥六進二，馬3進4，兵七進一，將5平4，傌六進八，（若傌六退五？包1退1，炮四平六，包1平5，相三進五，卒5平4，相五進三，卒4平3，炮六退三，卒3平4，炮六平一！邊卒被殲後，雙方子力對等，也和勢甚濃。）卒5平4，相三進五，演變下去，雙方子力對等，局勢平穩，贏棋都很困難！

以下殺法是：前傌進七，將5退1，炮九進四，馬3退2，傌七退八，（若俥六退二？包1平5，仕六進五，車7平1，傌七退

八，將5進1，俥六退一，車1退1！演變下去，紅棋難下，可能丟子。）馬2進4，俥六退五，包1平5！

以上雙方精妙絕倫的俥（馬）炮（包）糾纏後，由黑右包鎮中叫帥得子而塵埃落定，以下紅如接走相七進五？馬4進2！炮九退六，車7平4！俥六進三，馬2進4，仕六進五，馬4進2，炮九平八，馬2進3！俥五進七，馬3進2！以下伏有象5進3壓俥後再走馬6退4得子先手棋，黑方多子也勝定；又如紅改走俥五退六？馬4進2，炮九退七，車7平4，俥六進三，馬2進4，變化下去，黑方也多子勝定。

此局雙方開戰就各揮左炮（包）過河出擊：紅炮炸7卒、黑右包平邊路，紅卸中炮窺馬、黑退左包拴俥俥，雙方兌俥（車）、激戰「橋頭堡」後，大家已步入中局搏殺。就在雙方揮俥車、飛炮包調整陣型後，又在子力已相互牽制、各有顧忌形勢下，紅卻在第21回合突然退左邊俥捉拿黑右肋包，令人大跌眼鏡，錯失先機而方寸大亂。黑方抓住戰機，進中卒驅俥、棄肋車殺炮、渡中卒護車、車追俥窺炮、揚中士頂俥、挺中卒欺俥，最終果斷鎮中包叫帥得子入局。

此盤紅方雖在第10回合拋出俥七平八窺包的新探索型佈局「飛刀」，由於走漏而沒一鳴驚人，但其攻殺性能依然可圈可點，而黑方是得勢不讓人、兇狠潑辣、力掃千鈞、敢打敢拼、借殺圍擊、智守前沿、厚積薄發、活躍逞威、驍勇善戰、攻營拔寨、多子擒帥！

三、五八炮對屏風馬
轉紅方進先鋒馬

第71局　（廣西）黃仕清　先負　（北京）王天一

轉五八炮雙橫俥卸中炮對屏風馬右中象7路馬士角包

1.炮二平五　馬8進7　　2.傌二進三　車9平8
3.兵七進一　卒7進1　　4.傌八進七　馬2進3
5.俥一進一　…………

這是2013年7月10日全國象甲聯賽第12輪黃仕清與王天一之間的一場龍虎爭鬥。雙方以中炮右橫俥對屏風馬左直車互進七兵卒拉開戰幕。紅高右橫俥出擊，旨在佔據肋道來控制黑躍盤河馬。如炮八進二，象3進5，（另有象7進5、馬7進8等不同攻守變化的走法。）俥一平二，（若兵三進一？卒7進1，炮八平三，馬7進8！俥九平八，車1平2，俥八進六，車8進1，兵五進一，車8平6！變化下去，紅反難以展開攻勢。）車1平3，（另有包2進2、包8進2、卒3進1等各路不同著法。）俥九進二，包2進2，（若包2退1，俥二進六，包8平9，俥二平三，車8進2，傌七進六，包2平7，俥三平四，以下黑方有車3平2和卒7進1兩路變化結果，前者為紅方佔優、後者為雙方對攻、

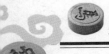

互有機會、優劣難斷的不同走法。），俥二進六，以下黑方有包8平9和包2平4兩種變化結果，前者為雙方和勢甚濃、後者為紅反佔先的不同下法。

5.………… 象3進5

補右中象固防，靜觀其變，有穩守反擊之意，屬改進後當今棋壇流行變例。筆者曾應過士4進5，（若象7進5，以下紅有5路變化：①俥七進六，結果雙方各有利弊；②兵五進一，結果雙方平分秋色；③俥一平六，結果雙方對峙；④俥一平四，結果黑方多卒略先；⑤炮八平九，結果紅方略先。）俥一平六控制住將門，以下黑方有兩種選擇：①馬7進6？俥六進四，包8進2，兵三進一，象3進5，兵七進一，卒3進1，俥六退二！象5進7，兵七進一！紅方佔先，結果紅勝；②象3進5？炮八平九，車1平2，俥九平八，包2進4，（若包8平9？俥八進六，包2平1，俥八平七，車2進2，俥七進六，紅勢順暢。）俥六進二，包2進2，炮九平八，包2平7，兵五進一，馬7進6，炮八進五，包7退2，相三進一，包8平6，兵五進一，卒5進1，俥六進二！變化下去，紅子位靈活反先，結果紅勝。

6.俥一平六 …………

至此，雙方走成五八炮右橫俥佔左肋道對屏風馬左直車右中象互進七兵卒陣勢。紅右橫車佔據左肋道，一改以往俥一平四嚴控黑馬7進6盤河動向，意欲儘快聚集主要兵力於左翼，對黑方右翼施加壓力，收到出奇制勝的實戰效果。如俥一平四，士4進5，炮八平九，包2進4，（若車1平2，俥九平八，包2進4，俥七進六，包8進4，兵七進一，包2平7，俥八進九，馬3退2，相三進一，車8進5，俥六進七！紅仍先手。）以下紅有兩變：

①俥九平八，以下黑有包2平7和包2平3兩種變化結果，前

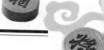

者為紅勢漸好、後者為紅俥換馬包後保持先手攻勢的不同走法；

　　②兵五進一，以下黑方有三種變化：（甲）車1平4，結果紅對黑右翼構成威脅；（乙）車1平2，結果紅方略先；（丙）包8進4，結果紅雖殘仕相，但多子得勢、略佔上風。

　　6.………… 馬7進6

　　左馬盤河出擊，是黑方既定方針，旨在不給紅左傌盤河反擊機會，一改以往包8平9，傌七進六，士4進5，俥九進一，包2進4，俥六進二，車1平4，俥九平六！以下伏有傌六進七踩卒邀兌車的先手棋，紅優的著法，意欲出奇制勝。

　　7.炮八進一 …………

　　高左炮護三兵，阻止黑7路馬過河出擊，著法主動積極。如傌七進六，馬6進4，（若馬6進7，炮八平七，包2退1，傌六進五，馬3進5，炮五進四，包2平5，炮五進二，士4進5，俥九平八，包8平7，雙方子力對等、大體均勢。）俥六進三，包8平6！炮八平七，車8進6，變化下去，黑方易走、略先。

　　7.………… 包8平6！

　　平包亮車出擊，屬改進後流行變例。以往網戰中多走包2進2，（若士4進5？俥六平四，包8進2，炮八平七，車1平2，兵三進一，馬6進7，兵三進一，馬7進5，相七進五，象5進7，傌三進四，包8進3，俥四進一，包2進5，傌四進六！馬3退4，炮七進三！變化下去，紅子靈活、多兵佔優，結果紅勝。）炮八平七，包8平7，俥九平八，車1平2，兵七進一，（若炮七進三？馬6進7！演變下去，黑方易走。）象5進3，炮七進三，士6進5，傌七進六，馬6進4，俥六進三，象3退5，變化下去，雙方對峙。

　　8.傌七進六 …………

左傌盤河邀兌出擊，不給黑7路馬過河發威機會，穩正。如傌六進四？馬6退7，變化下去，紅反無趣。

　　8.………… 馬6進4　　9.傌六進三　車8進8（圖71）

　　雙方兌去盤河傌馬後，黑左直車點紅右翼下二路，直插紅右底相腰，果斷有力！是一步力爭反先奪優的好棋。

　　10.傌九進二？？？？ …………

　　高左橫傌於左邊相台，意欲伺機平六路連雙肋傌出擊，敗著！導致由此丟左底相後速落下風。如圖71所示，宜走炮五平六先調整棋型，鞏固自己陣營，不給黑左車右移出擊對搏機會為上策，黑如接走士4進5，仕六進五，包2退2，相七進五，包2平3，傌九平八，卒1進1，兵三進一，卒1進1，炮六平九，車1平2，兵九進一！車2進4，變化下去，雖雙方對峙，但紅多兵稍好，強於實戰。

　　10.………… 車8平3

　　11.炮五平七？　車3進1！

　　黑方不失時機，左車右移直逼底相，大開殺戒。而紅卸中炮、貪卒窺打車，劣著！造成丟相失勢，陷入困境。宜徑走傌九退二保底相、委曲求全為上策，變化下去，紅足可抗衡。

黑抓住戰機，沉車砍相，由此步入反擊佳境。

以下殺法是：炮七進四，車3平2，炮八平七，士4進5，仕四進五，包2平1，兵三進一，

黑方　王天一

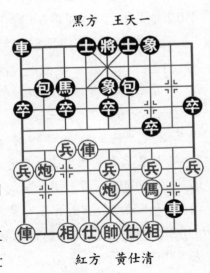

紅方　黃仕清

圖71

車2退5，相三進五，卒7進1，俥六平三，卒9進1，後炮退三，車1平2，俥三平六，前車平7，傌三進四，車2進6，後炮進三，車7平6，傌四退三，（若傌四進六？馬3退4！演變下去，紅無進攻線路，黑反先。）卒1進1！俥九平六，車2退2，後炮退三，包1進4！前俥退一，包1退1，後俥平七，車6平7，兵七進一，車2進1，傌三退一，包6平8！相五進三，（棄相無奈，以通俥路來掩護右翼。）車2平7！俥六退一，象5進3！俥六平三，象7進5，俥三進二，車7進1，俥七平三，車7平8！傌一退三，包1進1，傌三進四，包1平9！俥三進二，車8進4！仕五退四，包9進3！帥五進一，車8退2，俥三平四，車8平7，後炮進一，車7退1，兵五進一，馬3進1，傌四進三，卒1進1，傌三進二，馬1進2，帥五平四，馬2退4！俥四退二，包9退1！仕四進五，馬4進5，俥四平五，馬5進7！黑不失時機，挺邊卒活馬、又棄邊包出擊，現連續進馬叫帥、入釣魚臺，形成了黑車馬包三子歸邊殺勢，紅方只能束手待斃了。以下紅如續走仕五進六，馬7進8！帥四平五，車7進2！帥五退一，包9進1！黑方連續進馬、伸車、沉包叫帥，一氣呵成，黑勝。

　　此局雙方開戰就爭奪激烈，紅高右橫俥佔左肋道出擊，直接對黑右翼施加壓力，想收到出奇制勝效果；而黑方補右中象、躍7路馬、平左包亮車，按既定方針、穩紮穩打應戰，效果不錯。雙方剛要進入中局，黑方兌去盤河左馬後，將左直車直插紅右翼下二線時，紅方卻在第10回合走了俥九進二敗著、在第11回合又急卸中炮走了炮五平七劣著後，被黑方抓住機會，車砍底相、平車追炮、挺卒活馬、邊包炸兵、車掃三相、中象飛兵、兌車爭先、包炸右兵沉底、退車捉傌讓路、躍出邊馬叫帥、馬入釣魚臺殺、車馬包殺勢一氣呵成！此盤佈局應有套路，如要改動須謹

慎，穩紮穩打是前提，一旦受困，須委曲求全來確保不敗，一味求拼反難成事。把握宏觀要注重細節，「一著不慎，全盤皆輸」的教訓是非常深刻的。

第72局 （開平）譚琳琳 先勝 （湖北）柳大華

轉五八炮過河俥先鋒傌左橫俥對屏風馬7路馬高右橫車

1.炮二平五	馬8進7	2.傌二進三	車9平8
3.俥一平二	馬2進3	4.兵七進一	卒7進1
5.俥二進六	馬7進6		

這是2013年2月中旬春節開平市「農信杯」中國象棋特級大師柳大華1對18象棋車輪對眾大賽上譚琳琳與柳大華之間的一場生死決鬥。雙方以中炮過河俥對屏風馬右橫車互進七兵卒、先鋒馬（七路馬）拉開戰幕。黑進左馬盤河陣法曾一度作為抵禦中炮過河俥的主流變例之一，在流行的數十年間，先後引發出無數精彩紛呈的經典之戰、精彩之戰和教訓之戰。此戰是如何成為教訓之戰，讓我們拭目以待，靜心欣賞下去。

6.傌八進七 車1進1

高右橫車的出擊，靈活多變之招：可平2路、可佔4路、更可連成「霸王車」發威，故在近兩年的全國性大賽中常有出現，並取得了不俗而可觀的實戰效果。另提供兩變作參考：

①卒7進1，俥二平四，馬6進8，以下紅有傌三退五和先棄後取的兵三進一兩路變化結果，前者為紅多子、黑佔勢、互有顧忌，後者為雙方互纏、各有千秋的不同攻守變化的走法；

②象3進5，炮八平九，車1平2，俥九平八，卒7進1，俥二平四，馬6進8，傌三退五，卒7進1，傌七進六，包8平9，

雙方另有一番攻守爭鬥。

　　7.俥二平四　‧‧‧‧‧‧‧‧‧‧‧

　　平肋俥捉包，屬改進後穩健走法，為配合七路傌出擊作先前準備。另一路激烈下法是兵五進一，卒7進1，俥二平四，卒7進1，兵五進一，卒7進1，兵五進一，士4進5，俥四退一，車1平4，以下紅有兩變：①在2012年7月首屆「武工杯」大武漢職工象棋邀請賽上王天一與洪智之戰中曾走仕六進五，結果黑方攻勢猛烈、最終黑勝；②兵五平四，包8平5，仕六進五，以下黑有兩路變化：（甲）在2011年第二屆全國智力運動會象棋賽男子個人快棋賽上申鵬與謝業？之戰中曾走車4進5，結果紅方佔優而最終獲勝；（乙）在2012年第4屆「句容‧茅山杯」全國象棋冠軍邀請賽上孫勇征與蔣川之戰中改走車8進6，結果黑多卒佔優，但最終雙方弈和。

　　7.‧‧‧‧‧‧‧‧‧‧‧　馬6進7　　8.傌七進六　‧‧‧‧‧‧‧‧‧‧‧

　　紅也左傌盤河、急進先鋒傌出擊，積極進取、著法主動。在2011年首屆「周莊杯」海峽兩岸象棋大師賽上孫勇征與聶鐵文之戰中曾走穩健的炮八進一，結果紅方稍好、最終下和。

　　8.‧‧‧‧‧‧‧‧‧‧‧　馬7進5

　　馬踩中炮邀兌，屬改進後流行變例。另有三變僅作參考：

　　①車8進1，以下紅有3變：（甲）傌六進五，馬7進5，以下紅有兩變：（A）在2010年全國象棋個人賽上唐丹與陳麗淳之戰中曾走相七進五，結果雙方均勢而戰和；（B）在2011年第2屆全國智力運動會象棋專業男子團體賽上聶鐵文與梁焜佳之戰中改走相三進五，結果紅方大優而獲勝；（乙）炮八平七，以下黑有兩變：（A）在2011年重慶棋友會所「賀歲杯」象棋個人賽上孫浩宇與呂道明之戰中曾走象7進5，結果紅方大優獲勝；（B）

在2011年全國象甲聯賽第3輪程進超與黃竹風之戰中改走車1平4，結果也是紅勝；（丙）炮五平四，包8平7，（屬改進後走法。在2012年國弈大典之決戰名山象棋系列賽上蔣川與洪智之戰中曾走士4進5，結果紅多子獲勝。）以下紅方走法主要有兩變：（A）在2013年河南民權縣「文華杯」象棋公開賽上武俊強與程鳴之戰中曾走炮八平七，結果雙方互纏而戰和；（B）在2013年首屆「財神杯」全國電視象棋快棋邀請賽上許銀川與洪智之戰中改走仕六進五，結果紅方多子大優而獲勝。

②車1平4，以下紅方主要有3變：（甲）在1998年全國象棋個人賽上李剛與王曉華之戰中曾走傌六進七，結果黑多子獲勝；（乙）在2010年全國象棋個人賽上張婷婷與趙冠芳之戰中改走了炮八進二，結果黑方稍好，但最終雙方弈和；（丙）傌六進五，以下黑有兩變：（A）在2011年重慶象棋個人排位賽上趙國華與張若愚之戰中曾走馬3進5，結果黑方獲勝；（B）在2011年全國青年象棋錦標賽上劉泉與雷鵬之戰中改走象7進5，結果紅勝。

③卒7進1，傌六進五，馬7進5，相七進五，馬3進5，俥四平五，以下黑有三變：（甲）在2013年晉江市第4屆「張瑞圖杯」象棋個人公開賽上李進與程鳴之戰中改走車1平5，結果黑方佔優而獲勝；（乙）筆者在2012年5月27日網戰上曾走過包8平5，結果雙方均勢而下和；（丙）筆者在2013年5月網戰上應對過象7進5，紅方有兩變俥五平三和相五進三，結果均為紅優而獲勝。

9.相七進五　車1平4

平右肋車追殺紅先鋒傌，屬改進後流行變例，一改在2012年第2屆「辛集國際皮革城杯」象棋公開賽上侯文博與程鳴之戰

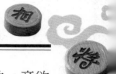

中曾走車8進1成「霸王車」陣勢，結果雙方戰和的著法，意欲出奇制勝。

　　10.傌六進七　…………

　　傌踩3卒，先拿實惠，屬改進後的流行走法。在2011年重慶棋友會所「賀歲杯」象棋個人賽上陳政與王天一之戰中曾走炮八進二？結果黑反多卒佔優，最終黑勝。

　　10.…………　車4進6　　11.俥九進二　…………

　　高左橫俥護炮，創新之變，但實戰效果還有待於檢驗。另有兩變可作參考：①在2011第3屆「句容·茅山碧桂園杯」全國象棋冠軍邀請賽上唐丹與金海英之戰中曾走炮八進二，結果雙方局勢平穩而戰和。②炮八進四，以下黑有兩變：（甲）在2012年第5屆「楊官璘杯」全國象棋公開賽海外組中國香港黃樹楷與越南陳慧瑩之戰中曾走車4平2，結果紅方稍好，但最終雙方走和；（乙）在2013年第3屆「同峰杯」象棋大賽上李炳賢與徐崇峰之戰中改走了卒7進1，結果黑成反先之勢，但最終雙方還是弈和。

　　11.…………　車4平3　　12.仕六進五？…………

　　補左中仕固守，空著，易遭被動。宜俥四平三！象7進5，俥三平二可牽制黑左翼車包，變化下去，可限制黑方大子的出動速度，優於實戰，仍持先手。

　　12.…………　車8進1　　13.傌七退六　車3退1

　　14.俥九退二？？…………

　　左俥退底線，劣著，過於保守、消極抗衡，易導致始終受黑方牽制。其實在棋戰中，往往「進攻是最好的防守。」宜傌六進五，馬3進4，（若馬3進5，俥四平五，象7進5，炮八進四，包8平7，俥五平三！變化下去，紅多兵且兵種全佔先。）俥四

進二，車8平6，傌五進四！象3進5，傌四退二，包2平8，炮八進七，象5退3，俥九平六，馬4退3，炮八平九，士6進5，演變下去，紅仍多兵佔先。

14.…………	車8平4	15.俥九平六	象7進5
16.傌六進五	車4進8	17.仕五退六	馬3進4
18.俥四平二	馬4進2	19.炮八進五	包8平2
20.傌五進七	馬2進1	21.俥二平八	馬1進3
22.帥五進一	包2平1	23.傌七退六	車3平4
24.傌三進四	車4進3！	25.傌六進四	士6進5？？

黑方不失時機，平車追傌、補中象固防、兌車爭先、策馬欺俥、躍馬兌炮、馬入邊陲、進馬叫帥、右包平邊、揮車捉傌、進車砍仕，一整套車馬包組合戰術，令紅方措手不及、顧此失彼、防不勝防，黑一發不可收的攻勢，使紅方都喘不過氣來，而現補左中士劣著，正好給紅方一個機會。同樣補中士，宜士4進5！不給紅俥傌冷著的攻殺機會，以下紅如接走前傌進三？？將5平4！帥五平四，（若俥八退一？？？車4退1，帥五退一，車4平6絕殺，黑速勝。）象5退7，俥八進一，包1進4！俥八退二，包1進2，仕四進五，車4退7，俥八平六，車4進2，傌四進六，馬3退5，帥四進一，馬5進3，仕五退六，卒7進1！變化下去，黑多士象、兵種全，勝利在望！

26.前傌進三		將5平6
27.俥八平四		士5進6
28.帥五平四（圖72）		士4進5？？？

紅方抓住機會，進傌叫將、平俥催殺、出帥護仕，立刻反先！令黑方進退維谷，只好背水一戰了。

黑現急補右中士聯防，敗著！將已到手的大好江山拱手讓給

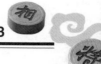

了紅方。如圖72所示，宜車4退1！！仕四進五，包1退1，俥四進一，包1平6！傌三退一，士4進5，俥四退一，車4退3！仕五進四，包6進1！傌一進三，馬3退5！帥四平五，馬5進3，傌四進三，車4平8！帥五平六，車8進3，帥六退一，卒7進1！演變下去，紅雙傌呆滯、動彈不得，7路卒可長驅直入、直逼九宮，黑方大優，強於實戰。

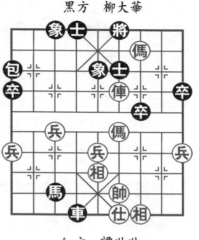

黑方　柳大華

紅方　譚琳琳

圖72

　　以下殺法是：俥四平一！象5退7，俥一進三，象3進5，傌三退五！包1退2，傌五進七！包1平2，傌四進五！車4退1，帥四進一，紅方抓住戰機，藉俥之威，雙傌馳騁、嚴控黑將，以下黑如接走車4退7？？？傌五進六！得車紅勝；又如改走包2進2？？？俥一平三也絕殺，紅勝。

　　此局雙方開戰互挺七兵卒後，就均進七路傌試圖爭先奪勢。黑進先鋒馬後由右橫車佔右肋道掩護，紅進七路傌後，卻遭到中炮被踩，這是一改車8進1、車1平4和卒7進1後的新變例之一，旨在搏殺中爭搶先手。然而在雙方步入中局後不久，紅方首先在第12回合補左中仕空著、在第14回合走俥九退二又消極抵禦、受牽被動，黑方不失時機，補中象、兌車、躍馬、平包、揮車砍仕、勝利在望。可好景不長，在第25回合竟補錯中士，令人大跌眼鏡、錯失勝機，到了第28回合還是錯補中士，將已「煮熟的鴨子」給飛走了！被紅方死裡逃生地「揀到了皮夾

子」，險象環生地伸掃邊卒、沉伸窺象、傌踏中象、策傌捉包、雙傌馳騁、嚴控黑將，最終還是紅伸傌冷著、聯手出擊、破城擒將、克敵制勝。

此盤黑方跳出先鋒馬踩中炮新變成立，但晚節不保、走漏致敗、非常可惜！而紅方走漏後全靠黑方拱手相讓了大好河山後，不負眾望地抓住戰機，不急不躁、穩紮穩打、借殺圍擊、伸傌冷著，摧城擒將，成就了死裡逃生的少見殺局！

第73局　（臺灣）馬仲威　先負　（四川）孫浩宇

轉先鋒傌五七炮轉五六炮對屏風馬左包巡河互兌七兵3卒

1.炮二平五　馬8進7　　　2.傌二進三　卒7進1
3.伸一平二　包8進2!

這是2013年2月19日晉江市第4屆「張瑞圖杯」象棋個人公開賽第8輪馬仲威與孫浩宇之間的一場精彩格鬥。紅鎮右中炮跳右正傌，黑應左正馬挺7卒後，不先開出左車，而是先伸左包巡河，伺機邀兌3卒七兵後右移出擊，屬冷門開局走法，其意欲謀求變化，刻意要出奇制勝，在國內大型賽事上不多見。而此路巡河包應法，卻是孫大師經常用的著法，展現出他別具一格、富有創造力的棋風。

4.傌八進七　馬2進3

至此，形成中炮七路傌右直伸對屏風馬進7卒左包巡河的冷僻佈陣。筆者在2014年2月春節網戰中應對過兵七進一這路變化，黑接走象3進5，傌八進七，馬2進4！伸九進一，卒3進1，伸九平六，車9進1，炮八進三，（若伸二進四，車1平3，相七進九，卒3進1：①相九進七？馬4進3，伸六進六，包2平3，

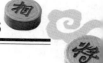

炮八進四，馬3進5，演變下去，黑大子佔位靈活，開始反先；②俥二平七？車3進5，相九進七，馬4進3，俥六進五，車9平3，俥六進一，包2平3，變化下去，紅七路傌相受牽，黑勢開朗、易走，趨於反先。）

　　包2平3，俥六進六，車1平3！炮八平三，象5進7，俥六平三，象5退7！俥三退三，包8平7！傌七退五，卒3進1！俥三平七，車9平6，兵三進一，包7進3！炮五平七，象5進3，俥七進一，馬4進2！俥七退一，包3進5！俥七進五，馬2退3！傌五進七，包7平4，黑多子得勢而獲勝。

　　5.兵七進一　　包2退1　　　6.俥二進一　…………

　　高起右直俥，伺機左移出擊，屬流行走法。如俥二進四，象7進5，俥九進一，包2平7！以下伏有車1平2和卒7進1，兵三進一，包8平1兩步變化下去，均為黑勢樂觀、易走的先手棋。

　　6.…………　　卒3進1

　　及時兌卒，既發揮左巡河包兌子後的出擊優勢，又及時解決右馬受困的弱點，讓黑勢開朗、易走，體現出黑方對此佈局有自己獨特而深刻理解的體會。其實，據瞭解，此佈陣還是苗永鵬特級大師的拿手好戲呢！

　　7.兵七進一　　包8平3！　　　8.傌七進六　　象3進5
　　9.炮八平七　　馬3進4　　　10.俥九平八　　包2平4
　　11.炮七平六　　包4進4　　　12.炮六進三　　士4進5
　　13.俥二平六？？　…………

　　當雙方及時邀兌3卒七兵後，紅急進先鋒傌，仍屬穩健的五八炮先鋒傌陣勢，然而轉手一變，成了五七炮、五六炮，又及時邀兌紅七路傌和黑3路馬後，其實黑方已趁勢補上右中士象，且左包右移也穩據3路象台，已初見反先端倪了；而此刻，紅方卻

主動而大膽地平俥追殺右肋包而放棄了二路要線，讓黑左車可及時而順利出擊是絕不應該的，還營造出彆扭的佈局陣型，以後肯定是吃虧的，劣著！宜炮五平六！包4進1，相三進五，暫時不給黑左車出擊機會和進一步鞏固自己中路，變化下去，強於實戰，紅勢開朗、易走，仍持先手。

13.………… 馬7進6?(圖73)

現進先鋒馬，過急，反給紅有喘息反先機會，漏著！宜包4平8！易使陣型堅固，有反先之意，紅如接走俥六平二，（若俥六進三??則車9平8！演變下去，黑方易走、紅反無趣。）車9平8，兵三進一，包8進1，俥八進四，包8平7！俥二退一，車1平4，俥八平六，車8進9，傌三退二，包7平1，兵三進一，包3平7，傌二進三，卒1進1！變化下去，黑勢開朗、多邊卒反先，強於實戰。

14.炮六進三??? …………

左肋炮塞象腰，敗筆！導致紅勢由此被動，易陷入困境。同樣揮炮，如圖73所示，宜炮五進四！車1平4，兵五進一！（佳著！這步是雙方均忽略的好棋。）車9平8，炮五退一！車8進5，炮六平四！包3平6，俥六平五！變化下去，紅多中兵且兵種全，仍持先手，強於實戰。

14.………… 車9平8

15.俥六平八 …………

雙俥成線、集結子力，準備

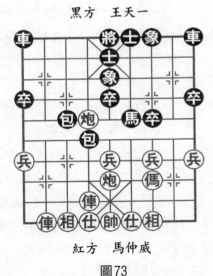

黑方　王天一

紅方　馬仲威

圖73

強行對黑右翼發動攻勢，但似慢了半拍，作用不大。

　　15.…………　　包3平5　　　16.前俥進三　　包5進3

　　17.相七進五　　車1進1??

　　進右橫車捉炮，空著，多此一舉。同樣進車宜徑走車8進7！傌三退五，（若前俥進一？則馬6進7！黑反多卒易走。）士5退4！傌五進七，包4退3，傌七進六，馬6進4，前俥平六，士6進5，變化下去，黑陣型堅固、易走，仍持先手。

　　18.炮六平八　　車8進7　　19.前俥平七??　　…………

　　前俥站相台，劣著！白送一傌後，由此一蹶不振。宜走傌三退五，馬6進7，傌五進七，（若前俥平六???馬7進8！俥六平四，馬8退6！叫殺，紅要丟俥，黑勢反先。）包4退5！炮八進一，象5退3，以下不管紅方是否兌炮，雙方基本均勢，優於實戰，一時不會丟子落敗。

　　19.…………　　車8平7！　　20.炮八進一　　　車1退1

　　21.俥八進八　　車7退1　　　22.兵五進一??　　…………

　　黑方抓住戰機，左車砍傌殺兵、右車退守窺炮，大佔優勢。紅現逃中兵，壞棋！錯失最後一次抗衡機會。仍宜按既定方案徑走俥七進五！包4退5，俥八平六！車1平2，俥七平八，車7平5，俥八退三，變化下去，雖仍黑多卒佔優，但紅尚可頑抗一陣，強於實戰，一時勝負難斷。

　　以下殺法是：車7平4，仕六進五，馬6進7，俥七進五，包4退5，俥七退三，包4進3！俥七退二，馬7進6，相三進一，馬6退8！仕五進四，馬8進9，俥七進五，包4退3，俥七退八，象5退3，俥七進八，馬9退7，（宜車4進2！攻殺力度更為嚴厲。）帥五進一，車4平1！俥八平六，後車平2！俥七平八，馬7退9！（紅竭盡全力追回失子後，仍無法挽救被黑強大攻勢殺兵破

相後的頹勢，黑已勝定。）俥六平八，車1平8，後俥退七，車8平6，前俥退六，車6進1！相五退三，馬9進7，後俥進一，車6進2！後俥平三，車6平7！俥八平三！車7平5！帥五平四，馬7進9，後俥退二，車5退4！（大膽棄馬、智勇雙全，算準黑可完勝。）後俥平一，車5平6，帥四平五，包4進2，俥三平六，車6平5，帥五平四，包4平5，俥六平四，包5平6，俥四平六，（若俥四平二？？？包6退1！俥二進五，車5平6！帥四平五，士5進4，俥一進二，包6平5！帥五平六，將5平4！俥一平二，車6進3，帥六退一，車6平5！後俥平六，包5平4！俥二平六，將4進1，俥六進五，將4平5，至此，紅無仕相，黑淨多三個高卒完勝。）包6退1！以下紅只有走俥一進二，士5進6！俥一平四，包6進6！黑棄包炸俥後，淨多三高卒勝。

此局雙方開戰就聞炮聲，黑走左包巡河冷門開局，刻意要出奇制勝。雙方邀兌3卒七兵後，在黑方初見反先端倪時，紅方卻在步入中局後的第13回合平右俥捉包、主動放棄紅二路要線。以後黑進先鋒馬走漏後，紅卻在第14回合進左肋炮堵象眼，錯上加錯，錯失先機地陷入困境。此後黑雖在第17回合高右橫車欺炮走空著，紅方還是在第19回合走了前俥站相臺地白送一俥，在第22回合竟然還有時間狂逃中兵，錯失最後良機，被黑方抓住機會，車馬冷著、棄象引俥、回馬逼帥、車殺兵催殺、棄車殺炮、馬踩邊相、右車左移、車砍仕相、棄馬掃兵、車包聯手、逼俥換包，最終多三個高卒完勝紅方。

此盤雙方佈陣起就爭先奪勢、努力爭勝，展示出雙方較高的競技水準。惜乎步入中盤後，紅方四次錯失良機、錯誤估計局勢而強行棄子，被黑方抽絲剝繭、殘仕剝相、蠶食淨盡，最後令紅方捉襟見肘、難逃滅頂之災！

第74局　（黑龍江）陶漢明　先勝　（湖南）嚴峻

轉五八炮右橫俥先鋒傌轉五九炮對屏風馬右中象士貼將車

1.炮二平五　馬8進7　　2.傌二進三　車9平8

3.兵七進一　卒7進1　　4.傌八進七　馬2進3

5.俥一進一　象3進5　　6.傌七進六　…………

這是2013年7月31日全國象甲聯賽第15輪陶漢明與嚴峻之間的一場精彩搏殺。陶漢明在2013年全國象甲聯賽上狀態甚佳，前14輪淨賺5盤，現面對在2013年不久剛結束的一級棋士賽上奪冠後晉升為象棋大師、信心滿滿的嚴峻，雙方均有全力爭勝和志在必得之意。雙方以中炮右橫俥先鋒傌對屏風馬右中象互進七兵卒拉開戰幕。黑先補右中象固守，因勢而謀、隨事而變，有穩守反擊之意。如包2進4，（若士4進5或走象7進5，可參閱本書「黃仕清先負王天一」之戰中第5回合注解。）兵五進一，象3進5，（若士4進5，俥一平四，以下黑有包8進4和馬7進8兩路變化結果前者為紅方得勢、後者為紅反先手的不同走法。）俥一平四，以下黑有三種變化：

①包8平9，以下紅有俥四進二和傌三進五兩路變化結果均為紅勢略優、易走的不同下法；

②炮8進4，以下紅有俥四進三和炮八平九兩種變化結果，前者為雙方勢均力敵、後者為紅勢略先的不同弈法；

③士4進5，俥四進二，包2退2，炮八平九，（若兵九進一？包8平9，俥九進三，車8進8，變化下黑反奪先手。）車1平2，俥九平八，包8平9，（若包8進4？俥四進五，包2退3，俥四退四，包2進5，仕六進五，車8進3，兵九進一，卒9進

1，俥八進二，紅左俥生根後，以下伏有兵三進一兌7卒先手棋，紅方仍持先手。）以下紅方主要有俥八進三、俥八進四和兵九進一3種變化結果，前者為黑方佔優、中者為黑勢略先、後者為雙方平穩的不同著法。

紅急進先鋒俥，伺機踩3卒出擊，屬當今棋壇主流變化之一。如俥一平四形成正統的中炮橫俥七路俥（先鋒俥）陣式，以下黑有兩變：

①包8進2，以下紅有兵五進一、俥七進六和炮八平九3種變化結果，前者為雙方明爭暗鬥、步入冷戰，中者為雙方形成互相牽制的膠著狀態，後者為紅雖殘相，但子位靈活，且多兵佔優的不同弈法；

②包8平9，以下紅有4種變化：（甲）俥四進三、士4進5，炮八平九，以下黑有車1平2和包2進4兩路變化結果，前者為雙方應對精細縝密成均勢、後者為紅穩步推進、形勢較為有利的不同走法；（乙）兵五進一，士4進5，兵九進一，（若炮八平九，車8進6，俥九平八，車1平2，變化下去，雙方對搶先手。）以下黑有包2平1、車8進6、卒3進1、卒7進1、馬7進8五路變化結果，前者為黑化紅攻勢後局勢趨向平穩、中一者為紅各子佔據要點後進取機會較多、中二者為紅反擴先、中三者為紅方稍好、後者為紅多兵佔優的不同著法；（丙）炮八平九，包2進4，以下紅有俥九平八和兵五進一兩種變化結果，前者為紅較有攻勢、後者為黑方巧妙棄子反奪先手的不同弈法；（丁）炮八進二，士4進5，（若馬7進8，以下紅有炮五平六紅勢稍好和俥四平二雙方機會均等兩路不同下法。）炮五平六（若先俥七進六，車8進6，炮五平六，車8平7，相七進五，包9進4！黑方打通兵行線後，取得了均勢。）馬7進8，（若卒3進1，兵七進

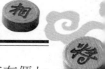

一，象5進3，炮八平七，變化下去雙方平穩。）以下紅有傌七進六、相七進五、俥四平二3路變化結果，前者為雙方平分秋色，中者為雙方互纏、勢均力敵，後者為紅方不失時機聚集重兵力攻擊黑方側翼，取得明顯優勢的不同下法。

6.………… 士4進5

補右中士固防，穩重正著，同時也為右車出擊讓出了通道。如包2進4，以下紅有3變：①在2008年全國象棋個人賽上武俊強與卜鳳波之戰中曾走炮五平七，結果紅子位靈活且多底相、兵種全佔優而最終獲勝；②在2008年全國象甲聯賽上黃仕清與潘振波之戰中走過相三進一，結果紅雖有過河兵參戰，但黑淨多雙卒，下伏車1平4的得子手段佔優而最終獲勝；③在2013年2月春節網戰中，筆者曾應對過兵七進一？包2平7！兵七進一，包7進3！仕四進五，包8進7，傌三退二，車8進9！俥九進一，車1平2，炮八平七，車2進5！俥九平六，包7平4，仕五退四，包4平6，俥一平四，包6平3！帥五進一，車2進4！炮七進五，包3平5！炮五平七，包5退3！帥五進一，馬7進8！黑包破仕殘相後，形成雙車馬包聯手攻勢，結果黑方完勝。

7.俥一平七 車1平4

右橫車左移到七路，企圖對黑薄弱右翼施加壓力，但從實戰看，此著效果不好。另有兩變作參考：

①在2009年全國象棋個人賽上黃仕清與閻文清之戰中曾走炮五平七，結果黑方多子佔優而最終獲勝；

②在2009年「蔡倫竹海杯」全國象棋精英賽上孫浩宇與鄭一泓之戰中改走俥九進一！士4進5，（在2009年全國象棋個人賽上黨斐與王晟之戰中曾走包8平9，結果紅方佔優而獲勝。）俥一進一，結果紅大優而最終獲勝。

黑亮出右貼將車出擊，屬改進後流行變例。如包8平9？炮五平六！卒7進1，兵三進一，包2進3，兵七進一，卒3進1，兵三進一！卒5進1，炮八平七！以下伏有炮七進五、兵三進一和俥九平八3步先手棋，紅方佔優。

8.傌六進七　馬7進6！

黑車驅走紅先鋒傌後，黑現進7路馬反擊，一改在2009年全國象棋個人賽上呂欽與劉昱之戰中曾走過包8進5？炮八進二，包8平5，相七進五，包2退2，傌七進九，車8進7，炮八退二，馬7進6，兵七進一！馬6進4，兵七進一！馬3退1，俥七進三！變化下去，紅多過河兵參戰大優，結果紅勝的走法，意欲出奇制勝。

　9.炮八平九　包2進5　　10.俥九平八　包2平7

11.炮九平三　包8進4　　12.兵五進一？…………

黑雙包齊鳴：先兌傌、現窺兵，取得了子位靈活的反先局面。然而，紅現衝逃中兵，較為勉強，宜炮三退一，以下不管黑走包8平5或走馬6進5，紅均可走炮三平五抗衡，而且這兩路變化結果都要優於實戰，很有反彈力量！

12.…………　　包8平1　　13.俥七平四　馬6進5

14.炮三平一？？…………

右炮平右相台，漏著，正中下懷，導致被動。同樣平炮，宜徑走炮三平四更有利於防守，不給黑進左直車切斷紅右翼左右子力聯絡的進攻機會。

14.…………　車8進7！　　15.仕四進五？…………

黑方不失時機，果斷伸左直車立刻切斷紅方左右子力的聯繫，令紅陣型出現了問題。

紅補右中仕固防，沒有及時找到在劣勢情況下的頑強應手。

宜走俥七進九！包1退4，俥八進七！雙方兌子後，不給黑右包沉底進攻的機會，紅可抗衡，好於實戰。

15.………… 馬5進3！ 16.俥八進三 包1進3！

17.俥四進七（圖74） 前馬進5？？？

紅見勢不妙，先進肋俥騙一招。頑強應法是炮五平六，車8平7，俥四退一，變化下去，雖仍黑優，但紅可抵禦，好於實戰。

黑馬挖中仕，敗筆！錯失勝機，由此陷入困境。如圖74所示，宜車4進8！俥七進五，車8進1！藉馬包之威，黑雙車果斷直插雙方薄弱的下二線作殺，令紅方措手不及、顧此失彼，厄運難逃，以下紅如接走俥五進七，將5平4，俥八平六，（若炮五平六？？？車8平5！帥五平四，車4進1！黑方捷足先登擒帥獲勝。）車4退2！炮五平六，車4平5，炮一平五，車8進1，俥四退八，馬3進2！仕五進四，包1平3，仕六進五，包3平6！至此，紅雙俥被殺，黑勝。

18.帥五進一 車4進9

19.俥七進五 車8進1

20.俥四退七 將5平4？？

黑馬換雙仕後，已大佔優勢。現面對紅方的頑強抵抗，黑御駕親征、企圖退車叫帥追回一車，劣著！錯失先機。宜車8退6：①俥五進七，將5平4，俥八退二，車8平4！炮五平六，車4進5！以下紅如俥四進二？？前車

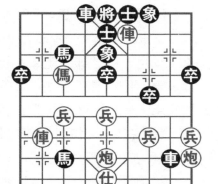

黑方 嚴峻

紅方 陶漢明

圖74

平5，帥五平四，車5平6！紅俥被殺，黑勝勢；又如紅改走俥四平二??後車進1，俥八平六，車4退1，紅二路俥也被抽殺，黑勝；②俥八退一，象7進5，俥八平六，車4平3，俥六退一！車3退4，俥六平九，包1平3，炮一退一，車8進7，俥四退一，車8退1，俥四進一，車8退1，俥四平三，馬3進4！俥九進五，馬4進3，俥九進三，象5退3，炮五進四，將5平4，兵五進一，馬3進1！帥五退一，車8平4，俥三平八，馬1退3，俥八平九，車4進2，帥五進一，車3平8！炮一平四，車8進3！炮五平四，車4退3，前炮平五，車4平6，帥五退一，車8平6！紅被破仕殘相，黑多子成車馬包殺勢也勝定。

21.俥八退二　　車8平6　　22.帥五平四　　象7進5

23.炮一進四！…………

經由以上兌子，黑雖追回一子，但優勢已蕩然無存了，而此複雜局面正是紅方陶漢明的擅長強項，此時勝利的「天平」正逐步倒向了紅方。

23.………… 車4平6??

平車叫帥，又一步漏著！同樣平車，宜先殺相掠兵、棄包出擊，尚可一戰，即改走車4平7！俥八退一，車7退3，俥八平九，車7平9，炮一平九，車9平5，炮九退二，馬3進4！以下伏有馬4進3兌炮殺兵相的先手棋，再有伺機走卒7進1渡河參戰，黑可在少子困境下抵禦一戰，好於實戰。

24.帥四平五　　車6平7　　25.俥八退一　　車7退1

26.帥五退一　　車7平1　　27.炮一進三　　象5退7??

卸中象，放七路兵過河參戰，壞棋！宜將4進1先避一手，不給紅渡七兵過河發威助戰機會，黑尚可周旋。

28.兵七進一　　卒1進1　　29.兵七進一　　馬3進1

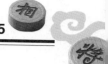

30.兵七平八　馬1退2　　31.兵八進一　…………

紅連衝七兵逼馬，兵貴神速令黑方措手不及，但現挺兵壓馬，過於心急，錯失勝機。宜炮五平六！車1平4，炮六平二，車4平1，炮二進七，馬2進4，炮一平三，將4進1，帥五平六！變化下去，黑士角馬難逃厄運，紅多子多兵勝定。

31.…………　馬2進4　　32.帥五平六　車1退1

33.帥六進一　車1進1　　34.帥六進一　車1退2

35.帥六退一　車1平4　　36.炮五平六！　將4平5

37.俥八平九！　馬4進3　　38.俥九進五　馬3進5？？？

馬踩中兵求變，壞著！錯失和機，不夠明智。應當徑走車4進1！帥六進一，馬3進2，帥六退一，馬2退1！兵八平七，馬1進2，炮一退五，馬2退3！炮一平二，士5退4，帥六退一，象7進5，相七進五，士6進5，兵三進一，卒7進1，相五進三，馬3進4，炮二退一，馬4退3，炮二平五，馬3進5，炮五進三，馬5退7！炮五退四，將5平6，炮五平三，將6進1！以下不管紅炮是否兌馬，紅勝無望：如炮不兌馬，一路兵無法過河參戰，紅炮低兵也無法取勝；如果棄炮換馬，兩敗俱傷，紅雙兵更無法勝黑單缺象。

39.俥九退三　車4平7　　40.炮六平三？　…………

平炮攔車空著，錯失速勝機會。宜俥九進七！士5退4，炮六平五！車7平5，俥九平六！將5進1，炮五進二！紅炮兌中馬後，成紅俥炮兵殺勢，紅可速勝。

40.…………　卒7進1？？

渡7卒，最後敗筆，喪失抵抗機會。宜馬5進3！俥九平七，士5退4，兵一進一，卒7進1！兵八平七，卒7平6！兵七進一，車7平4！帥六平五，卒5進1！炮三平五，車4平5，帥

五平六，馬3進5！俥七平五！車5平4！帥六平五，卒5進1！雙方兌子後，黑雙過河卒連線成功，雙方互有顧忌，因紅俥離開，黑車雙高卒有望捷足先登，故黑勢強於實戰，有望弈和。

以下殺法是：俥九進七，士5退4，俥九平六！將5進1，炮三平五！車7平9，俥六退一，將5進1，俥六退四，卒7平6，炮一平四！車9進2，帥六退一，車9進1，炮五退二，車9退2，兵八平七，將5退1，炮四平八，將5平6，炮五平四！車9平6，帥六平五，將6平5，兵七進一！車6平4，炮八退一！將5進1，俥六平七，車4退5，俥七進二，馬5進4，帥五進一，馬4退6，帥五退一，馬6退4，俥七退一，車4進1，俥七平三！紅左俥右移，形成紅俥炮兵左右夾殺勝勢，黑方只好城下簽盟，紅勝。

此局雙方開戰紅方就高右橫俥、躍先鋒傌出擊，黑補右中象士、亮右貼將車、跳先鋒馬還擊，並雙包齊鳴：先兌傌、後窺兵，取得了子位靈活的反先局面。

步入中局後，好景不長，在紅方挺中兵、平右邊炮、補右中仕3步軟手後，黑方卻在第17回合走馬挖中仕，錯失勝機，在第20回合出將、在第23回合平車叫帥、在第27回合硬卸中象、在第38回合馬踏中兵求變、在第40回合渡7卒，共有6次錯失戰機，陷入困境、難以自拔後，被紅方在逆境中俥殺底士、平炮鎮中、底炮炸士、雙炮齊鳴、挺兵進炮叫將、左俥右移絕殺，最終是紅俥炮兵左右夾殺、擒將入局。

此盤紅方在劣勢困境下，憑藉深厚紮實的運子功底，抓住黑方6次失誤，反客為主、一舉翻盤，令人大飽眼福，而黑方在勝勢面前，既顯示出一定的水準，又初生牛犢不怕虎，但六度失誤、不在狀態，真令人大跌眼鏡，很有反思價值！

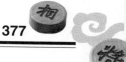

第75局　（北京）蔣川　先勝　（浙江）黃竹風

轉五八炮過河俥卸中炮對屏風馬右橫車互進七兵卒先鋒馬

1.炮二平五	馬8進7	2.傌二進三	車9平8
3.俥一平二	卒7進1	4.俥二進六	馬2進3
5.兵七進一	馬7進6	6.傌八進七	車1進1
7.俥二平四	馬6進7	8.傌七進六	…………

這是2013年11月13日全國象棋個人賽第9輪蔣川與黃竹風之間的一盤精彩的「短、平、快」酣鬥。被稱為「金鐘罩鐵布衫」、中局功夫甚強的黃竹風，為何這局棋不到21個回合就自覺遞上了「降書」呢，讓我們細細欣賞、認真幫助查找黑方失誤的根源吧！此時，雙方以五八炮過河俥佔右肋道對屏風馬高右橫車互進七兵卒、先鋒馬拉開戰幕，旨在互相爭奪空間優勢、相互搶佔要隘位置，意欲智守前沿、蓄勢待發，攻其不備。

8.…………　　車8進1

高左直車，成己方下二線「霸王車」陣勢，是2009年國內大型比賽中出現過的新興戰術。現黑以「高短車」戰術向紅方蔣川特級大師發起挑戰，意欲志在必得。在本次大賽第11輪柳大華後手與黎德志之戰中拋出了2004年全國賽事上就出現過的策馬踏炮即馬7進5新戰術，效果卻不錯，當時黎德志接走相七進五，車1平4，傌六進七，車4進6，炮八進四，象7進5！（補左中象固防是柳大華拋出的最新探索型佈局「飛刀」！以往主流戰術是卒7進1和車4平2。）仕六進五，車4平2！炮八平五，馬3進5，俥四平五，卒7進1，俥五平三，車8平7，俥三進三，象5退7，傌七退五，包2平7！俥九平六，士4進5，（先

補右中士固防穩健，若貪包7進5？？傌五進六，將5進1，傌六退四！包8平6，俥六進九！以下伏有俥殺士象和兵七進一等幾步先手棋，紅方在拼命、黑也有顧忌。）傌五退三？（送傌損失過大，宜傌三退二。）包7進5！俥六進六，包7進1，兵七進一，象7進5，傌三進四，包8平6，兵七進一，卒1進1，兵五進一，包7平6，俥六退四，車2進2，俥六退二，車2退3！（車退兵行線對攻，老練！若車2平4兌車，紅方有望求和。）傌四退六，象5進3，俥六平七，車2平7！俥七進五，（若俥七進三？？車7進3！俥七平四，車7退5！以下紅如兌子後，黑車包雙高卒士象全勝定。）後包平7！仕五進四，（無奈，如相三進一？？包7平8，俥七退二，包8進7，相一退三，車7進3！俥七平二，車7退5，俥二退三，車7平4！棄包殺傌後，黑也勝勢。）包7進7，帥五進一，包7平9，最終黑多子多象，車包聯手破城入局。

9.炮五平四　　包8平7

紅現卸中炮，屬當今棋壇的主流戰術之一，不給黑馬兌中炮機會，是一步保持先手的要著。

黑平左卒底包護馬、又讓出左車反擊出路，這是2013年1月3日由程鳴大師在比賽中首創。那麼黑方此戰效果如何，讓我們拭目以待。

10.炮八平七　　　　車1平4　　　11.傌六進四　士4進5

12.俥九平八（圖75）…………

亮出左直俥窺包，決策正確！蔣川在各種大型比賽中先後用過3次，取得全勝戰績。而走傌四退三？？包7進4，相三進五，在國內大型賽事中卻取得過兩負一和的戰績，至今紅棋仍沒有棋手突破不勝的魔咒。

12.………… 車4進3???

伸右肋車巡河硬逼傌邀兌，
敗著！導致黑丟子後一蹶不振，
最終飲恨敗北。如圖75所示，
宜徑走馬7退6！傌四退一，車4
進5，以下紅有兩變作參考：

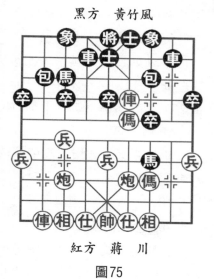

紅方　蔣　川

圖75

①相七進五，包2進4，仕
四進五，包2平5！傌四平三，
包7進5！傌三退三，象3進5，
傌八進七，馬3退4，炮七平
九，車4平1！傌三進一，卒5進
1！以下伏有卒5進1渡卒參戰先
手棋，且多卒、兵種全，黑足可
抗衡、強於實戰；

②兵七進一，車4平3！兵七進一，車3進1！兵七進一，車
3退5！傌四平三，車8進5！雙方子力大致相等，紅雖兵種全，
但黑可抗衡。

13.傌四退三　包7進4　　14.傌八進七！　包7進3
15.仕四進五　包7平9　　16.炮四平五　　車8進8

紅方不失時機，果斷兌傌後賺得一包，大佔優勢。

黑沉左直車叫帥，是黃大師祭出的最新改進後探索型的佈局
「飛刀」！一改在2013年7月19日全國象棋一級棋士賽上楊輝
與宿少峰之戰中曾走卒7進1？傌八平七，象3進5，炮五進四，
將5平4，炮七平六！車4平2，（若將4平5???傌七進二！車4
退4，帥五平四！以下伏有傌四進三殺著，紅速勝。）傌七平
六！將4平5，帥五平四！至此，黑方已很難回防紅勝的著法，

意欲有所突破、伺機力爭戰和。

17.俥四退六　　車8平7

平車棄馬實屬無奈，如包9平6？？？俥三退二！黑馬包分別在紅俥、仕口中，必再殘一子，淨少兩子後也是紅勝；又如車8退7？？？俥四平一，車8平5，俥一平四！紅多兩子也勝。

18.俥八平七！……………

平俥砍馬、直窺殺底象，膽識俱全，有驚無險！至此，紅方淨多俥炮勝定。

18.…………　　車4平6　　19.炮五進四　　將5平4

20.炮七平四！

紅雙炮齊鳴：一炮炸中卒，另炮站右仕角，穩坐釣魚臺，以淨多兩子必勝。以下黑如接走車7退2，俥四平一，包9平6，俥七進二，將4進1，傌三退四，卒7進1，炮四平六！士5退4，炮五平六，將4平5，俥七平六，卒7進1，後炮平五，象7進5，炮六平五，象5進7，（若將5平6？？俥六退一，士6進5，俥六平五！將6退1，後炮平四！車6平7，俥五退一！黑內衛被毀，紅車雙炮完勝。）前炮平九，象7退5，炮九平一！至此，紅方多子、多雙高兵、又多中仕，必勝無疑！

此局雙方開戰先互進七兵卒、又互進先鋒傌馬後，就展開了空間優勢和有利地形的激烈爭奪。黑以「高短車」來迎戰紅卸中炮佈陣後，又平卒底包、右肋車、補右中士固防，當紅方平左兵底炮讓路、進先鋒傌騎河邀兌、又亮出左直俥直接窺殺黑右包後，黑方完全疏忽了右包被捉的困境而在第12回合走車4進3反逼紅傌邀兌，闖下大禍而丟子後一蹶不振。以後黑在失子劣勢下在第16回合拋出車8進8沉車叫抽的佈局「飛刀」來挽回頹勢；然而紅方有膽有識、見縫插針，再砍一包後雙炮齊鳴，有驚無險

地穩坐了釣魚臺，完全不給黑方抽子搏殺機會反使黑方方寸大亂、自毀長城，最終黑祭出的佈局「飛刀」過晚而不起作用，令紅方多子多兵仕而摧城擒將。

是盤雙方佈局輕車熟路，拼搶激烈，各攻一面的弈局，步入中局後黑左包轟炸紅右底相，看似側翼攻勢十分搶眼，兇狠潑辣，實則紅方有中炮和七路炮、完全有能力伺機抵禦黑雙車底包的猛烈攻勢！接著黑又祭出車8進8最新探索型佈局「飛刀」，但已不起作用了！

第76局　（廣東）許國義　先勝　（上海）張蘭天

轉五八炮雙橫俥先鋒馬對屏風馬右中象互進七兵卒

1. 炮二平五　馬8進7　　2. 傌二進三　車9平8
3. 兵七進一　卒7進1　　4. 傌八進七　馬2進3
5. 俥九進一　…………

這是2012年7月4日全國象甲聯賽第10輪廣東與上海唯一分出勝負的許國義與張蘭天之間的一場生死之戰。雙方以中炮左橫俥對屏風馬互進七兵卒正規佈局拉開戰幕。

紅高起左橫俥屬冷僻走法，旨在出奇制勝。以往通常先俥一進一，可形成當今棋壇較為盛行的中炮橫俥七路馬對屏風馬陣型，以下黑如接走象3進5，俥一平四，士4進5，炮八平九，車1平2，俥九平八，包2進4，傌七進六，包8進6，傌六進七，包2平7，俥八進九，馬3退2，傌三退五，車8進5，炮九進四，馬2進3，炮九進三，包7平1，炮五平八！包1平2，相七進五，卒7進1，傌七進九！雖雙方子力對等，但紅子位靈活佔優；又如筆者在2012年國慶日網站上應對過紅改走傌七進六先鋒傌後，

黑接走象3進5，炮八進二，士4進5，炮五平六，包8進3，相三進五，卒3進1，炮八平九，車1平2，兵七進一，卒7進1！炮九平八，包2平1，傌六進八，包8平2！傌八進九，車2進2！兵七進一，卒7進1！兵七進一，車2平1！俥九平八，車8進5，俥一平二，車8平6！傌三退五，車1平3！黑子位靈活，淨多過河卒佔優，結果黑勝。

5.………… 　象3進5　　6.俥九平六　………

平左肋俥老練，為以後急進先鋒傌出擊做好充分準備，是一步提前控制要點的好棋！

6.………… 　士4進5　　7.俥一進一　………

高起右橫俥，形成下二線「霸王俥」，以增強反擊力量，隨時可策應左右兩翼。如由中炮盤頭傌強行突破黑方中路改走兵五進一，第一章已有介紹，也屬一種較為常見的進攻型走法。故現用雙橫俥對付屏風馬挺7卒進右中象士，屬穩健型走法。

7.………… 　馬7進8?

紅已高起雙橫俥後，黑現進左外肋馬封俥有些多此一舉、針對性不強。宜徑走包8進2！以後伺機巧兌3路卒活通右馬較為理想，以下紅如接走兵五進一，卒3進1！兵三進一，卒7進1，（若卒3進1??兵三進一！象5進7，傌七進五，馬3進4，傌五進七，包2平4，俥六平七，車1平2，炮八平九，包8進1，俥一平二，包8平3，俥二進八，馬7退8，俥七進三，馬8進7，兵五進一！卒5進1，俥七進一，馬4退5，俥七平五！象7退9，炮九進四！紅俥炮嚴控中路，且多邊兵佔優。）傌三進五，卒3進1，傌五進七，包8平3，後傌進五，卒7平6！紅雖有中炮盤頭傌攻勢，但黑大子子位靈活、淨多過河7路卒，明顯反先，強於實戰。

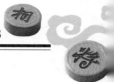

8.傌七進六　馬8進7　　9.傌六進五　馬7進5

紅進先鋒傌後，又不顧馬7進5兌中炮風險，毅然傌踏中卒，出人意料，是一步非同尋常的下法，可見紅方深有研究。

黑進馬兌中炮雖步數上有損，但消除紅立中炮的戰術計畫，屬穩健的選擇，陣型工整，局勢開朗易走。雙方此時已完全步入了無棋譜可循的陌生局面，考驗雙方的功力、理解思路和臨場應變能力的關鍵時刻來到了，誰能出彩呢？誰能不負眾望、一戰到底，為本隊拿到寶貴的2分？讓我們拭目以待吧！

10.傌五進三！　…………

進傌追車，是按既定方針進行的一步佳著！如相三進五？馬3進5！馬踩中傌後，黑「擔子包」佔位很好，以下黑可伺機由車8進1或走車1平4邀兌傌後，將局勢導向平穩。

10.…………　馬5退3　　11.前傌進三　前馬進4

12.俥一平六　卒7進1？

雙方很快兌俥車殺傌馬追回失子後，紅俥已佔據要道，而黑右車卻在暗道，現黑急渡7卒參戰，初看應對無誤，似有點反先之勢，但不如徑走車1平4！俥六進八，將5平4，傌三進四，卒7進1！傌四進六，馬3進5，傌六進四，卒7平6，傌四進二，包2平8，炮八平五，馬5進4，傌二退三，雙方步入無俥車棋戰後，子力對等，雖局勢平穩，但黑有過河7路卒參戰略先，優於實戰。現黑渡7卒後，以下走法更重要，要求也更嚴，不能有重大閃失！

13.傌二退三　包2平1？

平右邊包窺邊兵、讓開右車出路，過急，易陷困境。仍宜車1平4！俥六進八，將5平4，前傌退四，馬3進5！變化下去，雙方的無俥車棋戰局面平穩，能攻能守，黑優於實戰。

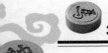

14.前傌退四　車1平2　　15.炮八平五！　車2進4

16.傌四進六　包8退1

紅方左炮鎮中、前傌又赴臥槽，令黑方臨場及時伸右直車巡河、速退左包防守，雖雙方著法精確，但仍互有顧忌，須認真謹慎，不可怠慢！

17.兵五進一　卒7進1？

進7卒欺傌，過急！仍易遭被動，宜先車2進2進駐兵行線站穩腳跟，不給紅方強渡中兵和七路兵機會後再伺機進攻為上策。

18.兵七進一！　車2進2??

棄七兵，妙手！令黑車進退兩難、動搖不定，再陷困境。

黑右車進兵行線而輕易放紅七路兵過河參戰，代價太大。宜車2平3！傌三進五，車3進5！（若卒7平6？傌五進七！演變下去，紅反有較強攻勢。）以下紅如俥六進二，則卒7平6！又如紅改走傌五進三，包1進4！這兩路變化下去，在對攻中黑勢不弱，足可一拼、好於實戰。

19.兵七進一！　…………

進兵殺卒追馬！至此，雙方形成了一個紅方子位靈活、已佔據主動的對攻局面。

19.…………　馬3退2　　20.傌三退五　車2平3

21.兵五進一！　…………

在紅方子力走活、已佔上風的形勢下，現渡中兵、棄七路兵搶攻，我行我素、刻不容緩的凶著！為以後殺象入局創造良機。

21.…………　車3退3　　22.兵五進一　馬2進4??

紅衝中兵捉象可逕走俥六進二！馬2進3，傌六退五，士5退4，兵五平四，包8平5，前傌進四！包5進6，（若馬3進5？

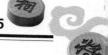

俥六進五！黑必丟子呈頹勢。）相三進五，士6進5，相五進
三！變化下去，紅多過河兵佔優。

　　黑進拐角馬，劣著，導致丟象失勢，陷入困境。同樣進馬宜
馬2進3！兵五平四，（若兵五進一？包1平5！黑勢反先。）包
1進4！變化下去，黑勢不弱。

　　23.兵五進一！　　象7進5　　24.俥六退四！…………

　　進中兵殺象，造成黑弱型局面，這是中局攻殺的常用手段。
紅棄兵換象後，現又回俥踏象踩卒，既兇狠又老練之著！

　　24.…………　　馬4進2　　25.俥六平八　　包8進1

　　26.俥四退三！…………

　　俥踩過河卒後，紅已穩穩掌控局面了，而黑方缺象後防守困
難了。

　　26.…………　　　　　車3平4

　　27.俥五進七（圖76）　將5平4???

　　在紅方掌控局勢情況下，黑
現出將，敗筆！雖暫時避開紅中
炮牽制，但反給紅方子力有迅速
攻擊機會，令黑勢由此失控。如
圖76所示，宜車4進4！俥七進
八，車4退4，俥三進四，車4平
2！這樣先巧妙牽制住紅八路
俥俥，變化下去，黑雖殘一象，
但尚可周旋，優於實戰，一時勝
負難測。

　　28.俥三進四！…………

　　紅方抓住戰機，策右俥捉

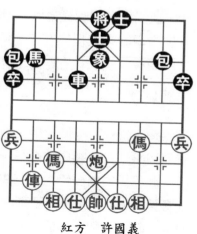

黑方　張蘭天

紅方　許國義

圖76

車，立刻令黑車無有利位置可站，處境十分尷尬，完全陷入困境。

　　28.………… 　　車4平6　　　29.傌七進六　　將4平5

　　30.俥八進二！…………

　　紅雙傌連環、炮鎮中路，令黑方平車又進將，這一前一後折騰下來，黑方至少又失去二先。現紅俥站兵線要道，完全控制著整個局面，黑厄運難逃了。接下來，在紅俥保雙邊兵前提下，又為平中炮先打車、再伺機攻傌發威騰出空間，創造出了一個非常到位的機會。

　　以下殺法是：卒1進1，仕六進五，包8平9，炮五平四！車6平7，炮四平八！紅補中仕固防後，連續平炮驅車、捉傌，令黑方措手不及、顧此失彼：如逃傌，則傌四進五捉車催殺、攻勢兇猛，黑方難防；如逃象走車7平6？？則炮八進五！殺傌邀兌邊包後，黑勢更不堪一擊，難逃滅頂之災。至此，紅方廣東隊完勝黑方上海隊，取得了寶貴的2分後進入了下一輪。

　　此局雙方開戰紅方以中炮雙橫俥先鋒傌出擊，黑卻以屏風馬右中士象對壘，但黑在第7回合走馬7進8卻錯失反先機會。步入中局後，黑先後在第12回合渡7卒、13回合平右邊包、17回合挺7卒捉傌、18回合車入兵線，四失先機，陷入被動。到了第27回合在紅已掌控局勢情況下，竟然莫名其妙地出將，令人大跌眼鏡，被紅方雙傌連環、炮鎮中路、速補中仕、俥站兵線，最終連續平炮打車驅馬，必得一子入局。

　　此盤黑方佈局伊始較為成功，但逐漸入局不在狀態，連連失先多達6次，其中喪失了兩次對攻反先機會。反觀紅方，得勢不饒人，精準打擊、一浪高一浪，敢打敢拼，一發不可收，見縫插針、攻殺銳利、全線發力、笑到最後！

第77局　（江蘇）朱曉虎　先勝　（越南）阮成保

轉五八炮先鋒傌過河俥棄三兵對屏風馬過河包渡3、7卒

1.炮二平五	馬8進7	2.傌二進三	卒7進1
3.兵七進一	馬2進3	4.俥一平二	車9平8
5.傌八進七	包2進4	6.兵三進一	…………

這是2012年5月22日第4屆「淮陰・韓信杯」象棋國際名人賽決賽首輪江蘇朱曉虎與越南阮成保之間的一盤「短、平、快」龍虎激戰。雙方以中炮直俥棄三兵對屏風馬右包過河拉開戰幕。紅方在俥未過河情況下，大膽果斷棄三兵似嫌偏激，易引起雙方激烈對攻，故紅方如沒有充分做足功課、無志在必得決心，是很難應對的。讓我們拭目以待吧。

「先棄三路兵」屬經典搏殺的古老佈局戰術之一。如傌七進六，（若傌七進八，包2平7，俥九進一，包8進4！變化下去紅無先手。）包2平7，（若包8進4？兵七進一，變化結果紅攻勢驟增。）俥九平八，（另有傌六進五和炮八平七兩路變化結果，前者為紅攻勢不易展開、後者為紅右翼子力運轉不靈，均為黑優的不同走法。）象3進5，（另有包8平9和車1平2兩種變化結果，前者為紅棄相搶攻得勢、後者為紅方較優的不同著法。）相三進一，士4進5，以下紅有炮八平七、俥二進六和俥二進四3種變化結果，前者為黑得相反先、中者為紅勢略優、後者為勢均力敵的不同下法。又如兵五進一，包8進4，俥九進一，（若兵五進一，本書前面已介紹過。）以下黑有兩變：

①象3進5，俥九平六，（若俥九平四，士4進5，兵三進一，包8平3，俥二進九，馬7退8，兵三進一，車1平4，相七

進九，車4進6，變化下去，雙方對攻。）以下黑有士4進5、馬7進8和馬7進6三種變化結果，前者為紅持先手攻勢、中者為紅多過河兵佔優、後者為紅方先手的不同弈法；

②包2平3，相七進九，車1平2，傌九平六，（若傌九平四？包3平5，以下炮五平六結果紅索然無味；又若仕四進五，車2進7，傌七進五，包8平5，黑反得子。）包3平6，（另有包3平5和車2進6兩路變化結果，前者為大致成和、後者為紅雖少子，但多兵有攻勢的不同下法。）以下紅有兩種走法：（甲）仕六進五，士6進5，以下紅有炮八退二和傌三退一兩種變化結果，前者為紅方佔優、後者為黑多卒又兵種全佔先的不同走法；（乙）傌六進六，象3進5，（若包6進1？兵五進一，象3進5，炮五進四，馬7進5，炮八平四，士6進5，傌六退一，紅優。）兵五進一，以下黑有卒5進1、包6退4、士4進5和包6進1四路變化結果，前者為紅得雙象佔先、中一者為紅棄傌強攻得勢、中二者為紅棄子攻勢強勁、後者為紅雙兵過河佔優的不同著法。

　　6.…………　卒7進1　　7.傌二進六　象7進5

補左中象固防，屬改進後流行變例。另有三變可作參考：

①包8平9，傌二平三，車8進2，傌三退二，包9退1，（若包2退5，傌三平二，車8進3，傌三進二，包2平7，炮五平三，變化下去，紅反略優。）傌三平六，以下黑有包9平7、包2平9兩路變化結果均為紅方滿意的不同下法；

②車1進1，傌二平三，車1平7，傌七進六，（若傌三退二，車8進1，傌七進六，包2退1，炮八平七，象7進5，演變下去，雙方平分秋色。）以下黑有車8進1和包8進4兩種變化結果，前者為黑必得中兵佔優、後者為紅先的不同弈法；

③卒7進1，傌二平三，卒7進1，以下紅有傌三進一和傌七

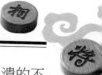

進六兩路變化結果，前者為雙方不變作和、後者為紅勢崩潰的不同弈法。

8.傌七進六　卒7進1

紅躍出先鋒傌後，黑方越南棋王阮成保果斷拋出最新的探索型佈局「飛刀」——衝7卒欺傌，其實戰效果如何？讓我們繼續欣賞、拭目以待吧！在2008年全國象棋大師冠軍賽上申鵬與靳玉硯之戰曾走過車1進1？俥二平三，車8平7，俥九進一，包8進4，俥三退二！包2退1，俥三退一，包2平4，俥三平二，車1平2，炮八平七，車2進4，相七進九，士4進5，俥九平六，包4退3，俥二平三，車2進1，俥三進三！車2平3，炮七退二，車7平8，俥六進五！車3進1，仕六進五，車3平1，炮七平六，車1進2，炮五平六！包4進5，仕五進六，馬7退9，俥六平七！馬3退4，傌三進四！變化下去，紅子位靈活、多兵又兵種全，最終紅勝。

9.兵七進一　卒3進1　　10.傌六退八　卒3進1??

黑右包被踩後，應及時調整進攻策略，強渡3卒，壞棋！導致失子被動後會陷入困境。宜徑走卒7進1先追回失子為上策，以下紅如續走俥九進一，馬7進6，俥二退一，馬6進7，俥二退一，馬7進5！相七進五，車1進1！炮八平三，車1平8！以下伏有平包兌俥的先手棋，黑方多卒，易走，好於實戰。

11.俥二平三　卒3進1??

挺3卒追殺紅左傌，又是一步劣著！宜先車8平7！俥三退三，卒3進1，炮八平六，卒3平2！變化下去，黑多過河卒，好於實戰，足可抵抗。

12.傌八進七(圖77)　象5進3???

揚象殺傌，敗著！造成丟子失勢後敗走麥城。如圖77所

示，宜走馬7退5！傌七退五，
卒7進1！炮八平三，車1進1！
變化下去，黑3路卒被踩後，雙
方子力大致相等，紅雖子位靈活
佔優，但黑可抗衡，強於實戰，
不會丟子。

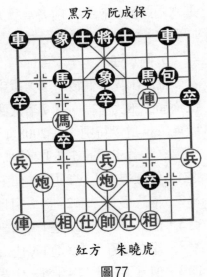

　　13.傌三進一！　　卒7進1

　　14.傌三平七　　　車1進2

　　四匹傌馬邀兌後，紅淨多兇
狠的中炮大佔優勢。現黑進右橫
車邀兌實屬無奈，如象3退5？？
傌七退四！卒7進1，傌九進
一，卒7進1，炮五進四，士6
進5，傌九平二，卒7平6，帥五平四，車1平2，炮八平七，象3
進1，兵五進一！變化下去，紅雖殘底仕相，但多子多中兵仍大
佔優勢。

　　15.傌七退二　　包8進7　　　16.炮五進四！　車1平2

　　紅傌殺象、炮炸中卒後，黑已很難防守，只能對搏廝殺，現
亮出右橫車捉炮，是唯一解著，如車8進6？？炮五退二！車1平
6，仕六進五，車8平5，炮八平五，演變下去，黑雖淨多雙過河
卒參戰，但少子又缺中象，而紅雙炮鎮空心包後封住黑中車而大
佔優勢。

　　以下殺法是：炮八進三，車8進6，傌九進二，卒7進1，傌
七平三！平傌右移、捉卒讓路催殺，一劍封喉，破城擒將！以下
黑如接走車8平5？？傌九平五！車2平6，仕六進五，卒7進1！
傌三退五！車5進1，相七進五，車6進2，傌三平二，車6平

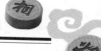

2，紅多中炮勝定，黑無心戀戰，只好飲恨敗北，紅勝。

此局雙方開戰就聽到雙方炮聲齊鳴：黑伸右過河包窺打三兵，紅大膽棄三兵，用過河俥保駕護航，互相爭奪有利地形和空間優勢。步入中局，黑3路和7路卒先後渡河參戰後，卻先後招來不少麻煩：黑在第10、11兩個回合連衝3卒，導致失勢被動，但更令人費解的是在第12回合走象5進3吃傌，令人大跌眼鏡，導致丟子失勢後，被紅方抓住機遇，俥殺象、炮炸卒、炮攔車、俥捉卒、俥右移、讓路催殺、一舉制勝。此盤黑拋出連進7卒追馬的最新試探型佈局「飛刀」後雖遭夭折、不幸受挫，但其反擊性能仍有可圈可點之處。而紅方得勢得子不饒人，迂迴挺進、乘虛而入、滴水不漏、因勢而謀、順勢而為，機不可失、時不再來，最終以風捲殘雲之勢而多子入局！

第78局 （北京）蔣川　先負　（江蘇）徐天紅

轉五八炮過河俥先鋒傌左橫車對屏風馬平包兌俥右中士象

1.炮二平五	馬8進7	2.傌二進三	車9平8
3.俥一平二	馬2進3	4.兵七進一	卒7進1
5.俥二進六	包8平9	6.俥二平三	包9退1
7.傌八進七	士4進5	8.傌七進六	…………

這是2012年11月7日「合力杯」全國象棋冠軍邀請賽預賽第3輪蔣川與徐天紅之間的一場龍虎激戰。雙方以中炮過河俥先鋒傌對屏風馬平包兌俥右中士互進七兵卒拉開戰幕。紅方先左傌盤河是「中炮過河俥對屏風馬平包兌俥」這大類佈局體系中相對較為容易掌控的走法。

8.…………　包9平7　　9.俥三平四　車8進5！

伸左直車騎河捉傌是這類佈局體系中最經典的變例之一。如馬7進8跳「左外肋馬」則是20世紀60年代佈局體系中的主流戰術，可參閱本書「趙國榮先勝蔣川之戰」。

　　10.炮八進二　象3進5　　11.傌九進一　…………

　　高左橫傌是20世紀70年代出現的新興戰術之一。此時紅方一般都走炮五平六卸中炮較為流行，經過廣大棋手多年大量的實戰總結，其各路變化均已研究得比較透徹，發展成極易成和的定式，以下黑接走卒3進1，兵三進一，車8退1，兵七進一，象5進3，炮八平七，馬3進4，炮六進三，卒7進1，炮六進三，包7平4，炮七平三，車8平7，相七進五，包2進1，傌四退二，包2進2，傌六進五，馬7進5，傌四平八，象3退5，仕六進五，包4平1，雙方平穩，和棋之勢。

　　在本次大賽中曾出現3盤這種和棋。

　　11.…………　　包2退1

　　退右包，結成「擔子包」陣勢，旨在以逸待勞、意欲靜觀其變。另有三變僅作參考：

　　①在2009年「惠州華軒杯」全國象甲聯賽上孫浩宇與陶漢明之戰中曾走車1平4，結果紅方佔優而獲勝；

　　②在2012年「伊泰杯」全國象甲聯賽上孫浩宇與李曉暉之戰中改走卒7進1，結果紅方易走，最終紅勝；

　　③在2014年2月春節網戰中筆者應過卒3進1，傌六進五！馬3進4！傌四進三！士5退6，炮八平二！卒3進1，傌九平八！雙方大子、兵卒對等，黑雖有過河3卒參戰，但殘底士後，紅方仍持先手，主動、易走，結果紅多子入局。

　　12.炮五平六　…………

　　卸中炮佔右仕角肋道，明智之舉。如炮五平七？卒3進1，

兵三進一，馬3進4，俥四退五，車8退1，兵七進一，卒7進1！兵七平六！車8平4！炮七進二，卒7進1！變化下去，紅多子，黑多過河卒、有攻勢，足可一戰。

12.…………　車8進1！

伸左直車提前進兵行線出擊，是徐特大最新拋出的試探型佈局「飛刀」！在2011年全國象甲聯賽上的孫浩宇與郝繼超之戰中曾走包2平3，俥四退五，車1平2，俥九平八，車2進3，相七進五，車8退2，炮六平七，卒5進1，兵七進一，卒3進1，炮七進五！馬7進8，以下伏有車8平4再車2退1和馬8進7再馬7進5兩步先手棋，黑方棄子後多卒有攻勢，結果黑方走漏而告負。

13.相三進五　卒1進1　　14.炮八進三！　…………

伸左炮窺捉中象、牽制黑雙馬，意味深長、厚積薄發。

14.…………　車1進2　　15.炮八退四　卒3進1

16.兵七進一　象5進3　　17.炮八平七　包2平4?(圖78)

平包邀兌，過於消極，宜車1平2亮右車出擊，易擴優反先。

18.傌六進七???　…………

躍傌避兌仕角包，敗著！錯失先機，由此被動、顯處下風。如圖78所示，宜徑走兵三進一！車8退2，炮六進六，包7平4，傌六進七，車1進1，俥四平三，車8退2，俥九平六，包4平3，傌七退九！車1進1，炮七進四！馬7退8，炮七退一，象3退5，俥六進七！包3進1，兵三進一！車1平7，俥三退一，象5進7，炮七平一！紅子活躍，淨多雙兵佔優，遠遠強於實戰。

18.…………　車1平2　　19.俥四退五　車2進5！

黑方抓住機會，亮出右車，現伸車捉炮、騷擾出擊，好棋！

20. 俥九進一　　車2平1!

21. 相七進九　　車8退1

22. 相九進七　　車8平4

23. 炮六平七?　…………

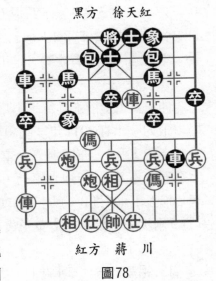

黑方　徐天紅

紅方　蔣川

圖78

紅果斷兌俥、連相後，黑立即左車右移，佔肋邀兌炮，企圖下伏車4退2追殺紅左俥，故紅現平炮避兌不如徑走炮六進六！包7平4，炮七進二！車4退3，俥四平八，象7進5，炮七進二！車4平3，傌七退九！變化下去，黑雖兵種全，但紅多兵相反先，好於實戰，力爭最終能求和為上策。

23. …………　　象7進5!　　24. 傌七進五　　象3退5

25. 前炮進四　　馬7進8!

以上雙方兌傌馬後，紅雖多得一象，但雙方大子、兵卒對等，黑子位靈活、易走，局勢仍優，足可一戰。

26. 前炮進一　　馬8進7　　　27. 俥四平八　　包7進1

28. 後炮平九　　士5進4??

紅方同樣平邊炮出擊，宜應前炮平九進攻會更快、更佳！

黑揚士攻殺左仕，企圖逼迫紅方補中仕後，現黑馬7進9從側翼反撲成功就厲害、兇狠多了，不過黑夢想很難實現；故宜車4進1先堵相腰、馬窺殺中相出擊，更易反撲、好走。

29. 俥八進八　　包4退1　　　30. 炮七平六　　士4退5

31. 炮六平九　　馬7進9!

在紅左俥沉底牽炮、現又邊炮即將沉底叫殺之機，黑果斷策馬入邊陲，搶先發動攻勢、以「圍魏救趙」的反擊是最好的防禦，強硬逼迫紅方撤兵護帥。黑方由此步入佳境！

32.俥八退八 …………

退俥救帥，實屬無奈，如貪前炮進一???馬9進7！帥五進一，包7平8！傌三進二，車4平8，後炮退一，車8平7！後炮平三，車7進3！帥五退一，包8進7！仕四進五，車7進1，仕五退四，車7退3，仕四進五，車7平5！變化下去，黑雖殘象，但多子和雙高卒後必勝無疑。

32.………… 包4進2 33.相五退三！ 包7進5

34.後炮平一 車4平3 35.炮一進四 包7平1?

紅卸中相，勢在必行地消除了紅臥槽傌威脅後，雙方及時兌傌馬、砍相象、炸邊兵卒，形成了中殘局勢下罕見的「俥雙炮對車雙包」「單缺相對單缺象」「3個高兵對三個高卒」的兩軍兵力完全對等、頗有趣味的經典場面。但黑左包右移至邊路牽制紅方，過急，宜車3進1殺兵出擊，黑勢會更開朗、易走，更易得勢反先。

36.炮九進一 士5進6 37.俥八進八 將5進1

38.俥八退一 將5退1 39.炮一進三 象5退7

40.炮九平四！ 車3進3 41.炮四退一?? …………

在紅炮炸底士的大好形勢下，現退肋炮叫將，劣著！錯失先機，宜再接再厲補中相鞏固紅方優勢、改走相三進五為妥！以下黑如接走包1進2，俥八退八！包1退2，仕六進五，車3退2，俥八進九！將5進1，俥八退一，將5進1，炮四平五！包1進2，炮一平二，車3進3，仕五退六，車3退8，俥八退八，包1退2，仕六進五，變化下去，紅多中仕，黑中卒危在旦夕、將上三

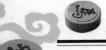

樓不安位，至此，紅方顯而易見已反佔先手。

41.………… 象7進9 42.俥八退八?? …………

退俥軟著，再失先機，宜徑走俥八進一！將5進1，炮四平三！變化下去，有望形成較強攻勢，紅反更為主動、易走。

42.………… 包4退2！

黑方不失時機，果斷退肋包逼兌，凶著！可在緩解後防壓力後，取得了黑車包在紅左翼底線牽住紅俥的反先可戰之勢。

43.炮一平六 將5平4 44.仕六進五 卒7進1

45.相三進五?? …………

現補中相，最後敗著，不僅白走一步，且還成為黑方以後的攻擊目標。宜徑走兵一進一來比拼兵（卒）速度，兵貴神速、兵不厭詐，兵來將擋、水來土掩，演變下去，鹿死誰手、勝負難料。

以下殺法是：卒7進1！俥八平六，將4平5，俥六進三，（若俥六進六？窺殺中卒，則車3退1瞄捉中相。）車3退1，帥五平六，卒5進1，炮四平二，包1平5（炸中相後步入勝境）！仕五進四，（揚仕攔包，不給包5平8後形成黑車包卒夾殺攻勢。）車3進2，帥六進一，車3平6！俥六退一，車6退2！帥六平五，車6平8，炮二平七，卒7進1！（得勢不饒人凶著！）炮七退七，（無奈，如貪俥六平五???卒7平6！俥五平八，卒6進1！帥五平四，車8平2！得俥黑勝。）卒7平6，帥五平六，士6退5，兵一進一，車8退2，炮七進八，將5平6，俥六進四，車8平6，炮七退七，卒6進1！（卒臨城下，黑必勝無疑。）兵一進一，包5平7！炮七平五，包7進1，帥六進一，卒6平5！卒佔中路、一劍封喉！不給紅中炮有退路機會，以下紅如俥六平三？則車6平4殺；又如炮五進三??則車6進2殺；再

如炮五平三？？則車6進2也殺；還如兵一進一？？？包7退1！炮五進三，車6進2！黑也完勝。

此局雙方開局不久紅右俥過河後即進先鋒傌出擊，黑用平包兌俥後即以本佈局體系中最經典的左騎河車欺傌戰術還擊，為以下雙方步入中局激戰拉開了序幕。當紅方在先伸左炮巡河牽俥、又卸中炮、補中相、伸左炮窺捉中象制雙馬的雙炮齊鳴反先佔優後，又在黑平右包邀兌的消極形勢下，紅在第18回合卻進傌避兌仕角炮而錯失先機，亮出首次紅燈，在第23回合又平肋炮避兌，喪失先機；以後又在第41、第42和第45共三個回合中連續退肋炮、回左俥、補中相成為黑方攻擊目標後，被黑方老練地衝7卒、包炸相、車砍仕、卒鎮中，得勢不饒人地摧毀了紅方藩籬，成車包卒完勝殺勢。

此盤黑方雖拋出最新探索型「飛刀」戰術高奏凱歌、笑到了最後，但由於變化繁複，紅方又多處走漏，令整個雙方變化懸念叢生，一時很難準確判斷，時時還會產生撲朔迷離、險象環生的各種不同新變化，故其優劣定論還需今後大量實戰來驗證！

第79局　（黑龍江）趙國榮　先勝　（北京）蔣川

轉五八炮過河俥先鋒傌對屏風馬右中士平包兌俥左外肋馬

1.炮二平五	馬8進7	2.傌二進三	車9平8
3.俥一平二	馬2進3	4.兵七進一	卒7進1
5.俥二進六	包8平9	6.俥二平三	包9退1
7.傌八進七	士4進5	8.傌七進六！	…………

這是2012年11月9日「合力杯」全國象棋冠軍邀請賽預賽第5輪趙國榮與蔣川之間的一盤強者相遇勇者勝的經典殺局。由

於兩位特級大師前4輪戰績不理想，無望入決賽，故最後此輪只是「榮譽之戰」。趙特大的棋風細膩中藏著犀利、穩健剛柔中不失兇狠；蔣特大雖自2012年象甲聯賽以來狀態低迷些，但仍佈局嫻熟、精通軟體著法、創新求變、求勝慾望強烈，基本功紮實。此時的兩人對陣，真可謂是「冰與火」的碰撞和你死我活的搏殺。蔣川以屈頭屏風馬佈陣，將選擇權留給紅方，展現出其佈局伊始的成竹在胸；趙國榮為避開當今網戰中盛行的進三兵佈局，果斷採用自己頗有把握的挺七兵佈局。此時，雙方輕車熟路，很快形成五八炮過河俥先鋒傌對屏風馬平包兌俥右中士互進七兵卒的經典陣勢。

8.………… 包9平7　 9.俥三平四　馬7進8

面對紅方此時的求穩弈法，黑方臨場改走尋求變化的進左外肋馬走法，意欲出奇制勝。筆者曾在網戰上走過車8進5（也可參閱本書「蔣川先員徐天紅」之戰），炮八進二，象3進5，炮五平六，卒3進1，兵三進一，車8退1，兵七進一，象5進3，炮八平七，馬3進4，炮六進三，卒7進1，炮六進三，包7平4，炮七平三，車8平7，相七進五，包2進1，俥四退二，包2進2，傌六進五，馬7進5，俥四平八，象3退5，仕六進五，變化下去，和勢甚濃，最終雙方下和。因此，跳外肋馬這套20世紀60年代中期的主流戰術，迅即躍馬形成衝7卒捉肋俥的威脅，是對攻性甚強的老式應法，現為爭勝，蔣川執後手棋常走此變，效果頗佳。

10.傌六進五　…………

用先鋒傌踏中卒邀兌出擊，著法簡明，屬20世紀90年代的冷門戰術。多年來棋壇的主流戰術是俥四退三，黑方有兩種走法，蔣川均有不錯的實戰成績：

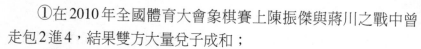
①在2010年全國體育大會象棋賽上陳振傑與蔣川之戰中曾走包2進4，結果雙方大量兌子成和；

②象7進5，以下紅有兩路變化：（甲）在2011年首屆「周莊杯」海峽兩岸象棋大師賽上游原碩與蔣川之戰中曾走炮八平七成五七炮陣式，最終黑反得子獲勝；（乙）俥九進一，以下黑有兩變：（A）在2011年全國象甲聯賽上孫浩宇與蔣川之戰中改走包2平1，結果黑大優而最終獲勝；（B）在2011年全國象甲聯賽上聶鐵文與蔣川之戰中又改走車1進1，結果卻是紅方佔優後弈和。因此，面對蔣川這些不俗戰績，趙國榮故伎重演，肯定是做足功課、有備而來的。

10.………… 包2進1　　11.俥四進二！　…………

黑高右包先拴鏈紅中路俥傌，是勢在必行，也刻不容緩。

紅進肋俥解拴捉包，針鋒相對出擊，屬當今棋壇主流戰術。如俥四平三？馬8退9，俥三平四，卒7進1！渡卒參戰，黑優。

11.………… 馬3進5　　12.俥四平三　馬8退9

退馬攻俥，屬改進後走法。在2011年7月13日全國象甲聯賽上陶漢明與許銀川之戰中曾走象3進5，結果紅稍優，最終雙方兌子成和。

13.俥三平一！　包2退2!?

俥平邊路，棄俥出擊，是按既定方案決策，令人震撼！

黑退右包打死俥，一改在2011年9月26日首屆重慶「黔江杯」全國象棋冠軍爭霸賽上陶漢明與許銀川之戰中曾走車8進3！炮五進四，包2平5，炮八平五，包5進4，相七進五，最終雙方戰和的走法，意在攻其不備、出奇制勝。但實戰效果不太理想，還要改進和完善。

14.炮五進四　象3進5　　　15.俥一退一　象7進9

16.炮八平九　　車1平2!?

　　亮右直車，成包後藏車陣勢，是黑方拋出的最新改進型防守「飛刀」，一改在2011年9月6日全國象甲聯賽上聶鐵文與蔣川之戰中曾走車8進6，結果紅稍優、最終戰和的走法，仍欲煞費苦心，出奇制勝。

17.俥九平八　　　　包2進7

18.相七進五(圖79)　車8進3???

　　在紅亮左俥被黑伸包頂俥後，由於紅方子力工整、五個兵齊全，故黑方雖擁有雙車包兵種之利，但決不能盲目樂觀，現伸左直車追殺中炮，敗著！錯失均勢、抗衡機會。

　　如圖79所示，宜車8進5！兵三進一，車8退1，兵三進一，車8平7，兵五進一，車7平2，傌三進五，包2平5！俥八平七，包5退2！炮五退三，象9退7，下伏前車進2的先手棋，黑勢不弱，基本平穩，優於實戰；也可以先卒3進1！兵七進一，車8進3！炮五退二，車2進7！炮九退一，車8平2！兵七平六，象9退7，變化下去，紅雖淨多雙兵，且有中炮和過河兵優勢，但黑雙車包同線擠壓住紅俥，隨時可兌俥爭先，強於實戰，黑足可抗衡。

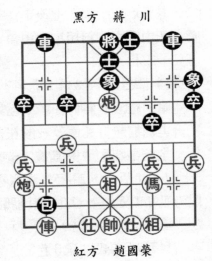

黑方　蔣　川

紅方　趙國榮

19.炮九進四　車8進4

20.傌三退五　車8進1

　　黑連續進車，過於積極，有心態問題；紅雖傌於窩心，但隨時可出擊，令黑方在短期內無攻

擊手段，紅已達到預期效果。

21.兵五進一　車8平6　　22.傌五進七　車6平4

23.傌七進五　車4退4?

紅傌進中路出擊也可徑走仕六進五！車4退4，兵九進一！變化下去，紅仍多兵得勢佔優。

黑退肋車巡河，防紅中兵渡河參戰，宜可車4退2！兵五進一，車2進6，仕六進五，包2平4，變化下去，黑棋易走。

24.仕六進五　車2進4

黑左車連走5步，好不容易才調到右翼到位，而紅方卻趁勢及時調整好子力陣型後，淨多雙兵、前景樂觀。

黑現雙車同線巡河無奈，如車4平2??炮九平八！卒3進1，炮八退五！卒3進1，傌五進七，前車進4，俥八平七，變化下去，紅淨多雙兵、兵種齊全佔優。

25.炮五退一　車2進2　　26.炮九平一！…………

黑先進2路車，明智之舉！如車4進1???兵七進一！車4平5，傌五進七！！變化下去，紅四子壓境、局勢豁然開朗，以下還暗伏傌七退六踩雙車一包凶著！紅方勝勢。

紅飛炮炸邊卒，殺出一條進攻血路來，是一步不斷擴大優勢、攻守兼備的好棋！

26.…………　車4退1　　27.炮一退二　車4進3

28.炮一平四　包2平4　　29.俥八平七　車4退6??

退肋車，敗筆！再失求和機會，反使紅子力活躍、擴大了較大的拓展空間優勢。宜車4平3（也可車4退3，優於實戰）！俥七進三，（若俥七平六??則包4平2！演變下去，黑雙車底包有反彈攻勢。）車2平3，炮五進一，車3平1，兵五進一，象9退7，變化下去，形成黑有車對紅無俥但多雙高兵的和勢甚濃的局

面，強於實戰。

30.炮五進一！ …………

先進中炮，下伏有中兵渡河形成堡壘攻勢，至此紅大佔優勢。

30.………… 車4平2 31.仕五退六 後車進4

伸後車巡河智守前沿，正著。如前車進3??俥七進一，前俥退一，俥七平八！車2進8，兵三進一，卒7進1，傌五進三！車2退2，兵五進一！變化下去，紅四子出擊大優。

32.炮四平二 前車進3

炮平二路，攻守兼備好棋，隨時可有炮二進一的伏擊手段。

黑棋現處於「進不能攻、退又不能守」的十分尷尬又很無奈的境地，故只能沉車邀兌，以緩解防守壓力。

38.俥七進一 前車退1 34.俥七平八 車2進4

35.兵五進一！ …………

雖有「一車十子寒」的棋諺，但對現黑強兌紅俥卻不適用。現紅強渡中兵、兵多將廣，子力態勢極佳，紅方大優；相反，黑車包卻顯得有些勢單力薄的感覺了。

35.………… 包4退6 36.炮二進二！ …………

炮進卒林、穩紮穩打、步步為營、著法精準、細膩至極、不留後患。勝利的「天平」開始倒向了紅方。

以下殺法是：象9退7，傌五進六！車2平4，仕六進五，車4退2，炮二平三！（攻守兼備的好棋！若傌六進五??則將5平4！變化下去，紅局面將會失控後黑勢反先。）車4平6，兵九進一！車6退3，炮三進二，車6平7，炮三平四，車7平6，炮四平二，將5平4，兵九進一！車6進3，兵九進一，車6平7，兵九平八，車7平2，仕五退六，卒3進1，兵八平七！卒3進1，

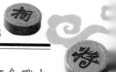

（若包4平1??後兵進一！演變下去，紅有3個高兵過河參戰也勝定。）傌六進七！將4平5，兵七平六！包4進7，（若包4退2??兵進一！以下伏有兵六進一凶著，黑也頹勢難挽。）帥五平六，車2平4，帥六平五，車4退3，傌七退六，卒3平4，炮二退二，車4退1，仕四進五，車4平2，炮五平六，卒4平5，炮二平五！卒5平6，傌六進八！卒6進1，相三進一，（揚右邊相不讓黑7卒過河，攻不忘守！紅傌雙炮緊密配合，牢牢鎖住黑車，令黑方沒有任何反撲機會；相反，紅方完全掌控全盤局面而勝利在望了。）卒6平7，兵一進一！前卒進1，兵一進一！前卒進1，帥五平四！至此，形成了紅傌雙炮雙高兵單缺仕對黑車雙卒士象全的紅必勝局面後，黑方只好拱手請降、含笑告負，紅勝。

　　此局雙方開戰就紅伸過河俥、進先鋒傌，黑還以平包兌俥、補右中士，很快形成五八炮過河俥先鋒馬對屏風馬平包兌俥右中士互進七兵卒經典陣勢後，雙方步入了中局。當第13回合紅俥平邊路、棄俥出擊後，黑即退右包打死俥，在第16回合黑出右直車，拋出最新防守型「飛刀」，煞費苦心、苦於求勝，但實戰效果不太理想。但糟糕的是在第18回合被黑包頂住紅左直俥後紅補左中相固防，黑竟然走車8進3追殺中炮而被優勢衝昏頭腦。以後又在第23回合退肋車巡河、在第29回合還退肋車於底線，再失求和機會後，反被紅方雙炮齊鳴、揮俥挺兵、躍傌平炮、兌俥渡中兵、策傌補中仕、平炮衝九兵、棄兵運七兵、傌叫將、兵欺包、傌攔車、炮捉車、炮打卒、傌臥槽、相揚邊、渡一兵、亮主帥，以紅傌雙炮雙兵完勝黑車雙卒。

　　是盤黑方五度喪失機會、不在狀態，令人費解！紅方我行我素、攻其不備、智守前沿，無俥戰有車、反擊力甚強，最終五子

壓境，四面楚歌，完成了像「德國戰車」那樣紮實厚重的經典殺局！

第80局 （美國）彭佳文 先負 （北京）蔣川

轉五八炮過河俥先鋒傌轉五七炮對屏風馬平包兌俥右中士

1.炮二平五	馬8進7	2.傌二進三	車9平8
3.俥一平二	馬2進3	4.兵七進一	卒7進1
5.俥二進六	包8平9	6.俥二平三	包9退1
7.傌八進七	士4進5	8.傌七進六	…………

這是2011年9月19日中國國家象棋隊訪問美國紐約表演賽上美國紐約彭佳文與中國北京蔣川之間的一盤精彩廝殺。雙方以五八炮過河俥先鋒傌對屏風馬平包兌俥右中士互進七兵卒拉開戰幕。紅佈局戰略計畫是利用左先鋒傌盤河出擊來配合中炮過河俥迅速發動和強化中路攻勢，並同時進窺黑方右翼、伺機全線出擊。如炮八平九，車1平2，俥九平八，包9平7，俥三平四，馬7進8，炮五進四，馬3進5，俥四平五，包7進5，傌三退五，包2進5，〔若包2進6，（在2008年中國香港象棋個人公開賽上黃文偉與陳強安之戰中曾走過包2進4，結果雙方互纏、黑方滿意，最終黑勝。）傌七進六，（在2007年全國象棋個人賽上黎德志與徐天紅之戰曾走相七進五，結果紅多兵獲勝。）馬8進9，（筆者曾應對過卒7進1??則相七進五！包7平1，相五進三，車8進2，炮九平六，車8平2，傌六進四，馬8進6，俥五退二，前車平4，炮六進二，車2進6，炮六平四！包1平5，傌五進七！驅趕黑中包後，紅多子大優而獲勝。）以下紅有兩變：①在2010年「北武當山杯」全國象棋精英賽上徐超與張申宏之

戰中曾走相七進五，結果紅方佔優而最終獲勝；②在2010年全國象棋個人賽上蔣川與李少庚之戰中改走傌五進七新著，結果也紅勝。〕相七進五，〔若傌五進四，（在2007年全國象甲聯賽上許銀川與于幼華之戰曾走俥五平一，結果黑反滿意。）最終黑走漏而弈和。〕象7進5，以下紅有兩變：

①俥五平一，卒7進1，傌四進五，卒7平8，炮九進四，（在2009年「振達‧韓信杯」象棋國際名人賽上徐超與趙國榮之戰中曾走兵七進一，結果黑方大優而獲勝。）馬8進6，以下紅有兩變：（甲）在2008年第3屆「楊官璘杯」全國象棋公開賽上卜鳳波與趙國榮之戰中曾走俥一平四，結果黑大優而獲勝；（乙）在2010年全國象甲聯賽上卜鳳波與趙國榮之戰中改走傌五進七，結果紅多兵得勢而獲勝；

②傌四進五，馬8進9，相七進五，車8進8，（在2005年12月第26屆「五羊杯」全國象棋冠軍賽上柳大華與于幼華之戰中曾走馬9進7，結果紅方佔優而獲勝。）俥五平一，馬9進7，（若貪包7平1？？仕六進五，包1平3，俥八平六，馬9進7，俥六進三，包2進2，俥六平七，包2平1，俥七平六，車2進7，炮九退一，車8退7，帥五平六！下伏傌五進六殺勢，紅反勝定。）俥一退四，以下黑有兩路變化：（甲）在2007年全國象甲聯賽第16輪上徐超與尚威之戰中曾走馬7進6踩仕，結果黑奪回失子、雙方均勢而弈和；（乙）在2007年全國象甲聯賽第17輪上尚威與于幼華之戰中改走車8平7，結果雖紅方多子、黑方得勢、互有顧忌，但最終還是紅方獲勝。

　　8.…………　包9平7　　9.俥三平四　馬7進8
　　10.俥四退三　象7進5　　11.炮八平七　…………
　　平七路炮，成五七炮攻法，直接威脅著黑方3路線。如俥九

進一，可參閱「孫浩宇先負蔣川」之戰。

11.………… 車1平2

先亮出右直車藏於包後出擊，屬改進後流行變例。網戰中也流行包2進4走法，以下紅如兵五進一，包2平7，相三進一，車1平2，俥九進一，車2進5，相七進九，卒7進1，相一進三，車2退1，傌六進七，車2平4，以下伏有馬8進9反擊的先手棋，黑勢樂觀而主動。

12.兵七進一 …………

衝棄七路兵，意在引中象飛高，設置障礙，暫緩右馬出擊，屬五七炮陣式的常用攻擊手段。如先傌六進七，包2進4，兵五進一，包2平7！相三進一，卒7進1，相一進三，馬8進9，相三退一，後包進6，炮七平三，馬9進7，俥四平三，馬7進6，帥五平四，車2進3！演變下去，黑得底仕、紅多子多兵，雖雙方互有顧忌，但仍紅稍先。

12.………… 包2進4(圖80)

13.傌六退八??? …………

退左傌兌包簡化局勢，敗著！導致紅右翼固防脫節而被動挨打，實戰效果很不理想，如圖80所示，宜兵五進一，（在2011年4月26日首屆「周莊杯」海峽兩岸象棋大師賽上游原碩與蔣川之戰中曾走俥四進五？包2平7！相三進一，象5進3！傌六進五，馬3進5，炮五進四，象3退5，相七進五，車8進3，炮五退一，卒7進1，相五進三，車8平6，俥四退二，馬8退6，俥九平七，前包平6，傌三進四，車2進6！變化下去，紅中兵難保，結果黑勝。）包2平7，相三進一，（若傌六進八？包7進3！仕四進五，前包平9，俥四平二，車2進3，傌三進四，卒7進1，炮七平八，卒7平6！炮五平三，馬8退7，俥二進六，包7

進6！俥二退七，包7進2！俥二退二，包7平4！俥二平一，包4平1，仕五退六，卒3進1，炮八進四！馬3進2！在雙方激烈對攻中，黑雖一車換雙，但五個卒俱全，繼續變化下去，紅殘仕缺相、淨少3個兵，黑優，遠遠強於實戰。）象5進3，（若車2進5？兵七進一！馬3退1，俥六進五，車2平3，炮七平八！變化下去，紅多過河兵佔優。）俥六進五，馬3進5，炮五進四，象3退5，相七進五！變化下去，雖

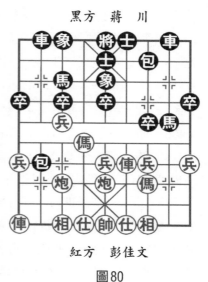

黑方　蔣　川

紅方　彭佳文

圖80

雙方雙纏、黑方多卒，但紅鎮中炮、子位靈活佔有先手，優於實戰、足可抗衡，勝負一時難斷。

13.…………	車2進6	14.兵七進一	車2平3
15.俥九進二	車3退3	16.兵五進一	包7進1
17.兵五進一	卒5進1	18.俥四平五	馬8進7
19.俥五進二	卒7進1	20.炮五進一	…………

高抬中炮避殺，實屬無奈。如炮五進五？象3進5，俥五進二，車8平7，俥九平八，馬3退4，俥五退二，包7平5！變化下去，黑多子多卒，大佔優勢。

| 20.………… | 車3進3 | 21.相七進五 | ………… |

補左中相，明智之舉。如炮七進五？包7平3，俥九平六，卒7平6！俥六進六，卒6平5！炮五退一，包3進7！仕六進五，包3平1，帥五平六，馬7進5，相三進五，車8進6！變化

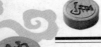

下去，黑有「霸王車」，淨多中卒底象大優。

以下殺法是：卒7平6，俥五平三，馬7進5！相三進五，包7進5，炮七平三，車3平5！俥三平四，車8進7，炮三進五，馬3進5，俥四進一，馬5進4，仕六進五，馬4進5，俥九平六，馬5進7，帥五平六，車8平4，仕五進六，車5進3，帥六進一，車5平6！俥四平九，車6退1，帥六退一，車6退2，帥六進一，車6平4！俥九平三，馬7退6！黑車馬聯手砍相殺仕、圍追紅帥，現回馬窺仕，黑勝無疑，以下紅如接走俥三退四，（若帥六退一？馬6進4，俥三退四，卒6進1，俥三平五，卒6平5！俥五平四，將5平4，炮三退四，卒5進1，以下紅有兩變：①俥四平五？？馬4退2，帥六平五，馬2進3，帥五進一，車4進2，帥五退一，車4平6！車馬冷著擒帥，黑勝；②俥四退一？馬4進2，帥六平五，車6進3！藉中卒之威，車馬冷著，黑勝。）將5平4，俥三平五，馬6進4！炮三退六，卒6進1，帥六平五，卒6平5！俥五平四，馬4進3！帥五平四，（若帥五退一？？車4進3，帥五進一，車4平6！黑勝。）車4進3，俥四平三，馬3退4，帥四平五，車4平5！帥五平六，卒5進1！以下伏有卒5進1藉車馬之威、卒臨城下的凶著，黑方也完勝。

此局雙方開戰就進入紅左先鋒俥對黑左外肋馬的精彩對決。當紅方改用五七炮棄七兵挑起戰火後，黑不慌不忙地選擇進右過河包試探對方，希望能收到陷阱效果。雙方則步入中局爭鬥後，紅在第13回合果然退先鋒俥兌右過河包，正中下懷，被黑方抓住戰機，渡7卒、馬踏相、包兌俥、車殺炮、馬踩相、邀兌俥、車砍仕、又窺仕，最終回馬叫殺、車馬冷著，成車馬卒殺勢。此盤佈局雙方輕車熟路、運子如飛，中局爭鬥兵來將擋、廝殺激烈：紅方棄先鋒俥兌過河右包；黑乘虛而入、滴水不漏，棄馬搏

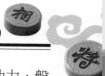

相、打開缺口，攻殺銳利、兌子爭先，總攬全域、頗見助力，盤馬彎弓、車卒聯手，最終馬到成功、車卒擒帥，堪稱經典妙殺。

第81局　（湖南）程進超　先勝　（浙江）黃竹風

轉五八炮過河俥先鋒傌轉五七炮對屏風馬7路馬右橫車

1.炮二平五　馬8進7　　2.傌二進三　卒7進1

3.俥一平二　車9平8　　4.俥二進六　馬2進3

5.兵七進一　馬7進6

這是2011年5月8日全國象甲聯賽第3輪程進超與黃竹風之間的一場展示紅傌凌厲攻勢的精彩搏殺。雙方以中炮過河俥對屏風馬，7路馬互進七兵卒拉開戰幕。紅如先傌八進七，將形成互有顧忌的對峙局面，本書前面有過詳細介紹。

黑如包8平9，則形成中炮對屏風馬平包兌俥的正規佈局套路。

6.傌八進七　車1進1

高起右橫車，旨左移或聯成下二線「霸王車」聯手出擊，屬當今棋壇流行變例之一。另一路象3進5流行著法，變化結果為紅方稍好，本書前面也有詳細介紹，讀者可仔細品味。

7.俥二平四　馬6進7　　8.傌七進六　車8進1

高起左直車，聯成下二線「霸王車」聯手出擊是黑方喜愛的常用走法，另有車1平4、馬7進5和卒7進1三路變化。

9.炮八平七　…………

炮平七路，以五七炮思路攻法，是一改傌六進五、炮五平四兩種應法的創新之變，具有很強的殺傷力，據筆者不完全統計，其勝率可達到75%，決不可小覷。

9.………… 車1平4

平右橫車捉傌，屬針鋒相對著法，一改象7進5，變化結果為紅攻勢強大、黑不易掌控的下法，意欲針尖對麥芒、決一死戰。

10.傌六進五　馬7進5　　11.相七進五　車4進2

12.傌三進四　包8平5

紅先鋒傌踩中卒、黑左馬踏中炮，紅雙傌連環、黑反鎮左中炮，雙方格鬥一觸即發，很快將步入緊張激烈的互纏態勢。

13.仕六進五（圖81）　車8平2？？？

平左車於炮底「藏花」，過快調車右移對紅左翼陣地進行瘋狂反撲，對攻之心十分強烈，敗著！！反給了紅方進攻機會，導致局勢速落下風。如圖81所示，宜包2進1！（含蓄有力！既牽住紅伸傌，又可防兵七進一進攻手段。）以下紅如接走俥九平八，卒3進1，兵七進一，包2平5，俥四退一，馬3退1，兵七平六，車4平3！以下不管紅接俥八進二、炮七平六，還是徑走兵六平七，黑均可車3平2邀兌紅左俥、佔多子之優，變化下去，雖紅方佔優，但黑多子可互纏，強於實戰。

14.兵七進一！　卒3進1

15.俥九平八　…………

紅方抓住戰機，渡七兵參戰，吹響了發動進攻的號角，凶著！現又亮出左直俥拴鏈黑右翼車包，不給包2進7沉底的反擊機會，明智而穩健。如炮七進

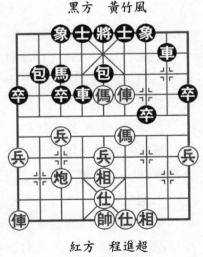

黑方　黃竹風

紅方　程進超

圖81

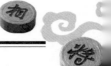

五？卒7進1！（若包2進1??則俥九平八拴鏈車包，黑方無趣，變化下去，紅反主動。）相五進三，包2進7！俥四平一，包5進4！相三退五，士4進5，俥一退一，包5退1！炮七平二，將5平4，（也可車2進5，以下伏有包2平6炸底仕凶著，給紅方造成極大壓力，這是紅方不願接受的。）俥一平六，車4進1，傌五進七，將4平5，傌七退六，卒3進1，傌六進四，包5退1，變化下去，紅雖多子，但黑車「天地」雙包和過河卒有反彈之勢。

　　15.………… 　卒7進1　　16.相五進三　包2進5

　　17.俥八平六　車4進6　　18.帥五平六　車2平4??

　　黑棄7卒、果斷兌車後，仍是紅子活躍、易走、佔先。然而，黑卻依然貫徹對攻取勢的戰略意圖，對形勢的抉擇和判斷明顯有誤，故宜改走馬3進5兌子簡化局勢後，並無大礙。

　　19.帥六平五　馬3進2??

　　急進右外肋馬反擊，強烈的求勝慾望造成黑方陣型不整、導致被動後陷入困境的又一根源，宜應兌子、改走馬3進5！俥四平五，車4進4，炮七進七，士4進5，傌四進三，車4平7！傌三進五，象7進5，炮七平九，車7平2，俥五進一，包2平1！變化下去，雙方大子、兵卒對等，紅僅多底相，各有顧忌，強於實戰，一時勝負難測。

　　20.俥四退一！　包5進4??

　　紅退肋俥騎河，窺殺3路卒和右外肋馬，著法細膩老練，體現了良好的全域觀。

　　黑飛包炸中兵，劣著，導致黑勢立刻危機四伏、難逃一劫，過於虛浮、局勢惡化。俗話說：「包不可輕發。」看似先手，其實卻給了黑方新的反擊手段。頑強走法是馬2進1！炮七進七，士4進5，俥四平七，包2退7！演變下去，紅雖多相，但黑可周

旋，優於實戰。

21. 炮七平五　車4進6？

黑進肋車丟子，實無良策。如象7進5？傌四進六！同時踩中路包、象，演變下去，黑也難以抵擋。

22. 俥四平五！…………

肋俥鎮中、剛勁有力，一著定乾坤！黑必失中包落敗。

以下殺法是：包2平5！相三退五，車4退4，俥五退二！象3進5，傌五退三，士4進5，傌三退五，車4進2，傌四進五，車4退1，後傌進四！士5進6，傌五退七！車4平6，傌四進六！將5平4，傌六進八，將4平5，傌七進六！（紅雙傌馳騁，天馬行空，八步躍傌，攻勢凌屬，展示出紅方運傌取勢中的超強攻擊力！）將5進1，俥五平二，將5平4，傌六退五！馬2退3，俥二平七！至此，黑馬難逃，只能接走車6平5，（若馬3進2？？？俥七進五，將4退1，俥七平五！俥傌妙殺，紅速勝。）俥七進四！車5平3，（若將4平5？？？傌八退六！車5平3，傌六退七，象5進3，俥七平四，形成紅多俥必勝局面；又若車5平2？？？俥七進一，將4退1，俥七平五！也紅勝。）俥七退二！象5進3，傌八退九！以下必然形成紅傌雙高兵完勝黑方士象全的局面。

此局雙方開戰不久紅右直俥過河、黑進先鋒馬反擊，紅跳左先鋒傌後，黑卻聯手下二線「霸王車」出擊，紅轉五七炮攻法後，紅傌踩中卒、黑馬踏中炮，紅進三路傌、黑反架左中包，爭鬥激烈、精彩紛呈、擊節稱快、令人讚歎不已！就在雙方剛步入中局後不久，好景不長了：當紅在第13回合補左中仕後，黑卻平左車於炮底「藏花」，反給了紅方進攻機會。

以後又分別在第18回合平車叫帥、錯失了兌傌機會、在第19回合進右外肋馬陷入了困境、在第20回合包炸中兵、在第21

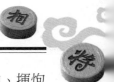

回合進肋車反擊導致了丟子，被紅方抓住戰機，肋車鎮中、揮炮兌炮、雙傌馳騁、八步連殺、俥傌冷著、逼車邀兌，最終紅傌雙高兵完勝黑方士象全。是盤雙方佈局爭奪地形要隘和空間優勢精彩激烈，針鋒相對、互不相讓，步入中局雖有爭鬥，但黑方明顯不在狀態，連連走漏失誤、讓紅方得勢不饒人，紅雙傌八步攻殺令黑方措手不及、顧此失彼，最終黑潰不成軍、紅傌到成功的精彩追殺，堪稱完美殺局。

第82局　（四川）孫浩宇　先負　（北京）蔣川

轉五八炮過河俥先鋒傌左橫俥對屏風馬平包兌俥右中士

1.炮二平五　馬8進7　　2.兵七進一　…………

　　這是2011年7月6日全國象甲聯賽第14輪孫浩宇與蔣川之間的一場「兩強相遇勇者勝」的精彩廝殺。紅先急進七兵，是帶有戰略性的試探型部署，除了硬要避免黑挺3路卒外，紅可選擇走先鋒傌、巡河炮、直橫俥等多種進攻線路，意欲給黑方先留下個懸念，也是一種常見、穩健的心理攻堅戰。

2.…………　車9平8　　3.傌二進三　卒7進1
4.俥一平二　馬2進3　　5.俥二進六　包8平9
6.俥二平三　包9退1　　7.傌八進七　士4進5

　　至此，雙方形成中炮過河俥對屏風馬平包兌俥互進七兵卒流行陣式。黑補右中士固防，屬常規穩健應著。在2011年第3屆「淮陰·韓信杯」象棋國際名人賽上蔣川與王斌之戰中曾走過變化相對激烈，易成對攻之勢的車1進1，炮八平九，車1平6，俥三退一，包2平1，俥三平八，車8進6？（同樣要進車過河，宜*車8進8後更有力*。）俥八進二，包9進1，兵三進一，車8平

7，傌七進八，車7退1，炮五平七，包1進4，俥九平七，包1平3，相七進五，車7退1，炮九退一！車6進7，仕六進五，車6退4，傌八退九！馬7退5，前俥進一，包9退1，前俥退一，包3平9，傌三進一，包9進5，兵七進一，車6平3，後俥進二！車7進2，炮九平七，車3平4，前炮進五！包9平5，後俥進一！紅5個兵被殺光，但多炮佔優，結果紅勝。

8.傌七進六　包9平7　　9.俥三平四　馬7進8

紅進先鋒傌出擊，黑平左包打俥後，黑跳左外肋馬還擊，屬推陳出新戰法，在近幾年的國內大型賽事中已悄然興起，且戰績不錯。如求穩可徑走車8進5，可參閱本書中的「蔣川負徐天紅之戰」。

10.俥四退三　…………

退右肋俥，旨在避開黑衝7卒的反擊戰術，屬穩健戰法。另有3變作參考：

①筆者曾走過傌六進五，包2進1，俥四進二，馬3進5，俥四平三，馬8退9，俥三平一，車8進3，（若包2退2，炮五進四，象3進5，俥一退一，象7進9，炮八平九，車8進6，紅車換雙後，雙方旗鼓相當，最終棄和。）炮五進四，包2平5，炮八平五，包5進4，相七進五，車8進3，傌三退五，車8平9，俥九平八，車9平7，傌五進七，象3進5，俥八進六，車1平3，局勢平穩，結果下和；

②在2009年全國象甲聯賽第22輪汪洋與蔣川之戰中改走炮八進三，包7進5，（可先卒3進1！後再走包7進5！黑勢將更有力；又若卒7進1？炮八平三！象7進9，俥九平八，車1平2，傌六進五，馬3進5，炮五進四，象3進5，兵三進一，象9進7，兵三進一，包7進6，兵三平二，車8進4，俥八進二，包7退

5，俥四進一！紅棄子後多兵相，又有殺雙象攻勢佔優。）炮八平二，包7進3！仕四進五，車8進4，俥九平八，車1平2，傌六進五，包2進6？（宜馬3進5！炮五進四，將5平4，炮五退一，車8退2，俥四平六，士5進4，炮五平六，將4平5！演變下去，黑可一戰，勝負難斷。）傌五進七，車2進2，炮五平六，（宜俥四平七！象7進5，俥七平九，車2平3，俥八進一，包7平9，帥五平四，卒7進1，俥九平三，車3進3，俥八進八，車3進4，俥三退二，包9平4，仕五退六，車3平4，炮五退二，紅多子佔優。）包7平9，炮六進二，卒7進1，炮六平五，象7進5，仕五進六，卒7進1，紅方多子、黑有攻勢、各有顧忌，結果下和；

　　③筆者在2013年5月網站上應對過傌六進四，車8進2，（若卒7進1，俥四平二，車8進3，傌四進二，包7進5，炮八平七，象3進5，俥九平八，車1平2，兵七進一，象5進3，相一進三，變化下去，紅較易走。）傌四進六，包2進1，俥四進二，包2平4，俥四平三，象3進5，炮八平七，包4進3，兵五進一，（如兵三進一???馬8退7，以下伏有包4退5打死俥凶著，黑佔優。）馬8進7！變化下去，黑多卒易走，結果黑勝。

　　10.………… 象7進5

　　補左中象固防，以儘快彌補右翼空虛，以逸待勞、從長計議、著法堅實、注重細節。網戰上另有包2進4，兵五進一，以下黑有兩變：①包2退1，傌六進五，馬3進5，炮五進四，象7進5，相七進五，包2平5，俥四平五，車1平2，俥五進一，馬8進7，俥五進一，車2進7，仕六進五，車8進3，俥九平六，車8平6，變化下去，黑雖多卒，但局勢平穩、互有顧忌；②包2平7，相三進一，車1平2，炮八平七，車2進5，傌六進五，馬3進

5，炮五進四，象7進5，俥九進一，車2平3，俥九平六，車3平
5，俥四平五，車5進1，傌三進五！變化下去，黑雖多雙卒，但
紅子靈活、雙炮鎮中路、又窺打3路底象，有攻勢佔優。

11.俥九進一　…………

高起左橫俥出擊，屬穩紮穩打策略，是當今棋壇流行變例之
一。如傌六進七，（若炮八平七轉成五七炮攻法，可參閱本書
「彭佳文先負蔣川」之戰。）包2進4，兵五進一，包2平7！相
三進一，車1平2，炮八平七，卒7進1，相一進三，馬8進9！
雙方對攻、變化複雜，不易掌控。

11.…………　　包2平1

右包平邊路，旨在儘快亮出右翼主力，有利於左、右兩翼子
力均衡發展，是2010年全國象甲聯賽上的創新變招。以往另有
兩變作參考：①在2000年全國象棋團體賽上劉征與廖二平之戰
中曾走包2進4，兵五進一，包2平7，相三進一，車1平2，炮
八平七，車2進4，（若車2進5？俥九平六，車2平3，炮七退
一，馬3退1，相七進九，車3退1，傌六進五，車3進3，傌五
退六，車3退3，兵五進一！紅子活躍、局勢開朗佔優。）兵五
進一，車8進2，兵五進一，卒7進1，相一進三，變化下去，紅
反主動、多過河中兵佔優，結果紅勝；②筆者曾在2010年網戰
上也應對過車1進1，俥九平二，（賽後複盤時感覺走炮八平九
後再伺機平左橫俥出擊，結果會更佳。）車1平4，炮八進二，
包2進2，傌三退五，包7平8，炮五平二，卒3進1，相三進
五，卒3進1！相五進七，包8進6！俥二進一，馬8退7，俥二
進七！馬7退8，傌五進七，包2平3，相七退五，包3進2，兵
五進一，車4進4，俥四平七！車4平2！俥七進四！車2平5，
俥七退三，車5平3，相五進七，馬8進7，兵三進一！雙方大量

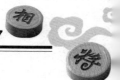

兌子、再兌兵卒後，雙方戰和。

12.傌六進七 …………

傌踩卒窺邊包，先得實惠，屬改進後走法。在2011年9月3日本屆象甲聯賽第18輪卜鳳波與許銀川之戰中又改走成兵五進一??車1平2，炮八平七，包7進5！相三進一，包7平1！俥九平二，車2進5！黑左包連炸雙兵，現又伸右直車騎河捉兵脅傌炮，顯而易見，黑勢反先，結果黑勝。

12.…………　車1平2　　13.炮八平七　車2進3(圖82)

車入卒林攔傌，似笨實佳，老練！

14.兵五進一??? …………

現衝中兵敗筆！反給了黑渡7路卒的反擊機會，導致丟子失勢告負。如圖82所示，宜先相三進一！卒7進1，（若馬8進7？兵五進一！馬7進9，炮五平一！包7進6，俥九平三，包7平8，俥三平二！變化下去，紅雖殘相，但主動易走，很有反彈力！）相一進三，包7進2，傌七退六，馬3進2，兵七進一，馬2進1，炮七平九，變化下去，雖雙方互纏，大子等、仕（士）相（象）全，但黑中卒難保，紅仍多兵佔優，好於實戰，勝負一時難定。

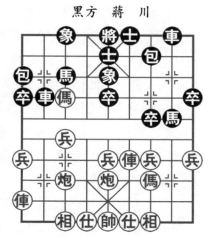

黑方　蔣　川

紅方　孫浩宇

圖82

14.…………　卒7進1

15.傌三退一?? …………

傌退邊陲、顧忌丟子，劣著，由此局勢逆轉、仍會丟子。

宜兵三進一！包7進6，炮七進一，以下伏有兵五進一兌中卒和淨多雙兵優勢，變化下去，紅可一搏，比實戰著法主動。

15.………… 卒7平6　　16.俥四平五　包7進2

17.傌七退六　馬3進2　　18.兵七進一　馬2進1

19.炮七平九　車2平4　　20.傌六退八　馬8進9

黑方抓住戰機，卒欺俥、包驅傌、馬捉傌、馬踏兵、車追傌、馬踩右兵，車包聯手、雙馬馳騁、連殺雙邊兵，成兩面夾擊攻勢，令紅勢走向被動、陷入困境、難以自拔。

21.相三進一　車8進6　　22.俥九平七　卒6平5！

23.俥五進一　車8平7　　24.兵七平六！…………

黑平肋卒兌中兵，果斷打通紅兵行線，簡明有力、優勢日趨擴大。紅現棄象台兵，實屬無奈。如兵七進一？車4平3，俥七進五，包7平3！演變下去，黑反多卒，紅也被動。

24.………… 車4進1　　25.俥五進二　包7進1

26.俥五平三　將5平4　　27.炮九平六　包1平4！

平右士角包邀兌，可穩得子，凶著！如先車4進3，傌八退六，包7平5，以下紅有兩變：①炮五進五？車7退3！俥七進八，將4進1，俥七退四，車7平4，俥七平五，車4進4，演變下去，黑多子大優；②傌六進五，車7退3！炮五進三，車7平5！俥七平六，將4平5，俥六進四，馬1退3，俥六退一，車5進1！俥六平七，象5進3，仕六進五，包1平5，傌五退六，象3進1，黑淨多雙邊卒佔優。

以下殺法是：炮五平二，馬9退8，炮六進五，車4退2，炮二平六，將4平5，炮六進四，車7平2！（黑得子勝定。）炮六平一，馬8退9，俥三平五，卒1進1，傌一進三，車4進4，炮一退三，車4平9！（一車換傌炮，乾淨俐索，黑勝定。）俥三

進一，車2平9！相一退三，馬9進8，相七進五，車9平4，俥七進五，馬8進7，俥五平六，包7平5！仕四進五，車4退3，俥七平六，馬7進8！俥六退二，馬1進2！藉中包之威，黑雙馬馳騁、均入紅方下二線，成左右夾殺勝勢，令紅方措手不及、顧此失彼，難逃滅頂之災。以下紅如俥六平五???馬2退4！仕五進六，馬8退6，帥五平四，馬6退5！黑棄右馬，現退左馬於仕角、叫帥抽俥，黑勝。

　　此局雙方一開戰就步入了紅躍左先鋒俥、黑跳左外肋馬的激烈爭鬥。步入中局後，紅退右肋俥穩健、黑補左中象堅實，紅高左橫俥穩紮穩打、黑平右邊包要快出主力，雙方智守前沿、可見一斑。但好景不長，當黑右車進卒林攔俥時，紅方卻在第14回合衝中兵，導致失勢被動，在第15回合俥退邊陲，又使局勢逆轉，黑不失時機，車包聯手、雙馬馳騁連掃雙兵、巧兌中兵、打通兵行線，平包邀兌、得子大優，接著黑方又果斷馬退守、衝右卒、車換雙、包鎮中、兌肋車，雙馬分左右兩側直赴臥槽下二線，最終形成「對稱型」，雙馬均可回退仕（士）角、抽俥殺勢而完勝紅方局面。此盤紅方選用拿手的七路先鋒俥穩健攻法，黑方為爭勝強行躍左外肋馬積極求變收到不錯效果後，令雙方步入了犬牙交錯的中局格鬥，在雙方鬥智鬥勇、互不相讓局勢下，黑果斷抓住紅衝中兵冒進後迅速挺7卒反先，最終「三英戰呂布」，黑方淨得兩子勝出！

第83局　（河北）申鵬　先勝　（青島）張蘭天

轉五八炮打中兵過河俥先鋒俥對屏風馬7路馬右橫車左中士

　1.炮二平五　馬8進7　　2.俥二進三　車9平8

3.俥一平二　卒7進1　　4.俥二進六　馬2進3

5.兵七進一　…………

這是2011年10月18日全國象棋個人賽第4輪申鵬與張蘭天之間的一場精彩搏殺。前三輪結束後，棋風潑辣、行棋剛猛、擅長亂戰搏殺的申鵬大師與青島小將、上海財大畢業、棋風輕靈、非大師的棋壇新銳張蘭天同為1勝2和積4分的成績，強強相遇。張蘭天為打進前12名，此戰志在必得。雙方以中炮過河俥對屏風馬互進七兵開戰。如兵五進一欲打通中路急攻左馬，由馬7進6，傌八進七，卒7進1，俥二退一，（若俥二平四，卒7進1，變化結果，雙方均勢。）卒7進1，（另有馬6退7和馬6進4兩路變化結果，前者為紅優、後者為紅方主動的不同下法，本書前面均有詳細介紹。）俥二平四，（在1994年全國象棋個人賽上王斌對王曉華之戰中曾走過兵五進一，結果黑方主動，最終黑巧勝。）卒7進1，俥四平二，車1進1，以下紅有兩種變化：

①在1994年全國象棋個人賽上孫志偉與王曉華之戰中曾走兵五進一強攻，結果在雙方對殺中，黑反得勢而最終獲勝；

②在2001年全國象棋個人賽上王斌與王曉華之戰中改走俥九進一，結果黑方佔優後走漏而弈和。

5.…………　馬7進6　　6.傌八進七　車1進1!

7.炮八進三　…………

黑高起右橫車出擊，一改當今棋壇盛行的象3進5，以下紅方有兵五進一、炮八進二、俥九進一、炮八進一和炮八平九等5種不同下法，意欲志在必得、出奇制勝。

至此，雙方走成五八炮過河俥七路傌對屏風馬左馬盤河右橫車互進七兵卒陣勢。紅方急進左傌騎河另闢蹊徑，顯示出申鵬對此佈局的獨特理解和靈活運用。如俥二平四？馬6進7，炮八進

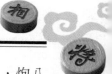

一，馬7進5，相七進五，象3進5，俥四平二，包2進1，炮八平七，卒3進1！俥二退二，馬3進4，俥二平六，包8進2，兵七進一，象5進3，俥九平八，包2平4，俥六平五，馬4進3，俥五進二，車1平5，俥五平六，馬3退4，傌七進八，馬4進5，傌三進五，車5進5，傌八進九，車5退4，俥八進九，士6進5！在雙方對搶先手的大量兌子中，黑有包8進5和卒7進1兩步先手棋，略優。

7.…………	卒7進1	8.炮五進四	馬3進5
9.俥二平五	包8平5	10.炮八平五	士6進5
11.兵三進一	包5進2	12.俥五退一	馬6進7
13.傌七進六！	…………		

紅雙炮齊鳴先後邀兌後，淨多得雙卒，現先鋒傌正式亮相、運子得當，至此已取得了多兵子活的滿意局面。

13.…………	車8進8	14.俥九平八	包2平5！

趁紅左直俥追殺右包之機，還架右中包、見縫插針地抓緊攻擊紅方中路空虛的薄弱點，反彈、抗擊有力，無懈可擊！

15.傌六進七	馬7進9	16.俥八進二	馬9進7
17.帥五進一	車1平3	18.兵七進一	…………

渡七兵保傌，要著，不給黑3路車出擊機會。如傌七進五？象3進5，兵七進一，象5進3！俥八平七，車3平2！帥五平六，（若俥七退一？？？馬7退5！以下帥五退一？？？馬5進3殺；又如改走帥五進一？？？車2進6也殺，黑速勝。）車2進7！帥六進一，車8退1！相七進五，車8平7！黑得子、紅帥位不安令黑大優。

18.…………	包5平8(圖83)		
19.俥八平四？？？	…………		

黑卸中包，果斷從紅右翼出擊，攻殺銳利，反擊力強！紅平

左俥佔右肋防守，敗著！導致由
此一蹶不振。同樣要俥佔右肋
道，如圖83所示，宜俥五平
四！車8進1，帥五平六，象3進
5，俥八平六，象5進3，俥四進
一，以下黑如走包8平4，則帥
六平五；又如黑改走包8進6，
則仕六進五，這兩路演變下去，
紅可一戰，優於實戰，因紅多
兵，故勝負一時難料。

19.…………　　車3進1

20.俥四退一??　…………

退肋俥壓馬，又一敗筆！導致局勢迅速惡化，頹勢難挽。宜
頑強徑走兵三進一！車3平2，兵七平八，車2平4，俥五退一，
車4進7，帥五平四！變化下去，令黑左翼車馬包一時無法有所
作為，紅尚可周旋，優於實戰。

20.…………　　車3平2　　21.兵七平八　車2平4！

黑連續平車出擊，巧用頓挫、閃出車位，為入局做好準備。

22.帥五退一　車4進5？

同樣揮肋車，宜車4平6！帥五進一，車6進6，帥五平四，
車8退1，傌三進四，包8平6，（也可車8平3！俥五平二，車3
退4！俥二進二，車3平6，俥二退六，車6進2！帥四平五，馬7
退6！帥五退一，黑多子大優。）傌四進三，（若帥四平五??車
8平3，帥五平六，車3進1，帥六進一，車3退5！帥六退一，車
3進5！帥六進一，包6平4！黑得子後又有攻勢，勝定。）馬7
退6，傌三退四，車8退4，傌七退六，車8平6，傌六退四，車6

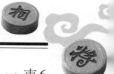

進2！帥四平五，車6進1！相七進五，包6平5！兵五進一，車6平9，兵九進一，車9平1，兵九進一，卒1進1，兵八平九，車1退1，兵三進一，包5進3！相五進三，卒9進1，兵三進一，卒9進1！形成黑車包高卒士象全對紅俥雙高兵仕相全的必勝局面。

　　23.俥五平三　象7進5　　24.俥三平四　包8平6！

　　黑連續揚象欺俥，現又平左士角包打俥，以下紅只有接走前俥平五，車4平6，帥五進一，包6進6！傌七進八，車6平7！帥五平四，車7退2，仕四進五，（若帥四平五？？？馬7退6！抽紅俥後黑勝。）馬7退6！帥四退一，車7進4！殺底相後，黑方完勝。為打進全國個人賽前12名奠定基礎。

　　此局雙方開戰黑進先鋒馬、高右橫車，一改象3進5流行變例後，紅進左傌騎河，另闢蹊徑，以示抗衡。當紅雙炮先後邀兌、淨多雙兵後，亮出先鋒傌，使紅方取得了多兵子活的滿意局面。但好景不長，雙方步入中局後，當黑方卸中包從右翼反擊時，紅竟在第19回合俥佔右肋防守而一蹶不振、在第20回合退肋俥壓馬導致頹勢難挽，被黑方抓住機遇，平車頓挫、閃出車位，進車揚象、驅趕紅俥，平包打俥、一鳴驚人，最終車馬冷著、抽俥破相入局。

　　此盤雙方急進先鋒馬各有所圖，紅在優勢下平肋俥敗勢，黑得勢不讓人，把握時機，不急不躁，反客為主，見縫插針，厚積薄發，令紅方寡不敵眾、王城不保，敗走麥城！

第84局　（內蒙古）蔚強　先負　（北京）金波

轉五八炮先鋒傌左橫俥渡七兵對屏風馬右橫車雙包過河

　　1.炮二平五　馬8進7　　2.傌二進三　車9平8

3.兵七進一　卒7進1　　4.傌八進七　馬2進3

這是2010年10月18日全國象棋個人賽第3輪蔚強與金波之間的一場短局精彩激戰。雙方以中炮對屏風馬互進七兵卒拉開戰幕。紅急進七路傌，旨在儘快跳先鋒傌出擊，一改以往多走俥一平二，馬2進3，俥二進六，車1進1，以下紅有傌八進七和炮八平七兩路變化，結果均為黑勢開朗、易走的不同下法，意欲出奇制勝。

黑進右正馬成屏風馬陣勢防守，也一改左三步虎包8平9，傌七進六，馬2進3，俥一進一，士4進5，炮五平七，象3進5，相七進五，車1平4，炮八進二，車4進4，俥九進一，以下黑有車8進6和馬7進6兩路變化結果均為雙方大體均勢的不同弈法，也欲志在必得。

5.傌七進六!　…………

急跳先鋒傌，按既定方案出擊，穩正。如俥一平二，包2進4，兵五進一，包8進4，俥九進一，包2平3，相七進九，車1平2，俥九平六，以下黑主要有車2進6和包3平6兩種對攻殺法，本書前面均有過詳細介紹。

5.…………　車1進1

高右橫車伺機出擊，屬改進後的穩健下法。以往多走象3進5，俥九進一，士4進5，俥一平二，包8進4，俥二進一，車1平4，炮八進二，包2進2，炮五平七，包2平5，相七進五，卒3進1，兵五進一!雙方激烈對攻，以下變化繁複，可參閱本書前面的更詳細、全方位的介紹。

6.俥一平二　…………

先亮右直俥屬當今棋壇流行變例之一。筆者在網戰中曾應對過炮八平六，包8平9，俥九平八，車8進5，兵五進一，包2退

1，仕四進五，包2平5，俥八進五，象3進5，變化下去，紅中兵和先鋒傌受制，黑勢由此反先，結果黑勝。

6.………… 象7進5！

先補左中象固防，含蓄有力之著！一改以往車1平4，炮八進二，包8進4，俥九進一，象7進5，炮五平六，車4平6，炮六平七，車8進4，俥九平六，雖互相對峙，但局勢平穩的走法，意欲保持局勢變化，再力圖志在必得。

7.俥九進一？？ …………

急於高左橫俥出擊，導致由此落入下風。宜炮八平六！包2進3，傌六進七，車1平4，仕四進五，包2進1，俥二進四！包2平7，傌七退六！車4平2，炮六平七！變化下去，在雙方纏鬥中，紅子位略好佔得先機，遠遠強於實戰。

7.………… 包8進4 8.炮五平七 包2進4

9.兵七進一？ …………

在紅卸中炮、黑雙包過河入侵紅方陣地之際，紅先棄七兵、挑起事端，似先實後，有幫倒忙嫌疑，紅由此陷入困境。宜炮七進四！包2平7，兵七進一！車1平6，俥九平六！演變下去，紅左翼有五子活躍，對黑右翼形成一定壓力，雖雙方攻守變化繁複，但紅足可一搏，強於實戰，勝負一時難測。

9.………… 包2平3 10.兵七進一 車1平2(圖84)！

黑不失時機，揮車欺炮、大膽對攻，反擊力強、精妙絕倫！如貪包3進3？？仕六進五，車1平4，（若車1平2？俥九平七！對攻下去，互有顧忌。）傌六退五，馬3退1，俥九平七，包3平1，炮八進二，卒1進1，（若車4進4？炮八平九！窺馬必兌炮後紅反優。）兵五進一，車4進5，炮七進一！變化下去，在雙方激烈對攻中，互有顧忌、各有千秋，黑反不易掌控。

11.俥九平八???…………

亮出左俥護炮，敗著！導致
迅速失勢告負。如圖84所示，
宜徑走炮八進三，以下黑有兩
變：①包3進3，帥五進一，車2
平4，俥九平六，馬3退5，兵五
進一，包8進2，俥六進二，雙
方變化甚多，但紅完全可周旋，
優於實戰；②車2平4，俥六退
五，車4進6，炮七平九！包8平
5，仕四進五，車8進9，俥三退
二，車4退3，兵七進一！車4平
2，俥二進三，包5退1，俥三進

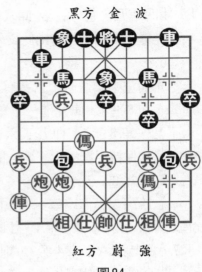

黑方 金波

紅方 蔚強

圖84

五！包3退3，炮九進四，車2平3，相七進九，變化下去，紅多
過河兵反先，以下黑如續走馬7進6??炮九平五！演變下去，紅
中炮護俥，反多雙兵佔優，遠遠強於實戰，足可一搏！

　　11.…………　　　車2進4　　　12.兵七進一??…………

挺兵貪馬，速敗之著，令人費解！應退子回防走俥六退五！
包3進3，仕六進五，馬3退1，炮七平六，包3平1，炮六退
一！（不給黑包8進2壓右俥、窺打左俥的反擊機會。）車2平
3，俥八平七，車3進3，俥五退七，包8平5，帥五平六，車8進
9，俥三退二，包1平2，俥二進三，包5退1，炮六進五！馬7進
6，炮六平一！馬6進7，相三進五，演變下去，雙方在無俥車棋
纏鬥中，紅雖殘底相，但有過河兵牽制邊馬，互有顧忌，紅可抗
衡，優於實戰，勝負一時難斷。

　　以下殺法是：包3進3，仕六進五，車2平4，俥八平七，包

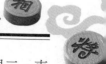

3退2，俥七進一，包8平5！相三進五，車8進9，傌三退二，車4進1，俥七進四，車4平1！黑方抓住機遇，果斷包炸底相、車砍肋傌、底包邀兌、包轟中兵、及時兌俥、車掃邊兵，現多中卒催殺，黑方勝勢。以下紅如續走炮八平六？？馬7進6！傌二進四，包5平9！傌四進二，馬6進4，俥七退二，馬4進5，俥七退四，馬5進7！帥五平六，車1平7！下伏車7進1捉傌，後包9進3的抽底俥凶著！黑完勝。

　　此局雙方開戰就糾纏住紅進先鋒傌、亮出右直俥和黑高起右橫車、速補左中象抗衡，雙方為爭搶有利地形和空間優勢，先後亮出各自賽前做過的各種「功課」。但未到中局前的第7回合，紅急於高左橫俥出擊落入下風、在第9回合紅棄七兵又是反幫倒忙、在第11回合亮左俥護炮，更匪夷所思、令人大跌眼鏡，導致失勢敗北；而黑方卻不失時機地炸底相、車殺傌、兌底炮、**轟**中兵、兌左俥、車掃兵、馬踩相、包炸兵、馬叫帥，最終淨多雙象和三個高卒完勝紅方。

　　此盤紅方開局連出軟著，不在狀態；中盤貪馬陷入絕境、厄運難逃，而黑方應勢而動、謀變進取、棄子強攻、智守前沿、總攬全域、頗見功力，最終以三子歸邊、多卒象入局制勝！

第85局　（廣東）黃海林　先勝　（廣東）莊玉庭

轉五八炮左橫俥先鋒馬巡河俥對屏風馬左中象雙包巡河

　　1.炮二平五　馬2進3　　2.傌二進三　馬8進7
　　3.兵七進一　卒7進1　　4.傌八進七　包2進2
　　這是2010年10月19日全國象棋個人賽第4輪廣東實力派大師黃海林與特級大師莊玉庭之間的一場精彩的「德比大戰」。雙

方以中炮對屏風馬右包巡河互進七兵卒開戰。黑急進右包巡河在實戰中很少出現，黑方一開戰佈局就不拘一格、獨闢蹊徑，意欲出奇制勝，效果如何，讓我們拭目以待吧！當今棋壇流行下法是車9平8，傌七進六，象3進5，俥九進一，士4進5，俥一平二，包8進4，俥二進一，車1平4，炮八進二，包2進2！演變下去，雙方既對搶先手、也互有顧忌。

5.俥九進一　象7進5

先補左中象固防，主動讓出位置，旨在儘快出動左象位車。筆者曾在網戰上走過象3進5！傌七進六，包2平4，炮八平七，車1平2，俥九平四，車2進9，炮七進四，車9平8，俥一進一，車2退4！相七進九，包8進4，下伏車8進5追殺紅先鋒傌的先手棋，黑勢開朗，結果紅走漏後黑勝。

6.俥九平四　車1進1　　7.俥四進五　包8進2

8.俥一平二　卒3進1?

急兌3卒易遭被動，宜未雨綢繆、從長計議地改走車9平7，以下紅如接走俥二進四，卒3進1！兵七進一，包8平3，傌七進六，包2退1，俥四退五，車7進1！此時聯成下二線「霸王車」反擊力頗大，且黑子位靈活、局勢開朗，足可抗衡，遠遠強於實戰。

9.兵七進一　　包8平3　　10.傌七進六　車1平4??

平肋車捉傌，壞棋，錯失抗衡機會。宜包2退1！俥四進一，車9平7，傌六進五，馬3進5，炮五進四，士4進5，炮五退二，包3平5！俥四退三，車1平3！變化下去，紅雖多中兵，但黑右車雙包佔位靈活略好，黑足可抗衡，優於實戰。

11.俥二進四　車4進3　　12.俥四平三（圖85）　……………

平俥壓左馬，正著。如炮八平六?包2進1！炮六進三，包2

平8，炮六進二，馬3進4！俥四進二，車9進1，俥四退七，包3退2！變化下去，雙方子力對等，黑足可對抗。

12.…………　包3進1???

包進相台打俥，敗著！導致被動挨打。

黑方　莊玉庭

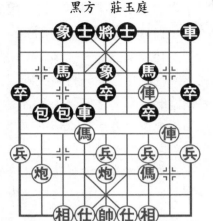

紅方　黃海林
圖85

如圖85所示，宜車9平8，（若車9平7？炮八平六！包2退1，俥三進一，車7進2，炮六進三，馬3進4，炮五進四，士4進5，炮五平九！雙方兌俥車後，紅多雙兵主動易走、佔先。）俥二進五，馬7退8，傌六進八，馬3進2，炮五進四，士4進5，炮五平八，馬2進1，變化下去，雖雙方兵卒等、仕（士）相（象）全，大子基本相等，成互相糾纏、各有千秋的局面，但黑有機會周旋，優於實戰。

13.炮八平六！…………

紅方抓住戰機，平炮打車、刻不容緩，擴大先手、步入佳境！紅方良好的中盤大局觀在此展現得酣暢淋漓，令人歎為觀止！

13.…………　包3平8??

飛包打俥，速敗！導致丟子失勢而敗北。宜頑強徑走車4平3！傌六進五，馬7進5，炮五進四，馬3進5，俥三平五，車3平4！仕四進五，包3進2！傌三退四，包3退6，變化下去，紅雖多中兵、兵種全，但3路包以退為進，以下伏有包3平5打俥奪

中兵的先手棋，黑可一拼，優於實戰。

14.炮六進三　馬3進4　　15.傌六進八　車9平7

16.兵三進一！　卒7進1

紅硬兌三兵，打開突破口，是一步對當前局勢敏銳的嗅覺和精確的計算力之佳著！紅方由此步入佳境。

黑渡卒吃兵明智。如包8進1??傌八進六！包8平7，（若車7進1??炮五進四！士4進5，炮五平九！紅炮連炸雙卒，以下伏有傌炮攻殺黑右翼薄弱底線的凶著，紅反大優。）傌六進七！將5進1，炮五平八，馬4進2，傌三退二！雖雙方子力對等，但紅優勢顯而易見，黑棋全盤受制也是凶多吉少。

17.傌三進二　卒7平8　　18.傌八進六！…………

紅方俥傌炮子位俱佳，現又馬撲襲臥槽、搶先發動攻勢！讓黑方措手不及、顧此失彼，慌不擇路，疲於應付。

18.…………　馬4退2

退馬守住臥槽，實屬無奈。如馬4進6??傌六進七！將5進1，炮五平八！將5平4，炮八進六！將4進1，俥三退五！以下伏有俥三平六凶著，紅勝。

19.炮五平三！…………

卸中炮打馬，穩步得子，勝勢已成。

以下殺法是：車7進1，炮三進五！卒9進1，相三進五，卒8進1，兵五進一，士6進5，俥三退二，卒8平9，炮三退一，後卒進1，兵五進一！後卒平8，俥三退四，卒1進1，仕四進五，士5進4，兵五進一！馬2進4，兵五進一！象3進5，傌六進四，車7平6，炮三平五！（組成了俥傌炮全方位立體型攻勢，紅已勝券在握了。）象5退3，俥三平四，將5進1，炮五退二，馬4進3，炮五退一，馬3進4，俥四進三！紅進肋俥保炮窺卒，

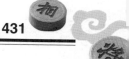

以下黑如續走馬4退5，俥四平五，象3進5，傌四退五，卒8進
1，傌五進六！車6進4，傌六進八，車6平4，俥五進三！以下
伏有傌八退七，捉殺黑車卒象凶著！變化下去，將形成紅俥傌兵
仕相全對黑車雙高卒單士象的必勝局面，紅勝。

　　此局雙方開戰就先響炮聲，紅走直橫俥佔右肋道、黑補左中
象進右橫車伸雙包巡河來對搶先手、爭奪空間。然而，雙方對抗
不久，紅在第8回合亮出右直俥後，黑急於邀兌3路卒、跌落下
風，在第10回合平右肋車捉傌又錯失抗衡良機，更糟糕的是在
關鍵的第12回合包進相台打俥後導致被動挨打，到了第13回合
更令人大跌眼鏡地飛包打俥後造成丟子失勢的嚴重後果。紅方抓
住戰機，飛起肋炮、雙傌馳騁、炮轟馬、補中相、渡中兵、俥退
底、進中仕、兵殺象、傌叫將、俥保傌又護中炮，最終形成紅俥
傌對車雙卒的必勝局面。

　　此盤黑方在開戰不久就完全不在狀態，四度失誤、自亂陣
腳，令人費解，急功近利、反難成事，被紅方抓住機遇、精準打
擊、把握大局，最終俥傌兵聯手、拔寨擒將！

第86局　（海天集團）朱仟順　先負　（浙江偉業）陳福生

轉五八包先鋒傌轉五七炮對屏風馬右包過河打三兵互進七兵卒

　1.炮二平五　馬8進7　　2.傌二進三　車9平8
　3.兵七進一　卒7進1　　4.傌八進七　包2進4
　5.俥一平二　…………

這是2010年3月28日「海天杯」第2屆浙江省企業家名人象
棋爭霸賽第6輪朱仟順與陳福生之間的一場「短、平、快」之
戰。紅亮右直俥，屬當今流行變例之一。也有改走俥一進一，馬

2進3,俥一平四,象3進5,(另有包8進2,包8平9和士4進5三種變化,結果均為各有千秋、互有顧忌的不同走法,本書前面均有詳細介紹。)兵五進一,士4進5,〔另有包8進4,(在2007年河北省滄州市象棋精英賽上苗利明與王向明之戰中曾走過包8平9,結果紅優而最終獲勝。)以下紅有兩變:①在2009年全國象棋個人賽上黃仕清與謝業枧之戰中曾走俥四進三,結果黑子受困、紅佔優而獲勝;②炮八平九,士4進5,俥九平八,車1平2,俥四進三,以下黑有三變:(甲)在2000年第15屆「怡和軒杯」亞洲象棋錦標賽上謝靖與越南阮武軍之戰中曾走車8進4,結果雙方各有千秋而戰和;(乙)在2007年全國象甲聯賽上朱琮思與張強之戰中改走車2進4,結果黑方奪回失子、局勢略先而弈和;(丙)在2008年全國象甲聯賽上呂欽與閻文清之戰中改走包2平5?過急,反被紅方得子後最終獲勝。〕俥四進二,包2退2,以下紅方有3變:

①在2008年第3屆「楊官璘杯」全國象棋公開賽上金波與李雪松之戰中曾走兵九進一,結果雙方均勢,最終下和;

②在2009年全國象甲聯賽上孫勇征與黎德志之戰中改走炮八退一,結果紅方佔優,最終獲勝;

③炮八平九,車1平2,俥九平八,包8平9,以下紅有兩變:(甲)在2007年中國象棋隊訪問越南對抗賽上越南鄭亞生與王斌之戰中曾走炮九退一,結果雙方互纏、紅走漏而告負;(乙)在2009年全國象棋個人賽上呂欽與王斌之戰中改走兵九進一,結果雙方互纏、各有顧忌,但最終下和。

5.………… 馬2進3　　6.傌七進六　　包2平7

7.炮八平七　車1平2　　8.兵七進一??　…………

當紅進先鋒傌轉五七炮後,現急渡七兵以為有機可乘,漏

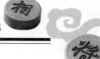

著！反而露出破綻，被黑車偷襲而丟掉先手。宜炮五進四！馬3進5，傌六進五，象7進5，（若馬7進5？？？炮七平五，象7進5，炮五進四，士6進5，相七進五，車2進4，炮五退二，下伏有俥二進三和俥九進一兩步先手棋，紅勢開朗、兵種全佔優。）傌五進三，包7退4，傌三進四，變化下去，紅炮鎮中、右傌盤河、黑無根車包受拴，紅勢開朗、易走，仍持先手。

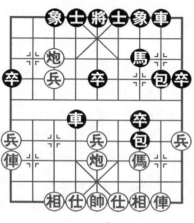

黑方　陳福生

紅方　宋仟順

圖86

8.　…………　　　車2進5！

9.兵七進一　　　車2平4

10.炮七進五　　　包8進1

11.俥九進二　　　卒7進1（圖86）

12.俥九平七？？？　…………

雙方迅速兌傌馬後，黑先高左包搶殺七路兵，現又及時巧渡7路卒，旨在驅逐紅右車無條件回歸原位，這對紅勢非常不利。如圖86所示，宜果斷棄中兵，改走兵五進一！車4平5，相三進一，象7進5，（若卒7平6？？俥二進四！士6進5，俥九平七！變化下去，紅雖少中兵，但子位靈活，很有反擊力，佔先。）相一進三，包8平3，俥二進九，馬7退8，俥九平七！包3平2，炮七退一！包2進2，相三退一，馬8進7，俥七進一！以下黑如接走包7退2，則傌三進五打車後，紅傌炮鎮中路有攻勢佔優；又如黑改走馬7進6？俥七平四！車5退1，炮七平一！以下伏有

炮一進三叫將和炮一平九炸邊卒後紅多兵兩步先手棋，這兩路變化下去，優於實戰，紅足可抗衡，略有優勢。

12.…………	卒7平8！	13.俥二平一	包8平7
14.傌三退五	車8進4	15.俥七進三	車8平3
16.炮七退二	象7進5	17.炮七平八	後包平3！
18.俥一進二	包7平1！	19.炮五平九	…………

黑方不失時機、平卒欺俥、果斷兌俥、雙包齊鳴、連炸雙兵，黑子位靈活、淨多雙兵，大佔優勢。

紅卸中炮攔黑邊包，實屬無奈，如走傌五進七??包1平3！傌七退五，（若傌七退九??車4進3！紅一逃傌，即後包炸底相入局。）車4進3，相七進九，前包平2！相九退七，包2進3，傌五進三，車4進1！帥五進一，包3進4！雙包齊鳴連炸雙兵後，現又進包拴住紅俥傌炮，黑勝利在望了。

| 19.………… | 包1平3 | 20.炮九平七??? | ………… |

平邊炮攔雙包炸底相，敗筆！導致殘相又丟子告負。宜走俥一平八！及時用右俥左移來預防雙包炸底相，堅守左翼底線為上策，以下黑如接走車4進3，俥八退二！車4平3，相七進五，變化下去，雖仍黑子位靈活、淨多雙卒佔優，但紅方可暫時逃過一劫，尚有機會周旋，結果要好於實戰。

以下殺法是：前包進3，傌五退七，包3進6！仕六進五，車4平2，炮八平六，馬7進6，俥一平六，包3平1！兵五進一，車2進4，仕五退六，馬6進5！相三進五???｜補右相過急，敗著，導致丟子告負。宜俥六進一！馬5進7，俥六退一，〔若相三進五??車2退2！仕六進五，（如炮七退二???車2平5，仕四進五，車5進1！黑速勝。）車2平3，帥五平六，車3平5！黑多子多雙象雙高卒也勝定。〕車2退2，仕六進五，馬7退5，俥六進

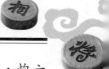

一！車2平3，俥六平五，車3進2，炮六退五！車3退3，炮六進三！演變下去，黑雖多雙高卒和中象，但紅不會丟子，尚可周旋、強於實戰，雙方戰線甚長，紅方還有對搏機會。│車2退2！黑方抓住最後機會，退車叫帥，藉中馬之威，抽炮入局，以下紅方接走仕六進五，車2平3！俥六平七，馬5進3！至此，形成了黑馬包四個高卒士象全對紅炮雙高兵單缺相的必勝局面，黑勝。

此局雙方開戰就聽到了雙方的發炮聲，當紅進先鋒傌轉五七炮進攻、黑還以右過河包炸三兵、又亮出右直車蓄勢待發後，紅在第8回合搶渡七兵攻黑右馬露出破綻，反被黑右車偷襲而喪失先手，以後當黑方兌傌爭先、高左包窺殺七路兵、又巧渡7路卒後，紅在第12回合平左橫俥保兵，陷入困境，以後在第20回合平左邊炮阻攔黑雙包，導致殘相又失子，然而到了第27回合紅在對攻中誤補中相固防，導致丟子告負。

是盤紅方在佈局階段選擇的進攻路線就無功有過是錯誤的，又沒有意識到適時為右俥找條正確出路而招致無窮後患；步入中局後紅仍不在狀態，又三度鬼使神差地錯失戰機而導致丟子告負。相反，黑方良好的開局卻是成功的一半，動子之前、看清趨勢，轉換之前、明瞭優劣，抓住戰機、我行我素，佔先得勢、不急不躁，應勢而動、順勢而為，奠定勝局。

第87局　（瀋陽）卜鳳波　先負　（上海）謝靖

轉五八炮過河俥七路傌左橫俥對屏風馬過河車直渡7卒

1.炮二平五	馬8進7	2.傌二進三	車9平8
3.兵七進一	卒7進1	4.傌八進七	馬2進3
5.俥一平二	包2進4		

這是2010年8月4日全國象甲聯賽第8輪卜鳳波與謝靖之間的一場「強強相遇勇者勝」紅方強攻不下敗下陣的精彩對決。雙方以中炮七路傌對屏風馬右包過河互進七兵卒拉開戰幕。黑右包過河，旨在右移壓七路傌，或轟三路兵，或伺機炸一路兵出擊，一改象3進5和車1進1兩路變化結果，前者為紅方略優、後者為雙方均勢的不同走法（前面均有詳細介紹），意欲志在必得。

6.兵三進一　…………

棄三兵，寧願放7卒渡河，也不給右包打三兵左移出擊機會。一改兵五進一，包8進4，傌九進一，包2平3，相七進九，車1平2，變化結果為雙方均勢的走法，試圖出奇制勝，是紅方大膽強棄三兵，選擇激烈對攻的初衷。

6.…………　卒7進1　　7.傌二進六　卒7進1

衝7卒壓傌，按既定方案對攻，著法有力，屬明智之舉。筆者在2010年10月國慶日網戰中曾應對過包8平9？傌二平三，車8進2，傌三退二，包2退5，傌三平二！車8進3，傌三進二，包2平7，炮五平三，車1平2，傌九進一，車2進4，炮三進六，車2進3，傌九平三！馬3退5，傌七進六！包9進4，兵九進一，包9退1，傌六進七，車2退4，兵七進一，象3進5，傌三平七！紅方大優，結果紅勝。

8.傌七進六　…………

急進先鋒傌，屬穩健型流行走法。如傌二平三，卒7進1，傌三進一，象7進5，傌七進六，包8進7！傌三退五，包2平9，傌九進一，包9進3！傌九平一！包8平6，傌三平四，包9平8！變化下去，黑雙底包齊鳴，在雙方對攻中，黑反多卒、士略優。

8.…………　卒7進1　　9.炮八平三　…………

炮炸3卒是當今主流戰術之一。如俥二平三！（另有本書前面介紹的俥九進一流行走法。）包8進7，炮八平三，包2平9，炮三進五！車8進6，俥九平八，車1進1，傌六進五，馬3進5，炮五進四！車8平5，仕六進五，車1進1，炮三平八，包9進3，俥八進三！車5退2，帥五平六！在雙方雙俥（車）雙炮（包）的激烈對攻中，紅方易走，稍可滿意。

9.…………　　包2平9

右包左移、疾炸邊兵，意欲從邊線切入，牽制紅方右翼俥炮。如包8平9？俥二平三，車8進2，傌六進四，車1平2，俥九進一，車2進4，俥九平四，車2平4，炮三進三，車4進2，炮三進二！士4進5，俥三平二，車8進1，傌四進二！在雙方兌俥（車）、紅追回失子後，局勢開朗有攻勢。

10.俥二平三　　包8進7

平俥壓馬進攻，幾乎是唯一有效的對殺選擇！網戰上也曾有過俥九進一，車1進1，俥九平三，車1平4，炮三平四，車4進4，俥三進六，象7進5，炮四平二，車8平7，俥三進二，象5退7，俥二進一，象3進5，俥二平三，車4平8，炮二平三，車8平3，炮三進七，象5退7，俥三平七！演變下去，雖雙方大子對等，但黑中卒已在紅中炮口，紅左底相和九路兵也分別在黑車包嘴中，雙方互有顧忌。

黑棄左馬、急沉左包搶攻發威，幾乎已成了當今棋壇唯一流行的對殺選擇。可見雙方針鋒相對、針尖對麥芒！兩者搏殺將會一觸即發、無法避免了。

11.炮三進五　…………

揮炮炸馬，老練穩正。在2009年9月27日廣東鳳崗鎮季度象棋公開賽上董明遠與陸崢嶸之戰中曾走俥三進一？？？象7進

5，炮三平一，車8進6！俥九平八，車1進1，仕六進五，包9平5！俥八進三，車1平6，帥五平六，包5平3，傌六進七，車6進7！傌七進五，象3進5，俥三平五，士6進5，俥五平三，將5平6！俥八退二，車8平4，俥八平六，車4平6，俥六進一，包3平4，俥六平七，包4退4！炮一平四，後車平4！帥六平五，車4進2！

藉左沉底包之威，雙車及時跟上，佔據兩肋道下二線，下伏車挖中仕殺著！黑方完勝，無懈可擊。

11.………… 　包9進3

雙方步入黑搶先沉包的簡明有力之著後，令雙方逐步形成了激烈對攻的搏殺局面。亦可車8進6！俥九平八，車1進1，傌六進五，包9平5，（若馬3進5??炮五進四！車8平5，仕六進五，以下黑有兩變：①車1平8，俥八進二，包9平1，相七進五，包8退3，俥八進三！黑車難逃，紅雙俥雙炮明顯逞威佔優；②車1進1，炮三平八，包9進3，俥八進三，車5退2，帥五平六，車5平4，帥六平五！變化下去，黑雖多卒、且有雙底包脅底相，但紅有空心中炮、雙俥左炮逞威，優勢也是顯而易見的。）仕六進五，象3進5，俥八進三，車1平6，俥八平五，車8平5，傌五進七，車6平2！以下伏有車2進8捉底相、窺殺中炮凶著！變化下去，黑勢不弱。

12.俥九進一　包8平6！

包炸底仕，局勢一下緊張起來。如車1進1?傌六進五，象7進5，炮三進二，士6進5，傌五進七！車1平2，俥九平一，包8平6，炮三平六！士5退4，俥三平六！士4進5，仕六進五，包6退7，俥一退一！包6平3，俥一進六！包3平1，俥六退三，變化下去，紅反多中兵略先。

13.俥九平一　車1平2?

亮右直車似緩，宜車8進
9！傌六進五，馬3進5，炮五進
四，包6退7！俥一退一，車8平
9，炮三平二，車9退3，兵五進
一，車9退1，兵五進一，車9退
1，變化下去，黑多子多卒士大
佔優勢，遠遠強於實戰。

14.傌六進五　象3進5

補右中象屬當今棋壇主流戰
術之一。

但筆者也在網戰走過象7進

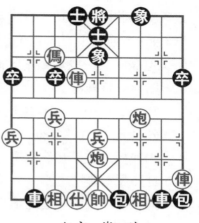

5，傌五進七，車2進9！俥三平
六！士6進5，炮三退二，車8進9！炮三平五，包6退9！帥五
進一，車2退1！俥六退五，車2退6，傌七退五，車8平7，兵
七進一，車7退3，兵七進一，包9平3，兵七進一，車2進5！
兵五進一，車7退1！變化下去，紅雖多子多兵，但殘仕缺相，
中兵難逃，最終黑車卒入局。

15.傌五進七　車2進9　　　　16.俥三平六　士6平5

17.炮三退三　車8進9(圖87)

車沉底線，是20世紀90年代主流攻擊戰術。在2009年6月
28日申鵬與王斌之戰中改走包9平8，俥一平四，車2退7，炮三
進三，車2進7，炮三退三，車2退7，炮三進三，車2進5，炮
三退三，車2退5，炮三進三，車2進5，炮三退三，車2退5，
炮三進三，雙方不變，最終作和棋。

18.炮三平五??? …………

平相台炮鎮中路，成雙中炮強攻之勢，敗筆！錯失良機，導致紅勢由此陷入被動、最終告負。如圖87所示，宜俥一退一！車8平9，炮三平五，包6退9！俥六平三！變化下去，紅雖殘仕，但多中兵、雙炮鎮中、俥傌佔位靈活，足可抗衡，優於實戰，勝負一時難料。

18.………… 包6退9　　19.帥五進一　包9平7

20.相七進九　…………

揚邊相逃離是必然選擇，也勢在必行。一旦包7平3炸底相後，紅將頹勢難挽。

20.………… 車8退3　　21.俥一平三　包7平9

22.前炮平六！？…………

此刻，紅雖多子，但後方空虛，無法組織進攻，已落入下風。現卸前中炮佔肋道，旨在全線回退防守，是卜鳳波拋出的探索型防守「飛刀」，但為時已晚，紅方再無反擊能力了。在1996年5月20日全國象棋團體賽上鄔正偉與童本平之戰中曾走過傌七退五？車8平5！傌五退三，象7退9，傌三進四，包6進1，俥三進三，車2退1，俥六退五，車2退1！俥三退二，車5退1！傌四退二，車5平8！俥三退一，車8退2！以下伏有車8進4再得中炮凶著，黑方以多兩子完勝。

22.………… 車2退1　　23.炮六退三　包9退2

24.俥六平四　車8平5

至此，紅方四面漏風、顧此失彼、防不勝防、厄運難逃。如俥三平四？包9平1！包轟左邊相後，黑反大有攻勢，勝定。

黑左車殺中兵不如車8進3更加有力！以下紅如續走炮五平六，包9平1，俥三進七，包6進2，俥三平四，車8退1，後俥退五，車8平6，帥五平四，車2平4，仕六進五，包6平3！雙

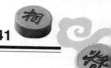

方經過及時兌俥車後，黑反多子多士象大優。

25.俥四退四 …………

退肋俥丟棄中炮，實屬無奈。否則一旦包9平1炸左邊相後，紅將宮崩城倒、更難生存。

25.………… 包9平5 26.俥四平五 車2平4

黑飛包轟中炮後，現又大膽棄車殺炮，形成了罕見的「四車相見」的精彩紛呈場面，令人大飽眼福！

27.帥五平六 車5進1

至此，雖雙方大子基本相等，但紅殘仕缺相，陣型凌亂、像盤散沙，而黑士象全、淨多邊卒，勝利在望。

28.俥三進五 車5平1! 29.俥三平七 車1進1

30.帥六進一 卒1進1!

由於紅九宮空虛只有底仕，黑保留右邊卒，細膩佳著，增加紅方防守難度，為以後黑車包卒擒帥奠定勝機。

以下殺法是：俥七平一，車1退2，俥一平六，卒1進1，傌七進九，卒1平2，傌九退八，包6進2，兵七進一，卒2平3！趁雙方互殺兵卒之機，黑連衝右卒，直衝紅帥九宮，現卒站相台、直逼九宮，即將卒臨城下，成車卒包殺勢，大局已定，紅只好含笑起座、城下簽盟，黑勝。

此局雙方開戰就炮聲四起，紅過早棄三路兵搶攻，有志在必得之意，黑趁勢衝7卒壓傌、順勢而入，在紅進行先鋒傌後，黑又棄卒兌右傌反佔先機。

以後黑雙包乘虛而入、沉底發威，果然奏效：令紅方在步入中局後的第18回合平右相台炮鎮中路，錯失良機，在第22回合推出紅方前炮平六的最新中局防守「飛刀」，但為時已晚，被黑方雙車發威、雙包齊鳴、兌子砍仕相、渡卒逼九宮、掃清仕和

相、車包卒擒帥。

　　此盤紅方由於求勝慾望強烈而選擇較為激烈的佈局，強攻不下後沒及時調整策略而造成失利，使用新著改革的風險與機會並存，一旦不成須付出高昂代價。重演此陣也須謹慎。黑方卻能抓住任何一個細節與機會，未雨綢繆、絲絲入扣、有勇有謀、不急不躁，機不可失、時不再來，最終以風捲殘雲之勢擒帥入局！

四、五八炮對屏風馬
轉黑方應兩頭蛇

第88局　（浙江）趙鑫鑫　先勝　（山東）李翰林

轉五八炮過河俥高左橫俥對屏風馬右邊包中士象過河車

1.炮二平五　馬8進7　　2.傌二進三　車9平8

3.俥一平二　卒7進1　　4.俥二進六　馬2進3

5.傌八進七　…………

　　這是2013年6月14日「秀容御苑杯」象棋公開賽第7輪第2台同積10分、暫列前4名的趙鑫鑫與李翰林之間的一場精彩激戰。雙方以中炮過河俥對屏風馬進7卒拉開戰幕。紅進左正傌，旨在儘快開出左翼主力出戰，屬穩健型流行變例。如兵七進一，包8平9，俥二平三，包9退1，傌八進七，士4進5，傌七進六，包9平7，俥三平四，象3進5，炮五平六，以下黑有車8進5和馬7進8兩路變化結果，前者為雙方對攻、後者為黑方易走的不同走法。故此戰法特點是紅中炮針對黑先進7卒，揮右直俥過河後再躍左正傌，以取代以往紅先挺七兵等走法，從而使紅右翼俥傌炮三大子得以搶先出動，為以後伺機組織發動中路攻勢或鉗形攻勢來創造有利條件。

5.………… 卒3進1

急挺3卒活馬，形成「兩頭蛇」陣勢反擊，屬當今流行著法之一。以往多走馬7進6，兵五進一，（若兵七進一，象3進5，演變下去，則形成正規的「中炮過河俥對屏風馬左馬盤河」佈局陣勢。）卒7進1，俥二退一，（筆者曾改走過俥二平四，卒7進1，俥四退一，卒7進1，兵五進一，包8平5，俥九進一，士4進5，傌七進五，包2進2，傌五進六，包5進2，仕六進五，車8進2，俥四進一，車8平4，傌六進七，車4平3，俥四平五，卒3進1，俥九平六，象3進5，炮八平三，車1平4，雙方均勢，結果紅方巧勝。）卒7進1，（另有馬6退7和馬6進4兩種變化結果均為紅優的走法。）俥二平四，（在1994年全國象棋個人賽上王斌與王曉華之戰中曾走兵五進一，結果黑方佔優而獲勝。）卒7進1，俥四平二，車1進1，以下紅有兩變：

①在1994年全國象棋個人賽上孫志偉與王曉華之戰中曾走兵五進一，結果在雙方對殺過程中黑方得勢而獲勝；

②在2001年全國象棋個人賽上又是王斌對王曉華之戰中改走俥九進一，結果黑反佔優，但以後黑方走漏而戰和。

6.俥九進一 …………

高左橫俥，旨在佔肋道後出擊。如炮八平九成五九炮陣式，則包2進1，（一改以往象7進5？俥九平八，車1平2，俥八進六，變化下去紅優的走法。）俥二退二，象3進5，（也一改車1平2，俥九平八，象3進5，兵七進一，包8進2，兵三進一，演變下去，紅反易走的下法。）俥九平八，以下黑方有包2平3和包2進1兩路變化，結果均為紅方易走的弈法。

6.………… 包2平1

平右邊包，意欲儘快出動右翼主力，著法較為少見。另有3

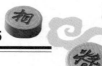

變供參考：

①包2進1，俥二退二，象3進5，兵三進一，卒7進1，俥二平三，馬7進6，俥九平四，包2進1，俥四平二，車1進1，兵七進一，卒3進1，俥三平七，車8進1，俥七平四，車1平6，兵五進一，士4進5，以下紅有3變：（甲）在2001年第21屆「五羊杯」全國冠軍賽上許銀川與呂欽之戰中曾走傌三進五，結果雙方均勢而戰和；（乙）在1999年全國團體賽中呂欽與萬春林之戰中曾走過傌七進五，結果紅方抽包後獲勝；（丙）在2000年「廣洋杯」第3屆大棋聖戰中呂欽與金波之戰改走俥二平六，最後黑佔優而獲勝；

②士4進5，俥九平六，包2平1，兵五進一，車1平2，傌三進五，（另在2001年7月6日BGN世界象棋挑戰賽決賽第5局許銀川與陶漢明之戰中，許銀川改走兵五進一！獲勝奪冠。）以下黑方有三變：（甲）在2001年BGN世界象棋挑戰賽決賽第三局許銀川與陶漢明之戰中，陶漢明曾走包1進4，結果紅多子少相、黑方多卒、各有千秋而雙方戰和；（乙）在2000年「巨豐杯」第3屆全國象棋大師冠軍賽上張紅與潘振波之戰中，潘振波改走車2進6，兵三進一，（在2001年「柳林杯」第4屆全國象棋大師冠軍賽上景學義與潘振波之戰中，景學義改走炮八平九，結果黑方多卒佔優而獲勝。）馬7進6，兵五進一，馬6進5，傌七進五，車2進1，兵五進一，馬3進2，傌五進四，馬2進3，俥六進二，馬3進2，仕六進五，包1進4！棄包反擊，大優，結果黑方完勝；（丙）在2001年「柳林杯」第4屆全國象棋大師冠軍賽上薛文強與金波之戰中改走馬7進6，結果雙方均勢而戰和；

③象3進5！俥九平六，馬7進6，兵五進一，卒7進1，俥

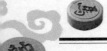

二平四，卒7進1，俥四退一，〔另有兵五進一，士4進5，俥四退一，包8平7，相三進一，車8進6，炮五進一，以下黑方有兩變：（甲）在2009年全國象棋團體賽上郝繼超與秦榮之戰中改走卒7平8？結果紅方大優而獲勝；（乙）在2009年全國象棋個人賽上周小平與李雪松之戰中改走卒7進1！結果黑方佔優而獲勝。〕卒7進1，俥四平二，車1進1，兵五進一，包2進2，傌七進五，車1平8，以下紅方有兩變：（A）在2009年首屆全國智力運動會象棋團體賽上女子組伍霞與陳幸琳之戰中曾走傌五進六，結果雙方對攻、大量兌子後成和；（B）在2010年全國象甲聯賽上趙力與卜鳳波之戰改走傌五進三？結果紅缺相、黑中路有攻勢而獲勝。

　　7.兵五進一！　…………

　　急進中兵，旨從中路出擊，為以後伺機用中炮盤頭傌強化中路攻擊作準備，是一步繼續保持先手的好棋！如俥九平六？士4進5，俥六進三，象3進5，兵七進一，卒3進1，俥六平七，馬3進2，俥七平八，馬2退3，兵九進一，車1平4，傌七進六，車4進4，變化下去，黑反易走。

　　7.…………　　車1平2　　8.俥九平六　　車2進6

　　9.傌三進五　士4進5

　　先補右中士固防，穩健。筆者曾應過包1進4，炮八平九，車2平3，傌七進九！車3平5，以下紅方有兩路變化：①傌九退七，車5平3，俥六進一，包8平9，（若士6進5？俥二平三，馬7退6，炮九退一，下伏炮九平七打車、窺捉馬卒象的先手棋，紅雖少雙兵，但有攻勢、子位靈活佔優。）俥二進三，馬7退8，兵五進一，士4進5，兵五平四！象3進5，炮九退一！紅有過河兵參戰，且子位靈活也優；②兵五進一！士4進5，（若馬3

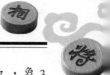

進5？俥六進五，士6進5，炮九平七，車5平3，俥六平九，象3進5，炮五退一！以下伏有炮七平五反擊凶著，紅反大優。）兵五平四，包8平9，傌九退七！車5退1，（若貪車5進1??炮九平五！象7進5，俥二進三，馬7退8，變化下去，紅有俥勝黑無車少子。）俥二平三！馬7退9，（若貪車8進2??兵四進一！馬7退8，兵四進一！紅兵臨城下後反大佔優勢。）炮九進一！象7進5，炮九平五，車5平3，傌七退九，進俥捉馬和挺肋兵追中象兩步先手棋，紅大優，結果以上兩變均為紅勝。

　　10.炮八退一　包8平9　　11.俥二進三　馬7退8
　　12.兵三進一　象3進5　　13.俥六平二　…………

　　平肋俥捉馬過急，因紅八路炮也在黑車口，故宜先走炮八平七離開黑車口護七兵來靜觀其變，不給以後黑有暢通右直車的機會為上策。

　　13.…………　包9平7　　14.炮八平四　馬8進9
　　15.兵五進一　卒5進1　　16.俥二進五　包7進1

　　至此，紅子力佔據較為有力的位置，但黑陣型也較堅實，雙方局面均可接受。黑現急進7路包攔俥，切斷了紅二路俥在卒林線的通道，意欲伺機反擊。如卒7進1！炮五平三，卒7平6，（若包7進5，傌五退三，卒7進1！俥二平七！雙方對攻、互搶先手、爭鬥激烈，優劣難斷。）傌五進四！包7平6，炮三平四！卒5進1！傌四進六！車2退5，傌六進四，士5進6，前炮進五，馬3進2！演變下去，不管紅方是否兌炮，紅方多仕、黑方淨多雙過河卒助戰，互有顧忌、對搶先手激烈，勝負一時難料。

　　17.兵三進一　包7平5　　18.傌五進三　包5進4
　　19.相七進五　車2平3？

同樣捉左正傌，宜車2進1！更簡明有力、更富有實效。

20.炮四進一（圖88）　象5進7？？？

飛中象貪兵，劣著，導致失勢被動。如圖88所示，宜卒5進1！俥二平七，馬3退4，俥七平九，包1平3，俥九平四，卒3進1，傌三進五，卒3平4！俥四平七！車3退3，傌五進七，包3進5，炮四平七，象5進7！變化下去，紅兵種齊全、黑多過河卒參戰，互有顧忌，優於實戰，黑方足可抗衡。

21.傌三進五　卒1進1	22.俥二平一　象7進5
23.兵一進一　馬3進4	24.俥一平九　包1平3
25.俥九退一　馬9進8？？

紅方抓住戰機，馬踩中兵、俥掃雙邊卒，黑方一下子三個卒落難，此刻，黑可能顧忌紅右邊兵的潛在威脅，急躍左邊馬出擊，敗筆！導致方寸大亂、自毀長城。宜徑走包3退2先堅守九宮待變為妥，雙方子力對等、以下戰線甚長，鹿死誰手，一時勝負難測。

以下殺法是：炮四進三，馬8進7，炮四平六！馬7退5，（若車3進1？俥九進四，包3退2，炮六平三，包3平4，炮三平一！變化下去，紅子位靈活、多相較優，黑也頹勢難挽。）俥九進四！包3退2，傌七進五！現左傌進中、壓黑中馬、棄俥爭先，紅勝定。以下黑如接走車3平5？（若先車3平4，炮六平

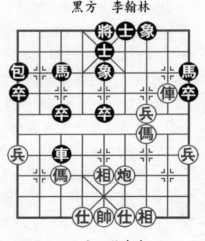

黑方　李翰林

紅方　趙鑫鑫

圖88

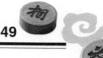

三！以下伏有俥九平七砍炮和炮三進四，象5退7，俥九平七追回失子後紅俥偶冷著入局凶著，紅勝勢。）傌五進六，士5進4，炮六平五，士6進5，炮五退二！紅雙傌兌黑車後，紅方多子多兵完勝。

　　此局雙方開戰就輕車熟路地展開了中炮過河俥對屏風馬兩頭蛇的爭奪，雙方不分上下。步入中局後雙方搏殺進入了白熱化，黑方在第19回合走車2平3殺兵捉傌給紅方鬆了口氣，又在第20回合走象5進7貪兵、還在第25回合走馬9進8白丟左馬，被紅方抓住戰機，飛炮炸馬、沉俥叫將、棄傌壓馬，最終雙傌兌車、多子多兵破城。此盤要爭奪先手，須未雨綢繆；佈局要標新立異，須應勢而動；貪子出擊，須因勢而謀；兌子爭先，須順勢而為；有勇有謀、厚積薄發、構思精巧、先發制人，方能苦盡甘來，笑到最後！

第89局　（黑龍江）聶鐵文　先勝　（山東）卜鳳波

轉五八炮左橫俥過河俥轉巡河俥對屏風馬右中象士高右包打俥

1.炮二平五	馬8進7	2.傌二進三	卒7進1
3.俥一平二	車9平8	4.俥二進六	馬2進3
5.傌八進七	卒3進1	6.俥九進一	包2進1

　　這是2012年5月16日全國象甲聯賽第6輪聶鐵文與卜鳳波之間的一場龍虎激戰。雙方以中炮過河俥高左橫俥對屏風馬兩頭蛇高右包打俥的流行套路開戰。如包2平1，可參閱本書「趙鑫鑫先勝李翰林」之戰。

　　7.俥二退二　象3進5　　8.兵七進一　…………

　　邀兌七兵開通左傌活路，屬穩紮穩打的戰略，是此類佈局的

主要變例之一，也屬於目前的流行攻法。如兵三進一，卒7進1，俥二平三，馬7進6，兵七進一，卒3進1，俥三平七，包8平7，俥九平四，車8進4，傌三進四，車8平7，傌四退二，車7平8，炮八進一，包2進1！（2008年全國象甲聯賽上的首創新變。以往走士4進5，變化結果為紅多子有利。）炮五平二，（若俥四平三，車8退3，俥三進五，以下黑有車1進1、包2退3和包2平3三路變化結果，前者為紅多兵佔優、中者為黑方稍先、後者為紅多子稍好的不同走法。）馬6進7，炮二進三，包2平5，仕四進五，馬7進6，以下紅有兩變：①在2008年第3屆「楊官璘杯」全國象棋公開賽上徐天紅與金波之戰曾走傌二退四，結果雙方對峙而弈和；②在2008年全國象甲聯賽上趙國榮與程鳴之戰中改走俥七平三，結果紅方棄子有攻勢，最終紅勝。

8.………… 包8進2

伸左包巡河、守護3卒，穩正。如包2平3？傌七進八！包3進2，相七進九，包3進1，兵三進一！包8平9，兵三進一，車8進5，傌三進二，象5進7，俥九平三！後象進5，炮五平三！變化下去，紅卸中炮打馬，調整佈局陣型，集中俥傌炮優勢兵力攻打黑左翼薄弱底線，明顯佔優。

9.俥九平六 …………

左橫俥佔左肋道，迅速搶佔要點，屬穩健型戰術選擇，也是當今棋壇的流行攻法。如要走典型激烈的「四兵卒相見」變例，即兵三進一，包2進1，（若卒3進1，兵三進一，卒3進1，傌七退五，象5進7，俥九平六！士4進5，傌三進四，象7退5，俥二平三，包8平7，炮五平三，包7平3！俥六進五，包2進3，炮三進五！包2平5！相七進五，馬3進2，傌四退三，包3平5！俥六平八！前包平1！炮八平九，車1平4，俥八退一！車8

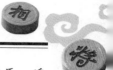

進6！雙方攻殺激烈，令人眼花繚亂、懸念叢生，黑棄雙馬、淨多三個卒，以下伏有車8平4凶著，讓人大飽眼福。）俥九平六，士4進5，炮八退一，卒7進1，俥二平三，卒3進1，以下紅有兩變：

①在2009年4月「磐安偉業杯」全國象棋精英賽上王斌與洪智之戰中改走俥三進三，結果紅多子佔優而獲勝；

②俥三平七，包8平3，以下紅有兩變：（甲）在2008年全國象棋個人賽上才溢與洪智之戰中曾走俥六進七，結果雙方均勢而最終走和；（乙）在2010年全國象棋個人賽上才溢與徐超之戰中改走傌七退五！結果紅方佔優而獲勝。

9.……………　士4進5　　10.傌七退五！…………

左傌退窩心，以退為進，是聶鐵文推出的含蓄的探索型佈局「飛刀」，效果好壞讓我們拭目以待。以往網站上流行過俥六進五，包2退3，兵三進一，馬7進6！俥六平八，卒7進1，俥二平三，包2進7，炮五平八，卒3進1，俥三平七，包8平7，相七進五，包7退1，俥八退三，包7退1，兵五進一，車1平4，仕六進五，車8進4，炮八平九，卒9進1，變化下去，雙方子力對等，局面平穩、雙方均勢，結果弈和。

10.……………　包2平3

平右卒底包，加強3路線防範。也可徑走卒3進1！俥二平七，馬3進4，俥七進二，包2退1，以下伏有包2平4打俥和馬4進6兩步先手棋，演變下去，黑勢工整，優於實戰。

11.相七進九　車1平2??

亮出右直車窺炮，過急，錯失先機，宜卒3進1！俥二平七，包3進1！站穩象台包後，黑陣型結實穩固，優於實戰。

12.兵七進一　象5進3　　13.炮八進二　馬7進6?

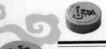

進左先鋒馬，漏著！令左直車脫根後，易為紅方所乘。宜象3退5！炮五平八，車2平4，俥六進八，士5退4，變化下去，雙方子力對等，黑棋陣型工整而穩固，雙方均勢。

14.炮五平八！　　車2平4

紅卸中炮打車後，使黑右車處境尷尬，只能邀兌，以後黑陣型不夠協調，局勢已稍處下風是顯而易見的。

15.俥六進八　士5退4　　16.兵三進一　…………

挺三兵邀兌、及時打破僵局，著法積極主動。也可徑走傌五進六！象3退5，前炮平七，包3平2，炮八退一！紅雙炮齊鳴，以下伏有炮八平二打左包的先手棋。

16.…………　卒7進1　　17.俥二平三　象7進5

18.俥三平四　馬6退7　　19.傌五進六　包8進3

由於臨場黑方已感覺到紅方進攻速度很快，故現進包邀兌：一是試圖由兌子來延緩紅方攻擊速度和攻殺品質；二是想伸左包後可逐步拓展出左直車的活動和防守空間來厚積薄發。其實此時黑右翼的逐步空虛，必須引起黑方高度重視，更需要儘快妥善處理和加快防守速度，否則將會後患無窮。

20.後炮平五　士6進5　　21.俥四平六　包8平5??

兌中包，劣著！導致黑右翼失去了增援，易遭紅方攻擊。同樣動包，宜包3平2先避一手，變化下去可在右翼能攻善守、足可抗衡。

22.相三進五　　　　馬7進6　　23.俥六進一　車8平6

24.炮八進二(圖89)　馬3退1???

右馬退邊隅捉炮，敗著！錯失良機，導致失勢、陷入困境。如圖89所示，同樣退馬，宜徑走馬3退2！炮八平五，車6進3，俥六平七，馬6進5，傌三進五，車6平5！俥七平五，車5進

1！傌六進五，包3平5，後傌進
四，象5退3，變化下去，黑雖
殘象，但兵種全。其實紅中兵被
殲後，紅已很難取勝，雙方局面
平穩，和勢甚濃，強於實戰。

　　25.炮八平五　車6進3

　　26.傌六平七　車6平5

　　車殺中炮，明智之舉。如馬
6進5??傌七進一！馬5進7，仕
六進五，馬1進3，炮五平六！
演變下去，黑右馬仍無出路，而
紅傌傌炮三子歸邊，可形成對黑
右翼發動新一輪攻勢而大優。

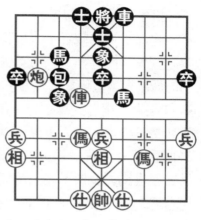

黑方　卜鳳波

紅方　聶鐵文

圖89

　　27.傌七平四！　包3進4　　28.傌三進四　馬1進3??

　　躍出邊馬，壞著，錯失先機。宜車5進3！傌四進一，車5
平9，傌四平九，馬1退3，以下有卒9進1渡河參戰機會，演變
下去，雖仍紅先，但黑可抵抗，優於實戰。

　　29.傌六進五　包3退3　　30.傌五退七　馬3進2??

　　黑象台右包在紅傌口、黑中車又深藏在紅右盤河傌嘴邊，現
進右外馬是一步隨手昏著！白丟一子後，只能敗走麥城了。宜徑
走車5平3！傌四平五，象5退3，演變下去，黑雖殘中象，但兵
種齊全，在下風中還有不少糾纏或對搏機會，戰線甚長、空間不
小，足可抵抗，強於實戰。

　　31.傌四平七！

　　紅方抓住最後良機，傌砍象台包、得子邀兌，勝利在望！以
下黑如接走象5進7，傌四進五！雙方兌傌車後，形成紅雙傌3

個高兵仕相全對黑馬雙高卒單缺象的必勝局面，黑已無心戀戰，只好拱手請降，紅勝。

　　此局雙方開戰紅進直橫俥後就遭到黑方雙包齊鳴，你爭我奪、互爭空間優勢。紅方首先在第10回合含蓄地拋出左傌退窩心的最新探索型佈局「飛刀」後，黑方就有些扛不住了：先後在第11回合亮出右直車窺炮、在第13回合進左先鋒馬，兩次錯失陣型工整機會，步入下風。以後又在第21回合兌左中包、在第24回合竟令人費解地退右邊馬欺炮、還在第28回合躍出右邊馬，三次錯失良機，陷入困境。但到了第30回合更是匪夷所思地走馬3進2，拱手將右象台包送給了紅俥，導致丟子失勢、全盤告負。此盤紅方開局祭出最新試探型「飛刀」，出其不意，攻其無備而一發不可收，有勇有謀、精準打擊、無懈可擊；黑方面對最新「飛刀」無所適從、不在狀態，六度走漏、令人費解：其中一次亮車、一次兌包、四次躍馬令人大跌眼鏡，最終自亂陣腳，自毀長城！

第90局　（北京）王天一　先勝　（廣東）張學潮

轉五八炮過河俥高左橫俥進中兵對屏風馬兩頭蛇右中士象

1.炮二平五	馬8進7	2.傌二進三	車9平8
3.俥一平二	卒7進1	4.俥二進六	馬2進3
5.傌八進七	卒3進1	6.俥九進一	士4進5

　　這是2012年8月29日全國象甲聯賽第20輪王天一與張學潮之間的一場「短、平、快」精彩廝殺。雙方以中炮過河俥高左橫俥對屏風馬兩頭蛇右中士拉開戰幕。黑先補右中士鞏固中防，含有防守反擊之戰術意圖，是對包2進1（可參閱本書「聶鐵文先

勝卜鳳波」之戰）和包2平1（可參閱本書「趙鑫鑫先勝李翰林」之戰）兩變例的改進、創新和突破；如改走象3進5，俥九平六，馬7進6，兵五進一，卒7進1，俥二平四，卒7進1，俥四退一，〔若兵五進一，卒7進1，（如包8平7，以下紅有兵五進一和俥三退一兩種變化結果，前者為雙方均勢、後者為雙方在對搶先手中，黑勢不錯的不同下法。）以下紅有兩變：①在2008年「道泉茶葉杯」全國象棋明星賽上唐丹與張申宏之戰中改走兵五進一，士4進5，俥四退一，包8平7，相三進一，車8進6！兵五平六，（另炮五進一、俥四平五、俥四進三3路變化結果，前者為黑方優勢、中者各有千秋、後者為黑多子佔優的不同弈法。）車8平3，結果黑方較優，最終黑勝；②在2009年全國象棋個人賽上劉昱與汪洋之戰中改走兵五平四，包8平9，（另有卒7平6和包8進4兩種變化結果，前者為黑方佔先、後者為黑可抗衡的不同下法。）俥七進五，士4進5，以下紅有俥五進三和兵四平五，前者為紅優而獲勝、後者為雙方均勢而戰和的不同著法。〕卒7進1，俥四平二，（若俥七進五，包8平7，變化結果黑反滿意。）車1進1，兵五進一，包2進2，俥七進五，（若兵七進一，車8進1，俥二進一，包8平7，變化結果為雙方和勢。）車1平8，（若車8進1，俥五進三，變化結果為紅可佔優。）以下紅有兩變：①在2009年全國首屆智力運動會象棋團體賽上伍霞與陳幸琳之戰中曾走俥五進六，結果雙方在對攻中兌子成和；②在2010年全國象甲聯賽上趙力與卜鳳波之戰中改走俥五進三，結果紅缺相、黑方可戰而最終黑勝。

　　7.俥九平六　　馬7進6

　　先進左先鋒馬，旨在伺機挺7卒捉俥、再馬6進7殺兵窺捉中炮發威，屬改進後走法。如包2平1，兵五進一，車1平2，俥

三進五，以下黑有三種不同變化結果，可參閱本書「趙鑫鑫先勝李翰林」之戰第6回合注解中的第②種士4進5注釋中的三變。

8.兵五進一 …………

急衝中兵，緊湊有力！其戰術意圖是要削弱黑先鋒馬的攻擊效率。如俥二平四??馬6進7，俥六進五，象3進5，炮五平六，包8平7，相七進五，包2進2！變化下去，雖紅雙俥於卒林線左右肋道，但黑子位靈活、又多卒，紅方難有作為、反而被動。

8.………… 卒7進1 9.俥二平四 馬6進7

進馬踩兵、老練而穩健。如卒7進1??俥四退一，卒7進1，俥四平二，車8進1，兵七進一，卒7平6，兵七進一，卒6平5，兵七進一！變化下去，紅方棄子有攻勢反先。

10.傌三進五 包2進3！

右包騎河，形成對紅方河口的牽制，這是保持對攻的有力走法。如硬走馬7進5??炮八平五，卒7進1，俥六平三！馬3進4，俥四退一，馬4進5，傌七進五，包2進4，兵七進一，象3進5，兵七進一，車1平3，傌五進七，車3進4，俥四平七，象5進3，炮五進四！象7進5，俥三進二！經由上述雙方大量兌子後，紅反雄踞中炮、淨多中兵、兵種齊全而大佔優勢。

11.炮五平三！ …………

卸中炮壓馬窺卒，是紅方拋出的最新探索型佈局「飛刀」！一改2012年首屆「武工杯」大武漢職工象棋邀請賽上孫勇征與張學潮之戰中曾走俥四平二，卒7平6，兵五進一，包2平5，炮五進二，馬7退5，傌七退五，卒5進1，炮八平二，紅方得子、最終獲勝的走法，旨在攻其不備，出奇制勝。

11.………… 包8進5 12.兵五進一 包8平3！

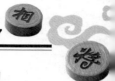

13.傌五進三　馬7退5　　14.俥四平二！　包2平7！

黑雙包齊鳴、棄左車兌雙傌大膽搶攻，勇氣可嘉，是一步我行我素的好棋！如車8平9？？傌三進四！車9進1，俥二平一，車9平6，俥一平三！紅方兌車殺卒、連續攻擊，佔位極佳、形勢開朗、反大佔優勢。

15.俥二進三(圖90)　象3進5？？？

補右中象聯手固防，敗著！完全與上一手棋脫節，其實果斷進攻有時是最有力的防守！如圖90所示，宜包7進4！仕四進五，車1平2，炮三平五，象3進5，兵五進一，馬3進5，炮五進四，車2進7！演變下去，儘管仍紅方易走，但黑可抗衡，優於實戰。故此補中象，反給紅方有多種進攻選擇，導致迅速陷入困境，難以自拔，最終丟子告負。

以下殺法是：仕四進五，卒5進1，俥六平七，卒3進1，俥七進一！卒3進1，俥七退一！車1平2，炮八平五，車2進4！（保中卒老練，一旦失卒、宮崩城倒。）俥七平六，馬3進5，俥二退三，前馬退7，俥六進五！（若炮五進四？？馬7退5！以下紅如貪走俥二平五？？？包7平5，炮三平五，包5退2，炮五進四，車2退1，炮五平六，卒5進1！演變下去，紅雖多子，但黑淨多雙過河卒，紅要獲勝，難度反而增大了。）包7平5，俥二平四！包5進1，俥四退一，

黑方　張學潮

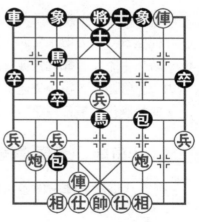

紅方　王天一

圖90

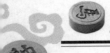

車2平1，兵九進一，車1進1，帥五平四！馬7退6，炮五進三！炮炸中卒、一劍封喉，紅方勝定。以下黑如續走車1平5???俥六平五！包5退2，炮三平五，卒1進1，炮五進三！馬6進5，俥四平五，車5平6，帥四平五，車6進1，前俥平一！殺卒保護一路兵後，形成紅雙俥高兵仕相全對黑車雙高卒士象全的必勝局面，紅勝。

此局雙方一開戰紅方以直橫俥挺中兵出擊，黑還以兩頭蛇右中士左先鋒馬迎戰，互相爭地形、佔空間，為謀取戰略要地大打出手、互不相讓。剛步入中局不久，紅方首先在第11回合拋出最新的「炮五平三卸中炮壓馬窺卒」試探型佈局「飛刀」！而黑方我行我素、勇氣可嘉地雙包齊鳴，果斷棄左車兌雙俥大膽進攻，敢打敢拼、膽識過人，令人大飽眼福！然而好景不長，就在紅方第15回合俥二進三殺左車後的關鍵時間節點上，黑令人費解地補右中象固防，使人大跌眼鏡，導致難以自拔。紅方抓住戰機，補中仕、俥殺包、炮鎮中、雙俥窺馬、俥塞象腰、俥壓馬、棄九兵、出右帥、炮轟中卒，最終淨多兩子擒將。

此盤賽前紅方做足功課、拋出最新「飛刀」果然奏效，令黑方一時措手不及、顧此失彼、防不勝防、劫數難逃，以後雖竭盡全力、化險為夷，還是失之毫釐、謬以千里，苦於抵禦、煞費苦心，疲於應付、慌不擇路，最終以淨少兩子於城下簽盟！

第91局 (廣東)許銀川 先勝 (河南)金波

轉五八炮左橫俥右俥過河轉巡河對屏風馬兩頭蛇右中象

1.炮二平五　馬8進7　　2.傌二進三　卒7進1

3.俥一平二　車9平8　　4.俥二進六　馬2進3

5.傌八進七　卒3進1

這是2012年8月15日全國象甲聯賽第16輪許銀川與金波之間的一場精彩的抽絲剝繭、蠶食淨盡的對決。黑方先搶進7卒，使佈局必須導向「中炮對進7卒屏風馬」系列，現又再挺3卒，形成「兩頭蛇」陣式，目的一是壓制紅雙傌出路，二是為下一手伸炮驅趕紅過河俥做好準備。可見黑方對此類佈局的攻防要略是素有研究、充分準備的。至此，雙方以中炮過河俥對屏風馬兩頭蛇拉開戰幕。

6.俥九進一　包2進1　　7.俥二退二　象3進5

8.兵三進一　包2進1

高右包巡河生根，又可守護7路卒，還可兌兵卒後左移出擊，是一步攻守兼備的好棋！

筆者也曾在網戰上走過卒7進1，俥二平三，馬7進6，俥九平四，包2進1，俥四平二，車8進1，兵七進一，卒3進1，俥三平七，車1進1，炮五平四，包8平7，俥二進七，包7進7！帥五進一，車1平8，俥七進三！車8進7，炮四退一，車8平7，傌三進四，馬6進8！炮八進一，包7平8！以下伏有包8退1和車7退3追殺傌和貼帥炮的先手棋，至此，紅雖多子，但黑車馬包三子歸邊後有攻勢佔先，結果黑方巧勝。

9.兵七進一　包8進2

至此，五八炮直橫俥對屏風馬兩頭蛇雙包巡河四兵卒相見的佈局定式已形成，雙方無子過河、嚴陣以待、針鋒相對、剛勁有力，在河口形成了既對峙又相持的流行局面。

10.俥九平六　士4進5　　11.炮八退一　…………

退左炮含蓄，旨在伺機右移出擊，紅方早在1991年全國象棋團體賽就用過，結果雙方戰和，今舊譜翻新，必有標新立異之

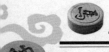

意，也有攻其不備、出奇制勝之心。如兵五進一，車1平3，傌七進五，馬3進4，兵三進一，馬4進5，傌三進五，包2平7！炮八平七，馬7進6，演變下去，雙方另有繁複變化，紅方不易掌控局面。

11.………… 卒7進1

及時挺卒邀兌，明智之舉！在2002年12月「明珠星鐘隊」全國象棋十六強精英賽上趙國榮與卜鳳波之戰中曾走過卒3進1，兵三進一，卒3進1，兵三平二，卒3進1，傌二平七！車1平3，兵二平三，象5進7，傌七退二，象7退5，炮八平七，車3平4！傌六進八，馬3退4，傌三進四！變化下去，紅勢開朗、易走，結果紅勝。

12.傌二平三 卒3進1 13.傌三平七 包8平3！

紅平傌殺卒，正著。如貪傌三進三？包8平3，傌七退九，包3進5！仕六進五，車1平2！以下伏有包2進3先手棋，演變下去，黑將大膽棄子有攻勢。

黑左包右移、攔傌保馬，屬改進新著！如包2平3？傌七平八，車1平3，傌三進二，包8平5，傌六進三，紅優。

14.傌七退五 包2退4

紅左傌退窩心，準備調整陣型，準備用卸中炮來強攻黑3路線。

黑右包退底線，是步創新變著！打算強守3路線與象台包後強強聯手抗擊紅方入侵。以往網戰上多走車1平4，傌六進八，馬3退4，炮五平七，車8進4，相七進五，包2退2，炮七進三，象5進3，炮八平九！包2平3，傌七平八！以下伏有炮九進五殺邊卒，從邊線切入的先手棋，紅反多兵有攻勢了。

15.炮五平七 包3進3??

進象台包邀兌，試圖儘快簡化局勢、伺機反擊，但實戰效果並不理想，宜徑走車8進4護巡河包、智守前沿為上策，以下紅如接走炮八平七，包2平3，俥六進五，車8平4！俥六平八，（若貪俥六退一？？？馬3進4！俥七平三，前包進4，俥三進三，前包平4，炮七平五，馬4進3，相七進九，馬3進1，炮五平七，包4平1！炮七平八，車1平2，傌五進六，包3進6！紅左炮難逃，黑有4個大子壓境，勝定。）前包進3！俥七進三，前包平6，炮七進八，車1平3，俥七進二，象5退3，以下紅有兩變：①俥八退四？？包6退5，傌五進七，車4進3！相七進五，包6平5，仕六進五，車4退1，兵九進一，車4平3，傌七退六，馬7進6，演變下去，黑反兵種齊全，子位靈活易走，大佔優勢；②俥八平九？？？將5平4！傌五進七，車4進3！以下紅有兩變：（甲）仕四進五，車4平3，仕五進四，車3平6！傌三退四，車6退1！中兵難逃，黑多士佔先；（乙）傌七進八？車4進2！帥五進一，車4平3！黑雖少邊卒，但淨多士象、兵種齊全，大佔優勢，好於實戰。

16. 俥七退二　　馬3進2

先跳右外肋馬邀兌底炮，正著。如車1進2？俥六進七！包2平3，俥六平七，車1平2，炮八平六！以下伏有炮六進七塞象腰得子凶著，紅方反先。

17. 炮八平九　　…………

平左邊炮避兌，老練而穩正，意欲保持變化、伺機出擊，否則炮八進八？車1平2！變化下去，黑子位優，很有反彈力。

17. …………　　包2平4　　18. 傌三進四　車1進2

19. 俥六進七！　…………

左肋俥急塞象腰，頗具深意之著！似一枚埋在黑陣營中的

「定時炸彈」。紅方由此步入佳境。

19.………… 馬7進6　20.俥七進二　車8進7?

車進紅方上二線，空著。同樣進車宜車8進3佔卒林、護雙卒為妥，以下實戰結果可以證實。

21.相三進五　車8退4??

退左車無「攻」而返，伺機以下衝中卒開放卒林線來左右策應，但為時已晚，不如徑走車8平6！效果要優於實戰。

22.傌五進三　卒5進1　23.俥七平八　馬2退4

24.俥八進二　馬4退2　25.俥八平二　馬6退8

26.俥六平七　馬2進3　27.傌四進三　車1平2??

雙方兌俥車後，局勢平穩，但仍是紅略優，現亮出右直車，劣著！錯失良機，宜卒5進1！！儘快兌中兵，不給紅中兵過河發威機會，以後實戰可證實。

28.炮九平三！　車2進1

29.前傌退五（圖91）　馬8退6???

紅抓住機遇，左炮右移、護傌窺底象，現又傌踩中卒讓路，為以後伺機炮炸底象後，再紅俥七退三殺馬打開突破口、得勢入局鳴鑼開道。而黑方全然不知退左馬邀兌是一步大敗招，導致被紅方利用後局面開始惡化。如圖91所示，宜馬3進2！俥七退五，馬8退6，兵五進一，車2進1！仕四進五，卒1進1，變化下去，紅雖仍多中兵佔優，但可減緩紅渡中兵參戰時間，黑尚可周旋，好於實戰。

以下殺法是：傌五進四！士5進6，炮三進八！象5退7，俥七退三，（棄炮炸象殺馬，紅得象多兵，步入佳境！）車2平5，俥七退一！（掩護中兵、解放右傌，勝勢已呈。）士6進5，兵五進一，將5平6，傌三進四，車5平6？（漏著！宜車5退1，

減緩紅渡中兵參戰速度為妥。）
兵五進一！包4平5，兵五平
六，車6進1，兵九進一，士5進
4，仕六進五，包5平4，兵六平
七，象7進5，兵七進一！（衝
七兵後，黑陷困境，敗定。）士
4退5，兵七平六，將6平5，俥
七平五，象5退7？（落象速敗之
招！宜將5平6仍可堅守。）兵
六進一！（先鎮中俥追殺中象，
現又兵逼九宮，兵臨城下、次序
井然，凶著！）車6平4，兵六
平七，卒1進1，俥五平七！

黑方　金波

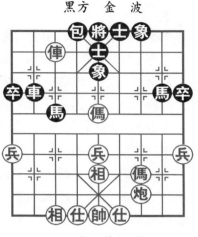

紅方　許銀川
圖91

（大膽閃擊黑車，為衝兵直逼九宮作準備。）車4平6，兵七進
一，包4進2，兵九進一，車6平1，兵七平六，士5退4？（宜車
1平6更為頑強）傌四進五，士6退5，俥七平三，象7進5，俥
三平二，車1平6，俥二進五，士5退6，傌五進七，士4進5，
俥二退三，車6平3，傌七進九，〔宜傌七退九更兇狠，以下黑
如車3平4，俥二平八！士5退4，兵六進一！將5進1，（若將5
平4???俥八進三！將4進1，傌九進七！將4平5，傌七退六！
踩車紅勝。）俥八平一！紅多雙兵仕相也勝定。〕卒9進1，俥
二平八！士5退4，俥八平五！殺去中象後，形成紅俥傌雙兵仕
相全對黑車包卒雙士的必勝局面，紅方完勝。

此局雙方一開戰紅亮直橫俥後，黑隨即應兩頭蛇、雙包巡
河，互不相讓，一剎那雙方四個兵卒在河頭相見，令人大飽眼
福。步入中局後雙方爭奪更加精彩激烈：當紅方在第15回合卸

中炮調整陣型之機，黑進象台包邀兌，錯失先機，在第20回合車8進7和第21回合車8退4，空著，均無攻而返，步入下風，到了第27回合亮右車出擊，又錯失良機而陷入困境。而在第29回合突然硬退左馬邀兌，令人費解，導致局勢迅速惡化。被紅方抓住戰機，巧兌馬包、兵卒佔得先機，棄炮兌馬又多殺底象，抽絲剝繭、見縫插針，最後追殺中象後形成紅俥偶雙兵仕相全完勝黑車包卒雙士局面。

此盤紅方佈局穩重，不靠新著、只憑功底，步入中局、穩紮穩打，老譜新用、攻其不備，把握大局、注重細節，應勢而動、順勢而為，迂迴挺進、滴水不漏，攻殺銳利、借殺圍擊，最終乘虛而入、平俥一擊，殺象入局、奠定勝局！

第92局 （山東）謝 巋 先勝 （廣西）潘振波

轉五八炮左橫車過河俥換巡河俥對屏風馬兩頭蛇高右包打俥

1.炮二平五	馬8進7	2.傌二進三	卒7進1
3.俥一平二	車9平8	4.俥二進六	馬2進3
5.傌八進七	…………		

這是2012年10月11日全國象棋個人賽第2輪謝巋與潘振波之間的一盤精彩廝殺。雙方以中炮過河俥對屏風馬進7卒開戰。紅進左正傌是當今主流戰術。另一流行著法是兵五進一，卒3進1，兵五進一，士4進5，炮八進四，（另有兵五進一和俥二平三兩路變化結果，前者為紅無便宜、後者為黑方反先的不同走法。）卒5進1，傌三進五，象3進5，炮五進三，（另有俥二平三和俥二平七兩種變化結果，前者為黑反先、後者為紅難持先手的不同下法。）馬3進5，傌八進七，車1平4，俥九進一，車4

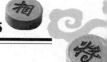

進5，俥九平四，車4平5，炮八退五，包2進1，俥二退五，（另有炮八平五和俥二退四兩種變化結果，前者為大體均勢、後者為雙方均勢的不同弈法。）車5退1，炮八平五，包2進5，俥二進六，（若炮五進四？包2平8，俥四平二，包8進4，變化下去，黑稍好。）包2平6，俥二進二，馬7退8，炮五進四，包6退2，演變下去，雙方各有千秋。

　　5.…………　卒3進1　　6.俥九進一　包2進1

　　7.俥二退二　象3進5　　8.兵三進一　卒7進1

　　進7卒邀兌，屬流行變例之一。如包2進1，兵七進一，（若俥二進二，包8平9，俥二平三，車8進2，俥九平六，士4進5，俥六進五，包9退1，變化下去，紅無明顯先手。）包8進2，俥九平六，士4進5，炮八退一，（若兵五進一？卒7進1，俥二平三，馬7進6，以紅有俥七進五和兵七進一變化結果均為黑方易走、陣型穩固的不同走法。）馬7進6，（若卒7進1，可參閱本書「許銀川先勝金波」之戰。）兵三進一，象5進7，以下紅有俥三進四和兵七進一兩路變化結果，前者為雙方均勢，後者為各有利弊、兩難進取的不同弈法。

　　9.俥二平三　馬7進8

　　急進左外肋馬，屬冷僻走法。一般多走馬7進6？俥九平四，包2進1，俥四平二，士4進5，兵七進一，卒3進1，俥三平七，車1平4，炮八退一，（若俥七進三，包8平3，俥二進八，包3進7，仕六進五，車4平3！黑棄子反有攻勢佔先。）包2退3，俥七平四，包8平6，俥二進八，包6進3，傌三進四，車4進7，炮八平四，車4平3，炮四進四，包2進8，俥二退八，車3進2，俥二平八，包2平1，炮四平二！演變下去，紅多子佔優。

10.俥九平六　………

左橫俥佔左肋道，不給黑走車1平4反擊機會。也可走兵七進一！（另有兵五進一，對攻激烈、變化繁複、紅方不易掌控的各有千秋的走法。）卒3進1，俥三平七，包2退2，傌七進六，包2平3，俥七平八，包8平7，傌三進二，士4進5，傌六進四，雙傌連環，聯手出擊，變化下去，紅子位靈活、反彈力大，顯而易見已大佔優勢。

10.………　　士4進5

補右中士固防中路，穩正。筆者曾應戰過包8平6??兵七進一！卒3進1，俥三平七，士4進5，傌三進二，包2退3，傌二進四，包2平3，俥七平二，包3進7，俥二平七，車1進1，俥七退二！馬8進6，俥七進四！馬6進5，相三進五，車8進4，傌四進六，車1平4，炮八平七！變化下去，紅方4個大子直攻黑右翼薄弱底線，結果紅得子勝。

11.兵五進一！　………

急進中兵，從中路突破，是謝巋拋出的最新試探型佈局新著！一改在2012年8月全國象甲聯賽上趙鑫鑫與徐超之戰中曾走俥六進五，包2退2，兵五進一，車1平4，俥六進三，將5平4，傌七進五，車8進1，兵五進一，卒5進1，炮八平六，將4平5，炮六進六，士5進4，炮五進三！將5平4，傌五進六！車8平4，傌六進七！車4平3，傌七退九，士4退5，雙方均勢，結果雙方兌子成和的走法，意欲攻其不備，出奇制勝。

11.………　　包8平6

左包平士角，為退左馬打俥做充分準備。如包8平7??俥六進五，包2進1，（若包2進3??俥三平二，以下伏有俥六平八捉炮的先手棋，紅可得子大優。）傌七進五！演變下去，紅子位

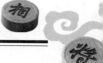

靈活，易形成新一輪聯手攻勢，顯而易見，紅勢主動、易走。

12.兵五進一　　馬8退6　　13.俥三平二　　車8進5

14.傌三進二　　車1平4　　15.俥六進八　　將5平4

16.兵五平四!　…………

雙方先後兌去雙俥車後，紅趁勢平過河中兵壓馬出擊，控制右肋道河口，明顯佔優。

16.…………　　馬6進8　　17.傌二退三　　馬8進6

18.傌三進四　　包6進3　　19.傌七進五　　包6平8

20.炮八平六　　將4平5　　21.炮六進四　　包8退2

22.兵四進一!　卒5進1　　23.炮六退五!　包2退2

雙方步入無俥車棋戰又兌傌馬後，紅趁黑要兌炮之機，巧進肋兵，現又回肋包保持複雜變化，老練，為以後伺機炸取邊卒做了深層次鋪墊。

黑退右包防守，實屬無奈，如卒5進1??炮五進二，馬3進4，傌五進三，馬4進3，炮六進二!變化下去，紅有中炮、四子位靈活，佔有反擊優勢。

24.炮五進三　　　包8退2

25.炮六平一　　　包8平9

26.炮一進五　　　包9進5

27.兵七進一(圖92)　卒3進1???

紅炮轟中卒，又硬兌邊兵卒後，紅藉多過河兵之優，果斷再兌七兵，以確保多兵易走先手，著法精準、乾淨俐索。然而，黑進3卒邀兌，敗筆!反給紅進中傌於相台後有臥槽反擊機會。如圖92所示，宜包2平3防紅兌七兵為上策，以下紅如傌五進三，包9平4，兵七進一，包3進3，傌三進二，包4退5，傌二進四，將5平4!變化下去，紅雖仍多過河兵有攻勢，但黑足可抗衡、

戰線漫長，一時勝負難斷；又如紅改走兵七進一？包3進3，傌五進三，包9平3！傌三進二，後包進5，仕六進五，後包平4！兵四平五，包4退5！兵五平六，將5平4！傌二退三，（若兵六平七硬捉馬？？？則包4進8絕殺，黑方速勝。）包3平1，傌三進四，包4平2！仕五進六，包2進2，以下不管紅是否兌子，演變下去，紅多過河兵，黑方多中象，互有顧忌，戰線甚

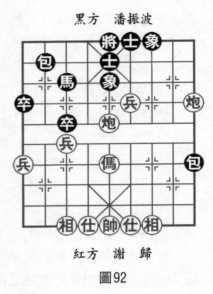

黑方　潘振波

紅方　謝　歸
圖92

長，黑足可抗衡，以上兩變均優於實戰。

28.傌五進七！　包9平8　　29.傌七進八！　包8退5

30.兵四進一　　馬3進2

紅方抓住戰機，躍傌踩卒、臥槽出擊，現兵逼九宮，形成了紅傌雙炮兵構成的左、中、右三面夾擊攻勢，全線發力、不留後患，令人讚歎不已！

黑現進外肋馬，無奈之舉，如將5平4？兵四進一！包2平6，炮一平六，以下黑有兩變：

①馬3進2？炮六退一，馬2進3，炮六退二，以下伏有傌八退六抽馬和傌八進六叫殺凶著，紅勝無疑；

②將4進1？？炮六退三！馬3進2，傌八退六，馬2進4，傌六進五！馬4進6，炮五平六！馬6退4，傌五退七！將4退1，傌七退六！得子後，紅必勝。

以下殺法是：兵四平五！象7進5，傌八進七！將5平4，傌

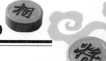

七退五！馬2進4，炮五平六，馬4進2，仕四進五，馬2進3，帥五平四，包8平9，炮一平六，將4平5，後炮平五，將5平4，炮六退五！包9平6，炮五平三，包6平7，仕五進六，將4平5，（若包2平4？？？炮六平三！紅也得子必勝。）傌五進七！包7平3，炮三進四！傌到成功，藉「天地」雙炮之威，棄傌成殺，紅勝。

　　此局雙方開戰紅亮出直橫俥，黑應以兩頭蛇、右中象左外肋馬組織反擊，進行空間優勢和重陣地形的激烈爭奪。剛步入中局，紅在第11回合急衝中兵，試圖從中路突破，祭出最新佈局新著後就迅速步入無俥車棋戰，紅方巧妙趁勢平過河兵壓馬，果然奏效，在雙方硬兌邊兵卒後，又果斷再兌七兵之際，黑卻隨手進3卒邀兌，闖下大禍、難以自拔。被紅方傌踏卒赴槽、進肋兵逼宮、棄兵兌中象、卸中炮佔肋、補中仕固防、平肋炮管將、退肋炮上仕、卸中炮叫殺、揚中仕逼將、傌臥槽叫將，最終進右炮沉底，成「天地炮」妙殺。

　　此盤黑方開局亮起「冷著」，紅方佈局祭出「飛刀」！魔高一尺，道高一丈！步入中局後，紅洞察一切、技高一籌，黑方卻一味求勝、背水一戰，但最終紅還是淨多一兵，一舉制勝！

第93局　（四川）鄭惟桐　先勝　（山東）卜鳳波

轉五八炮左橫俥右俥巡河雙傌盤河對屏風馬兩頭蛇雙包巡河

1.炮二平五	馬8進7	2.傌二進三	卒7進1
3.俥一平二	車9平8	4.俥二進六	馬2進3
5.傌八進七	卒3進1	6.俥九進一	包2進1
7.俥二退二	象3進5	8.兵三進一	包2進1

9.兵七進一　　包8進2　　　10.傌三進四　…………

這是2012年7月11日全國象甲聯賽第11輪鄭惟桐與卜鳳波一老一小之間的一場你死我活、厲兵秣馬的精彩格鬥。雙方以五八炮過河俥轉巡河俥高左橫俥右傌盤河對屏風馬兩頭蛇雙包巡河右中象士形成四個兵卒相見陣式。紅右傌盤河是20世紀80年代興起的攻擊力不是很強的走法，故俥九平六早已成為此陣式的「官著」，以下黑如接走士4進5，炮八退一，卒7進1，俥二平三，卒3進1，俥三平七，包8平3，俥六進七（若傌七退五，可參閱本書「許銀川先勝金波」之戰）！車1平3，傌七進六！變化下去，紅勢開朗、子位靈活佔優。如今鄭大師舊譜翻新，定是做足功課、有備而來，要出奇制勝。

10.…………　　士4進5　　　11.兵七進一！　…………

強渡七兵，讓左巡河炮左移後，紅兌右直俥爭先，屬當今棋壇改進後的流行變例，一改以往流行的俥九平六，卒7進1，俥二平三，馬7進6，炮五平四，包8進5，俥六進七！車1平3，兵七進一，象5進3，炮四進三，包2平6，仕六進五，象3退5，傌七進六！包6退2，相七進五，演變下去，紅子位活躍，易走佔優的走法而志在必得。

11.…………　　包8平3　　　12.俥二進五　　馬7退8

13.傌七進六！　…………

雙方兌俥車和兵卒後，紅進左傌，避包轟底相，形成雙傌盤河出擊陣勢，是步非常冷靜、沉穩的選擇。如急走兵三進一？包2平7，（也可包3進5！仕六進五，象5進7，傌七進六，包3退5！黑奪相佔先。）傌七進六，車1平2，炮八平六，馬8進7，演變下去，黑陣型工整穩固，很有反彈力。

13.…………　　卒7進1　　　14.傌四進五　　馬3進5

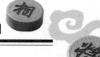

15.炮五進四　馬8進7　　16.炮五平三　　包2退2??

退2路包保馬，軟手！易遭被動。宜包2平1！俥九平三，車1平2，炮八平五，車2進3！俥三進三，包3平6！炮三平七，包1平4，炮七退二，車2進2，相七進九，車2進2，相九退七，車2平4！仕四進五，車4退1！雙方在連續對搶先手中，黑勢不弱、優於實戰，足可抗衡。

17.俥九平三　　包2平3　　18.相三進五　車1平2

19.炮八平九！　…………

左炮平邊路窺卒，是紅方事先準備過「家庭作業」後推出的一步「飛刀」新變！一改網戰流行的炮八平六，車2進5，俥六進四，馬7進5，俥三進三，車2平7，相五進三，後包進7！仕六進五，紅多中兵、黑多底象，互有顧忌的走法，求勝慾望躍然枰上。

19.…………　車2進3??

伸車捉炮，漏招！錯失良機、再落下風。宜改走前炮平四！俥三進三，馬7進5，炮三平九，馬5進3！以下紅如接走前炮進三?則包3退2；又如紅改走前炮平五??馬3進2，俥六退八，車2進6！兌俥後黑車可追回一兵，以上兩變，黑足可抗衡。

20.俥三進三　　馬7退9　　21.炮三平七　　…………

俥殺7卒，高站相台護俥，現又右炮左移攔車，不給黑車左移的反擊機會，紅子位靈活，步入了多兵佔優佳境。

21.…………　前包進4　　22.俥三進二　前包平4

23.帥五進一　包4平1　　24.炮九平七　包3平4

25.帥五退一　卒9進1　　26.仕四進五　包1平3??

黑方雙包齊鳴，連續調整包位，均無功而返，現平包窺炮，華而不實，反給紅方有機會搶佔仕角要隘。宜徑走包1平4更為

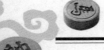
穩正、安全，不給紅平後炮於仕角、反客為主地佔據要位機會為
上策。

27. 後炮平六！   包3平4

28. 炮六進五   包4退6

29. 兵五進一！(圖93) …………

紅方抓住機會兌肋包後，現又急挺中兵，力圖從中路打開突
破口，佳著！令黑方由此陷入苦守和難守的困境。

29. …………   卒1進1？？？

挺右邊卒，敗著，錯失先機而被殺掉雙卒後告負。如圖93
所示，宜包4退1！兵五進一，士5進4，傌六退七，車2進1，
兵五進一，車2進2！炮七進二，士6進5，以下伏有車2平3捉
雙和車隨時可殺雙邊兵的先手棋，紅雖仍多中兵佔優，但黑可抗
衡，優於實戰，勝負一時難斷。

以下殺法是：兵五進一，包
4平1，兵五進一，馬9進7，炮
七退三！（炮退兵行線脫身，好
棋，令以下攻勢更具有層次。）
馬7退8，俥三平二，馬8進9，
炮七平三，士5進4，俥二平
一，包1進1，炮三退三，士4退
5，炮三平四，車2平4，（平右
肋車捉傌邀兌，無奈，如車2進
2？？兵五進一！車2平4，兵五進
一！士6進5，俥一平九！車4退
1，俥九平一，以下伏有炮四平
一打死邊卒的先手棋，紅優。）

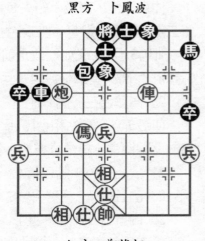

黑方　卜鳳波

紅方　鄭惟桐

圖93

炮四進六！車4進2，炮四平九，馬9退8，俥一退一！卒1進1，俥一平八，車4平2！俥八平五，卒1進1！兵五進一！象7進5，俥五進二，（形成了紅俥炮高兵仕相全對黑車馬高卒雙士的必勝局面。）馬8進6，炮九平一，將5平4，炮一進三，將4進1，炮一退一，車2進1，兵一進一！（若急走俥五平四??車2平9，俥四進一，車9退4，炮一平二，車9平8，炮二平三，車8平7，演變下去，紅俥炮難有作為而和勢甚濃。）車2平8，俥五退一，車8退5，俥五平六，士5進4，炮一退一，馬6退8，炮一退一，車8進5，俥六平三，卒1平2，兵一進一！卒2平3，炮一進二！車8退4，兵一進一，卒3進1，兵一平二！車8平7，俥三平七，馬8進9，俥七退四！（大膽放黑邊馬出戰而果斷殺兵後，紅俥炮過河兵壓境獲勝只是時間問題了。）馬9進8，俥七進六，將4退1，俥七進一，將4進1，俥七平四！（蠶食淨盡，吃卒砍士，勝利在望。）馬8進7，俥四退三，馬7進9，兵二平三，馬9進7，帥五平四，車7平9，俥四進二，將4退1，相五退三，馬7退8，炮一平三！車9進3，俥四進一，將4進1，帥四平五！車9平6！俥四平二！車6進1，相七進五！車6平5，兵三進一，馬8退6，兵三平四！將4平5，炮三平四！兵臨城下，形成俥炮兵聯手擒將殺勢，紅勝。

　　此局雙方開戰就演變成中炮直橫俥對屏風馬兩頭蛇右中象雙包巡河陣勢來爭奪空間、佔據要隘。剛步入中局，紅方首先在第10回合走右俥盤河，老譜新用，有備而來，在第13回合又左俥盤河，沉穩地選擇雙俥盤河出擊戰術，令黑方難以捉摸，於是到了第16回合退右包保馬卻落入了下風。

　　當紅方在第19回合推出新的「家庭作業」炮八平九「飛刀」後，黑伸車捉炮而錯失良機，在第26回合平包窺炮，無功

而返，更要命的是在第29回合當紅急進中兵後，黑卻隨手挺1路卒，釀成大禍、錯失先機，被紅方連衝中兵、揮俥壓馬、炮退底線、棄傌殺包、俥掃邊卒、兵兌雙象、左炮右移、沉底叫將、退炮捉馬、邊兵過河、殺卒放傌、叫將砍士、平兵攔車、揚相固守、兵臨城下後最終俥炮兵入局。

此盤紅方拋出舊譜、推出「飛刀」、搬出「新變」、做足功課、志在必得、效果不錯，黑方碰到新著、考慮不周、走法不熟、三失機會、陷入困境、無法自拔，最終凶多吉少、自亂陣腳，委曲求全、緩不濟急，潰不成軍、城坍池破，只好拱手請降！

第94局　（北京）蔣川　先勝　（湖北）柳大華

轉五八炮過河俥左橫俥渡中兵對屏風馬兩頭蛇右中象渡7卒

1.炮二平五	馬8進7	2.傌二進三	車9平8
3.俥一平二	卒7進1	4.俥二進六	馬2進3
5.傌八進七	卒3進1	6.俥九進一	象3進5

這是2012年6月20日全國象甲聯賽第8輪蔣川與柳大華一老一小兩位特級大師之間的一場殊死搏殺。雙方以中炮過河俥高左橫俥對屏風馬兩頭蛇右中象開戰。補右中象，旨在儘快開出右翼主力爭奪戰略要地和空間優勢。如士4進5，可參閱本書「王天一先勝張學潮」之戰，如包2平1，可參閱本書「趙鑫鑫先勝李翰林」之戰，如包2進1，可參閱本書「聶鐵文勝卜鳳波」「許銀川勝金波」「謝巋勝潘振波」「鄭惟桐勝卜鳳波」之戰。

7.俥九平六　馬7進6

紅左橫俥搶佔左肋道，是當今棋壇流行的「官著」。

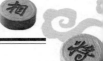

　　黑左馬盤河，以下伏有卒7進1雙方一觸即發的肉搏大戰，體現出黑方要與紅方一決高下的決心。

　　8.兵五進一　　卒7進1

　　紅急進中兵，一要從中路突破、展開攻勢，二是要為雙俥開通出路，準備以盤頭俥陣勢出擊。

　　黑渡7卒頂兵捉俥，立即挑起戰火、拉動事端，至此，一場殊死搏殺已在所難免。

　　9.俥二平四　　卒7進1

　　挺卒殺兵、棄馬出擊，先棄後取、局勢平穩。如馬6進7，俥三進五，包8進7！兵五進一！包8平9，兵五進一！車8進9！變化下去，雙方將形成精彩激烈的對攻局面，均不太容易掌控。

　　10.兵五進一　　…………

　　急渡中兵、頂卒脅馬，繼續按既定方案出擊，兇猛！如俥四退一，卒7進1，俥四平二，車8進1，馬七進五，車1進1，變化下去，黑下二線的「霸王車」很有反彈力，足可一戰。

　　10.…………　　卒7進1　　11.兵五進一！　…………

　　再衝中兵殺卒，導致激戰進一步升級！一改以往網戰上流行的兵五平四，（若俥四退一！包8平7，相三進一，車8進6，兵五進一！士4進5，炮五進一！變化下去，紅勢開朗，足可反先佔優。）卒7平6，炮五進一，卒6進1，俥六平四，士4進5，後俥平六，包8進4，炮五退二，車8進5，馬七進五，包2進4，馬五退三，包8平7，相三進五，車8平6，俥六進五，車1平4，俥六進三，將5平4，炮五進五！包2退2，炮五平一！包2平6，仕四進五，紅多邊兵稍好的走法，志在必得、速戰速決。

　　11.…………　　士4進5　　12.俥四退一　　包8平7

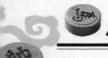

13.相三進一　車8進6

伸左直車過河佔據兵線要道，不給紅左傌進中成盤頭傌後有出路，令紅方只能順勢而為，改變進攻路線，好棋！

14.兵五平六　車8平3

紅卸中兵佔左肋出擊，使雙方進入了精彩激烈的中局搏殺。如炮五進一，車1平4，兵五平六，卒7進1，炮八退一，車8平7，炮八平三！包7進6！傌六平四！馬3進5，兵六平五！車4進7！變化下去，雙方對攻激烈、互有顧忌。

黑車殺兵欺傌、硬逼傌逃離，先得實惠的佳著！如包2進2，傌四進三，包2退3，傌四退一，車8平3，傌六平四！馬3進5，前傌退一，車3進1，炮八進四，包7平6！前傌平五！車1平4，仕四進五，卒3進1！雙方對攻，各有千秋。

15.傌六平四　包2退2

右包退底線、保士固防，屬流行變例之一。如將5平4？兵六平七！馬3進5，炮八進四，車1平3，炮八平五！後車進3，前傌平六，包2平4，前炮進二！士6進5，傌四進七！前車進1！傌四平五！後車平5，仕四進五，變化下去，紅雖少子、少雙兵，但淨多雙仕、傌炮嚴控中路、左肋傌又拴鏈黑「擔子包」，可謂是紅方大優，因以下還伏有炮五平六殺著！

16.傌七退五　車3平4

紅傌退窩心保護底相是唯一應著。

黑平肋車追殺肋兵，正著。如卒7進1？後傌平三，（若後傌進三的話，則車3平7，炮八進四，馬3進2，前傌平七！變化下去，紅方易走。）包7進4，炮五進二，卒3進1，兵六進一，包7平5，傌五進四，卒3平4，炮五進二，包5退1，傌四進三，包2進1，炮八平六，在雙方以下對攻中，紅反主動。

17.前俥平三　（圖94）…………

平俥捉包，是蔣川推出的最新改進型中局「飛刀」。網戰上曾有過兩變：①炮八平三！將5平4，傌五進七，車4退3，前俥進一，車4進1，仕四進五，包2平3，傌七進五！車4進2，傌五進四，馬3進5！相七進九，包7平6！炮五平六！將4平5，傌四進二！棄俥搶攻、臥槽叫殺，演變下去，紅反主動、易走、有攻勢；②兵六平七？車4進2！後俥進二，將5平4，傌五進三，車4進1，帥五進一，馬3進5，炮五進三，車1進2，帥五平四，包7平6，傌三進四，車1平2，仕四進五，車4退1，炮八進七，馬5進7，黑反奪主動。

17.…………　車4進2？？？

車塞相腰，棄炮搶攻，敗著！導致中盤失勢、丟子，最終告負。如圖94所示：宜徑走車4進1！俥三進二，車4平2，俥三退五，（若兵六進一，車2平4，俥四進七，車4退5！傌五進三，將5平4，仕四進五，包2進1，俥四退二，車1平2，炮五平六，將4平5，下伏包2進8先手棋，演變下去，黑多卒易走，優於實戰，足可抗衡。）車2平4，俥四進五，包2進3，兵六進一，車1平4！俥三平四！包2平5！前俥平五，後車進2！傌五進七，前車平3！黑先棄後取，變化下去，仍多卒主動，以下伏有車4進7砍仕兌俥和車3進2殺相

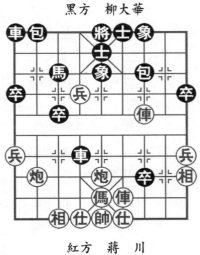

黑方　柳大華

紅方　蔣　川

圖94

叫殺兩步先手棋，黑方足可一搏、強於實戰。

如圖94所示：亦可走卒7進1！以下紅方有兩種主要走法：

①俥四進七？包2進1！俥四退二，馬3進4，俥四退四，包7退1！炮五進四，車4進2，俥三退四，車1平4！俥三平四，包7平6！變化下去，紅過河兵難保，黑足可抗衡；

②俥三退四，包7進4！炮五平二！（若炮五進六，車4退3，俥三進二，士6進5，變化下去，紅多仕、黑多卒，基本均勢。）車4平5，俥四進二！車5平6，傌五進四，包7平8，炮八平五，紅方由兌俥後，及時調整傌雙炮位置，紅仍略優。

18.俥三進二　包2平4　　19.兵六平七　卒7進1

在第17回合改挺7卒欺俥，「該出手時就出手」是正確的，但現進卒為時已晚，厄運難逃了。如馬3進5??俥三退一！卒7進1，俥四進七，包4進1，俥四退三，車1平2，炮八進四！車2進3，兵七平八，士5進4，傌五進三，車4進1，帥五進一，車4退1，帥五退一，卒7平6，俥四退四！車4平6，俥三平五！變化下去，紅反多子大佔優勢。

20.俥四進七　包4進1　　21.俥四退二？…………

逃退肋俥，太過篤定、過於輕率！宜緊走炮五平三！象7進9，俥四退二，象9退7，傌五進四！以下伏有炮八平五催殺、兵七進一砍馬和傌四退三踩卒3步先手棋，紅將速勝。

21.…………　車1平2　　22.俥三進二！　包4退1

沉紅俥殺象，迫使黑方回防，好棋！此時，在對攻中的紅子活躍、攻勢猛烈，而黑防守速度明顯落後於紅方，形勢不利。

23.兵七平八　馬3進2　　24.俥三退三！…………

黑進右外肋馬，抵擋左炮追殺黑右車，無奈，別無他著。

紅退俥形成「霸王俥」後攻擊力大增，隨時可兌車爭先，解

除黑方各種騷擾，著法冷靜、細膩到位，紅由此穩操勝券！亦可傌五進三，包4平3，仕六進五，將5平4，傌三退五！演變下去，紅也多子多相勝定。

　　24.…………　　包4進5　　25.俥四平五！　卒3進1

　　26.炮五進五！　將5平4　　27.傌五進四！　包4平8

　　紅方不失時機，先炮炸中象，不給黑有任何反擊機會，現又窩心傌出擊，著法精準、及時，已勝利在望了。

　　黑在困境中，現右肋包左移，試圖破釜沉舟，但已無濟於事、厄運難逃了！如硬走包4退2??俥三退五！車4平7，傌四退三，車2平3，炮八平六！士4進5，炮五平二！士6進5，俥五進二！雙方兌俥車後，紅雙炮齊鳴、現俥挖中士，紅多子多仕相也完勝無疑。

　　以下殺法是：仕四進五，包8進4，傌四退三！紅傌踩7卒，令黑已無心戀戰了，以下黑如車2平3？炮八平六，車4退1，（若馬2進3，俥五平六，士5進4，俥六進一！將4平5，炮六平五，馬3進5，俥六退六，馬5進7，俥三退五！紅多俥必勝。）仕五進六！紅多俥也完勝。

　　此局雙方一開始紅進直橫俥，黑挺兩頭蛇、進右中象7路馬，拉開了一場殊死決鬥。紅連衝中兵逼將、黑渡7卒攻帥。進入中局後，雙方打鬥精彩、攻殺激烈：先雙方兌傌馬後紅雙俥攻士、黑退包固防，紅卸中兵、退窩心傌，黑車掃兵又窺肋兵。就在紅方第17回合突平前俥捉包時，黑卻進肋車塞相腰，釀成大禍、難以自拔。紅方抓住機會，俥殺包得子、又沉俥殺象、平兵攔右車、連成「霸王俥」、俥炮砍中象、躍出窩心傌、傌踏過河卒，最終多子多雙相完勝。

　　此盤紅方祭出「飛刀」、強勢出擊、抓住機會、絕不鬆手，

而黑卻誤中「飛刀」、棄子失勢，疲於應付，最終捉襟見肘，失子丟象，敗走麥城！

第95局 （黑龍江）聶鐵文 先勝 （河北）陸偉韜

轉五八炮過河俥高左橫俥衝中兵對屏風馬兩頭蛇右中象

1.炮二平五　馬8進7　　2.傌二進三　車9平8

3.俥一平二　卒7進1　　4.俥二進六　馬2進3

5.傌八進七　卒3進1

這是2011年6月1日全國象甲聯賽第7輪聶鐵文與陸偉韜之間的一盤「短、平、快」精彩廝殺。雙方以中炮過河俥對屏風馬兩頭蛇的熱門佈局拉開戰幕。筆者在2012年5月曾在網戰上迎戰過馬7進6，以下紅走俥九進一！卒3進1，兵五進一，卒7進1，俥二退一，馬6退7，俥二平三，卒7平6，俥九平四，卒6平5，俥三平七！士4進5，兵三進一，象7進5，俥七進二！馬7進6，俥七退三，馬6進4，炮八進二，馬4進3！俥七平五，包8平7，俥五進二！變化下去，紅俥炮鎮中路有攻勢，且淨多雙兵佔優，結果紅勝。

6.俥九進一　象3進5　　7.俥九平六　馬7進6

8.兵五進一　卒7進1　　9.俥二平四　卒7進1

10.兵五進一　…………

急渡中兵屬當今流行下法。另有俥四退一，卒7進1！俥四平二，車1進1，傌七進五，車1平8，兵五進一，包8平7，俥二進三，包7進7，仕四進五，車8進1，兵五進一，包7平9，兵五進一，車8進8！仕五退四，包2平5！變化下去，雖雙方子力對等，但在雙方對攻中，黑有「天地包」、沉底車和過河卒參

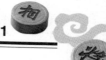

戰，明顯易走，反先。

　10.…………　　卒7進1　　　11.兵五進一　　士4進5

　12.俥四退一　　包8平7　　　13.相三進一　　車8進6

　14.兵五平六　　…………

　至此，雙方步入了較為流行的激烈對攻佈局套路，到底孰優孰劣還有待於實戰驗證。在2012年「蔡倫竹海杯」象棋精英邀請賽上王斌與程鳴之戰改走炮五進一，卒7進1，兵五平六，車1平4，炮八退一，車8平7，炮八平三，包7進6，俥六平四，馬3進5，兵六平五，車4進7，炮五退一，車7平5，兵五進一，象7進5，後俥平三，（若後俥平五，象5退7，俥五平三，包2平5，仕四進五，車4平3！雙方大量兌子後，至此，雙方大子、兵卒對等，和勢甚濃。）車4平3，俥三平五，象5退7，俥四平七，包2平5，炮五進五，車5退4，俥五進六，象7進5，結果戰和。

　14.…………　　車8平3　　　15.俥六平四　　將5平4

　16.兵六平七　　馬3進5

　平肋兵驅馬是常見走法。如傌七退五，車3平4，炮八平三，車4退3，傌五進七，卒3進1，前俥進一，車4進3，後俥進二，車4平6，俥四退三，馬3進2，傌七進五，車1平3，俥四進五，包7平6，傌五進三，象7進9，炮三平二，車3進4，炮二進七，將4進1，形成激烈對攻局面。

　黑馬進中路避捉，明智之舉。如貪車3進1??前俥進四！將4進1，前俥平九！車3平4，炮八退二！變化下去，紅方多子、有過河兵助戰，呈勝勢。

　17.炮八進四　　馬5進4

　跳中馬騎河，同時捉殺紅俥傌炮兵4個子，明智之舉。如貪

車3進1??炮八平五,以下黑有兩變:

①車3平4?仕四進五,車4退1,後炮平六,包2平4,前俥進四,士5退6,俥四進八,將4進1,俥四退一,將4退1,兵七進一,車1進1,俥四平九,包4進5,俥九進一!象5退3,俥九平七,將4進1,仕五進六,車4平5,仕六進五,包7退1,俥七平三,車5平7,相七進五,變化下去,紅優;

②包7平6??前炮進二,車1進1,前俥平六,車1平4,俥六進三,將4進1,俥四平六,包2平4,兵七進一,卒3進1,俥六進五,士6進5,俥六平九!卒3平4,俥九進二,將4退1,兵七進一!將4平5,兵七平六!包6退2,兵六平五,將5平4,俥九平六(或走兵五進一)!紅勝。

18.前俥平六　　將4平5　　19.俥六退一　車3進1

20.俥六進四! …………

進左肋俥於下二線、緊塞象腰是聶鐵文推出的最新中局攻殺「飛刀」!以往有過俥四進七??車1平4,俥六平五,車4進8!仕四進五,將5平4,炮五平六,包7平6!炮八平一,包2退1,俥五平六,將4平5,俥六進四,包2進4,炮一平五,包2平3!相七進九,車3平1!帥五平四,(若仕五退四??車1平4!俥六退六,車4退1,俥四退一,車4平5,仕六進五,車5退4,俥四平三,卒7平6,兵七平六,車5進3,演變下去,黑也多子多卒象必勝。)卒7平6!俥四退一,包3進4!悶殺,黑方完勝。

20.…………　　車1平4　　21.俥六平八　車3進2?

進車殺底相,是很難被拒絕的真先手誘惑,但仍宜徑走車3退2為上策,以下著法可證實。

22.仕四進五　車3退4?

現車退上相台，壞棋！仍宜車3退2捉炮為妥，雖局勢變化複雜多變，但可防止紅炮炸黑中士的惡手。

23.炮五進六　卒7進1　　24.俥四進七　車3平8

紅中炮炸中士使雙方的戰鬥步入了白熱化階段，勝負只是一念之差。紅搶攻在先，仍持主動權。

25.炮八退五（圖95）　車4進8???

進右肋車攔炮殺兵，致命敗著！如圖95所示，宜車8進4！仕五退四，車8退6！變化下去，黑車掌控著防守要道，雖仍是難以預料的局面，但優於實戰，尚可周旋。

如圖95所示，也可改走卒7平6，俥四退七，士6進5！俥四進七，士5退6，帥五平四，包7平6，俥八退一，車8平6，帥四平五，包6平2！俥四退四，包2進5！變化下去，雖仍紅優，但黑尚可抵禦，優於實戰。

26.炮五平六！　士6進5

紅卸中炮攔車、一著定乾坤！已完全鎖定勝局。

黑補左中士已無濟於事。由於黑方一個進右肋車失誤，導致迅速敗下陣來，至此，現黑右翼底線異常空虛，已無力防守了。

以下殺法是：炮六退二！車8進4，仕五退四，將5平4，俥八平五！紅方不失時機，退炮、落仕固防，現左俥挖中士，形成下二線「霸王俥」殺勢，紅勝。

此局雙方一開戰就打起紅直

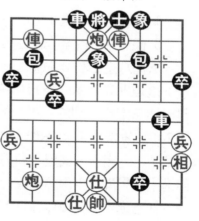

黑方　陸偉韜

紅方　聶鐵文

圖95

橫俥渡中兵對黑兩頭蛇渡7卒的爭奪空間優勢之仗。步入中局後，雙方攻殺愈演愈烈、爭鬥日趨白熱化。當雙方戰到第19回合剛兌去雙俥馬後，紅在第20回合大膽祭出進左肋俥緊堵象腰的最新試探型中局攻殺「飛刀」，讓黑方一時措手不及、慌不擇路、顧此失彼，導致黑方在第25回合走車4進8攔炮掃兵，落下了致命傷，被紅方果斷卸中炮攔車、退肋炮叫殺、左俥挖中士、成「霸王俥」入局。

是盤佈局雙方嫻熟、我行我素、各攻一面，中局爭奪、日趨白熱化，分庭抗禮、智守前沿、對攻搏殺、難解難分。紅緊抓敗招，精準打擊、細膩至極、不留後患，最終硬挖中士，成「霸王俥」殺的精彩「短、平、快」殺局。

第96局　（洮北）盧建忠　先負　（順達儀錶）焦宏權

轉五八炮過河俥挺中兵盤頭俥對屏風馬兩頭蛇右中士象

1.炮二平五	馬8進7	2.傌二進三	車9平8
3.俥一平二	卒7進1	4.俥二進六	馬2進3
5.傌八進七	卒3進1	6.兵五進一	…………

這是2011年8月28日白城市「安泰杯」象棋大獎賽第8輪盧建忠與焦宏權之間的一場酣暢淋漓的精彩對決。前7輪盧建忠5勝2和、焦宏權4勝3和，誰想進前四參加半決賽，此役必須獲勝拿下。一場魚死網破、利刃出鞘的精彩決鬥在雙方以中炮過河俥進中兵對屏風馬兩頭蛇流行佈局中拉開戰幕。

紅急進中兵是20世紀80年初的產物，今將很老式的攻法搬出，定是做足功課、老譜翻新、出奇制勝。當今棋壇流行的是本章前面近十局走的俥九進一，形成「中炮直橫俥七路傌對屏風馬

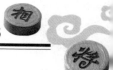

兩頭蛇」的常見陣式。

　　6.………… 士4進5　　7.炮八進四 …………

　　左炮進卒林壓包出擊，不給黑進右包出擊機會，即包2進1打俥發威、爭奪空間優勢，是厚積薄發的有力攻著。在2007年「錦州杯」全國象棋團體賽男子組第7輪宇兵與柳大華之戰中曾走過兵五進一！包2進1，俥二退二，炮五進四！象3進5，俥二進五，馬7退8，傌七進五！包2進1，炮八平五，包2平5，後炮進三，馬3進5，俥九平八，變化下去，在平穩局面中，紅子位靈活佔優，結果雙方兌子成和。

　　7.………… 包8平9

　　平左包兌俥是20世紀70年代末的產物。另有兩個老變例：

　　①在1964年全國象棋個人賽第5輪王嘉良與趙明之戰中曾走象3進5??俥二平三，馬3進4，兵五進一，卒5進1，炮八退一，卒3進1，炮八平五，包8進2，前炮平二，馬4進6，俥三平八！馬6進7，兵七進一，包2平3，俥九平八！車1平4，炮二進一，包3進5，炮二平九！前馬退5！前俥進三，車4平2，俥八進九，士5退4，俥八退四，車8進5，炮九進三！士4進5，俥八進四，士5退4，俥八退六，士4進5，俥八平五！車8平3，俥五平八！將5平4，俥八平六，將4平5，仕六進五，演變下去，雖黑方兵種齊全，但紅淨多邊兵、出帥有殺勢佔優，結果紅方獲勝；

　　②在同年同次個人賽第12輪季本涵與朱劍秋之戰中改走了黑卒1進1???兵五進一！車1進3，炮八退五，車1平4，炮八平五！包2進1，俥九平八，包8平9，兵五進一！馬3進5，俥二平三，將5平4，傌三進五，包9進4，傌五進四！車4進6，傌七退六，包2平7，傌四進三，馬5退7，俥八進六！變化下去，

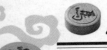

紅雖殘仕，但雙炮鎮中、過河俥佔卒林線捉7路包又叫殺，攻勢猛烈、大佔優勢，結果紅也獲勝。

　　8.俥二平三　　包9退1　　　9.兵五進一　　包9平7

　　10.俥三平四　　象3進5

　　先補右中象鞏固中防，穩正老練。筆者在網戰上應對過卒7進1，兵三進一，馬7進8，兵三進一，包7進6！傌七進五！馬8進9，俥九進一！包7退1，兵五進一！車8進6，俥九平四！象3進5，兵五平六，包7平3，傌五進六！包3平5，傌六退五，車8平5，兵六平七！紅雖少子，但大子佔位靈活，又有雙過河兵助戰，反彈力很強，結果紅勝。

　　11.傌七進五　　車1平4　　　12.兵七進一??　…………

　　挺七兵邀兌，劣著！錯失良機，易落下風。宜俥九進一！包2退1，俥九平四，卒5進1，前俥平七，卒5進1，炮五進二，車4進5，俥四進三，將5平4！仕四進五，馬3退1，炮八退五，包2平4，變化下去，雙方子力對等，大體均勢、各有千秋，優於實戰，不會被動挨打。

　　12.…………　　卒3進1　　　13.傌五進七　　車8進5

　　14.相七進九　　車8平4　　　15.仕六進五　　前車進1

　　16.俥九平六　　馬7進8　　　17.俥六進三　　車4進6

　　18.兵五進一　　馬8進7??

　　雙方兌俥車、紅又中兵殺卒後，黑馬急踩三兵，易失良機，宜徑走卒7進1捉俥為上策，以下紅如接走俥四平三，則馬8退9，俥三退二，馬3進5！傌七進五，包7進5！相三進一，車4平2，炮八平一，包7平5，俥三平七，車2平1，相一進三，卒1進1，演變下去，雙方子力相等，大體均勢，優於實戰，黑不吃虧。

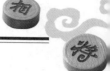

19.傌三進五?? …………

右傌進中路，令雙傌連環，劣著！導致丟兵失勢、陷入困境。宜徑走炮五進三！以下黑如接走將5平4，俥四平三，包7平8，炮八退四，馬7退5，傌三進五，馬3進4，兵五進一！馬4退5，俥三平九，變化下去，紅子位靈活、反擊力強，仍佔先手，遠遠強於實戰，勝負一時難定。

19.…………　　　　馬7退6(圖96)

20.炮五平三??? …………

黑方抓住機會，在回馬盤河、捉中傌、7路包叫殺時，紅竟然卸中炮頂包邀兌，犯下大錯，導致「一著不慎，滿盤皆輸」。

如圖96所示，宜俥四平三！馬6進5，俥三進二！車4平2，兵五進一！包2平5，傌七退五，車2退3，俥三退三！變化下去，雖雙方大子和兵卒對等，但紅多邊相、中炮盤頭傌有攻勢；雖局勢平穩，但紅稍好，強於實戰，尚可抗衡，鹿死誰手，勝負一時難料。

以下殺法是：馬6進5！炮三進六，馬5退4，俥四平二，車4平2，炮八平七，象5進3，炮三平一，包2進1！（及時牽制紅俥炮兵形成強擊之勢。）兵五平六，馬4進6，俥二進三，包2平4！炮一進一，將5平4！傌七退六，包4平5，帥五平六，車2進3，相九退七，象3退5，炮七平六，馬3進2，俥二退

黑方　焦宏權

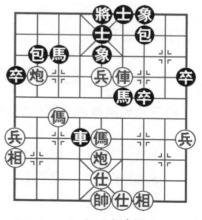

紅方　盧建忠

圖96

五，馬2進1，相三進五，馬1進3，帥六平五，車2平3！（大膽棄車殺相，算準不留後患。）傌六退七，馬6進5！俥二平五，馬5進7！藉中包右馬之威，策馬臥槽、馬到成功、拔寨擒帥，黑勝。最終焦宏權榮獲本次比賽亞軍。

　　此局雙方一開戰紅進過河俥、挺中兵搶佔要隘，黑用兩頭蛇平包兌俥右中象爭奪空間優勢，紅進中兵是老譜新用，要出奇制勝，黑補右中象固防欲志在必得。雙方步入中局後，紅在第12回合先挺七兵邀兌，首先出錯、跌入下風。黑在第18回合黑馬踩三兵，也失良機。然而，紅見此機會，以為時機已到，急走右傌鎮中、雙傌連環，錯上加錯、正中對方下懷，造成丟兵失勢、一蹶不振！可令人費解的還在第20回合竟然卸中炮邀兌，匪夷所思地闖下大禍，被黑方馬踩中傌、回馬踏雙、揚象關炮、包拴俥炮兵、揮包炸兵、御駕親征、包鎮中路、進車叫帥、落象拆架、右馬叫帥、獻車殺相，趁中包右馬之威，馬入槽擒帥。

　　此盤紅方老譜翻新後在關鍵時刻沒有把握住，而黑方在失誤情況下能及時調整好心態，把握時機、注重細節、不急不躁、精準打擊，機不可失、時不再來，最終棄車圍擊、成功擒帥！

第97局　（上海）孫勇征　先勝　（江蘇）徐超

轉五八炮直橫俥七路傌對屏風馬兩頭蛇右中象士雙包巡河

1.炮二平五	馬8進7	2.傌二進三	車9平8
3.俥一平二	卒7進1	4.俥二進六	馬2進3
5.傌八進七	卒3進1	6.俥九進一	包2進1
7.俥二退二	象3進5	8.兵三進一	包2進1
9.兵七進一	包8進2	10.俥九平六	士4進5

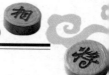

11.炮八退一　　卒7進1　　12.俥二平三　卒3進1

13.俥三進三！　…………

這是2011年11月18日第2屆全國智力運動會象棋賽第9輪孫勇征與徐超之間的一場自亂陣腳、飲恨敗北之戰。雙方以五八炮直橫俥七路傌對屛風馬兩頭蛇右中象士雙包巡河四兵卒相見陣式拉開戰幕。現紅方第一個敢於進右俥殺馬的是1989年7月3日全國象棋大賽上李來群特級大師首創的。

在22年後的全國智力運動會象棋賽上孫特大重現此招，定是做足功課、有備而來、出奇制勝、志在必得。如俥三平七，可參閱本書「許銀川先勝金波」之戰。

13.…………　　包2平3！

平右象台包打傌，一改在2009年4月25日全國象棋精英賽上王斌與洪智之戰中曾走包8平3，傌七退九，包3進5，仕六進五，車1平2，俥三退三，包2平7，炮八進二，包3平1，俥六平七，馬3進4，俥七進三！包7進3，俥七平六，車2平3，俥六進一！車3進9，俥六退五，車3平2，炮五平八！車2退2，俥六平九！包7平8，俥九平六，車8進4，俥三平八，車8平3，傌九退七！車2平7，俥八平二，車3進4，炮八進六！士5進4，炮八平九，車7平2，俥二平七！車3退3，傌七進八，車3進2，傌八退九，包8退5，俥六平八！以下伏有俥八進九叫將後傌九進八出擊之著，至此，紅雖殘中相，但多子佔優，結果紅勝的走法，旨在出奇制勝，更想志在必得！

14.俥三退三　卒3進1！

速衝3卒壓傌，是徐超推出的最新探索型中局攻殺「飛刀」，一改在2009年全國象棋個人賽上孫勇征與李雪松之戰曾走過的包3進3！俥六進一，包3平5！相七進五，包8平3，俥

三平七，車1平2，炮八平七，包3進4，俥七退三，車8進7，俥三進四，車8退2，俥四退三，車8進2，俥三進四，車8平6！俥七進六，車6退2！至此，雙方子力完全相同，結果雙方弈和。

15.俥六進一　車1平2　　16.炮八平七　包8進2

17.兵五進一　馬3進2??

在雙方圍繞3路卒的攻殺、去與留的相互爭奪中，黑進右外肋馬保卒，劣著！錯失抗衡機會，陷入被動。宜儘快兌馬出擊徑走包3進3為上策，以下紅如接走炮五平七，卒3進1，俥六平七，馬3進4，俥三進四，車2進6，演變下去，雙方子力對等，黑勢不弱，優於實戰、足可抗衡。

18.炮七進二　馬2進3　　19.俥六進一　馬3退2

退馬讓路、包窺底相出擊，似過於強攻、防守不足。另有兩變可參考：

①包3進3！俥六平七，包3平7，俥三退二，車8進3，仕六進五，車2進4，俥三平二，車2平8！變化下去，雙方子力對等、互相牽制，紅不敢輕舉妄動，黑棋足可堅守；

②車2進6！俥三退五，車8進3，演變下去，雙方互纏、各有顧忌，在以後雙方對攻中，黑可抗衡、優於實戰。

20.俥七進八　包3退3??

紅不失時機，急進左外肋俥頂馬發威，黑退包防守過軟，易遭被動。同樣揮包宜包3平7！俥八進六，車2平4，俥三進四，包8平1！俥四進五，包1退2，兵五進一，包7平4！俥三平八，包4進1，俥八進一！包4平5，俥六平五，包5進2！相七進五，車4進3！以下伏有車8進3殺中兵兌馬炮的先手棋，演變下去，雙方均勢、有望成和。

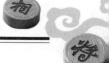

21.炮五平八　包8進1　　22.俥三平二　包8平2？

平左包轟炮、棄左車換雙，劣著！由此陷入困境。宜走車8進5！傌三進二，包3平2，傌二進四，包8退5，炮八進三，包2進4！俥六進二，車2平3，相三進五，車3進6，仕四進五，包2進1！兵一進一，車3平9！以下伏有車9進3和包8進7車包相繼沉底反擊的先手棋，在以下相互對攻中，黑可一拼，強於實戰，勝負一時難斷。

23.俥二進五　馬2退3

24.俥二退六　車2進5

25.俥六平八　車2平5

26.俥二平五(圖97)　車5平3？？？

黑棄左車換雙後又殺中兵，基本均勢。現紅鎮中車邀兌，旨在簡化局勢，以雙車攻單車、欲佔優勢。然而，黑卻卸中車窺相避兌，白丟一炮，敗著！導致最終少子而飲恨敗北。如圖97所示，應當機立斷徑走車5進1！傌三進五，包2平8，相三進五，包3平4，傌五進四，包8退5！變化下去，守住中卒、右卒或儘量兌兵卒後，雙方和勢甚濃，不會告負，遠遠強於實戰。

以下殺法是：俥八退一！馬3進4，俥五平六，包3進8，仕六進五，包3平1，相三進五，車3進4，俥六退三，車3退2，俥六進二！紅進肋俥，形成「仕

黑方　徐　超

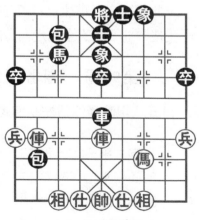

紅方　孫勇征

圖97

角位霸王俥」邀兌，紅必多俥獲勝。以下紅如接走車3進2，俥六退二！包1平4，相五退七，包4退3，俥八平六，馬4進2，這樣兌俥後，也形成紅俥傌雙高兵單缺相對黑馬包三個高卒士象全的必勝局面，紅方完勝。

　　此局雙方一開戰就步入紅直橫俥佔左肋退左炮對黑兩頭蛇雙包巡河四個兵卒相見的流行陣式決戰，互搶要隘、爭奪空間，針鋒相對、互不相讓。步入中局後的第13回合紅右俥吃馬、舊譜今用、有備而來，黑平右象台包打傌、志在必得，紅退右俥欺卒、黑抛出攻殺「飛刀」挺3卒壓傌，使雙方激戰進一步升級。但好景不長，就在雙方圍繞3路卒去與留的互相爭奪中，在第17回合紅挺中兵拆包架後，黑進右外肋馬保卒，錯失良機，在第20回合紅進左傌頂馬發難、黑卻退包回防、陷入被動，又失和棋機會。但更糟糕的是在第26回合黑車換雙殺中兵後，紅鎮中俥邀兌簡化局勢，黑卻匪夷所思地隨手卸中車避兌、白送一包，導致自亂陣腳、最終少子飲恨敗北。

　　此盤紅方老譜翻新、初有成效，黑推出卒壓傌「飛刀」卻丟子受挫敗北，其實全是走漏造成！

第98局　（湖北）汪洋　先勝　（廣東）呂欽

轉五八炮直橫俥佔左肋道退左炮對屏風馬兩頭蛇雙包巡河

1.炮二平五	馬8進7	2.傌二進三	車9平8
3.俥一平二	卒7進1	4.俥二進六	卒3進1
5.傌八進七	馬2進3	6.俥九進一	包2進1
7.俥二退二	象3進5	8.兵三進一	包2進1
9.兵七進一	包8進2	10.俥九平六	士4進5

11.炮八退一　卒7進1　　12.俥二平三　卒3進1

這是2011年11月17日第2屆全國智力運動會象棋賽第8輪專業組汪洋與呂欽之間的一場龍虎之戰。雙方以五八炮直橫俥退左炮對屏風馬兩頭蛇雙包巡河右中象士四兵卒相見陣式開戰。渡3卒殺兵棄右馬，是劉星大師1990年首創的，至今已有20多年歷史，依然是光輝燦爛、可圈可點。

13.俥三平七　…………

俥殺3卒是當今棋流行變例之一，如俥三進三，可參閱「孫勇征先勝徐超」之戰。

13.…………　包8平3　　14.俥六進七　…………

伸左肋俥塞象腰發威，屬當今流行走法之一。如傌七退五，可參閱「許銀川先勝金波」之戰。

14.…………　包2退4　　15.炮八平三　馬7進6

16.傌七退五　…………

黑雙包齊鳴、紅伸俥平炮，黑進先鋒馬、紅退窩心傌是20世紀90年代興起的久經考驗的經典戰術，至今已有20多年了，仍然是長盛不衰、無懈可擊！

16.…………　車1進2

高右橫車於右邊象台護馬，是呂欽獨闢蹊徑推出的最新試探型中局防守「飛刀」戰術。回憶自20世紀90年代起，在全國各種大型賽事中，黑方先後出現過包2平3、象7進9、包2進3三路不同攻防著法，但從未有過勝利，故黑棋只有要麼和、要麼輸兩條路。當然這種只能在苦盡甘來中求和不敗的結局對呂欽特級大師來說是不能長期忍受的，更是不公平的，所以，此刻創出此新招是刻不容緩、更是勢在必行的。那實戰效果理想嗎？讓我們拭目以待吧！

17. 俥七平四　　包2進4

伸右包巡河護馬，穩正。也
可車8進4！炮五平四，包2進
4，（若馬6退8？相三進五，包
3平7，傌三進二！包7退3，俥
六退四，紅反易走，以下黑如續
走馬3進4？俥四平五！以下黑如
卒5進1？則俥六進一得子大優；
又如黑改走車1平4？炮三平二！
包7平8，炮四平二！車8平5，
前炮進四，紅也得子大優。）炮
三平四，馬3進4！前炮進三，
馬4進6，傌三進四，以下黑有三變：

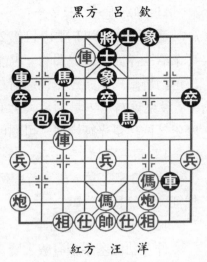

圖98

①車8進1，傌五進四！車8進3，後傌退五，包2平6，炮
四進四，紅俥換雙馬後，雙方互有顧忌；

②車8平6，炮四進四，包2平6，形成紅俥雙傌對黑車雙包
各有千秋的局面；

③車8進4！後炮進一，也成車換雙傌後互有顧忌的局勢，
優劣一時難斷。

18. 炮五平九　　　　車8進8　　　19. 炮九退一　車8退1

20. 俥四平七（圖98）　象7進9？？？

紅卸中炮巧連「擔子炮」驅黑左車後，紅右肋俥又站相台窺
3路包，令黑方的強烈求勝慾望在不斷燃燒，黑現揚邊象，敗
著！留下雙象防線的防禦鏈條由此斷裂了。如圖98所示，宜包3
平5！兵五進一，包5進4，傌三退五，車8退1，傌五進三，包2
退4！變化下去，雙方兵卒對等、仕（士）相（象）全、大子基

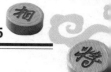

本相等，黑方優於實戰，足可抗衡。

21.傌三進四　包2退4　　22.傌五進六　包2平3

23.傌六進七　包3進4　　24.相七進五　車1退1??

紅跳出窩心傌兌去黑前象台包後，黑現邀兌右邊車，劣著！錯失堅守機會。宜象9退7！俥七平八，車8退2，炮三進三，車1退2！黑及時回防，變化下去，優於實戰，足可堅守，勝負一時難料。

25.俥六平九　馬3退1　　26.炮九進五　車8進1

27.炮三進七　馬1進3　　28.炮九退一　馬6進8

29.仕六進五　…………

紅方抓住戰機，先兌邊車，又雙炮齊鳴：炸邊卒後，現在又連追殺雙馬，令黑方雙馬措手不及、捉襟見肘時，紅補左中仕，攻不忘守，穩健之著！如要急攻，也可徑走炮九進二！窺捉中象，以下黑走象9退7，炮九平五！象7進5，俥七進一，馬8進6，炮三退六，車8平7，俥七進二！車7退1，傌四進六，馬6進7，帥五進一！演變下去，紅多兵相，以下伏有紅俥殺中象和傌六進八臥槽兩步惡手棋，紅也佔優。

以下殺法是：馬8進6，傌四進三，象9退7，仕五進四！（上仕頂馬、攻不忘守，後院安定、不留後患，佳著！）車8平2，傌三進五！車2進1，帥五進一，象7進5，俥七進一，馬3進2，兵九進一，士5進4，俥七退一，馬6退5，（若車2平6？炮九進四，將5進1，兵九進一！紅渡九兵壓馬，可得子大優。）炮九平五，卒5進1，炮三退二，車2平4，兵九進一！馬2進4，兵九平八，士6進5，炮三平九，馬4退6，俥七平四！馬6退7，炮九進一！車4退6，帥五退一，（退中帥，老練至極！若貪炮九平五??將5平4！兵五進一，卒5進1，俥四平五，車4平

5！俥五進二，馬7進5！雙方先後兌去俥車兵卒後，變化下去，黑尚有一線求和可能。）馬7退6，俥四進四，車4進1，炮九平五！士5進6，俥四退一！車4平2！俥四進一，車2進5，帥五進一，車2退6，炮五平一，車2平8，帥五退一，馬6進8，炮一平三，士4退5，炮三平五，士5進6，炮五平七，車8平3，炮七平九，車3退1，炮九退五，馬8進7，俥四平一，馬7進6，俥一退二！（俥殺邊卒後，紅優勢更大了。）車3進4，俥一平四，馬6進8，仕四進五，車3平1，炮九平七，士6退5，炮七進四，車1進3，炮七退六，車1退3，兵一進一，車1平5，俥四退一，卒5進1，俥四平五，馬8進7，帥五平四，馬7退6，俥五平二，車5平4，兵一進一，車4退4，炮七平五！（左底炮鎮中，攻守兼備佳著！）將5平4，相五退七，卒5平6，俥二進四，將4進1，俥二退一，卒6平5，（棄中卒無奈，否則破中士後，紅也勝定。）炮五進四！車4進3，炮五退一，車4平3，炮五平六！（大膽卸中炮於左肋道，棄左底相伏殺，凶著！紅勝利在望。）車3進4，炮六退三，馬6退5，帥四平五！

　　現御駕親征，鎮中帥，下伏仕五進六叫殺，黑中士被挖後，紅俥炮高兵單缺相也必勝黑車馬單士，至此，黑已無心戀戰，只好城下簽盟，紅勝。

　　此局雙方開局伊始，紅直橫俥退左炮就撞上了黑兩頭蛇雙包巡河右中象士，雙方進行了戰略要地和空間地帶的激烈爭奪。步入中局不久，黑首先在第12回合推出20多年前渡3卒棄馬戰術，乃復古翻新、有備而來，紅在第16回合也及時回敬了黑方一個也有20多年歷史的左正俥退窩心經典戰術，志在必得。然而黑方在第20回合紅肋俥站相台窺包後，由於強烈求勝慾望燃燒而揚了邊象導致一蹶不振，在第24回合又退右邊車邀兌而再

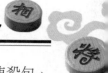

次失去回防機會，被紅方雙炮齊鳴、傌踩象、仕頂馬、俥殺包、炮兌中馬、炮拴中象、俥塞象腰、棄兵殺象士、平炮左右逢源、回炮退守、俥掃邊卒、底炮鎮中、落相打中卒、俥拴士將、炮殺中卒、棄相沉炮、帥鎮中叫殺，最終挖中士後，紅入局擒將。

　　是盤雙方祭出舊譜翻出新攻法，由於黑方太想獲勝而兩次走漏導致敗北；改革後的走法必然是機遇與風險並存，新著雖受挫折，但其防禦性能不能全盤否定，改進與完善後定能重返戰場，成為俥炮勝車馬經典殘局殺法的佳構。

第99局　（北京）王天一　先勝　（上海）林宏敏

轉五八炮直橫俥退左炮對屏風馬兩頭蛇右中象四兵卒相見

1.炮二平五	馬8進7	2.傌二進三	車9平8
3.俥一平二	卒7進1	4.俥二進六	馬2進3
5.傌八進七	卒3進1	6.俥九進一	包2進1
7.俥二退二	象3進5	8.兵三進一	包2進1
9.兵七進一	包8進2		

　　這是2011年11月16日第2屆全國智力運動會象棋賽第7輪王天一與林宏敏之間的一盤「四兵卒相見」的精彩廝殺。雙方以五八炮左橫俥過河俥轉巡河俥對屏風馬兩頭蛇右中象雙包巡河拉開戰幕。「四兵卒相見」戰術沉寂了20多年後的今天，卻突然昂首搏擊，被重新推上了重大比賽的戰場上，大有東山再起、反客為主之勢。

　　10.俥九平六　士4進5　　11.炮八退一　…………

　　退左炮，伺機右移出擊，也可平左邊炮發威，著法靈活，是1990年針對「四兵卒相見」拋出的經典戰術，至今仍長盛不

衰、耐人尋味。

　　11.………… 　卒7進1　　12.俥二平三　馬7進6

　　左先鋒馬出擊，是2000年首次出現的冷門戰術！今黑方舊譜翻新，有出奇制勝之意。如卒3進1，可參閱本書「汪洋先勝呂欽」之戰。

　　13.俥六平二　車8進3

　　進左直車生根是黑方林宏敏特級大師拋出的最新中局防守「飛刀」！一改卒3進1，俥三平七，馬3進4，傌七進六，馬6進4，俥七平六，馬4退3，俥二進三，車1平4，俥六平七，包2平3，炮八平七，車4進4，炮五平七，車8平9，前炮進三，包8平3，炮七進四，車4平3，俥七進一，象5進3，雙方大量兌子後，立成和勢甚濃的走法，意欲志在必得。

　　14.傌七進六　…………

　　左先鋒傌出擊邀兌，是一步「拔去8路車根」的佳著！

　　14.………… 　包8平9??

　　平包兌俥，漏著，錯失抗衡良機，步入下風。宜馬6進4！俥三平六，車8平7，俥二進一，卒3進1，俥六平七，包8平3，（若馬3進4?俥七平六，車7進1，炮八平三，車7平6，炮五進四！紅炮搶中路，多兵佔優。）炮八平七，包3進4，以下不管俥吃馬，還是殺包，黑可抵禦，優於實戰。

　　15.俥二平六　…………

　　平俥保傌，避兌俥、來兌傌，旨在讓雙肋道俥連成「霸王俥」後反擊威力會更大。亦可俥二進五！馬6退8，俥三平二，卒3進1，傌六進五，馬3進5，炮五進四，馬8進6，俥二平七！變化下去，紅炮鎮中，多兵佔優。

　　15.………… 　馬6進4　　16.俥三平六　卒3進1

17.前俥平七　　包2平3　　18.俥六進五　　包9平7

19.傌三進四　　…………

右傌盤河出擊，不給左象台包轟底相反擊機會，穩健。也可徑走炮八平三！先發制人，以下黑如接走包7進4，俥七進一，車1平3，俥七退四，馬3進2，俥七進八，象5退3，俥六平七，象7進5，炮五進四！將5平4，俥七平九！馬2退3，俥九平六，將4平5，俥六進一！車8平5，俥六平七，雙方大量兌子後，紅多雙兵佔先。

19.…………　　車1平4　　20.俥六進三　　士5退4

21.傌四退六！　…………

雙方兌去肋俥車後，現紅趁勢退傌追包，精準打擊、妙手圍殺，令黑方措手不及、顧此失彼，陷入艱難防守的嚴峻考驗。

21.…………　　包7退3

黑方長考後，決定退左象台包防禦，煞費苦心，可效果不佳！如馬3進4，炮八平六，包7進2，傌六進七！象5進3，炮六平九！象7進5，炮九進五！紅炮炸邊兵打車，以下伏有炮九進三沉底叫將和炮五進四成「天地炮」猛攻態勢，紅也難以抵抗，黑反大優。

22.傌六進七　　象5進3　　23.俥七進一　　車8退1

24.炮五平七　　…………

卸中炮追殺右馬，精妙絕倫，令人震撼！展現出我國當今棋壇新人輩出、「長江後浪推前浪，一浪更比一浪高」的可喜景象，我國棋壇的一代新人正在茁壯成長，令人感到十分欣慰！難道這步棋就不怕黑平包打紅俥炮嗎？紅方胸中自有錦囊妙計嗎？讓我們拭目以待吧！

24.…………　　包7平3　　25.炮八進八　　將5進1

進將，明智之舉！如士4進5？？炮七進五！白得一馬大佔優勢，因如黑續走包3進3？？？則炮七進二！雙底炮疊殺，紅勝。

26.俥七平三　　象7進5

補左中象欺紅俥，實屬無奈！如貪走包3進6？？？俥三進三，將5進1，炮八退二！馬3進2，炮八平二！紅棄炮殺車後，多子多相勝定。

27.俥三退一　　　　馬3進2

28.炮七平五　　　　馬2退3

29.炮五平七　　　　馬3進2

30.炮七平五(圖99)　象5進3？？？

紅鎮中炮，正著。如俥三平八？車8進2！炮七平八，馬2退3，以下紅如接走俥八進四，則包3平4；又如改走俥八進三，則車8平3，變化下去，這兩路均可抗衡，紅方反而無趣。

黑揚中象，敗著！導致紅趁機巧渡中兵入局擒將。如圖99所示，仍宜徑走馬2退3，（若象5退3？俥三平八！車8進2，兵五進一！將5平6，炮八退一，包3進1，炮五進四！變化下去，紅車雙炮中兵也大佔優勢。）炮五平七，馬3進2，炮七平五，馬2退3，雙方不變，根據棋規可判作和。

以下殺法是：俥三平八！馬2退1，炮八平九，（若相七進九逃相？？馬1退2！俥八進五，

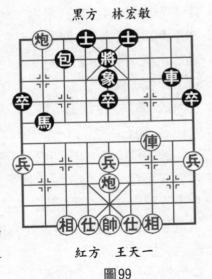

黑方　林宏敏

紅方　王天一

圖99

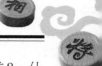

將5退1，演變下去，紅雖多相，但黑反可抗衡。）包3進8，仕六進五，車8平3，俥八進四！將5進1，兵五進一！（急衝中兵，欲從中路突破，黑難以抵抗、頹勢難挽。）馬1進3，俥八退八，包3退1，俥八平七，包3平1，俥七進五！車3退2，兵五進一！渡中兵欲殺中卒，紅方勝定，以下黑如續走車3平1？兵五進一，將5平6，俥七平四！紅勝；又如改走將5退1？？兵五進一！馬3退5，俥七進四！得車後，下伏俥七退一也紅勝；再如改走將5平6？？？兵五進一！將6退1，俥七平四！也成俥炮兵殺勢，紅方完勝。

　　此局雙方開戰就打起了紅直橫俥退左炮對兩頭蛇右中象雙包巡河四兵卒相見的攻守激戰。剛步入中局，黑首先進7路馬翻出老譜試探對方，接著在第13回合推出進左生根車的中局防守「飛刀」，意欲志在必奪。沒想到在紅也進左先鋒傌要拔去8路車根後，黑卻在第14回合平左包兌俥，錯失良機，以後紅方得勢不讓人，俥保傌、傌出擊、俥殺象、沉左炮、渡中兵，一路雄風、精準打擊、細膩之極、不留後患地以藉「天地炮」之威，俥兵逼將、兵臨城下入局。

　　此盤黑方嘗試舊譜今用、準備不足，祭出防守「飛刀」、應對有誤，錯失良機後，又無力化險為夷，紅棄左相後，又優柔寡斷，最終寡不敵眾、王城不保！

第100局　（四川）曾軍　先負　（四川）孫浩宇

轉五八炮過河俥挺中兵盤頭傌對屏風馬兩頭蛇右中士象

1.炮二平五　　馬8進7　　　2.傌二進三　　車9平8

3.俥一平二　　卒7進1　　　4.俥二進六　　馬2進3

5.傌八進七 卒3進1 6.兵五進一 …………

這是2011年3月20日重慶市第3屆「茨竹杯」中國象棋公開賽決賽第2輪16進8淘汰賽上曾軍與孫浩宇之間的一場精彩的「德比之戰」。曾軍是四川業餘棋王，曾多次在全國賽事上取得好成績，孫浩宇是川軍專業隊棋手，以大刀闊斧的攻殺棋風著稱。雙方以中炮過河俥進中兵對屏風馬兩頭蛇佈陣拉開戰幕。一場業餘高手與專業大師的「德比之戰」由此展開了。紅急進中兵的特點是進攻速度快、易形成激烈對攻局面。看來紅是有備而來，意在此戰一決勝負，不想拖入加賽快棋的較量之中。孫大師也絲毫不怠慢、更不手軟地迅速迎接這次大戰，也欲志在必得。

6.………… 包2進1 7.俥二退二 士4進5

先補右中士固防，意欲儘快亮出右翼主力，使兩翼子力均衡發展。在2010—2011年賽季JJ象棋頂級英雄大會上靳玉硯與卜鳳波之戰中改走包8平9，結果黑方棄子後有攻勢，最終黑勝。

8.傌七進五 象3進5 9.兵五進一 …………

硬渡中兵從中路突破，按既定方案推進。筆者在網戰上曾改走五七炮，即接走炮八平七，馬3進2，兵三進一，包8進2，（若卒7進1？？俥二平三，馬7進6，兵五進一，馬6進5，傌三進五，卒5進1，俥三進二，變化下去，紅優。）兵七進一，卒3進1，傌五進七，包2退1，兵三進一，象5進7，傌三進四，演變下去，紅子靈活、主動、易走，結果雙方兌子後，兩難施展而欣然簽和。

9.………… 卒5進1 10.兵七進一 馬3進5

11.炮五進三 包8進2？？

伸左巡河包邀兌過急，劣著！錯失先機。宜車1平4！炮八平五，車4進6，俥九平八，包2進3，傌五進六，包8進2，

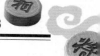

（若貪車4退2？俥八進三！車4平5，傌三進五，包8進2，俥二平六！演變下去，紅方反有攻勢佔優。）俥二平五，車4退2，俥八進三，包8平5，兵七進一，馬5進3！俥八進六，士5退4，炮五進三，馬7進5！變化下去，紅雖兵種齊全，但黑子位極佳、靈活易走、反先佔優，強於實戰。

12.炮八平五　　包8平5

平左包兌中炮邀兌左車，明智之舉。如包2進2，兵七進一，包8平5，俥二平八，馬5進3，俥九進一，（若炮五進三？？馬3進4！！變化下去，紅反而速入下風不好應付。）包5進3，相七進五，雙方兌去雙炮包兵卒後，局面趨於均勢。

13.俥二進五　　包5進3

揮包炸中炮、突然棄左車換紅雙炮攪亂了局勢，看來孫大師早有準備、不願平淡，積極好鬥的棋風是顯而易見。如徑走馬7退8，則炮五進三！變化下去，局面相對接近於均勢，但就當前局勢發展下去來看，此下法還是存在很多風險的。

14.俥二退五　　　包5平4　　15.俥九平八　　包2平3

16.兵七進一？？……………

在黑車兌雙炮後又馬雙包佔位靈活的情況下，紅卻挺七兵貪卒，劣著！錯失先機。宜先仕四進五驅包為上策，黑如接走包4退1，俥八進六！車1平3，相三進五，卒3進1，俥二平七，馬5進3，俥七平六！變化下去，紅雙俥傌佔位靈活易走，優於實戰。

16.…………　　馬5進3　　17.俥二平六　　包3平5

18.仕六進五　　包4退1　　19.兵三進一　　馬7進6

20.俥六平四？……………

雙方兌去兵卒後，黑方不失時機，雙包齊鳴、雙馬馳騁，搶

佔要位與空間。面對黑方四個大子突如其來的攻擊，紅平俥攔馬，錯失良機，導致紅方局面由此失去控制。同樣運俥，宜徑走俥六進一！卒7進1，相七進五，馬6進7，傌五進三！馬7退5，俥八進二，包4平7，後傌進五，包5進3，傌三退五，包7平1，傌五進三，馬5退7，變化下去，黑雖多邊卒，但一下難以進取，基本上雙方接近均勢，優於實戰，紅方足可與黑方抗衡，鹿死誰手，勝負一時難料。

20.………… 卒7進1 21.俥四進一 卒7進1

22.相七進五 卒7進1 23.俥四平六 包4平9

24.俥八進六?? …………

在雙方兌傌馬過程中，黑方趁勢連掃雙兵，使黑方淨多雙卒而明顯反先。在此情況下，紅現伸左俥過河追殺中包，壞棋！再丟良機而陷入被動。宜先掠過河卒徑走傌五退三為上策！以下黑如續走包9平7，傌三進一，包7退2，俥八進六！車1平4，俥六進四，士5退4，傌一進二，卒9進1，傌二進三，包5進1，俥八退二！退左俥智守前沿，演變下去，黑卒無法過河參戰，兩難進取，和勢甚濃，強於實戰。

24.………… 包9平1(圖100)

25.傌五進四??? …………

黑方不失時機，飛包再掠邊兵！在黑方以淨多三個高卒優勢下，紅急進中傌出擊，敗著！很不理智的進傌，導致了「一著不慎滿盤皆輸」的嚴重後果。

如圖100所示，宜棄俥兌馬包，儘快求和為上策，即俥八平五！包1退2，俥六平七！象5進3，傌五退三！卒9進1！俥五平一，象7進5，傌三進五，包1進5，傌五進三，卒1進1，俥一平八！卒9進1，傌三進二！士5進4，傌二退一！變化下去，

黑車包未過河卒士象全難勝紅俥
傌仕相全。

　　以下殺法是：包1退2！俥
八退一，馬3退4，俥六進一，
包1平6！俥八平四，包5進2！
（兌去傌炮後，紅雙俥已很難防
守黑車馬包三個卒了。）俥四退
一，包5退1，俥四平五，包5平
1！俥五平三，車1平2，俥三平
九，（若俥三退二??車2進9！
仕五退六，包1進5，俥六平
九，包1平4！俥九平六，包4退
2，相五退七，車2平3，帥五進

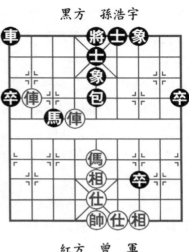

黑方　孫浩宇

紅方　曾　軍

圖100

一，包4平3！黑棄過河卒後換取紅殘仕破相局面，黑方也勝
定。）車2進9，仕五退六，卒7進1，仕四進五，卒7平6，俥
六平四，馬4進3，俥九平七，卒6平5！帥五進一，車2退1，
帥五退一，包1進5！相五退七，車2平4！俥四平一，馬3進
5！俥一退四，（若貪俥七平五???車4進1，帥五進一，車4平
5，帥五平四，車5退4！黑棄馬得俥後必勝無疑。）將5平4！
御駕親征參戰，一著定乾坤！

　　以下紅如接走俥一平九??車4進1，帥五進一，車4退1！
帥五進一，馬5進7！帥五平四，車4平6！黑藉將包之威，請帥
上三樓、車馬冷著勝。

　　此局雙方從佈局伊始紅就進過河俥挺中兵盤頭傌，黑還以兩
頭蛇高右包打俥補右中士象步入激戰來爭地盤、佔空間。

　　剛步入中局，黑首先在第11回合伸左包巡河過急而錯失先

機，接著在黑車換紅雙炮後、黑馬雙包佔位靈活形勢下，紅在第17回合卻進七兵貪卒錯丟了先機，但令人費解的是在第24回合黑在兌馬中連殺雙兵佔先情況下，紅卻進左俥追殺中包，首次錯失成和機會；但更糟糕的是在第25回合還沒正視現狀、總結教訓、黑淨多三個高卒困境下，紅竟然走傌五進四，再失最後成和機會，而被黑方抓住機遇，右包兌俥、中包右移、卒臨城下、馬站象台、卒挖中仕、右包沉底、策馬鎮中、藉包之威、出將助陣、車馬擒帥。

　　是盤紅方在能戰和形勢下兩失機會，反被黑方精準打擊，包將助威，車馬冷著破城！

第101局　（呂梁）陳子亮　先勝　（晉中）喬言

轉五八炮直橫俥渡中兵對屏風馬平包兌俥右橫車兩頭蛇

1.炮二平五　馬8進7　　2.傌二進三　卒7進1
3.俥一平二　車9平8　　4.俥二進六　馬2進3
5.傌八進七　包8平9?

　　這是2011年4月8日山西省第7屆農運會象棋賽第5輪陳子亮與喬言兩位市級冠軍之間的一場龍虎激戰。雙方以中炮過河俥對屏風馬進7卒平包兌俥拉開戰幕。紅先進左正傌屬流行變例。如兵七進一，包8平9，俥二平三，包9退1，兵五進一！變化下去，優勢明顯會倒向紅方。

　　黑現提前平包兌俥，是一步習慣性隨手錯棋。針對黑已形成屏風馬進7卒陣勢，宜徑走卒3進1成兩頭蛇或走馬7進6左馬盤河出擊，為正規流行套路，前面已有過詳細介紹，讀者可自己研究。變化下去，黑不會吃虧，有反彈機會。

6.俥二平三　包9退1　　7.俥九進一? …………

高起左橫俥準備右移出擊，漏著！錯失勝機！宜急衝兵五進一為妥，由於傌八進七已快了一步，故此時紅中路的攻勢是如虎添翼、愈發會兇猛犀利！

筆者在2011年5月27日網戰上曾改走兵五進一！卒3進1，（若按常規套路走包9平7??俥三平四，士4進5，兵五進一！卒7進1，傌三進五，卒7進1，傌五進六，車8進8，傌六進七！紅得子後，又有傌炮兵窺殺中卒，紅方大優。）兵五進一，士4進5，兵五進一，馬7進5，傌三進五！馬5進4，兵七進一，馬4進3，傌五退七，象3進5，兵七進一！包9進5，俥三平一，包2進4，兵七進一，馬3退4，仕六進五，車8進6，傌七進八，包9平7，傌八進六，包7平5，俥一平五！包5平4，炮八平六，包2退5，炮五進一！包4平2，傌六進四，車1平2，相七進九，車8平6，炮六平三！象7進9，炮三平五！象9退7，俥九平六，車6退3，（若後包平1???俥六進八！車2進1，傌四進三！車6退5，前炮進四！士5進6，後炮進一！包2退1，相九進七，包2退1，後炮進二！包1平4，俥五平六！雙中炮疊殺，紅勝。）俥五平四！後包進3，俥六進五，前包進3，俥六平四！後包平5，後炮進三！至此，紅雙俥同佔右肋、雙炮同鎮中路絕殺，紅方完勝。

7.…………　車1進1　　8.兵五進一　車1平6??

平右橫車佔左肋道出擊，有落空和方向有誤之感，漏著，導致落入下風。宜先包9平7！俥三平四，車1平4，俥九平四，包7平5，傌三進五，車4進5，以下伏有包5進1的先手棋。

9.兵五進一　士6進5　　10.兵五進一　馬7進5

11.炮八進四? …………

雙方速兌中兵卒後，紅伸左炮過河窺捉中馬，空著，錯失反先機會。宜傌七進五！包2進1，炮八平七，卒3進1，炮五進四，馬3進5，俥三平五，包2退1，兵七進一！變化下去，紅方攻勢凌厲，強於實戰。

11.………… 卒3進1　　12.傌七進五 …………

至此，雙方剛剛步入了五八炮直橫傌盤頭傌對屏風馬直橫車平包兌俥轉盤頭馬陣式，經過一番轉換與互纏後，紅勢收效甚微，無任何先手可言，仍是各有千秋之勢。

12.………… 馬5進6　　13.傌五進六　　馬6進5
14.傌六進七　　馬5退6　　15.俥三平六　　象3進5
16.俥九平六　　士5進4　　17.後俥平四?? …………

平後肋俥拴住車馬，漏著！錯失勝機！宜徑走傌七進六！馬6進7，（若貪將5平4???前俥進一！將4平5，前俥進二殺紅速勝。）仕六進五，士4退5，（若象5退3??帥五平六，以下黑如士4退5?前俥平五，包2平5，炮八進三，紅勝定；又如黑改走車6平4，前俥進一，車4進1，俥六進六，包2平1，炮八進三，紅俥傌炮三子歸邊沉底，殺勢已成，也勝勢。）傌六退五！包2平4，前俥平七，車6進1，俥七進三，包4退2，炮八進三！將5平6，俥七平六，將6進1，前俥平五！車6平5，炮八退一！將6進1，俥六進一，車5平4，俥六平四，將6平5，俥四平五！將5平6，前俥退一！包9平6，炮八平四，馬7退5，後俥平四，馬5退6，俥四進三！紅勝。

17.………… 車8進1　　18.傌三進五　　馬6進8
19.俥四平二　　車6進5　　20.傌七退六　　士4進5
21.炮八平一（圖101）　包2進4???

在紅大子活躍、多兵情況下，黑現進右包於兵行線，試圖平

肋車邀兌來減輕紅肋俥的攻擊壓力，敗著！導致忽略全域平衡、反被紅方利用後丟子失勢告負。

如圖101所示，宜車6平7！俥二平四，車7進2，俥六平八，車7平6，傌五退四，車8平6！傌六退五，包2平3！黑方兌俥殺兵後，雙方子力基本相等，變化下去，黑反易走，強於實戰，勝負一時難斷。

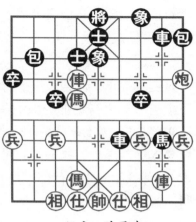

黑方　喬言

紅方　陳子亮

圖101

22.兵七進一　包2平4

23.俥六平八　包4退1

24.相七進五　包9進5??

紅方不失時機，果斷邀兌七兵、平肋俥避捉、補左中相固守，仍以多兵優勢抗衡。

而黑在少卒情況下，急於貪邊兵、企圖從紅右翼邊線切入，敗著！真是貪攻忘守，由此一蹶不振，陷入困境、難以自拔，實在可惜！應及時先安內衛、後攘外攻地改走士5退4！較為穩健，以下紅如接走炮一平五，將5平6！以下紅中傌和右底仕必得其一，黑勢反先，強於實戰、足可抗衡。

25.炮一進三！　…………

紅抓住戰機，迅速沉炮叫將，旨在以下馬上能兌子取勢，搶先確立優勢，不留後患，保留到最終。

25.…………　　車8退1　　26.俥二進二！　車8平9

27.傌六進四！　將5平6　　28.傌五進六　士5退4

雙方兌子後，紅傌赴臥槽、雙傌連環，馬不停蹄向前攻殺，

黑方現在想到要落中士固防，亡羊補牢為時已晚，黑子散亂、頹勢難挽，已難逃滅頂之災了。

29.仕六進五　　包9退2　　20.傌四進三　　車9進1

31.兵三進一　…………

挺兵捉車、借勢殺車，著法精巧、可見一斑！但不如徑走傌三退五入局來得更加乾脆俐落，以下黑如接走象7進5，傌六進五！將6進1，（若將6平5?俥二進六！將5進1，傌五退三！下伏俥八進二絕殺，紅勝。）傌五退三！將6平5，俥八進二，將5退1，俥八平一！下伏俥二進六，車6退6，俥二平四殺著，紅速勝。

以下殺法是：車6退4，傌三退二，車6平8，俥二平四，車9平6?（宜將6平5頑強下去，好於實戰。）俥八平四，車8退1，傌六進五，士4退5，傌五退三！紅雙俥聯手、雙傌馳騁、強手連發，現傌到成功、傌踩雙車、一招制勝。

此局雙方一開戰就步入紅過河俥對黑平包兌俥激戰。紅在第7回合高左橫俥錯失勝機、黑在第8回合走右橫車佔左肋方向有誤。步入中局後，紅在第11回合伸左炮捉馬和第17回合平後肋俥拴車馬再錯失勝機後，黑方卻在第21回合走包2進4陷入困境、在第24回合走包9進5一蹶不振後，被紅方抓住戰機，沉炮叫將邀兌爭先、雙傌馳騁殺象捉車、雙俥聯手成直線「霸王俥」，最終傌到成功、踏雙俥入局。

此盤雙方佈陣有誤、中局攻殺紅前面兩失勝機、黑後面失誤敗在雙包身上，看來，地方高手平時還須強化基本功訓練，戰時需強化心理素質和合理用時，以利於正常發揮！

第102局　（浙江)趙鑫鑫　先負　（廣東)許銀川

轉五八炮過河傌高左橫俥挺中兵對屏風馬兩頭蛇右中象

1.炮二平五　馬8進7　　2.傌二進三　車9平8

3.俥一平二　卒7進1　　4.俥二進六　馬2進3

5.傌八進七　卒3進1　　6.俥九進一　象3進5

這是2011年10月25日全國象棋個人賽第11輪趙鑫鑫與許銀川之間的一場極為緊張激烈、精彩紛呈的「短平快」殺局。當時孫勇征積15分，趙與許同積14分，此戰如趙勝許，趙有望「坐二望一」，如孫負或弈和，趙有機會登頂；許如勝，趙也同樣有望問鼎冠軍，故雙方就在「爭勝」中激戰。雙方輕車熟路，很快形成中炮七路傌直橫俥對屏風馬兩頭蛇右中象陣勢。紅進左正傌，有意讓黑走成兩頭蛇佈局出陣，從側面可知趙對這佈局充滿信心。第5回合如改走兵五進一，卒3進1，兵五進一，士4進5，俥二平三，雖以後黑有包8退1、包8進2和包8進4三種變化，但紅方保持不輸的概率要大於走傌八進七。

黑補右中象是2009年再度在棋壇上興起的流行變例，一改包2進1、包2平1和士4進5。本書前面已有過詳細介紹的走法，意欲志在必得，向冠軍衝刺！

7.俥九平六　馬7進6

急進左先鋒馬對攻是許銀川臨場心態的真實反映：既可立刻避開紅方擅長攻殺的領域，又是此戰必勝的形勢所迫。在2009年「浩坤杯」全國象棋個人賽上趙鑫鑫與陳富杰之戰中曾走士4進5??趙大膽進攻就是最有力的防守之一，而接著走兵五進一！包2進4，炮五進一（以兌中炮掩護兵林）！包2退2，俥二平

三，包8進5，炮五退一！包8平5，炮八平五，車8進2，俥六進五，馬3進4，兵五進一，卒5進1，俥三進五，馬4進3，俥六退三，卒3進1，炮五進三，包2進2，俥六進二，車1平3，仕六進五，車8進3，兵三進一，車8進1，俥五進四，馬7退9，俥三進三！（棄俥強攻、精妙之極！）卒3平4，俥六進三！馬9退7，俥四進五，馬7進6，俥六退二！馬6進5，（若車8退5？？？俥五進七！紅俥炮同時叫殺，紅勝。）俥五進三！也叫殺，紅勝。

8.兵五進一 …………

從中路進攻突破，存在一定風險，也有不確定因素，但在強烈的求勝慾望支配下，紅還是冒著風險選擇了急進中兵變例，希望由此將局面導向自己所期待的複雜盤面。實戰效果如何？讓我們靜心觀賞、拭目以待、望能如願吧。

8.………… 卒7進1　　9.俥二平四　卒7進1

連衝7卒、棄馬直叠紅右俥邀兌，對紅右翼薄弱底線產生一定的威懾力。在2010年第5屆「後肖杯」象棋大師精英賽上王斌與謝靖之戰中曾走馬6進7？？俥三進五，包8進7，兵五進一，包8平9，兵五進一，車8進9？（宜先士4進5為妥，以下紅如接走俥六平三，車8進9，以下紅方有炮五平三打卒和俥五進三踏7卒兩路雙方激烈對攻、互有顧忌的不同選擇，均優於實戰結果。）俥五退三！（退守護防、化險為夷、精妙之極。）包9平7，仕四進五，包7退1，仕五退四，馬7退5，俥四進二，包7進1，仕四進五，車8平9，兵五進一，包2平5，炮五進五！車1進1，俥四平九！馬3退1，炮五退二，卒7進1，俥六進三，馬5退7，俥三進五！馬7進6，俥六平五！至此，紅多子佔優，且下伏炮五平一叫將抽車的凶著！結果紅勝。

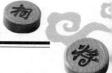

10.兵五進一　…………

強渡中兵、頂卒脅馬，加快攻擊速度，決一死戰，力圖將局面導向有利於自己的複雜變化。在2011年首屆「周莊杯」海峽兩岸象棋大師公開賽上蔣川與趙鑫鑫之戰中曾走俥四退一，卒7進1，俥四平二，車1進1，兵五進一，包2進2，傌七進五，（若兵七進一？車8進1，俥二進一，包8平7，俥二平三，包2平5，傌七進五，車8進5，俥六進二，車1平2，炮五進三，卒5進1，炮八平五，包7退1，炮五進三，包7平5，變化下去，紅無便宜。）車1平8，（若車8進1，傌五進三，車1平6，連成下二線「霸王車」後，變化下去，黑足可抗衡。）傌五進三，士6進5，炮八平三，包8平6，俥二進三，車8進1，兵五進一，馬3進5，俥六平四，車8進3，俥四進五，馬5進4，傌三進二，包6退1，炮三退一，包2退3，炮三平八，車8進2，傌二進三，車8平7，俥四進二，馬4進5，俥四退二，車7退5，相七進五，子力對等，結果戰和。

10.…………　卒7進1　　11.兵五進一　…………

挺兵殺卒，直攻中象，算準可以追回7路馬，穩正之著。另有兩變作參考：①俥四退一，包8平7，相三進一，車8進6，俥六平四，士4進5，炮五進四，馬3進5，兵五進一，車8平3，兵五進一，象7進5，炮八平三，車3進1，炮三平五，包2退2，前俥平五！變化下去，形成黑方多子、紅俥炮鎮中殺去雙象後有攻勢的兩分局面；②兵五平四，卒7平6，炮五進二，卒6進1，俥六平四，士4進5，前俥平二，（若後俥平六？包8平6，傌七進五，車8進5，炮五平三，包2進4！兵七進一，車8進1！傌五退三，卒3進1！相三進五，卒3進1！變化下去，黑多過河卒反先。）包8平6，俥二進三，包6進6，俥二退八，包6

平2，俥二平六，車1平4，俥六進八，將5平4，雙方步入無俥車棋戰後，子力對等、局勢平穩、大體均勢、勝負難料。

11.………… 士4進5　12.俥四退一　包8平7

平包窺打底相，搶一步先手，是一步必然要著，也是當前局面下的最好應著。如車1平4？兵五平六！包2進2，俥四進三，包8平7，相三進一！以下伏有俥六平四先手棋，演變下去，黑陣型顯然很壓抑，紅方易走；又如馬3進5？？俥七進五，馬5退7，俥四進三！包2退1，俥六進七！包2進5，俥五退三！追回過河卒後，紅勢開朗、子位靈活大優。

13.相三進一　車8進6

左車進兵林線，封鎖要道是黑方反先的關鍵要著，不給紅俥七進五的發威騰空機會。如貪車1平4？兵五平六！車8進5，俥七進五，車8退2，炮八平三，車8平4，俥六進五，車4進3，仕四進五，變化下去，紅子靈活、掌控局面、佔據優勢。

14.兵五平六　車8平3！

卸中兵保存實力，屬爭勝走法！如紅獲勝，趙將第二次奪冠，難怪紅在「許仙」面前都敢動殺機了，旨在將局面引向一種開放式打法，大有「寧可玉碎、不為瓦全」的氣勢。

筆者曾在這個佈局的重要分支點上選擇過走炮五進一，不給黑車強行打通兵林線機會，以下黑如接走車1平4，兵五平六，卒7進1，炮八退一，車8平7，炮八平三，包7進6，俥六平四！馬3進5，兵六平五！車4進7，炮五退一！車7平4，仕四進五，前車平3，兵五進一！將5平4，（若包2退2？？兵五進一挖去中士，紅也勝定。）炮五進六！象7進5，（若士6進5？？？兵五進一！包2退2，俥四進四，包2平6，俥四進八！紅速勝。）前俥進四！將4進1，後俥平三！車3退1，炮五平一！車

4平7，俥三平四，象5退7，後俥進七！將4進1，後俥平五！車3平5，俥四平六兜底絕殺，紅勝。

黑左車右移、殺兵壓傌，雙方精彩對攻，肉搏大戰開始了！

15.俥六平四　　包2退2

平肋俥催殺，是卸讓中兵的後續手段，紅求勝心態躍然枰上。

黑包退底線，防鐵門栓殺法是在2008年全國大賽上由汪洋大師首創的。在2011年首屆世界智力精英運動會象棋賽男子組第6輪中國蔣川與越南阮黃林之戰中曾走將5平4，兵六平七，車3進1，〔錯著！宜馬3進5！炮八進四，車1平3，（若馬5進4，前俥平六，將4平5，俥六退一，車3進1，俥六進四，車1平4，俥六平八，車3進2，仕四進五，在雙方激烈對攻中，紅中炮和右肋俥有攻勢、黑有「擔子包」淨多卒象，互有顧忌，但紅以下伏有帥五平四先手棋，略先。）炮八平五！後車進3！前俥平六，包2平4，前炮退三，前車進1！演變下去，雙方攻守變化多端、複雜難控、局勢混亂、風險較大、不易把握，但以許銀川的棋藝風格，這種將位不安的下法，是很少會去選擇的。但如改走包2退2，後俥平六，將4平5，傌七退五，車3平5，俥六進五，卒7進1，變化下去，紅勢也不吃虧，但黑足可抗衡，優於實戰。〕前俥進四！俥砍底士，令黑方措手不及、顧此失彼、敗下陣來。以下黑如接走將4進1，（若貪士5退6？？？則俥四平六殺，紅速勝。）俥四平六，士5進4，俥四平九，車3平5，仕六進五，車5平2，俥九平五！馬3退2，俥五平八，包2進3，俥六進三，將4平5，仕五退六，卒3進1，俥六平七，包2退4，兵七進一，象7進9，兵七平六，包7退1，兵六平五！兵臨城下、殺象入局，紅勝。

16.傌七退五　車3平4(圖102)

紅傌回窩心，不能放棄，正著，別無選擇。

黑車右肋搶佔要道，意欲驅兵直壓相腰出擊，兇狠！一改 2009年浙江省第13屆「宋城浦江憶慈杯」象棋賽上王國敏與謝丹楓之戰中曾走卒7進1，結果在雙方對攻中黑先拔頭籌的走法，意欲出奇制勝。

17.兵六平七???　車4進2

平兵壓馬力求保持複雜態勢，是趙特大推出的最新探索型中局「飛刀」，一改2008年12月15日全國象棋大師冠軍賽上張強與張申宏之戰中曾走過的炮八平三結果紅勝的走法，但效果不好。如圖102所示，仍宜徑走炮八平三！將5平4，傌五進七，包7平6！（上述兩張之戰走車4退3?故黑方告員。）前傌平五，車4退3，傌四進三，卒3進1，傌四平七，車2平3，傌七平六，車4進2，傌七進六，包3進9，仕六進五，車1平2，炮五進五，象7進5，傌五進二，車2進5，炮三進七，將4進1，炮三退一，士5退4，傌六進四，紅棄中炮兌雙象後，形成在雙方激烈對攻中，紅傌傌炮聯手反彈攻勢，優於實戰，紅方仍有佔優反先攻勢的機會；如圖102所示，也可炮五進六，（另有炮八平三，將5平4，前傌進一！車4進2，炮五平八，演變下去，紅方優於實戰，稍好。）車4退3，

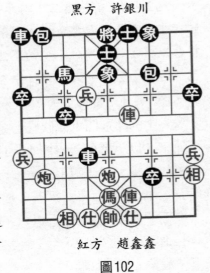

黑方　許銀川

紅方　趙鑫鑫
圖102

炮五平一，車1進1，（若車4進5??炮八退二，紅優。）炮一進一！紅邊炮再炸底士形成新一輪對攻，紅勢不錯，也優於實戰。

黑大膽棄馬、進車點穴，不走反棄，初看無道理，但細想一下：紅如兵七進一，包7平3！紅要解殺，須棄還一子；又如相七進九？將5平4絕殺，黑勝；再如炮八平三？將5平4後，紅仍難解決。但此著如能先將5平4！！！傌五進七，包2平3，前俥進一，卒3進1！變化下去，黑反彈潛力更大！

18.後俥進二??　　將5平4！

高起後俥，給退傌留出通道，打算棄俥搶攻，但時機尚未成熟。宜前俥進一！車4退1，炮八退二，（若炮八進四！車1進1，前俥平六！車4退4，炮八平六，馬3進5，俥四進五，馬5進4，傌五進三，車1平2，俥四退二，馬4進5，相七進五，車2進5，相一退三，車2平7，俥四平八，包2平4，傌三退五，車7平9，兵九進一，卒9進1，俥八平三，包7平6，傌五進三，車9退1，俥三平一，卒9平1，炮六平九！以下伏有兵九進一過河參戰的先手棋，且兵種齊全、優於實戰，勝負一時難料。）包2平3，後俥進二，車1平2，兵七平八，馬3進2，前俥平七，車4平2，炮八進五！前車退3，傌五進三，前車退1，俥四進三，前車平3，俥四平七，將5平4，傌三進二，包3進2，傌二進一！變化下去，雙方兵卒等仕（士）相(象)全，紅兵種齊全優於實戰，可抗衡。

黑御駕親征、果斷棄卒叫殺，毫不手軟之著，立即令紅方防線備受威脅，黑方由此步入佳境。

19.傌五進三??　…………

進傌殺卒，敗筆！錯失良機，陷入困境，難以自拔。宜炮八

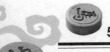

退二！車1進1，傌五進三，車1平2，炮八平九，車2進8，仕四進五，車2平1！後傌平八，包2平3，兵七進一！包7平3，相七進九，車1退2，相一退三，卒3進1，傌八進四，前包進2，傌三進五！變化下去，雖黑仍多子多卒易走，但紅可周旋，有反彈勢頭，可以一搏，優於實戰。

19.………… 車4進1！

進車砍仕，凶著，一場驚險搏殺由此展開！黑方的快速反擊速度，乃是紅方的致命隱患。

20.帥五進一　馬3進5！

馬進中路，強手之著，既不給紅前傌進一後伺機走傌四平六兌車反先機會，又為黑車1進2出擊留有空間。

21.炮五進三?? 車1進2！

紅進中炮壓黑馬馬頭，過於好強，反顯虛浮，看來紅是殺紅了眼而顧不得防守了。仍宜炮八退二！車4退1，帥五退一，馬5進7，相一進三，包7進3，後傌進一，包7進1，後傌平三，包7平3，傌四進一，包2進4，仕四進五，演變下去，雖黑仍士象佔優、易走，但紅可周旋，好於實戰。

黑速進右橫車，尋求快速攻殺手段，令紅方顧此失彼、應接不暇，敗象已呈。

22.帥五平四　包7平6！

出帥無奈。另有兩變作參考：①後傌平八？包2進7，傌八退一，車1平4，傌八退一，馬5進7，炮五平三，象5進7，相一進三，前車平3！殺仕殘相後，仍是黑優易走；②傌三進四？車1平2，後傌平六，車4退3，傌四退六，包2進7，傌四進一，包2退3，傌四平五，包2平5，傌五退一，卒3進1，變化下去，黑多士易走，尚有反彈力。

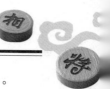

黑包平左士角拴打紅俥，好棋！令紅開始難以招架了。

23.傌三進四　車1平2！

進右盤河傌抵擋肋包打紅雙俥，無奈。如仕四進五？？車4退4，前俥進二，士5進6，俥四進三，車1平2，炮八平六，將4平5，俥四平五，士6進5，黑子位靈活，大優。

黑亮出右橫車捉炮，一浪高過一浪、一環緊扣一環地發力，令紅方已無進攻之力了！

24.仕四進五　車4退1

也可徑走車4退4！前俥進二，馬5進7，炮八平六，車4進2，仕五進六，馬7進6，俥四退一，車2進6，帥四退一，將4平5，變化下去，黑有攻勢，大優。

25.炮八進七　馬5進7！

紅進炮貪包，劣著，導致速敗。宜炮八平四，卒3進1，（若包6進3，前俥退一，可以堅守，優於實戰。）前俥進一，將4平5（也可卒3平4），後俥平五，變化下去，比實戰頑強得多。

黑進馬踩俥，連殺炮都嫌費事地鎖定勝局。如貪車2退2？？俥四進二！演變下去，黑棋反遭不必要的麻煩。

26.相一進三　…………

揚相頂馬，明智之舉。如貪炮五平三？？象5進7，後俥退一，車2退2，後俥平六，車4退1，仕五進六，車2進8，帥四退一，車2退3！帥四平五，包6進3！演變下去，黑也多子多士勝定。

以下殺法是：車2退2！後俥退一，車2進5！相三退五，車2平5，兵七進一，車4退4！此刻紅將丟子失勢，含笑認負。以下紅如接走兵七進一？？車4平5！前俥平五，車5退1，帥四退

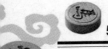

一，包6進5！仕五進四，車5平6，傌四進二，馬7進8！傌二進三，車6進3，帥四平五，車6進1！傌三退五，馬8進6！傌五進七，車6平4，帥五平四，車4平5，下伏馬6進8！殺著，黑方完勝。許與孫勇征同積16分，但孫累計分為100，許為92，故得亞軍。

此局一開戰雙方就爭先奪勢、火藥味甚濃。紅在第5回合進中兵不輸的概率應該說要大於進七路傌，但在爭奪冠軍寶座的形勢下，紅方心理壓力過大，故在第8回合走兵五進一冒險，在第17回合又推出兵六平七中局「飛刀」過急，在第18回合走後傌進二不成熟，在第19回合傌五進三敗筆，導致失勢丟子、最後被折翼而令人惋惜。而黑方在第15回合走包2退2防鐵門栓殺法和第17回合車4進2棄馬點穴過於兇狠，是導致紅犯錯的一個重要轉折。

此盤紅方拋出中局「飛刀」被黑方順利破解，並非否定其攻擊性能，而是紅下得過於兇悍後，使得陣勢明顯有虛浮和漏洞，被黑方抓住戰機，穩紮穩打、抽絲剝繭，得子得勢、不留後患，無懈可擊、可圈可點，終成「短平快」精彩殺局。

第103局　（河北）劉殿中　先負　（江蘇）徐超

轉五八炮直橫俥佔左肋道對屏風馬兩頭蛇右中象士雙包巡河

1.炮二平五	馬8進7	2.傌二進三	車9平8
3.俥一平二	卒7進1	4.俥二進六	馬2進3
5.傌八進七	卒3進1	6.俥九進一	包2進1
7.俥二退二	象3進5	8.兵七進一	…………

這是2010年8月19日第5屆「後肖杯」象棋大師精英賽第2

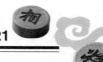

輪劉殿中與徐超之間的一場精彩絕倫的「短平快」對決。雙方以中炮左橫俥巡河俥衝七兵對屏風馬兩頭蛇右中象高右包打俥開戰。此時紅有先兌七兵或先兌三兵兩種佈局體系，各具特色、各有不同攻守套路。如兵三進一，可參閱本書「許銀川先勝金波」之戰。

　　8.…………　　包8進2　　9.俥九平六　士4進5

　　10.俥六進七　…………

　　紅左肋俥直點黑方下二路象腰，有「投石問路」之意。該變例經許銀川特級大師活用後，帶動了這一變例的快速拓展，也促使了這一大類佈局的日趨發展。紅方在網戰中最早都走俥六進五，包2退3，傌三退五，包2平3，兵七進一，包8平3，俥二進五，馬7退8，傌七進六，馬8進7，炮八平七，前包平6，炮五進四，馬3進5，傌六進五，馬7進5，俥六平五，包3進6，傌五進六，車1平4，傌六進五，車4進4，兵五進一，包3平5，俥五平四，包5退2，兵五進一，車4平5，炮七平五，卒1進1，俥四平一，車5進2，俥一平九，包6平5，仕四進五，車5平7，帥五平四，車7進3，帥四進一，卒7進1，俥九退一，包5進1，俥九平五，卒7平6，俥五平四，卒6平7，俥四退二，以下伏有俥四平五兌中包先手棋，結果雙方戰和。如改走傌七退五，可參閱本書「聶鐵文先勝卜鳳波」之戰。

　　10.…………　　車1平3

　　車平象位護馬，是改進後含蓄的「馬後藏車」變例。另有三變供參考：①包2進3？兵三進一，卒3進1，兵三進一！卒3進1，俥二平七，包8退3，俥六退六，卒3進1，炮五平七！紅多過河兵佔優；②包8平9？？俥二進五，馬7退8，俥六平七，車1進2，傌七進六，卒3進1，傌六進五，馬3進5，炮五進四！車1

退2，俥七退四！紅有中炮、淨多中兵佔先手；③車1平4??俥六平七，車4平3，（若車4進2??俥二平六，車4進3，傌七進六，馬3進4，兵七進一，馬4進6，兵七進一！紅多七路過河兵，且以後紅有左翼俥傌炮兵可直攻黑右翼薄弱底線的大佔優勢的先手棋。）俥七進一，象5退3，兵三進一，卒3進1，兵三進一！紅反主動。

　　11.傌三退五? …………

　　右傌退窩心，屬老式走法，易遭被動。宜傌七退五為上策，黑如接走馬3進4，兵七進一，車3進4，炮八平七，包2平3，炮七進四，車3退1，俥二平六，車3進1，炮五平六！紅方主動、易走，優於實戰。

　　11.………… 馬3進4　　12.兵七進一　車3進4

　　13.炮八退一　馬4進3

　　黑方不失時機，右馬盤河、兌去3卒、車站象台，現馬壓左傌直窺中炮，為以後車3平4邀兌做了充分準備。黑方由此開始逐步反先了。網戰也有走包8退3，俥六退二，包8進2，俥六進二，馬4進3，炮八平七，車3平4，俥六退三，馬3退4，演變下去，與實戰相比，黑巧用頓挫打俥，使雙包在卒林形成有力的「擔子包」後，也足可抗衡。

　　14.炮八平七　車3平4　　15.俥六退三　　馬3退4

　　16.炮七平九　車8進3　　17.傌七進八?? …………

　　進左外肋傌邀兌，過於冒險，落入下風，劣著。宜徑走兵三進一！卒7進1，俥二平三，車8平7，俥三進二，包2平7，雙方步入無俥車棋後，子力對等，局勢平穩，雙方均勢，強於實戰，勝負一時難測。

　　17.………… 馬4進5　　18.俥二平五　包8進2?

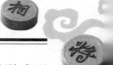

伸左包保馬，似乎有點「懸」，不踏實。似以連環馬形式更為穩固、易走，即馬7進6！炮九進五，包8進1，傌五進七，卒7進1！傌五進二，車8平5，炮九平五，卒7進1！傌七進五，馬6進5，變化下去，雖雙方子力對等、紅有雙炮鎮中，但黑有過河7路卒參戰是明顯佔優、易走，強於實戰。

19.炮九進五　　　卒5進1

20.傌五退一！　　包8平5！

21.炮九平二　　　包2平5(圖103)

22.傌八進六??? …………

在雙方兌傌車後紅搶先得子佔優的形勢下，紅應先牢牢控制著黑馬的動向，不給黑馬有躍出作殺機會為上策。然而，紅急於進傌追殺中包，敗著！「一著不慎滿盤皆輸」。如圖103所示，宜徑走傌八退七為好：以下黑如接走馬7進8??傌七進五，包5進3，炮二平五！兌炮後，紅反多子佔優，強於實戰；又如改走卒5進1??炮二退二，馬7進6？炮二退一：以下黑如前包平8，則炮五進四！紅多子反先；又如黑改走前包進2，仕六進五，包5進4，相七進五，馬6進7，兵九進一，紅多子也勝勢；再如馬6進7??傌七進五！包5進3，炮二平五！卒5進1，炮五平三！紅窩心傌躍出，也多子勝定，優於實戰。

以下殺法是：卒5進1！炮

黑方　徐　超

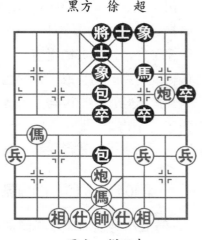

黑方　劉殿中

圖103

二平三，後包進1，炮三平二，卒5平4，（紅窩心傌被盯死、無法解脫，而黑馬即將躍出，黑反大優。）傌六退八，馬7進6！傌八退七，（若炮二退一？？後包進3，相七進五，馬6進7！以下伏有馬7進8凶著，黑反速勝。）前包退1，炮二平三，後包退1，兵九進一，卒4進1！傌七進八，卒4進1，傌八進七，卒4平5（棄卒殺中炮後勝定）！相三進五，馬6退4！退馬、棄馬又捉傌，黑馬到成功，必勝無疑。以下紅如接走炮三平六？後包5平8，以下伏有包8進6殺著，黑勝；又如改走傌七退六？？？馬4進3，傌六進五，馬3進4，也黑勝。

　　此局雙方一開戰就打起了紅直橫傌七路傌渡七兵對黑屏風馬兩頭蛇高右包打傌進右中象、相互爭奪地盤、搶佔空間優勢的激戰。當紅進左肋傌點入黑下二線象腰「投石問路」時，黑當即平右象位車「馬後藏車」護馬，紅方在剛步入中局後的第11回合右傌退窩心，招來被動，在第17回合又進左外肋傌邀兌而落入下風。黑雖在第18回合伸左包護馬有點不踏實，反被紅方不失時機搶先得子的優勢下，卻在第22回合走傌八進六追殺中包而晚節不保，被黑方搶渡中卒、躍出左馬、衝卒兌炮、棄馬捉傌，最終或馬到成功、或「天地包」入局。

　　此盤紅在多子優勢下，優柔寡斷，應退傌卻錯進傌，機不可失，時不再來，勝負只在一念之差。而黑方注重細節，精準打擊，不怕少子，我行我素，最後「馬到成功」。

第104局　（河北）劉殿中　先負　（四川）鄭一泓

轉五八炮過河傌左橫傌進中兵對屏風馬兩頭蛇右中象士

　　1.炮二平五　馬8進7　　2.傌二進三　車9平8

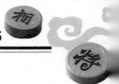

3.俥一平二　卒7進1　　4.俥二進六　馬2進3

5.傌八進七　…………

這是2010年10月16日全國象棋個人賽首輪劉殿中與鄭一泓之間的一場精彩廝殺。雙方以中炮過河俥七路傌對屏風馬進7卒拉開戰幕。紅現先進七路傌固防，穩正，意欲形成中炮直橫俥對屏風馬陣式，納入自己熟悉的佈局陣式。如兵七進一，士4進5，炮八平七成五七炮陣勢，以下黑有車1平2、馬7進6和象3進5三路不同攻守變化的走法；又如兵五進一，士4進5，兵五進一，卒3進1，俥二平三，包8進2，以下紅有傌三進五和兵五平四兩種不同攻守變化的下法。

5.…………　　卒3進1　　6.俥九進一　…………

至此，雙方形成「五八炮直橫俥七路傌對屏風馬兩頭蛇」陣式。它出現於20世紀70年代，探索成形於80年代，直到90年代後才逐漸成為十分流行的熱門佈局之一。半個多世紀來，在幾輩棋手的共同努力奮鬥、創新鑽研下，使雙方的攻防變化不斷充實、完善，現已自成一整套內容豐富多樣、各路變化繁複的佈局體系。紅先高起左橫俥，旨在佔肋道後出擊，使兩翼子力均衡展開、適時發展。如先兵五進一（可參閱本書「盧建忠先勝焦宏權」之戰），士4進5，俥九進一，包2進1，俥二退二，象3進5，俥九平六，包8進2，兵三進一，包2進1，傌七進五，卒7進1，俥二平三，包8平7！變化下去，黑象台「擔子包」防守穩固，足可抗衡。

6.…………　　象3進5

先補右中象固防，旨在儘快開始出右翼主力，使兩翼子力均衡發展。如士4進5，可參閱本書「王天一勝張學潮」之戰；又如包2平1，可參閱本書「趙鑫鑫勝李翰林」之戰；再如走包2

進1，可參閱本書「聶鐵文勝卜鳳波」「許銀川勝金波」之戰。

7.俥九平六　士4進5

後補右中士出擊，仍要快速亮出右貼將車參戰，積極穩正。如馬7進6（可參閱本書「趙鑫鑫負許銀川」「聶鐵文勝陸偉韜」之戰），兵五進一，卒7進1，俥二平四，以下黑方有馬6進7和卒7進1兩種變化下法，雙方會演成複雜而激烈的對攻之勢的不同走法；又如包2平1，兵五進一，車1平2，傌三進五，（在2004年第15屆「銀荔杯」象棋爭霸賽上徐天紅與謝歸之戰中曾走兵五進一，結果雙方不變作和。）以下黑有三變：

①在2008年滎陽「楚河漢界杯」象棋棋王爭霸賽上黃丹青與湖北王斌之戰中曾走車2進6，結果紅得車獲勝；

②在2002年第22屆「五羊杯」全國象棋冠軍邀請賽上呂欽與陶漢明之戰曾走包1進4，結果紅方主動，最終獲勝；

③在2013年5月27日筆者在網戰上應對過包8平9??俥二進三，馬7退8，兵三進一，卒7進1，傌五進三，士4進5，〔若車2進6，俥六平二，以下黑有兩變：（甲）馬8進7??傌三進四，車2退5，兵五進一，車2平6，兵五進一，士6進5，俥二進五！變化下去，紅多中兵有攻勢；（乙）車2平3，炮五平三，包9平7，俥二進八，車3進1，傌三退四，包7進7，仕四進五，車3進2，傌四退三！包1進4，炮八平九，包1平5，帥五平四，士4進5，俥二退六，車3退3，俥二平四！變化下去，黑多雙卒雙象，紅多炮佔優。〕傌三進二，包9平8，傌二退四，車2進6，傌四進六，士5進4，炮五進四，士6進5，炮八退一！變化下去，紅多中兵、又有中炮、各子佔位靈活而有攻勢，結果紅勝。

8.兵五進一　…………

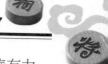

　　急進中兵，從中路突破，又可開通盤頭傌出路，緊湊有力。如貪傌二平三？車1平4，傌六進八，馬3退4，兵五進一，包8退1！雙方巧妙兌傌車後，黑棋反先易走。

　　8.…………　　包2進4　　　9.兵五進一！　…………

　　強棄中兵出擊，一改以往炮五進一和傌七進五兩路均不如渡中兵後攻擊力強的走法，意欲出奇制勝。如炮五進一，包2退2，傌二平三，包8進5，炮五退一，（若傌三進一？包8平3，兵三進一，車8進6，變化下去，黑優。）包8平5，炮八平五，（在2009年「花木廣洋杯」第4屆全國象棋大棋聖戰上洪智與鄭一泓之戰中曾走相三進五，結果雙方弈和。）車8進2，傌六進五，車1平4，傌六平七，車4平3，（在2009年「蔡倫竹海杯」全國象棋精英邀請賽上黎德志與鄭一泓之戰中曾走馬3退1，結果雙方不變作和。）以下紅有仕四進五、傌七進五和傌三進五共3路變化結果，前者為雙方趨於和局、中者為雙方對峙、後者為紅雖稍好，但和味甚濃的不同走法。

　　9.…………　　包2平7

　　平右包炸三兵窺殺底相，似與前回合士4進5自相矛盾，有得不償失之感。宜包8平9！（若卒5進1？以下紅有兩變：①傌七進五，車1平4，傌六進八，將5平4，炮五進三，馬3進5，傌二退二，演變下去，紅子靈活、有中炮，佔優；②兵七進一，卒3進1，傌七進五，包8平9，傌二平七，包2平3，傌七退二，包3平7，相三進一，馬3進5，炮五進三，車1平2，炮八平五！變化下去，紅傌雙炮集結在中路、雙傌又直窺黑右翼薄弱底線，有較強攻勢，大優。）傌二進三，馬7退8，兵七進一，卒3進1，傌七進五，以下黑有兩變：

　　①卒3進1？？兵五進一，車1平4，兵五平六，包2平5，傌

三進五，卒3平4，傌五進四，包9進4，炮八進五，馬3進2，俥六平八，馬2退4，炮八進二，車4進2，炮八平九，馬4退2，炮九退二，馬2退1，俥八進八，車4退2，俥八退三，變化下去，黑雖多雙卒，但紅4個大子佔位靈活，主動、易走；

②卒5進1！傌五進七，俥六進八，將5平4，傌三進五，馬8進7，炮八平六，將4平5，炮五進三，馬7進5，兵三進一，包2平4，炮六平三！將5平4，變化下去，雙方旗鼓相當、勢均力敵、優於實戰。

10.傌三進五　　包7平3

黑飛右包連炸雙卒以尋求對攻，似屬冒險。如卒5進1？兵七進一！車1平2，炮八平九，包8平9，俥二進三，馬7退8，兵七進一！車2平4，俥六進八，將5平4，兵七進一！趁黑挺卒殺中兵、又兌雙車之機，紅連渡七兵壓馬，變化下去，紅方明顯有過河兵參戰後佔優、易走，且掌控了中路。

11.兵五進一！　…………

硬渡中兵，強行突破，精妙絕倫、刻不容緩。如俥二平三？？卒5進1！傌五進四，（若俥三進一？車1平2，相七進九，卒5進1！演變下去，黑棄馬取勢、足可抗衡。）包8進3！傌四進三，包8平5，仕六進五，車8進2！變化下去，黑方棄子後有一定攻勢而反佔先手。

11.…………　　包3進3　　12.仕六進五　　馬7進5

13.仕五進四！　…………

果斷揚仕通路，妙筆生輝！紅方由此信心百倍、已勝利在望了。如隨手飛炮五進四？車1平2，炮八退二，包8平7，俥二平三，馬3進5，俥六進五，馬5進6！俥三進一，卒3進1！炮八進六，車8進6！變化下去，黑棄子後有車馬包卒強大攻勢。

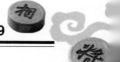

13.………………　車1平2

亮出右直車捉炮實屬無奈，如卒3進1??傌五進四，卒3進1，傌四進六，車1進1，傌七進五，車8進1，（若車1平2??俥六平七！包3平1，炮八進五！演變下去，紅勢開朗、大佔優勢。）炮五進四，馬3進5，俥二平五！車1平2，炮八進三，包8進1，炮八平五！變化下去，紅多子且以下伏有俥五平二殺炮得子凶著，紅也大佔優勢後轉勝勢。

14.傌五進四　　車8進1　　15.傌四進六　　士5退4

16.傌七進六?　…………

在紅中傌快速撲槽出擊的關鍵時刻，應及時阻止黑2路車出戰為上策，宜徑走炮八進五！卒3進1，（若車2進1??傌七進六！演變下去，紅反大優。）傌七進五，車2進1，炮五進四，（也可傌五進四！變化下去，紅也攻勢如潮，勝利在望了。）馬3進5，俥二進一！車8進1，炮八平二，卒3進1，傌五進六，車2進8，後傌退七！紅多子佔優，強於實戰，勝勢。

16.…………　　車2進7!

17.後傌進五　　馬3進5

18.俥二平五　　士6進5(圖104)

19.俥五平二???　車2進2!

在雙方兌去傌馬炮包後，紅雙俥傌炮已佔有天時、地利、人和之佳境，然而，紅現卻卸中俥去牽黑8路車包，敗著！錯失勝機。同樣平俥發威，如圖104所示，宜俥五平三！將5平6，（若車8退1?傌六進四，將5平6，俥三平四！紅方勝定。）傌六進四，精妙絕倫！包8平7，（若士5進6?則俥六進八！將6進1，俥三進三！士6退5，炮五進六！將6平5，俥三平五，將5平6，俥六退一，將6進1，俥五平四！車8平6，俥四退一！紅

勝。）俥三進一，車8進5，傌
四進三！傌到成功勝定，以下黑
如續走象5退7，俥三進二！將6
進1，俥六進五，車8平6，俥六
平一！車6進1，俥一進二，將6
進1，俥三退二！紅捷足先登擒
將。

黑方抓住機遇，右車沉底，
反戈一擊、逆轉局勢，反客為
主、反先佔優，令紅帥危在旦
夕、王城難保了。

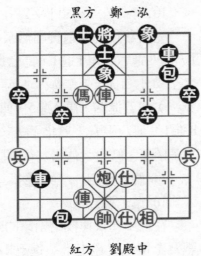

黑方　鄭一泓

紅方　劉殿中

圖104

20.俥六進四 …………

平肋俥無奈，如帥五進
一???車8平6，俥二進一，車6進6！下伏將5平6！御駕親征
後，黑反速勝。

20.………… 包3平6 　21.帥五進一　將5平6!

御駕親征，先出將避一手，老練而穩健！如車2退2??炮五
進三，車2退6，（若車8平6??俥二平三！在以下對攻中紅反
而佔優。）炮五退三，變化下去，雙方互有顧忌。

22.帥五平四???　…………

平帥攔包，最後敗筆！錯失多子反擊的戰機而飲恨敗北。宜
俥六退四！包6退5，俥六平四，車8平6，俥四進三，將6進
1，俥二進一！車2平6，炮五平八，士5進6，相三進五，車6平
2，炮八平九！演變下去，黑雖多雙卒和士象，但紅多子，相互
纏鬥、互有顧忌，優於實戰，尚可對搏，勝負一時難料。

以下殺法是：車8平6！俥六退四（為時已晚），包8平6，

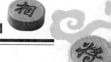

炮五進四，車6平7，俥二進一，後包進1，炮五平一，車7平9！炮一平三，卒7進1！此刻，渡7路卒過河參戰，形成了黑雙肋包緊拴紅俥仕帥，黑雙車靈活，隨時可砍兵殺仕，且淨多雙高卒，勝勢已呈，紅見勢不寒而慄，凶多吉少，只好城下簽盟。

　　此局雙方一開始就展開了紅進直橫俥衝中兵對黑還以兩頭蛇右中士象右過河包炸三兵的爭奪要地和搶佔空間優勢的角逐。步入中局後，雙方廝殺如火如荼，爭奪更為精彩激烈，就在紅中俥快速撲槽攻殺的關鍵一刻，紅卻在第16回合走俥七進六錯失戰機、落入下風。以後在佔盡天時、地利、人和的佳境時又卸錯中俥，徑走俥五平二，令人大跌眼鏡、無法理解而再失勝機。被黑方反客為主、逆轉局面，殺炮兌俥、揚士沉車、御駕親征、棄包炸仕、車包聯手、渡7卒參戰，黑雙包拴死紅俥仕帥而令黑雙車靈活、淨多雙高卒獲勝。

　　此盤紅方在優勢情況下，被「勝利」衝昏頭腦，完全忽略黑方在少子情況下的反彈威脅，急功近利、一味求勝、反難成事。而黑方卻見縫插針、有勇有謀、反戈一擊、技高一籌、一鼓足氣取勝。

第105局　（廣東）葉其菁　先勝　（湖南）馮軍

轉五八炮過河俥渡中兵盤頭俥對屏風馬兩頭蛇右中士橫車

1.炮二平五	馬8進7	2.俥二進三	車9平8
3.俥一平二	馬2進3	4.俥八進七	卒7進1
5.俥二進六	卒3進1	6.兵五進一	…………

　　這是2010年12月30日2010—2011年賽季JJ象棋頂級英雄大會賽首站第3輪葉其菁與馮軍之間的一場由於黑方輕率走漏而

告負的「短、平、快」教訓對決。雙方以中炮過河俥進中兵對屏風馬兩頭蛇拉開戰幕。

這路棋從20世紀70年代末開始出現，80年代流行棋壇，至今方興未艾、頗有發展。如俥九進一，使兩翼兵力均衡展開，屬改進後流行變例，正著。本章前8局有詳細介紹。筆者曾走過炮八平九，包2進1，俥二退二，包8平9，俥二平四，（若俥二進五??馬7退8，俥九平八，包2平3！變化下去，紅雙俥受制，局勢受阻，黑勢滿意、反先易走。）包2平3，兵三進一，卒7進1，俥四平三，馬7進6，俥九平八，象3進5，炮五平四，車8進6，俥八進四，士4進5，俥八平四，馬6退8，俥三進三，馬8退6，相七進五，車1平4，仕六進五，包3進3，傌三進二，車4進4，基本均勢，結果雙方大量兌子後成和。

6.………… 士4進5

補右中士固防，可使紅雙俥不能立刻邀兌中兵卒，屬較為古老的走法。當今棋壇流行先包2進1！俥二退二，象3進5！以下黑棋幾路變化，均較有彈性，剛柔相濟，謀變進取。

7.炮八進四 …………

進左炮頂包，不給黑右包進1打俥反擊機會，屬老式弈法，曾在20世紀50年代末的中炮盤頭傌對屏風馬兩頭蛇佈局中出現過，至今仍長盛不衰。在第2屆「五羊杯」全國象棋冠軍邀請賽上楊官璘與柳大華之戰曾走過俥九進一，包2進1，俥二退二，象3進5，俥九平六，包8進2！兵三進一，包2進1！傌七進五，卒7進1，俥二平三，包8平7！變化下去，黑足可與紅抗衡，結果黑勝。如俥一平二，則成另一路攻法。

7.………… 卒1進1?

雙方對搏、強強相遇，不僅是比拼臨場準確無誤的計算功

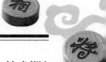

力，更要涵蓋對隨時變化的局勢、局面的整體考慮和正確的判斷能力。現黑急進1卒，旨在高右橫車於卒林線出擊，一改象3進5陣型穩固的走法和本書「盧建忠負焦宏權」之戰曾走過的包8平9兌俥爭先的下法，有些過急，黑方不易掌控局面，易落入下風，以下實戰可完全證實。

　　8.炮八平六?　…………

　　平左炮，軟著，易被黑方利用，紅反不易掌控局面，宜徑走俥三進五盤出中俥，伺機從中路突破，反易把持先手，黑如接走車1進3，炮八退五，車1平4，炮八平三！象7進5，俥九平八，包2進2，兵三進一！下伏車俥八進四和炮五平三兩路先手棋，紅方易走，足可滿意。

　　8.…………　車1進3??

　　高右橫車捉炮，緩手，錯失戰機，反被紅方亮左直俥和強渡中兵反擊後而陷入被動。可徑走馬3進2！不給紅俥九平八捉包出擊機會，變化下去，黑方更易掌控局面；也可卒7進1棄卒反擊，下伏馬7進6同時捉拿紅俥俥炮兵，將局面推向縱深方向發展，以儘快尋找到最新的攻擊點為上策。這兩路走法，演變下去，黑勢不虧，反彈力較大，遠遠要強於實戰，而且黑棋更易把握。

　　 9.俥九平八　馬3進4　　10.兵五進一　車1平4
　　11.兵五平六　車4進1　　12.傌七進五　車4退2
　　13.俥八進五　包8平9　　14.俥二進三　馬7退8
　　15.俥八平七　象7進5
　　16.炮五進四(圖105)　馬8進7???

　　霎時間，雙方先後兌去了俥車傌馬炮包兵卒後，紅炮鎮中、象台俥催殺，且淨多三路兵佔優。針對紅已有反先態勢，黑進左

馬脅中炮，敗著！在紅俥殺底象邀兌後，形成了多兵相的簡明勝勢情況下，黑方竟然不顧一切地進左正馬追殺中炮，這是導致錯失戰機後失勢丟卒告負的根源。如圖105所示，宜走將5平4！先避一手後，黑雖少卒，但雙方戰線漫長，鹿死誰手，勝負一時難斷，遠遠強於實戰。

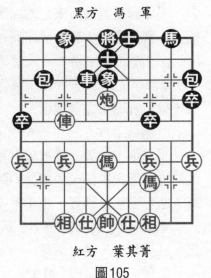

黑方　馮軍

紅方　葉其菁

圖105

17.俥七進四　車4退2

18.俥七平六　將5平4

19.炮五平六　…………

雙方兌俥車後，在步入了無俥車殘棋的較量中，紅方已取得了多兵多相的先手機會而步入佳境。

19.…………　馬7進5　　20.兵三進一　卒9進1??

逃9路卒？隨手空著，白讓對方多走一步棋，劣著！宜包9平7！相三進五，卒7進1，相五進三，馬5進7，相七進五，馬7進5！炮六退二，包2平1，變化下去，雙方兌去兵卒後，黑雖殘象少卒，但子力活躍、壓住紅雙傌炮兵，現又有右邊炮必可炸去九兵的先手棋，黑勢不錯，仍有機會反先，遠遠強於實戰。

以下殺法是：相七進五，包9平7（為時已晚），傌三進二，卒7進1，傌五進三，象5進7，傌二進三，包2平1，前傌退一！（凶，紅淨多雙高兵中相，勝勢。）馬5進6，仕六進五，包1進4，傌一進二，包7進3，傌二退四，將4平5，傌四退三，卒1進1，炮六平二，將5平4，炮二退二，馬6進4，帥

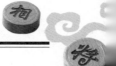

五平六！御駕親征，緊拴黑臥槽馬、又可炸邊卒後，形成了紅傌炮雙高兵仕相全對黑馬包單缺象的必勝局面，黑無心戀戰認負。

　　此局雙方開戰就進入了紅中炮過河俥挺中兵，黑還以屏風馬兩頭蛇右中士高右橫車的激戰，以此來爭空間、佔要位，我行我素，鬥智鬥勇。黑方首先在第7回合推出卒1進1的最新佈局試探型「飛刀」，一改象3進5和包8平9的爭先下法，易落下風，又在第8回合走車1進3錯失機會。但更令人費解的還在後面，第16回合紅中炮炸中卒後暗伏俥殺右底象凶著時，黑卻進左正馬捉中炮，令人大跌眼鏡，眼睜睜地看著紅俥殺底象兌車後，立刻形成了紅淨多兵相的反先局面。到了第20回合黑逃9路卒，白讓紅方多了一步進攻棋而再失最後抗衡機會，反被紅抓緊補中相護兵、進外傌出擊、回傌踏邊卒、炮炸馬邀兌，左炮右移、拴住馬卒、御駕親征、拴馬得邊卒後，形成了紅傌炮雙高兵仕相全對黑馬包單缺象的必勝局面。

　　是盤黑方在佈局階段已取得對抗之勢，但在關鍵棋上處理過於草率後，造成紅方不失時機，殺象兌子後，最終巧殺邊卒後形成多兵相得勢入局！

第106局　（北京）蔣川　先勝　（浙江）黃竹風

轉五八炮過河俥高左橫俥渡中兵對屏風馬兩頭蛇右中象7路馬

1.炮二平五	馬8進7	2.傌二進三	車9平8
3.俥一平二	卒7進1	4.俥二進六	馬2進3
5.傌八進七	卒3進1	6.俥九進一	象3進5
7.俥九平六	馬7進6	8.兵五進一	卒7進1
9.俥二平四	卒7進1	10.兵五進一	卒7進1

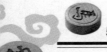

11.兵五平四 ……………

這是2010年5月21日第4屆全國體育大會象棋賽男子個人組第5輪蔣川與黃竹風之間的一場精彩廝殺。雙方以中炮過河俥高左橫俥渡中兵對屏風馬兩頭蛇右中象7路馬渡7卒拉開戰幕。現紅果斷平過河中兵殺馬，以保留肋俥處卒林，不給黑先手平包打相亮俥機會，便於隨時策應左翼。如兵五進一，士4進5，俥四退一，包8平7，相三進一，車8進6，雙方對攻。詳細內容可參閱本章「蔣川勝柳大華」「聶鐵文勝陸偉韜」「趙鑫鑫先勝許銀川」之戰。

11.………… 包8平9

平左邊包亮車出擊，無可厚非，著法緊湊。如卒7平6，炮五進二，卒6進1，俥六平四，士4進5，前俥平二，（若後俥平六，包8平6，傌七進五，車8進5！炮五平三，包2進4！兵七進一，車8進1！傌五退三，卒3進1！演變下去，黑車炮卒一下子大軍壓境，形勢較優。）包8平6，俥二進三，包6進6，俥二退八，包6平2，俥二平六，車1平4，以下不管雙方是否兌車，紅雖有過河中兵，但子力對等、基本均勢。

12.兵四平五 ……………

肋兵平中路，以棄兵為代價，加快中路出擊速度，著法可取。如傌七進五，士4進5，兵四平五，車8進6，傌五進三，車8平7，相三進一，卒5進1！俥六進三，車1平4，俥六進五！將5平4，傌三進五！車7平5，傌五退三，車5退3！俥四平五！馬3進5，炮八平三！變化下去，雙方子力對等、局勢平穩、和勢甚濃。

12.………… 卒5進1　　13.傌七進五　士4進5

14.炮五進三　包2進2

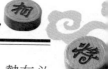

伸右巡河包竭力邀兌中炮，以快速化解紅中路攻勢，勢在必行，否則以下紅伏有俥六平四和傌五進四等更加嚴厲的後續手段，令黑方更難應付。

15.炮五平八　馬3進2　　16.傌五進四　　車8進6

17.傌四進六　馬2退1　　18.俥六進三！…………

雙方果斷兌炮包後，紅連跳中傌、直撲臥槽，緊湊有力！似一枚埋藏得較深的「定時炸彈」，隨時都有可能會爆炸。現左肋俥巡河智守前沿，是一步攻守兼備的好棋！如先炮八平五？車8平5！傌六進四，士5進6，俥四進一，車1平4！俥六平八，馬1進3！仕四進五，馬3進5，俥四退二，馬5進4，帥五平四！包9退2，俥八進五，車5退2！俥四進三，車4進5，俥八平一！車4平6，俥四退四，馬4退6！俥一進三！士6進5，變化下去，黑雖殘士，但有過河卒參戰，局勢反先、易走。至此，黑雖保留住了過河卒，但紅4個大子位置頗佳：既處於進攻態勢，又隨時可回守固防，較為主動、易走，可滿意。

18.…………　　　　車8平5

19.炮八平五（圖106）　包9進4？？？

飛包貪邊兵，急於求成、反成敗招，明顯削弱防禦力量，導致紅反有閃展騰挪的反擊機會。如圖106所示，宜逕走車1平3堅守待變為妥，以下紅如接走傌六退四，則黑車5退2！傌四進二，包9平8！俥四平九，車3平4！俥六進五，將5平4，仕六進五，馬1退3！變化下去，雙方子力對等，雖紅子靈活，但黑有過河卒參戰，互有顧忌，在雙方相持中，黑足可抗衡、強於實戰，勝負一時難料。

20.傌六退四　車5平6　　21.俥四進二　包9平3

22.仕六進五　車1平4

平右貼將車邀兌，實屬無奈，只能被紅方藉中炮之威，俥傌聯手、乘虛而入、兌車攻殺、大佔優勢。如渡卒欺俥而改走卒3進1？？俥六進一！卒7平6，炮五進二！車1平4，傌四進五！車4進4，傌五退六，士5進6，俥四平九，車6退2，傌六退七！卒3進1，俥九退一！紅反多子得象，而黑方雖多三個卒，但陣型散亂，很難防守，也頹勢難挽了。

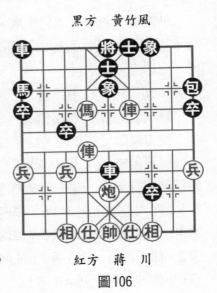

黑方　黃竹風

紅方　蔣　川

圖106

23. 傌四進五！　車4進5
24. 傌五進三　　將5平4　　25. 俥四退五！　卒3進1
26. 炮五平六！　士5進4　　27. 相七進五　　馬1進3

紅方不失時機，傌踩中象、四俥車相見、兌車爭先，傌奔臥槽、巧卸中炮，現補中相固防，大佔優勢。

黑現跳邊馬出擊，別無他著。如先士6進5？？相五進七！包3進2，傌三退四，將4平5，俥四平三！變化下去，也必得底象或過河7卒後，黑方也慌不擇路，疲於應付。

以下殺法是：相五進七！包3進2，俥四進六！將4進1，俥四平三！（連殺士象、勢如破竹、盡毀藩籬、黑勢已去。）馬3進5，傌三退五，將4平5，炮六平五！卒7平6，俥三退一！將5退1，仕五進四！車4平5，仕四退五，馬5進3，俥三退四！紅方殺卒棄相後，藉中路傌炮之威，現俥退相台，一劍封喉，得子入局。以下黑如續走馬3退4？？俥三進五！將5進1，傌五退

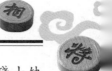

四，車5進2，（若車5平6？？傌四進六！得子後，黑殘士缺象、少子，也必敗無疑。）相三進五，馬4進6，俥三退三，馬6進8，俥三平九！殺去邊卒後，紅俥高兵單缺相必勝黑馬包高卒單士，紅方完勝。

　　此局雙方一開始就打起了紅渡中兵發威、黑過7卒發難的搶渡兵卒大戰來爭奪空間和搶佔地形。步入中局後，雙方激戰進一步升級，在雙方先後兌去傌馬炮包兵卒，黑左車和紅左炮分別搶佔中路對攻後，黑卻在第19回合揮包貪邊兵，導致失勢落入下風。紅方抓住戰機，傌踏中象、四俥車相見、兌車爭先、平炮拴車、揚相殺卒、俥砍士象、傌炮鎮中、棄相退俥、逼車換雙，最終有俥勝無車。

　　此盤雙方巧妙利用渡兵過卒挑起事端，兌去傌馬炮包兵卒步入激戰，棄兵殺象進入高潮，逼車換雙落入尾聲，最終紅方趁有俥之機，妙殺邊卒後，以風捲殘雲之勢攻營拔寨、摧城擒將。

第107局　（廣東）呂欽　先勝　（北京）蔣川

轉五八炮直橫俥挺中兵盤頭傌對屏風馬兩頭蛇中士7路馬

1.炮二平五	馬8進7	2.傌二進三	車9平8
3.俥一平二	卒7進1	4.俥二進六	馬2進3
5.傌八進七	卒3進1	6.俥九進一	士4進5

　　這是2010年5月24日第4屆全國體育大會象棋賽男子個人組第8輪呂欽與蔣川之間的一場精彩而又有遺憾的強強對決。之前「中國象棋目前等級分第一人」蔣川已豪取五連勝，積12分領先群雄，呂欽、趙國榮、鄭惟桐、汪洋同積10分緊隨其後，此戰結果將直接關係到此屆賽事的冠軍歸屬問題，故格外引人注

目。雙方以中炮直橫俥對屏風馬兩頭蛇拉開戰幕。蔣川在本輪只要弈和即可奪冠的形勢下，並沒選擇此類佈局體系中常見的包2進1、包2平1、象3進5等變化，而是選擇了自己很少採用的補右中士變例，意欲避開熟套，在涉足相對較少的佈陣領域裡進行一番新的探索與爭鬥，其指導思想清晰，但結果怎樣呢？讓我們拭目以待、期待奇蹟發生吧！

7.俥九平六　馬7進6

先左馬盤河出擊，旨在伺機踩三兵後邀兌中炮來簡化局勢，最終在兌子平穩局勢下，完成弈和奪冠的夙願。如包2平1？兵五進一，車1平2，傌三進五，車2進6，兵五進一，卒5進1，俥二平七！馬7進5，傌五進六！象3進5，炮八平九，下伏傌七進五後，炮打中卒的先手棋，紅勢開朗、易走。

8.兵五進一　卒7進1　　9.俥二平四　馬6進7

10.傌三進五　馬7進5

紅挺中兵、躍起盤頭傌，黑渡7卒、馬踩兵殺中炮，雙方我行我素、各攻一面、疾如流星，互不相讓，雙方攻守俱正、無可挑剔，令人大飽眼福、擊節稱快！筆者在2013年國慶日網戰上曾走過包8平7，傌五進三，馬7進5，（若馬7退5，俥四平二，車8進3，傌三進二！包7平8，傌七進五，馬5退7！演變下去，黑雖多中卒，但基本均勢。）相三進五，車8進4！兵五進一，包2進3，傌七進五，卒5進1，傌三進二，包7平8，俥六進三，包2退4！傌五進三，象3進5！變化下去，雖雙方互纏、子力基本相等，但黑方足可抗衡，結果雙方大量兌子後無法進取而欣然簽和。

11.炮八平五　包8平7　　12.傌五進三！…………

傌大膽踏卒棄相，積極求戰搏殺，呂特大不畏勁敵、以棄相

為餌、盤傌彎弓、敢於拼殺的大無畏精神於此可見一斑，令人震撼！

　　12.………… 　包7進7　　13.仕四進五　車8進9

　　14.俥四平二　車8平9　　15.傌三退二　車9平8

　　16.傌二進三　車8平9　　17.傌三退二　車9平8

　　18.傌二進三　車8平9　　19.傌三退二（圖107）…………

　　如圖107所示，紅傌連續5次進退邀兌，黑也5次平左車避兌，按照《2007象棋競賽規則》的有關規定，此時的黑方必須變著！因在2008年第6屆「威凱房地產杯」全國象棋排名賽上，上海謝靖與湖南孫浩宇兩位小將也曾走成此局面，可當時黑方也是不願變著，結果反被裁判判負了。如今蔣川也重蹈覆轍，難道比賽的裁判是根本記不得有這前車之鑒了嗎？？？而恰恰也正是紅方呂欽選擇了這路變化，由此卻獲得了優勢。

　　19.………… 　包2進1

　　20.傌二退一　包2平8

　　21.傌一進二　包7退7

　　22.傌七進五　象3進5

　　23.兵五進一　車1平4

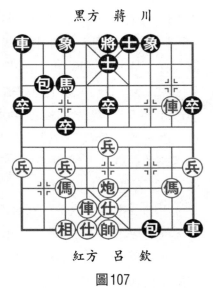

黑方　蔣　川

紅方　呂　欽

圖107

紅趁黑方變著之機，雙傌馳騁、兌車爭先，現又渡中兵邀兌，快速形成中炮盤頭傌的兇猛攻勢，令黑方措手不及，疲於應付，應接不暇，顧此失彼。現亮右貼將車邀兌，實屬無奈，如卒5進1？？傌五進四！包7進2，炮五進五，士5進6，（若象7進

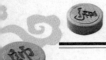

5??俥四進五，士5進4，俥六進六！以下伏有俥五進三抽包將和俥六平七砍馬兩步必得一子，且先後已殘去雙象、破去中士後的先手棋，紅也勝勢。）俥六進七！變化下去，紅俥俥炮聯手形成新一輪強大攻勢。

以下殺法是：兵五平六！包8進3，俥六進三，包7進2，兵六進一，包8退3，俥五進四！卒5進1，俥二進四！（在化解黑在紅右翼底線的攻勢後，紅中兵渡河佔肋、雙俥馳騁如龍、很快反客為主，令黑勢頓感困惑，立刻敗象已呈。）包8進6，帥五平四，馬3進2，前俥進五！（棄俥踩象，兇悍犀利，猶如一把利劍出鞘，一舉撕破黑方城牆，發起全面總攻。）包7進5，帥四進一，象7進5，俥四進五！包7退8，俥五進三！包7平6，（在紅俥俥炮兵聯手的殺機四伏的形勢下，黑棄包無奈，如硬走包7進1??俥三進五！包7平6，俥五進七！俥炮同時叫殺，紅也勝。）俥三進四！卒3進1，俥六平七，車4進3，俥七進五，車4退3，俥七退四，馬2進1，俥四退三，車4進3，俥三進五，包8平3，俥七平四！藉紅中路俥炮之威、趁帥站右肋之機，紅左俥右移、佔肋窺殺底士、一劍封喉、拔寨擒將，黑以下如接走車4平5??俥五進七！以下黑如續走包3退8??則俥四進四殺；又如黑改走將5平4???則俥四平六也成絕殺紅勝。又如黑不鎮中車，改走將5平4??炮五平六！車4進4，（若將4平5???則俥五進三也成絕殺，紅勝。）仕五進六！將4進1，俥四平六，士5進4，俥五進四！將4退1，（若將4平5???則俥六平五殺，紅勝。）帥四平五！以下伏有俥六進二砍士，也紅勝。呂欽此局獲勝，最終後來居上，以對手分優勢奪得桂冠，可喜可賀！

此局雙方開局伊始就步入了紅亮中炮直橫俥挺中兵、黑還以屏風馬兩頭蛇右中士7路馬渡7卒之戰。當雙方進入中局，黑7

路馬過河踏紅中炮邀兌後，紅首先在第12回合躍傌踩卒，大膽棄相，令人震撼！就在黑方很高興地飛包轟底相和左直車也沉底聯手攻殺紅右翼薄弱底線時，卻冒出了紅方巧妙利用《2007象棋競賽規則》在紅傌連續5次進退邀兌、而黑也5次平左車避兌，要求黑方強行變著後，導致紅雙傌馳騁、兌車爭先、渡中兵佔肋、雙傌如龍、反客為主、棄傌踩象、出帥避殺、傌踩中卒、又踏肋包、棄兵殺卒、傌吃中象、俥佔右肋，最終藉中炮之威、俥傌冷著入局。

　　此盤雙方佈局輕車熟路、落子謹慎，中局攻殺如火如荼、拼搶激烈；紅傌踩卒棄相，有膽有識，黑飛包炸相、也有勇有謀，誰知紅巧用棋規佔得先機，黑被強行變著落入下風，儘管黑多次化險為夷、委曲求全、軟纏硬磨，還是被紅方我行我素、運籌帷幄，精準打擊、不留後患地以傌搏象、平炮拴車、俥傌冷著、破城擒將！黑方遺憾告負殊為可惜，紅後來居上可喜可賀，堪稱經典而精彩的對局。

國家圖書館出版品預行編目資料

五八炮對屏風馬短局殺／黃杰雄　編著
———初版，———臺北市，品冠，2017〔民106.09〕
面；21公分 ———（象棋輕鬆學；15）
ISBN 978－986－5734－68－8（平裝；）

1. 象棋

997.12　　　　　　　　　　　　　　　106011803

五八炮對屏風馬短局殺

編 著 者／黃 杰 雄
責任編輯／劉 三 珊
發 行 人／蔡 孟 甫
出 版 者／品冠文化出版社
社　　　址／台北市北投區（石牌）致遠一路2段12巷1號
電　　　話／（02）28233123・28236031・28236033
傳　　　眞／（02）28272069
郵政劃撥／19346241
網　　　址／www.dah-jaan.com.tw
E－mail／service@dah-jaan.com.tw
承 印 者／傳興印刷有限公司
裝　　　訂／眾友企業公司
排 版 者／弘益電腦排版有限公司
授 權 者／安徽科學技術出版社
初版1刷／2017年（民106）9月

定 價／480元

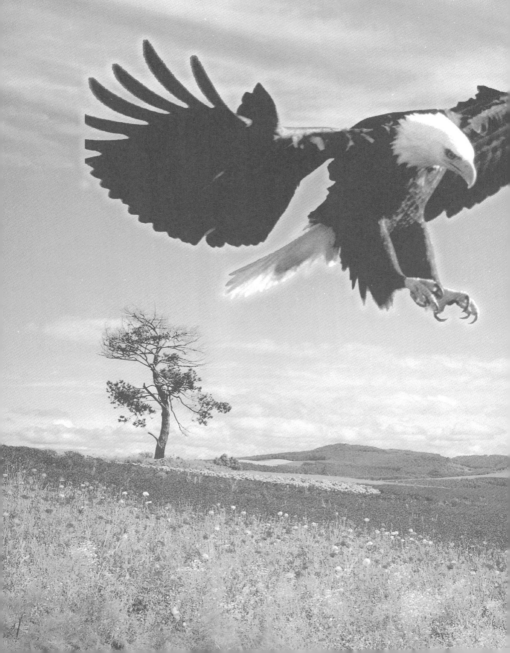
大展好書　好書大展
品嘗好書　冠群可期

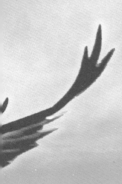

大展好書　好書大展
品嘗好書・冠群可期